职业院校饭店服务与管理专业系列教材

# 现代饭店人力资源管理

主　编　赵嘉骏

副主编　招　戈　刘　丽

中国物资出版社

**图书在版编目（CIP）数据**

现代饭店人力资源管理/赵嘉骏主编．—北京：中国物资出版社，2012.2
（职业院校饭店服务与管理专业系列教材）
ISBN 978 - 7 - 5047 - 4092 - 2

Ⅰ.①现…　Ⅱ.①赵…　Ⅲ.①饭店—人力资源管理—高等职业教育—教材　Ⅳ.①F719.2

中国版本图书馆 CIP 数据核字（2011）第 258489 号

| | | | |
|---|---|---|---|
| 策划编辑 | 张利敏 | 责任印制 | 何崇杭 |
| 责任编辑 | 田慧莹 | 责任校对 | 孙会香　杨小静 |

出版发行　中国物资出版社
社　　址　北京市丰台区南四环西路 188 号 5 区 20 楼　　邮政编码　100070
电　　话　010 - 52227568（发行部）　　　　　　　010 - 52227588 转 307（总编室）
　　　　　　010 - 68589540（读者服务部）　　　　　010 - 52227588 转 305（质检部）
网　　址　http://www.clph.cn
经　　销　新华书店
印　　刷　三河市西华印务有限公司
书　　号　ISBN 978 - 7 - 5047 - 4092 - 2/F・1656
开　　本　787mm×1092mm　1/16
印　　张　20.5　　　　　　　　　　　　　　　　　　版　　次　2012 年 2 月第 1 版
字　　数　512 千字　　　　　　　　　　　　　　　　印　　次　2012 年 2 月第 1 次印刷
印　　数　0001—3000 册　　　　　　　　　　　　　　定　　价　36.00 元

# 职业院校饭店服务与管理专业
# 系列教材编审委员会

# 出版说明

职业教育与普通教育的不同在于，普通教育强调较强的系统理论基础，培养的是学术型、工程型人才；而职业教育强调较强的实践技术和专业技能，培养的是技术型、技能型人才。因此，职业教育既有高等教育在教育领域的某些共性，更有职业教育的个性，即特色。这种特色首先表现为独特的办学理念和办学思路：以就业为导向、与社会经济发展紧密结合，以社会需要为出发点和落脚点，以行业企业为主导的校企合作、产学研结合等。

实现职业教育的目标、体现职业教育的价值离不开优秀的教材！

事实却是，市场上的教材不是本科教材的简单删减，就是培训教材的粗略扩充，导致职业教育教材中的部分内容是已被淘汰的知识，新知识、新技术、新内容、新工艺、新材料不能及时反映到教材中来，教材与紧密联系生产一线的职业教育专业设置不符，给学生就业带来弊端。

为了解决上述问题，我们策划并组织编写了这套"职业院校饭店服务与管理专业系列教材"，期望能够满足广大老师和学生的需求。本套教材从策划伊始到问世，都伴随着策划人详尽的调研和编写老师严谨的耕耘。这些使得本套教材具有以下特点：

1. 通俗易读，深浅有度。理论知识广而不深，基本技能贯穿教材的始终。图文并茂，以例释理的方法得到广泛的应用，十分符合职业院校学生的学习特点。

2. 注重"双学型"特点的体现。职业教育对"双师"和"双证"的要求，必然呼唤教材具备"双学"的特点：一方面，教材能够协助教师对学生进行在校的理论和实践教育；另一方面，还能够帮助学生取得相关职业技能证书，向劳动部门颁发的职能鉴定标准看齐，为就业做好准备。为了做到这点，本套教材与这些技能考试相结合，以考试的试题为课堂训练或者拓展模块，实现两者的有机结合。

3. "套餐式"教材，电子教案请专业人士制作。现代化的手段可以帮助丰富和发展传统的教材，PPT可以使学生的注意力更加集中，书本的附加内容可以使书本内容形象生动，适量的配套练习、详细的参考答案可以培养学生自学自测的能力……特别是，本套教材的这些"套餐式"杜绝流于形式，那些不能用、不适用的课件做了还不如不做。

4. 模块式的编写思路。以大模块嵌套小模块的方式来编写。实践证明，这种模块式的教材更能吸引学生产生学习兴趣。

"职业院校饭店服务与管理专业系列教材"符合职业教育的教学理念和发展趋势，能够成为广大教师和学生教与学的优秀教材，同时也可以作为饭店管理人员、相关从业人员的自学读物。

# 前　言

　　近年来在职业院校中掀起了学习领域和课程体系改革的热潮，其中在课程体系、教学方法、评价体系、成果输出等环节都有了重大的变革。确切地说，人才培养的过程和方式较从前有了很大的改进。要想改变教学的内容和教学的方式，教材便是一个最好的物质载体。只有一本能够以现代饭店人才培养为目的的教材，才能真正适合现代课程的需求。

　　本教材共分为人力资源开发与管理概述、人力资源规划与设计、人员招聘与配置、培训与开发、绩效管理、薪酬管理、劳动关系管理、组织文化与变革8个模块。8个模块并非知识的堆砌和陈列，而是建立在饭店人力资源的工作过程，是对该课程的学习领域进行重组和再开发的过程，8个模块之间具有内在的逻辑关系。

　　在本书编写的过程中，一直强调紧贴饭店企业人力资源管理工作岗位所需要的专业能力、社会能力、方法能力和综合职业能力。确定读者的能力培养起止点的宗旨，摒弃了以往教材中理论性太强的章节，结合行动导向法的教学设计思路，以更贴近现实工作环境，配合对应的照片、图表、流程图和饭店人力资源案例，实现边学边做，边做边练的学习效果。在每一模块中都设计有学习目标、技能目标、知识拓展：引子、知识准备、能力要求、学习情境、案例学习、练一练、方案设计等板块，注重读者对知识的输入和学习成果的输出。

　　本教材的设计思路和特色：

　　1. 重组学习领域：本教材中8个模块的划分是对该课程的学习领域进行重组和再开发的过程，8个模块之间具有内在的逻辑关系。本书在每个学习任务下都设置有"知识准备"和"能力要求"两部分。"知识准备"一般包括概述、定义、概念、内容、作用和意义等内容，为下一阶段的应用作基础知识的铺垫；"能力要求"下设学习情境，学习情境是在典型工作任务基础上设计的学习环境，一般包括工作流程、步骤、方法和应用等内容。

　　2. 集教材与学材于一体：结合行动导向法的教学设计思路，书中设计了大量的"练一练"环节。一方面，读者可以边学边做，边做边练，实现从模仿练习到知识能力的拓展；另一方面，可以通过练习达到加深理解和巩固知识的目的。

　　3. 知识的迁移：通过"案例学习"和"学习情境"等环节，把所学知识、技能和经验运用到相类似的情境中解决类似的问题，通过模仿或情境模拟达到举一反三的效果。

　　4. 重应用：本书中"方案设计"环节的内容是我们在饭店人力资源管理工作过程中提炼出来的典型任务，而这些实训任务或者方案都是通过课堂教学实践检验才予以采纳的优秀案例，通过创造性地利用所学知识、技能和经验来解决新问题。

　　5. 重评价：对于学习效果的评价不仅是教学设计中的一个环节，而且更应该是一个系统。因此，既要重视过程的评价，也要重视结果的输出。在布置和实施任务时要注意：

目标的明确性、过程的可测量性、结果的可实现性和评价维度的多元化。

在本书的编写过程中得到了广州市轻工技师学院的大力支持。本书由赵嘉骏负责模块1、模块2和模块5～模块8的编写工作，招戈负责模块3和模块4的编写工作，刘丽负责模块3和模块4的部分编写和图表整理工作。初稿完成后，由赵嘉骏对全书进行了修改定稿。在本书编写过程中，谭丁恺先生在劳动定额、劳动定员和排班技术等问题上提出了具有创新性的宝贵意见。广州大学的张以琼副教授也在企业人力资源战略方面提供了大量的素材和思路。在此，对参加编写工作的同志所付出的辛勤劳动表示诚挚的谢意！与此同时，本书在撰写过程中参阅引用了有关书籍、教材的资料、案例等，在此说明并向作者表示衷心的感谢。

由于水平所限，本书中存在疏漏和不足之处，敬请读者指正，以臻完善。以后我们将做得更好。谢谢！

编　者

**2011 年 6 月于广州**

# 目 录

**模块1 人力资源开发与管理概述** ……………………………………… (1)

项目 战略性人力资源管理 ……………………………………… (2)

  任务1 人力资源的基本理论 ……………………………… (3)

  任务2 现代饭店人力资源管理 …………………………… (5)

**模块2 人力资源规划与设计** ………………………………………… (12)

项目1 人力资源规划及组织信息概述 ………………………… (13)

  任务1 人力资源规划与设计 ……………………………… (13)

  任务2 组织信息的采集 …………………………………… (17)

  任务3 组织信息的处理 …………………………………… (22)

项目2 工作岗位调查与分析 …………………………………… (26)

  任务1 工作岗位调查的方法 ……………………………… (27)

  任务2 工作岗位分析的方法 ……………………………… (39)

  任务3 工作说明书的应用 ………………………………… (54)

项目3 饭店组织结构图的绘制 ………………………………… (60)

  任务1 组织结构图的类型和特点 ………………………… (60)

  任务2 饭店组织结构图的绘制 …………………………… (65)

项目4 工时统计 ………………………………………………… (68)

  任务1 员工统计 …………………………………………… (69)

  任务2 工时利用统计 ……………………………………… (71)

项目5 劳动定额与饭店定员管理 ……………………………… (76)

  任务1 饭店劳动定额管理 ………………………………… (76)

  任务2 饭店定员人数的核算方法 ………………………… (82)

**模块3 人员招聘与配置** …………………………………………… (85)

项目1 人员招聘的基本程序与补充来源 ……………………… (86)

  任务1 饭店企业招聘流程 ………………………………… (86)

  任务2 招聘渠道的选择 …………………………………… (88)

  任务3 招聘申请表的设计 ………………………………… (92)

项目2 应聘人员的初步选拔 …………………………………… (99)

　　　任务1　人员初步选拔的意义、步骤和方法 ·············· （99）

　　　任务2　校园招聘 ··················· （103）

　　项目3　员工录用管理 ··················· （114）

　　　任务1　新员工的录用 ··················· （114）

　　　任务2　员工信息管理 ··················· （117）

　　项目4　人力资源的时间配置 ··················· （120）

　　　任务　饭店工作轮班的组织和实施 ··················· （120）

**模块4　培训与开发** ··················· （127）

　　项目1　培训体系的构建与运行 ··················· （128）

　　　任务1　饭店员工培训系统设计与流程 ··················· （128）

　　　任务2　发现培训需求 ··················· （133）

　　项目2　饭店员工培训设计 ··················· （146）

　　　任务1　岗前培训 ··················· （147）

　　　任务2　岗位培训 ··················· （154）

　　　任务3　脱产培训 ··················· （164）

　　项目3　培训组织与实施 ··················· （167）

　　　任务1　培训方法的选择 ··················· （168）

　　　任务2　培训过程管理 ··················· （178）

　　项目4　培训效果评估 ··················· （181）

　　　任务1　培训制度的建立与推行 ··················· （181）

　　　任务2　培训成本核算与控制 ··················· （185）

**模块5　绩效管理** ··················· （191）

　　项目1　饭店绩效管理系统的确立 ··················· （192）

　　　任务1　饭店绩效管理系统的设计 ··················· （193）

　　　任务2　绩效管理制度的内容、要求和管理责任 ··················· （198）

　　项目2　绩效考评系统 ··················· （204）

　　　任务1　360度反馈评价方法的应用 ··················· （205）

　　　任务2　绩效考评方法与应用 ··················· （208）

　　项目3　考评数据的处理 ··················· （224）

　　　任务　考评数据处理流程 ··················· （224）

　　项目4　绩效面谈 ··················· （227）

　　　任务　绩效面谈的组织与实施 ··················· （227）

**模块6　薪酬管理** ··················· （234）

　　项目1　饭店薪酬管理 ··················· （237）

任务 饭店薪酬管理概述 ……………………………………… (238)

项目2 员工工资的统计分析 …………………………………… (240)
任务1 工资的形式和计算方法 ……………………………… (241)
任务2 工资总额与平均工资的统计分析 …………………… (244)

项目3 工作岗位分析与评价 …………………………………… (246)
任务1 工作岗位分析与评价的概念 ………………………… (247)
任务2 工作岗位评价方法 …………………………………… (248)

项目4 福利费用管理 …………………………………………… (265)
任务1 员工福利 ……………………………………………… (265)
任务2 社会保障体系 ………………………………………… (267)

**模块7 劳动关系管理** ………………………………………… (278)

项目1 劳动合同管理 …………………………………………… (278)
任务1 劳动合同的订立、履行、变更、解除、终止与管理 ……… (279)
任务2 集体合同制度 ………………………………………… (285)

项目2 劳动安全卫生管理 ……………………………………… (287)
任务1 劳动安全卫生保护 …………………………………… (287)
任务2 工伤管理 ……………………………………………… (292)

项目3 工作时间与最低工资标准 ……………………………… (294)
任务1 工作时间制度 ………………………………………… (295)
任务2 最低工资保障制度 …………………………………… (299)

**模块8 组织文化与变革** ………………………………………… (302)

项目1 构建饭店企业组织文化 ………………………………… (302)
任务1 组织文化概述 ………………………………………… (303)
任务2 学习型组织 …………………………………………… (305)

项目2 饭店公共危机管理 ……………………………………… (307)
任务1 危机管理概述 ………………………………………… (308)
任务2 建立危机管理机制 …………………………………… (310)

**参 考 文 献** …………………………………………………… (314)

# 模块1  人力资源开发与管理概述

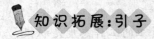 知识拓展:引子

## 现代人力资源管理理论——4种人性假设理论

1965年美国行为科学家埃德加·H. 沙因（Edgar H. Sehein）在著作《组织心理学》中把先知学者对人性假设理论的研究成果归纳成三种类型，即"经济人"假设理论、"社会人"假设理论和"自我实现人"假设理论，并在此研究基础上推导出"复杂人"假设理论。此论述的研究，梳理和概括了现代人力资源管理基本理论的发展思路，并将此研究成果命名为"四种人性假设理论"。

1. "经济人"假设理论

代表理论和人物:

· X理论，美国心理学家道格拉斯·麦格雷戈（Douglas McGregor），《企业中人的方面》，1960。

核心理念:

· 工作动机：人的工作动机在于寻求最大的经济利益。

· 工作特点：人总是被动地在组织的操控和激励下进行工作的，其本身是一件痛苦的事情，因此员工的工作态度是消极、被动和不自觉的。

· 管理方法：严密的制度、严格的监控和严厉的奖惩。

2. "社会人"假设理论

代表理论和人物:

· 人际关系学说，美国管理学家乔治·埃尔顿·梅奥（George Elton Mayo），《工业文明的人类问题》，1933；《工业文明的社会问题》，1945。

核心理念:

· 工作动机：社会中的人际关系。人不但有经济方面和物质方面的需求需要得到满足，更重要的是人有社会方面和心理方面的需求需要得到满足。因此要调动职工的积极性，就应该使职工的社会和心理方面的需求得到满足。

· 工作特点：人际关系影响组织行为，非正式组织主导工作绩效。"霍桑研究"结果发现非正式组织的社会影响比正式组织的经济诱因对人有更大的影响力。

· 管理方法：社会需求的满足。人们对领导者的最强烈期望是能够承认并满足他们的社会需要。

3. "自我实现人"假设理论

代表理论和人物:

·"Y理论",道格拉斯·麦格雷戈(Douglas McGregor);"需求层次理论",亚伯拉罕·H. 马斯洛(Abraham H. Maslow);"不成熟——成熟理论",克里斯·阿吉里斯(Chris Argyris)。

核心理念:

·工作动机:人工作的最终目的是满足自我实现的需要,力求在工作上有所成就,实现自治和独立。

·工作特点:工作本身对员工来说是一件愉快的事请,因此员工的工作态度是积极、主动、自觉的。

·管理方法:为员工创造自我实现的条件和机会,以精神内在激励为主,物质外在激励为辅。

4. "复杂人"假设理论

代表理论和人物:

·超Y理论,约翰·J. 莫尔斯(J. J. Morse)和杰伊·W. 洛希(J. W. Lorscn),《哈佛商业评论》,1970;《组织及其他成员:权变法》,1974。

核心理念:

·工作动机:需求和动机多元化。个体之间的需求和因不同的能力而产生的工作动机差异性较大。

·工作特点:

①很多需要是在后天环境的影响下形成的,因此人的动机模式是他原来的动机模式与组织经验交互作用的结果;

②人在不同的组织、部门中可能有不同的动机模式;

③工作的性质、工作能力和技术水平、动机的强弱以及同事之间的关系等都可能对个人的工作态度产生影响;

④依据动机、能力以及工作性质,会对一定的管理方式产生不同的反应。

·管理方法:善于发现员工在需要、动机、能力、个性等方面的差异,因人、因时、因事、因地制宜地采取多变的管理方式与奖酬方式。

# 项目　战略性人力资源管理

## 学习目标

● 了解人力资源的价值观。
● 了解饭店人力资源管理的发展过程。
● 掌握饭店人力资源的需求定位、概念、特点和管理理念。
● 饭店业人力资源的特征分析。
● 饭店人力资源管理的概念、内容和管理方法。

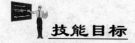

## 技能目标

1. 掌握饭店人力资源管理的基本概念、原理、管理方法，学会运用理论知识解决饭店人力资源管理的实际问题。

2. 尝试针对饭店业不同的员工，采用不同的人力资源管理方法，调动员工工作积极性，提高饭店效益。

# 任务1 人力资源的基本理论

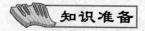

## 一、人力资源的价值观

### （一）人力资源的含义

人力资源，一般是指具有能力、并愿意为社会工作的经济活动人口。对人力资源概念的界定，各国不尽一致，主要是因为经济活动人口中涉及的两个时限不尽一致：一是起点工作年龄，如 16 岁或 18 岁；二是退休年龄，如 55 岁或 60 岁，甚至是 65 岁或 70 岁等。从更广义的角度来说，只要有工作能力或将会有工作能力的人都可以视为人力资源。这样，可以充分表明人力资源具有潜在的效应和可开发性。具体来说，人力资源包含以下几方面的含义：

**1. 人力资源的数量概念**

人力资源的数量概念包括两层含义：

（1）企业管辖范围内所具有劳动能力的适龄和超过劳动年龄的人口数量总和；

（2）能够推动企业经济发展，具有智力和体力劳动能力的人口数量总和。

**2. 人力资本的本质概念**

人力资本的本质指劳动者的自身品质资本，包括个人获得的遗传基因和通过自身学习与整合获得的后续资本。人力资本的投资渠道主要是教育、培训、迁移、医疗和保健。

**3. 人力资源转换为人力资本的条件**

只有当收益大于或等于成本时，人们才愿意考虑进行人力资本的投资。在企业的人力资本存量一定时，企业的人力资本利用率小于或等于人力资本存量，这时企业人力的产出小于人力成本或自给自足，人力资源转变为实际的人力资本没有任何实际意义；当人力资本的利用率大于人力资本的存量，企业的人力资本价值超过了人力资本的存量，这时企业的劳动生产率呈现一定幅度的增长，人力资源才能真正转变为人力资本。

企业对人力资本的投入，使企业的投资获得了价值，其结果能够使企业的劳动生产力获得相当幅度的增长，为企业带来丰厚的额外利润，人力资源转变为人力资本才具有真正的实质意义。

综上所述，人力资源是存在于人的体能、知识、技能、能力、个性行为特征与倾向等载体中的经济资源。

（二）人力资源的特点

人力资源具有时效性、社会性、增值性、消费性、能动性等特征。具体有：

（1）人力资源是"活"的资源，它具有能动性、周期性、磨损性，而物质资源只有通过人力资源的加工和创造才会产生价值。

（2）人力资源是创造价值的主要源泉，尤其是在新经济中，人力资源的创新能力是企业的最大财富。

（3）人力资源是一种战略性的资源。

（4）人力资源是可以无限开发的资源，目前人们的潜能开发程度与人力资源的实际潜能是很不相称的。

## 二、饭店人力资源管理的发展过程

人力资源管理是 20 世纪 80 年代兴起的，旨在提升组织人力资源的管理战略和活动的质量，也是正在不断发展的一个职业领域和科学。它已经被全世界的政府、企业和各种组织作为发展新战略、提升竞争力的核心武器。人力资源管理的发展过程经历了如下两个阶段。

（一）从传统人事管理到人力资源管理

人事管理的起源可以追溯到久远的年代，对人和事的管理是伴随组织的出现而产生的。现代意义上的人事管理是伴随工业革命的产生而发展起来的，并且从美国的人事管理演变而来。20 世纪 70 年代后，人力资源在组织中所起的作用越来越大，传统的人事管理已经不适用，它从开始管理的观念、模式、内容、方法等方面全方位地向人力资源转变。从 20 世纪 80 年代开始，西方人本主义管理的理念与模式逐步凸显起来。人本主义管理，就是以人为中心的管理。人本主义管理被作为组织的第一资源，人力资源管理便应运而生。

1. 传统人事管理

（1）传统人事管理活动。早期的人事管理工作只限于人员招聘、选拔、分派、工资发放、档案管理之类琐碎的工作。

（2）传统人事管理工作的性质。传统人事管理基本上属于行政事务性的工作，活动范围有限，以短期导向为主，主要由人事部门职员执行。

（3）传统人事管理在组织中的地位。人事活动被认为是低水平的、技术含量低的、无须特殊专长的工作。

2. 人力资源管理

人力资源管理涉及职务分析、绩效评估、奖酬制度的设计与管理、人事制度的制定、员工培训活动的规划与组织、组织高层战略决策等。

（二）从人力资源管理到现代人力资源管理

（1）现代人力资源管理是将传统人力资源管理的职能以提高扩大、从行政事务性的员工控制工作转变为实现组织的目标，建立一个人力资源规划、开发、利用与管理的系统，以提高组织的竞争能力。

（2）现代人力资源管理将人看做组织的第一资源，更注重对人的开发，更具有主动性。

（3）人力资源管理对员工实行人本化管理，现代人力资源管理证实员工为"社会人"。现在许多饭店的人事部纷纷更名为人力资源部，这不仅是一种名称上的变化，更重要的是，它反映了饭店人员管理模式的变迁。人力资源管理这一概念源于20世纪20年代的美国，20世纪80年代中后期被引入我国，它讲的也确实是对人的管理，但绝不是对传统人事管理的简单名词替换，它是对人的管理概念和管理方法的根本转变，是管理领域中一个划时代的进步。

从管理发展史上看，是工业革命带来的"工厂制度"导致了人事管理工作的兴起。这时的人事管理处在凭直觉、经验和个人意志进行管理的阶段。早期的工业心理学和以泰勒为代表的古典科学管理学派使人事管理开始步入科学化轨道。这个阶段进入了以工作为中心的人事管理阶段，但它仍然没有摆脱把人作为一种工具的意识。

第二次世界大战后，科学技术的日新月异、高科技的展现使社会生产向着知识密集型和智能型方向发展。知识性的劳动和知识性的劳动者所占比重越来越大，过去那种单纯依靠强制性监督或物质利诱的方式难以有效地调动人们的积极主动性。因而以人为中心、强调尊重人和满足人的多方面需要的人力资源管理应运而生，成为现代人事管理的主流。与传统人事管理不同，现代人力资源管理把人看成最大的资源，把对人的管理看成组织战略的重要组成部分，强调了人与工作的相互适应。

# 任务2　现代饭店人力资源管理

**知识准备**

人力资源是世界上一切资源中最重要的资源，饭店业以产品、服务、质量、文化为主要内容的竞争其实就是人才竞争，人力资源管理开发在饭店业管理中也就显得至关重要。

## 一、饭店人力资源概述

（一）饭店人力资源的定义

饭店人力资源是指在一定的时间条件下，在饭店企业工作范围内，能为饭店业创造财富、提供劳务的人及其所具备的能力、技能，具体包括数量和质量两个方面。

（二）饭店人力资源的特点

1. 从业人员年轻化

从业人员较为年轻，年龄结构比较合理。中国旅游协会人力资源开发培训中心曾对接受过培训的几十家饭店作过抽样调查，调查结果表明：主管以上的管理人员平均年龄为35岁；北京建国饭店开业近30年来，员工的平均年龄始终保持在30岁上下。

2. 具备一定的素质和能力

饭店的员工虽然来自五湖四海，但是均经过较为规范的教育和培训，具备一定的素质和能力。例如：三星级以上的饭店基本实现了从社会招工转向从旅游学校、职业高中招聘；目前一些饭店和饭店管理集团普遍比较重视员工的后续教育和培训，如北京丽都、上海锦江等饭店管理集团都自己开办了培训学校。

### 3. 规范化管理

为适应我国旅游业的快速发展，目前我国的旅游饭店都根据自己饭店的经营目标，制定了严格的管理制度，并建立起一套符合我国国情的饭店人力资源管理模式，饭店人力资源管理正在逐步向制度化、规范化、科学化发展。

### 4. 人力资源成本逐年加大

由于劳动力成本的逐年增大，使得饭店人力资源成本逐年加大。例如：2010 年以来，我国副省级城市星级饭店人力成本每年每人平均在 2.5 万元左右，中高级饭店在 3.5 万元以上。

### 5. 员工流动率加大

因为受市场经济影响，人们都在追求自身价值，企业间的竞争又加剧了人才流动，所以使得员工流动率在逐年加大。饭店越多，饭店企业间的竞争越激烈，流动率就越大；经济越发达的地区员工的流动率越大；学历越高、外语越好、年龄越年轻的员工流动性越大。例如：北京、上海、广东等地的旅游饭店员工的流动率在 30％左右，有的地区甚至高达 45％。

## 二、饭店人力资源管理理念

最早的饭店人力资源管理不叫饭店人力资源管理，叫饭店劳动管理，后来出现了饭店人事管理，再后来出现饭店人力资源管理，现在已经很流行饭店人力资本管理这个时髦的叫法。

### 1. 饭店劳动管理

最初，工人被当做生产力要素之一，也就是劳动力。所以，对劳动力的管理就叫劳动管理。我们还经常看到"劳动力市场"的字眼。在这个阶段，劳动者的地位是比较低下的，所谓的劳动管理在很大程度上仅仅起到劳动监督的作用，而不是管理。

### 2. 饭店人事管理

后来，管理者发现，员工不像别的生产力要素那么简单，那么听话地工作，他们有思维、有感情，还会偷懒，会弄出不同的事情来，仅仅去监督是不够的。所以，管理科学家们提出了人事管理的概念，提醒管理者们，员工不仅仅是"经济人"，还是"社会人"，因而要在物质和精神两个方面来进行针对性的管理，员工才会努力工作，去创造利润。

### 3. 饭店人力资源管理

管理者们发现，劳动力这个重要的生产要素，其实和自然界的石油、煤炭一样，也会由旺盛走向衰弱。一个劳动者可以为企业创造利润的时间也就那么几十年，等到他退休，不能再工作的时候，这个生产要素相对于企业来讲就已经消失了。由此产生了一个重要的课题，即如何在有限的时间段内充分发挥劳动力的使用价值，最大限度地为企业创造利润。

延伸开来，管理科学家提出人力资源的概念，认为人力资源相对于其他资源更加需要管理者的重视，因为这个资源具有强大的主观能动性，只要善于发掘，就可以发挥巨大的作用，对生产会有强大的推动。因此，劳动者的地位进一步提高，他们有很多机会参加各类培训以便能够不断提升工作技能；同时，他们在管理者制订的各种激励计划当中获得了很多益处。

**4. 饭店人力资本管理**

仅仅把人力当做资源还是不够，不足以说明人才对企业的重要性，因为人是具有主观能动性的，而一旦人的主观能动性被充分调动起来，所产生的效益将是十分惊人的，可以为企业的资本增值产生巨大的推动作用。所以理论家们提出了人力资本的概念，要化人力为资本，把人力资源当做资来运用。众所周知，资本是可以不断增值的。把人力当做资本来运作，可以促进管理者对人力的广泛关心和重视。可以说，由此劳动者的地位达到了前所未有的高度。

在饭店所有资源中，最重要的是人力资源，人力资源相对于物质资源与财力资源来说，是可以再生的资源。

## 三、饭店业人力资源的特征分析

**1. 人力资源供求不平衡**

目前，饭店业人力资源存在供求不平衡的问题，即人力资源"供过于求"和人才资源"供不应求"。具体表现为：一般劳力、低素质劳务人员"供过于求"，而有学历、有能力、有工作经验的高素质人才却"供不应求"。

旅游作为朝阳产业，吸引许多人进入饭店业工作，可以说饭店人力资源的数量是充实的，然而人才资源的数量又是有限的，尤其是优秀的管理人才匮缺，如高层管理者、培训部经理、工程部经理、行政总厨等十分紧缺。许多饭店的经理称："人才资源缺乏是企业发展的最大障碍"，各大饭店管理集团一致认为"高级饭店管理人才越来越难找"。

**2. 人力资源流动过剩**

人才流失过快、人才稳定难，目前已成为饭店业的通病。饭店作为经营性企业，谋求人才队伍的相对稳定是必要的，人才流动过速，既不利于服务工作规范化的延续，也极大地影响着饭店经营事业的发展。但是缺乏必要的人员流动，对企业的发展和人才的成长也不利，人才流动和人才稳定应该保持一个相对合理程度。

目前饭店业人员流动有三大特点：一是人员流动比例大；二是饭店星级越高、人员流动率越大（4～5星级饭店员工流动率为25.74%，2～3星级为20.15%），合资饭店员工流动率（26.72%）高于国有饭店（21.18%）；三是人才流失快，外语好、学历高、能力强、年龄不大，或处于管理岗位及专业技术岗位的人才流动频繁。

**3. 人才素质偏低且结构不合理**

知识经济时代对饭店人才的素质是有很高要求的，然而现阶段饭店管理人才的素质却普遍偏低。有专家提出，21世纪的人才须持有三本"护照"：学历、任职资格证及专业技能证书；知识经济时代需要有三星闪烁，即创造型人才、复合型人才和协作型人才。在未来知识经济时代，对饭店人才素质的挑战是严峻的：其一，管理人员学历不高；其二，中高层管理者外语水平普遍较差，能熟练操作电脑的人少，懂得饭店企业现代化经营管理的人不多；其三，管理人才专业结构单一，从基层成长、干起来的经验型者居多，饭店管理、财会、工程设备管理、营销及人力资源管理等科班出身的人少，复合型的管理人才更少；其四，管理人才有技术职称的人少且专业结构不合理。

### 4. 人工成本逐年增加

人工成本逐年增加，而饭店的收入却在逐年下降，人工成本即每雇用一名员工所应支付的全部工资、奖金、补贴、福利、保险、公积金、所得税等项目费用之总和。近几年，饭店人工费用逐年增加，饭店星级越高，人工费用越大。

### 5. 重使用轻培养

在饭店人力资源管理中，普遍存在重使用、轻培养，重组织发展、轻个人开发。

承认人力资源的作用与地位，视人力资源为组织最重要的资本，是许多饭店的共识。但仍有一些饭店仅仅把人力资源看做组织运作过程中的投入要素，注重的是人力资源作为投入要素对组织的产出和贡献价值；存在重使用轻开发，重组织发展轻个人发展的观念。产生这些问题的原因有：其一，舍不得投入，认为开发人、培训人要花钱；其二，害怕下属受到培养、成长起来对自己有威胁；其三，花力气培训下属后，害怕其"飞"走；其四，一些饭店企业短期行为严重，急功近利，只注重收益指标、经济效益，而人力资源的规划、人才的引进和培养、开发人的潜能等都放到从属或者不重要的地位。

### 6. 强调管理而忽视激活

目前，旅游饭店的人事管理基本上还处于传统的人事管理阶段，即偏重管理；而现代人力资源开发则强调管理是一种控制行为，激活是一种促进措施，把激发人的热情、增强人的能力作为现代人力资源开发的重要目标，提出要把整个人才队伍盘活，把每一个人才个体激活，通过有效而正确的激励技巧，激发出每个人内在的活力，使其始终保持一种积极进取、奋发向上、勇于拼搏、开拓创新的精神状态，把潜能最大限度地释放出来。

### 7. 重智商开发却轻情商开发

在饭店人力资源开发活动中，存在一个不好的倾向：重视智商、忽略情商，即重视对员工知识的学习、能力的培养，而对其非智力因素，即情商（关于调整与控制个人情绪的能力）的开发重视不够，有的企业或个人根本不予重视或没有意识到这个问题。

饭店人力资源开发的目标之一就是既要开发人的智商，更要开发人的情商，情商重于智商。现代心理学研究的发展和实践已证明，在决定一个人成功的诸多因素中，智商只能起到20%的作用，而情商则能起到60%～80%的作用。近几年，美国流行着一句话："靠智商得以录用，靠情商得以提拔。"一个人要想成就大业，只有智商和情商双高的人，才能在未来知识经济时代和市场竞争中出类拔萃。

### 8. 人才使用不当

人才使用不当，主要体现在"人才高消费"与"人力的凑合"两个方面。

我国饭店人力资源的配置存在着严重的高消费现象，主要表现在以下几点：其一，不分岗位和职位，对聘用人员的学历要求较高。如职高、中专水平就可以胜任的工作岗位却非要聘用大学生，高学历者必然希望高工资，这势必造成人力资源浪费和人力成本的无谓增加。其二，用高薪聘用的人才与其创造的价值不符。企业应依据人才创造的价值来选聘人才。

人力的凑合表现在需要用高学历、高素质人才才能完成工作的岗位，如工程、营销、财务、人事培训等部门中一些对知识、能力要求较高的岗位，采取凑合的办法，宁可选择职高生、中专生，而不愿选择大学生，或者从社会随意招聘，这无疑会影响工作质量，对饭店的长远发展和高级管理人才的培养是非常不利的。

9. 注重培训形式和数量而忽视培训内容和质量

注重培训的形式和数量，而忽视培训的内容和质量，也是当前饭店人力资源管理中存在的主要问题。不少饭店虽然看到培训工作的重要性，培训工作做得也轰轰烈烈，送出去、请进来、到国内外去考察，花费了大量的人力、物力、财力，参加培训的人也较多，但受训者对培训内容兴趣不大，参训的积极性不高，培训对促进管理、服务质量及人员素质提高的作用不明显，培训的整体效果并不理想。究其原因是只为完成任务，而对饭店培训工作的特点和规律缺乏深刻的理解；培训内容没有与饭店经营管理以及员工的个人情况结合；培训手段落后，培训形式单调，培训方法不适应成人学习特点；培训者专业化素质不高，培训资料和教材缺乏；培训政策不到位，"要我学"的现象很普遍，"我要学"的风气并未形成。

## 四、饭店人力资源管理的概念和内容

### (一) 饭店人力资源管理的概念

饭店人力资源管理就是科学地运用现代管理的原理，对饭店的人力资源进行有效的开发和管理，合理的使用，并最大限度地挖掘人的潜在能力，充分调动人的积极性，使用有限的人力资源发挥出尽可能大的作用。凡是与员工的需求和供应有关的问题都是人力资源管理研究的对象。

### (二) 饭店人力资源管理的内容

(1) 制订饭店人力资源规划。

(2) 招聘并配置好饭店员工。

(3) 对员工进行培训和开发。

(4) 调动员工的工作积极性，增强饭店凝聚力，有效进行绩效管理。

(5) 做好薪酬福利管理。

(6) 员工与饭店之间的劳动关系的管理。

以人力资源规划为核心，全面开展招聘、培训、绩效、薪酬四大块工作。招聘工作要求整理并保存员工档案，并规范入职、在职、离职的相关考核档案管理工作。培训要求对员工进行人生规划、职业道德培训，并进行在岗培训、换岗培训和技改培训等，同时需要对培训的效果进行评测与考核，并对培训记录进行归档保存。绩效和薪酬管理工作要求做好绩效与考勤相关的辅助工作并记录保存。

## 五、饭店人力资源管理方法

### (一) 确立"人本管理"的价值取向

实施"人性化"管理，完善考核和提升机制，能够稳定饭店员工的心态，提高员工对饭店的忠诚度。因此，饭店人力资源管理的核心价值取向，也必须由权利本位、亲情本位向效率本位、能力本位转变。饭店领导必须带头转变观念，树立"以人为本，效能优先"

的管理观念，把人用好、用活、用到最适宜发挥作用的地方。尤其是应建立公平、公正的员工评价、激励和约束制度，真正做到"能者上，庸者下"，调动员工的积极性，发挥员工的创造潜能。

**（二）重视人力资源配置与开发**

人力资源的管理包括人力资源的开发。人力资源的开发是培养职工知识技能、经营管理水平和价值观念的过程。

**1. 人力资源优化配置**

人力资源优化配置是一个系统工程，它至少包括以下体系：组织分工体系、员工评价激励约束体系、员工社会保障体系。其中组织分工体系是最重要的体系，必须实行动态管理。

**2. 开发人力资源潜能**

目前，我国人力资源普遍存在三大缺陷：数量多、质量差、结构不合理。当然，这只是一种暂时现象，如果通过有目的、有计划地培训，挖掘员工的潜能，还是可以改变的。这也是许多国际大公司把企业称为"学习型组织"的原因。

**（三）建立完善的绩效评价系统**

人力资源部门应该通过职位分析形成规范的岗位说明书，明确员工的责任，确定员工的工作目标或者任务；通过岗位评估判断职位的相对价值。建立公司的薪酬政策，使员工产生明确的期望目标。绩效评价有两部分内容：结果和成绩（目标、权利、责任、结果），绩效要素（态度表现、能力）。目标结果一般以量化指标进行衡量，应负责任的成绩一般以责任标准来考核。绩效要素包括：主动性、解决问题、客户导向、团队合作和沟通；对管理者而言，包括领导、授权和其他要素，最终的绩效评价结果是两部分内容的综合，两者分别占 60% 和 40%。

**（四）制定可行策略以吸引、留住人才**

制定可行策略以吸引、留住人才。对员工进行公正的评价，有利于饭店人员相对稳定，但是要真正留住人才，却非一时间就可以完成。为了使人才流失率降到最低，现代企业应该制定并且执行科学合理的转换成本策略，即员工试图离开饭店时会因为转换成本而放弃。这就需要在制定薪酬政策时充分考虑短期、中期、长期报酬的关系，为特殊人才设计特殊的薪酬方案。薪酬政策是吸引、保留和激励员工的重要手段，是公司经营成功的影响因素。影响薪酬水平的因素有三个：职位、员工和环境，即职位的责任和难易程度、员工的表现和能力以及市场的影响。薪酬政策的目的是提供本地区具有竞争力的报酬，激励员工更好地工作并且获得满足。

 **案例学习**

## 基于人工成本的管理理念

格斯酒店刚来一名实习生杨林，18 岁。因为在校期间对调酒技术有浓厚的兴趣，在老师的指导下获得了初级调酒师职业技术资格。他到酒店后被分配到酒水部负责鸡尾酒的调酒工作，工资 800 元。他工作非常努力，有活抢着干，技术提高得很快。他还很好学，工作之余经常自行开发鸡尾酒新品种，有几种非常受客人欢迎，花式调酒技术过硬，风格独特。一年后他的技术已经相当成熟，刚好也到了需要正式转正的时候了。酒水部领班几次向部门经理提出把他转为正式员工并提出加薪的要求，但是部门经理觉得他年轻、是实习生，只作出同意给杨林转正并提薪 200 元的决定。杨林心里很不平衡，就拿着自己的作品到别的饭店应聘，后来被一家大型饭店的人力资源部看中，跳槽过去做了一名正式的调酒师。那家酒店同意先试用一个月，试用期结束后根据上级的评价和顾客的满意度，工资定为 2000 元/月，并与他签订了劳动合同。

### 案例分析

对待有潜力的年轻员工，适当地增加工资留住他要比另聘新的员工划算得多。比如杨林目前的工资是 800 元，如果能按照目前行业的平均薪酬，提高到 1300～1500 元，他也会很乐意留下。因为这样既保障了员工的生活需要，也体现了对员工个人价值的认同。但此时另聘一位和他技术水平相当的师傅，开的薪水就不是 800 元能打发的了。而且，对新员工的招聘和培训都要付出直接或者间接的成本，这些要素都需要慎重考虑在内。不要让优秀的员工成为你企业的竞争对手。

（五）为员工创造持续发展的空间

现代饭店在要求员工创造价值的同时，也应该积极鼓励员工自身合理持续发展。员工适应新的环境的能力对于公司和个人成长的成功都是至关重要的。现代饭店应积极鼓励持续的发展，为员工提供机会以改善其适应能力。通过对人力资源的充分利用，适应变化并且利用变化来取得竞争优势。现代饭店应该鼓励所有的员工积极主动地投入到竞争的挑战中来，责任和权力互相平衡，尽可能贴近工作实际以方便最大利用、发挥员工创造力和主动性。

（六）建设良好的饭店企业文化

饭店发展到今天，已经不仅是一个工作的场所，而且是一个文化体系，在人们的生活中饭店文化对于饭店和员工都具有越来越重要的作用。在做好这项工作时，我们务必做到融合中西文化，突出时代特色。和谐是我国传统文化的精髓。但是，我国很多饭店目前没有正确理解和运用这一精髓，也未能用来协调饭店内的人际关系和饭店间的关系，由此往往形成很多内耗。

（七）建立和完善饭店职业经理人制度

饭店职业经理人制度是国外普遍采用的一种用人机制，旨在通过严格的认证和监督管理，规范与提高饭店中高层管理人员的素质，促进饭店业人力资源整体质量的提高并为行业的发展储备相应的高素质人才。我国旅游饭店业真正形成完善有效的职业经理人制度尚需更大的努力，特别是市场认证机制和监督机制上还存在不少问题，需要加快建设步伐，以便及早形成旅游饭店真正的职业经理人队伍。

# 模块 2  人力资源规划与设计

## 知识拓展:引子

格斯酒店集团最初只是一家普通的国有宾馆,由于地处城市繁华会展商圈,故迅速发展壮大,原有的旧建筑已经重新装修,成为一家五星级大酒店。格斯酒店由此尝到甜头后,先后在四个商业繁华地段附近收购了四家三星级的酒店。对于新收购的酒店,集团只是派去了总经理和财务部全班人马,其他人员都采取本地招聘的政策。因为集团认为服务员容易招到,而且经过简单培训就可以上岗,所以只是进行简单的面试,只要应聘者长相顺眼就可以,同时,为了降低人工成本,服务员的工资比较低。

杨林是酒店新委派的一家下属酒店的总经理,刚上任就遇到酒店西餐厅经理带着几名熟手跳槽的事情,他急忙叫来人事部经理商谈此事,人事部经理满口答应,立即解决此事。第二天,杨林去西餐厅视察,发现有的西餐厅服务员摆台时经常把刀叉摆错,有的不知道如何开启酒瓶,领班除了长得顺眼和会一味傻笑外,根本不知道如何处理顾客的投诉。紧接着仓库管理员跑来告诉杨林说发现丢失了银质的餐具,怀疑是服务员小张偷的,但现在已经找不到小张了。杨林一查仓库的账本,发现很多东西都写着丢失。杨林很生气,要求人事部经理解释此事,人事部经理辩解说因为员工流动率太大,多数员工都是才来不到 10 天的新手,餐厅经理、领班、保安也是如此,所以做事不熟练,丢东西比较多。杨林忍不住问:"难道顾客不投诉吗?"人事部经理回答说:"投诉,当然投诉,但没关系,因为现在是旅游旺季,不会影响生意的。"杨林对于人事部经理的回答非常不满意,又询问了一些员工后,发现人事部经理经常随意指使员工做各种事情,例如接送自己的儿子上下学、给自己的妻子送饭等。如果员工不服从,立即开除。杨林考虑再三,决定给酒店换血,重新招聘一批骨干人员,于是给集团总部写了一份有关人力资源规划的报告,申请高薪从外地招聘一批骨干人员,并增加培训投入。同时人事部经理也给集团总部写了一份报告,说赵某预算超支,还危言耸听造成人心惶惶,使管理更加困难,而且违背了员工本地化政策。

**【想一想】**

(1) 杨林的想法是否正确?酒店是否必须从外地雇用一批新的骨干人员?

(2) 杨林应当采取哪些措施以解决酒店目前面临的问题?

(3) 目前酒店的人力资源规划重点是什么?服务员是否需要进行规划,或者是否应该等到需要时再招聘?

(4) 杨林应当与什么人一起完成酒店的人力资源规划?在进行人力资源规划的过程中,会遇到哪些问题?

# 项目1　人力资源规划及组织信息概述

- 了解人力资源规划的概念、内容和实施程序。
- 掌握人力资源供给和需要预测的方法和原理。
- 掌握人力资源需求和供给预测的步骤。
- 了解编写人力资源规划的典型步骤。

**技能目标**

1. 通过学习人力资源补充的来源，掌握调整人力资源缺乏的方法。
2. 通过学习企业减员的方法，掌握调整人力资源过剩的方法。
3. 能够设计和填写人员需求预测表。
4. 能够应用岗位增补申请表、人员增补申请表、人才储备登记表。

## 任务1　人力资源规划与设计

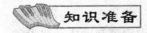

### 一、人力资源规划的基本概念

人力资源规划是指根据企业的发展规划，通过企业未来的人力资源的需求和供给状况的分析及估计，对职务编制、人员配置、教育培训、人力资源管理政策、招聘和选择等内容进行的人力资源部门的职能性规划。简而言之，人力资源规划是为了说明人力资源部门未来要做的工作内容和工作步骤。

人力资源规划根据时间的长短不同，可分为长期规划、中期规划、年度规划和短期规划四种。长期规划适合于大型企业，往往是5～10年的规划；中期规划适合于大型、中型企业，一般的期限是2～5年；年度规划适合于所有的企业，每年进行一次，常常是企业的年度发展规划的一部分。短期规划适用于短期内企业人力资源变动加剧的情况，是一种应急计划。需要注意的是，人力资源规划与企业发展计划密切相关，它是达成企业发展目标的一个重要部分。企业的人力资源规划不能与企业的发展规划相背离。

酒店的人力资源规划是指为了使酒店正常开展经营活动而拥有一定数量和一定质量的人力资源，以实现酒店和员工共同利益为目标而制订的人员战略计划，以求得人员需求量和人员拥有量之间在酒店未来发展过程中的相互匹配。规划主要包括以下几点：

（1）从酒店的经营出发，要求酒店人力资源的质量、数量和结构符合其酒店经营管理的要求和需要；

（2）在实现酒店经营目标的同时，满足员工的切身利益；

（3）保证酒店人力资源与酒店发展的各个阶段的动态相适应。

人力资源规划是一种战略规划，着眼于酒店生产经营活动的预备力量，是一种酒店人事劳动政策，指导酒店的人事劳动管理。

## 二、人力资源规划的内容

企业人力资源规划从内容上可划分为：战略规划、组织规划、制度规划、人员规划和费用规划。

### 1. 战略规划

广义的人力资源战略规划，是指根据组织的发展战略、目标及组织内外环境的变化，预测未来的组织任务和环境对组织的要求，以及为完成这些任务、满足这些要求而提供人力资源的过程。狭义的人力资源战略规划，是指对可能的人员需求、供给情况作出预测，并据此储备或减少相应的人力资源。

### 2. 组织规划

组织规划是一个动态的工作过程，是对企业整体框架的设计。主要包括组织信息的采集、处理和应用，组织结构图的绘制，组织调查，诊断和评价等。组织结构的规划可能因为以下三种情况：新建的企业需要进行组织结构设计；原有组织结构出现较大的问题或企业的目标发生变化，原有组织结构需要进行重新评价和设计；组织结构需要进行局部的调整和完善。

### 3. 制度规划

制度规划是人力资源总规划目标实现的重要保证，包括人力资源管理制度体系建设的程序，制度化管理等内容。

### 4. 人员规划

人员规划是对企业人员总量、构成、流动的整体规划，包括人力资源现状分析、企业定员、人员需求和供给预测和人员供需平衡等。

### 5. 费用规划

费用规划是对企业人工成本、人力资源管理费用的整体规划，包括人力资源费用的预算、核算、审核、结算，以及人力资源费用控制。

如图 2-1 所示为人力资源规划的内容、方法和过程。

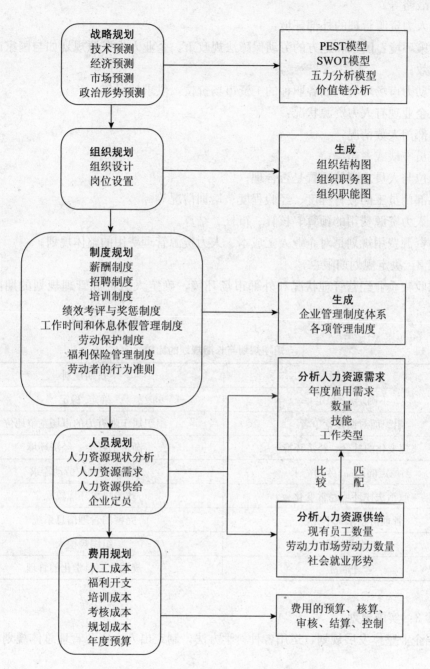

**图 2-1 人力资源规划的内容、方法和过程**

## 三、开展人力资源规划的实施程序

步骤1：环境分析

对环境的分析，需要收集的信息包括：

（1）企业自身整体状况及发展规划：如产品结构、市场占有率、技术设备、资金情况、经营战略等。

（2）人力资源管理的外部环境：

①政策环境：国家和地方的劳动保障法规政策。企业人力资源规划如与国家政策相抵触，则无效；

②劳动力市场环境：如各职种的工资市场价位，供求情况等。

（3）企业现有人力资源状况：

①各部门人数情况；

②人员空缺或者超编；

③岗位与人员之间的配置是否合理；

④各部门员工的教育程度、经验程度、培训情况等。

（4）人力资源费用的预算、核算、审核、结算。

人力资源费用规划是对企业人工成本、人力资源管理费用的整体规划。

步骤2：决定规划期限

根据收集企业经营管理状况和外部市场环境，确定人力资源管理规划的期限，如表2-1所示。

表2-1　　　　　　　　　短期规划与长期规划的比较

| 短期规划 | 长期规划 |
| --- | --- |
| 不确定/不稳定 | 确定/稳定 |
| 组织面对诸多竞争者 | 组织居于强有力的市场竞争地位 |
| 飞速变化的社会、经济环境 | 渐进的社会、经济环境 |
| 不稳定的产品/劳动需求 | 稳定的产品/劳动需求 |
| 政治法律环境经常变化 | 政治法律环境较稳定 |
| 管理信息系统不完善 | 完善的管理信息系统 |
| 组织规模小 | 组织规模大 |
| 管理混乱 | 规范化、科学化的管理 |

步骤3：实施规划

根据企业整体发展规划，运用各种科学方法，制定出人力资源管理总体规划的各项目的计划。

步骤4：对实施结果进行评估

人力资源规划不是一成不变的，它是一个动态开放的系统。对规划过程及结果必须进行监控、评估，重视信息反馈，不断地调整企业人力资源管理的整体规划和各项计划，使其更切合实际，更好地促进企业目标的实现。

## 任务2　组织信息的采集

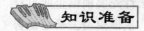 **知识准备**

### 一、人力资源供给和需要预测

预测是对未来环境的分析。人力资源预测是指在企业的评估和预言的基础上，对未来一定时期内人力资源状况的假设。人力资源预测可分为人力资源需求预测和人力资源供给预测。需求预测是指企业为实现既定目标而对未来所需员工数量和种类的估算；供给预测是确定企业是否能够保证员工具有必要能力以及员工来自何处的过程。人力资源预测是建立在企业人力资源现状、市场人力资源环境等基础之上的，所以在企业进行人力资源预测时，一定要注意分析以下问题。

(1) 企业人力资源政策在稳定员工方面所发挥的作用；

(2) 市场上人力资源的供求状况和发展趋势；

(3) 本行业其他公司的人力资源政策；

(4) 本行业其他公司的人力资源状况；

(5) 本行业的发展趋势和人力资源需求趋势；

(6) 本行业的人力资源供给趋势；

(7) 企业的人员流动率及原因；

(8) 企业员工的职业发展规划状况；

(9) 企业员工的工作满意状况。

### 二、人力资源预测的方法

人力资源有许多种预测方法，常用的方法有经验预测法、现状规划法、模型法、专家讨论法、定员法和自下而上法。这些方法适用于不同的人力资源预测类型。

1. 经验预测法

经验预测法是人力资源预测中最简单的方法，它适合于较稳定的小型企业。经验预测法，顾名思义就是用以往的经验来推测未来的人员需求。不同的管理者的预测可能有所偏差。可以通过多人综合预测或查阅历史记录等方法提高预测的准确度。要注意的是，经验预测法只适合于一定时期内企业的发展状况没有发生方向性变化的情况，对于新的职务，或者工作的方式发生了大的变化的职务，不适合使用经验预测法。

2. 现状规划法

现状规划法假定当前的职务设置和人员配置是恰当的，并且没有职务空缺，所以不存在人员总数的扩充。人员的需求完全取决于人员的退休、离职等情况的发生。所以，人力资源预测就相当于对人员退休、离职等情况的预测。人员的退休是可以准确预测的；人员的离职包括人员的辞职、辞退、重病（无法工作）等情况，所以离职是无法准确预测的。通过对历史资料的统计和比例分析，可以更为准确地预测离职的人数。现状规划法适合于中、短期的人力资源预测。

### 3. 模型法

模型法是通过数学模型对真实情况进行实验的一种方法。模型法首先要根据企业自身和同行业其他企业的相关历史数据，通过数据分析建立起数学模型，根据模型去确定销售额增长率和人员数量增长率之间的关系，这样就可以通过企业未来的计划销售增长率来预测人员数量增长。模型法适合于大、中型企业的长期或中期人力资源预测。

### 4. 专家讨论法

专家讨论法适合于技术型企业的长期人力资源预测。现代社会技术更新非常迅速，用传统的人力资源预测方法很难准确预计未来的技术人员的需求。相关领域的技术专家由于把握技术发展的趋势，所以能更加容易对该领域的技术人员状况作出预测。为了增加预测的可信度，可以采取二次讨论法。在第一次讨论中，各专家独立拿出自己对技术发展的预测方案，管理人员将这些方案进行整理，编写成企业的技术发展方案。第二次讨论主要是根据企业的技术发展方案来进行人力资源预测。

### 5. 定员法

定员法适用于大型企业和历史久远的传统企业。由于企业的技术更新比较缓慢，企业发展思路非常稳定，所以每个职务和人员编制也相对确定。这类企业的人力资源预测可以根据企业人力资源现状来推比出未来的人力资源状况。在实际应用中，有设备定员法、岗位定员法、比例定员法和效率定员法等几种方式。

### 6. 自下而上法

自下而上法，顾名思义，就是从企业组织结构的底层开始的逐步进行预测的方法。具体方法是，先确定企业组织结构中最底层的人员预测，然后将各个部门的预测层层向上汇总，最后作出企业人力资源总体预测。由于组织结构最底层的员工很难把握企业的发展战略和经营规划等，所以他们无法制订出中长期的人力资源预测。这种自下而上的方法适合于短期人力资源预测。

## 三、人力资源需求预测的步骤

人力资源需求预测分为现实人力资源需求、未来人力资源需求和未来流失人力资源需求预测三部分。具体步骤如下：

（1）根据职务分析的结果，来确定职务编制和人员配置；

（2）进行人力资源盘点，统计出人员的缺编、超编人数及是否符合职务资格要求；

（3）将上述统计结论与部门管理者进行讨论，修正统计结论；

（4）该统计结论为现实人力资源需求；

（5）根据企业发展规划，确定各部门的工作量；

（6）根据工作量的增长情况，确定各部门还需增加的职务及人数，并进行汇总统计；

（7）该统计结论为未来人力资源需求；

（8）对预测期内退休的人员进行统计；

（9）根据历史数据，对未来可能发生的离职情况进行预测；

（10）将（8）、（9）统计和预测结果进行汇总，得出未来流失人力资源需求；

（11）将现实人力资源需求、未来人力资源需求和未来流失人力资源需求汇总，即得企业整体人力资源需求预测。

## 四、人力资源供给预测的步骤

人力资源供给预测分为内部供给预测和外部供给预测两部分。具体步骤如下：

（1）进行人力资源盘点，了解企业员工现状。

（2）分析企业的职务调整政策和历史员工调整数据，统计出员工调整的比例。

（3）向各部门的人事决策人了解可能出现的人事调整情况。

（4）将（2）、（3）的情况汇总，得出企业内部人力资源供给预测。

（5）分析影响外部人力资源供给的地域性因素，包括：

①企业所在地的人力资源整体现状；

②企业所在地的有效人力资源的供求现状；

③企业所在地对人才的吸引程度；

④企业薪酬对所在地人才的吸引程度；

⑤企业能够提供的各种福利对当地人才的吸引程度；

⑥企业本身对人才的吸引程度。

（6）分析影响外部人力资源供给的全国性因素，包括：

①全国相关专业的大学生毕业人数及分配情况；

②国家在就业方面的法规和政策；

③该行业全国范围的人才供需状况；

④全国范围从业人员的薪酬水平和差异；

（7）根据（5）、（6）的分析，得出企业外部人力资源供给预测；

（8）将企业内部人力资源供给预测和企业外部人力资源供给预测汇总，得出企业人力资源供给预测。

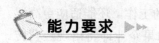 **能力要求** ▶▶

## 人力资源的供需平衡

在企业的运营过程中，企业始终处于人力资源的供需失衡状态。在企业扩张时期，企业人力资源需求旺盛，人力资源供给不足，人力资源部门用大部分时间进行人员的招聘和选拔；在企业稳定时期，企业人力资源在表面上可能会达到稳定，但企业局部仍然同时存在着退休、离职、晋升、降职、补充空缺、不胜任岗位、职务调整等情况，企业处于结构性失衡状态；在企业衰败时期，企业人力资源总量过剩，人力资源需求不足，人力资源部门需要制定裁员、下岗等政策。

总之，在整个企业的发展过程中，企业的人力资源状况不可能始终自然地处于平衡状态。人力资源部门的重要工作之一就是不断地调整人力资源结构，使企业的人力资源始终处于供需平衡状态。只有这样，才能有效地提高人力资源利用率，降低企业人力资源成本。企业的人力资源供需调整分为人力缺乏调整和人力过剩调整两部分。

### 情境 1：调整人力资源缺乏的方法

**1. 外部招聘**

外部招聘是最常用的人力缺乏调整方法，当人力资源总量缺乏时，采用此种方法比较有效。但如果企业有内部调整、内部晋升等计划，则应该先实施这些计划，将外部招聘放在最后使用。

**2. 内部招聘**

内部招聘是指当企业出现职务空缺时，优先由企业内部员工调整到该职务的方法。它的优点首先是丰富了员工的工作，提高了员工的工作兴趣和积极性；其次，它还节省了外部招聘成本。利用"内部招聘"的方式可以有效地实施内部调整计划。在人力资源部发布招聘需求时，先在企业内部发布，欢迎企业内部员工积极应聘，任职资格要求及选择程序和外部招聘相同。当企业内部员工应聘成功后，对员工的职务进行正式调整，员工空出的岗位还可以继续进行内部招聘。当内部招聘无人能胜任时，进行外部招聘。

**3. 内部晋升**

当较高层次的职务出现空缺时，优先提拔企业内部的员工。在许多企业里，内部晋升是员工职业生涯规划的重要内容。对员工的提升是对员工工作的肯定，也是对员工的激励。由于内部员工更加了解企业的情况，会比外部招聘人员更快地适应工作环境，提高工作效率，同时节省外部招聘成本。

**4. 继任计划**

继任计划在国外比较流行。具体做法是：人力资源部门对企业的每位管理人员进行详细地调查，并与决策组确定哪些人有权利升迁到更高层次的位置，然后制订相应的"职业计划储备组织评价图"，列出岗位可以替换的人选。当然上述的所有内容均属于企业的机密。

**5. 技能培训**

对公司现有员工进行必要的技能培训，使之不仅能适应当前的工作，还能适应更高层次的工作。这样，就为内部晋升政策的有效实施提供了保障。如果企业即将出现经营转型，企业应该及时向员工培训新的工作知识和工作技能，以保证企业在转型后，原有的员工能够符合职务任职资格的要求。这样做的最大好处是防止了企业的冗员现象。

### 情境 2：调整人力资源过剩的方法

**1. 提前退休**

企业可以适当地放宽退休的年龄和条件限制，促使更多的员工提前退休。如果将退休的条件修改得足够有吸引力，会有更多的员工愿意接受提前退休。

**2. 减少人员补充**

当出现员工退休、离职等情况时，对空闲的岗位不进行人员补充。

**3. 增加无薪假期**

当企业出现短期人力过剩的情况时，采取增加无薪假期的方法比较适合。比如规定员工有一个月的无薪假期，在这一个月没有薪水，但下个月可以照常上班。

4. 裁员

裁员是一种最无奈，但最有效的方式。在进行裁员时，首先制定优厚的裁员政策，比如为被裁减者发放优厚的失业金等；然后，裁减那些主动希望离职的员工；最后，裁减工作考评成绩低下的员工。

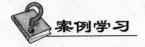 案例学习

## 人力资源供给分析
### ——人口红利与刘易斯拐点

1. 综述

人口红利，是指一个国家的劳动年龄人口占总人口比重较大，抚养率比较低，为经济发展创造了有利的人口条件，整个国家的经济成高储蓄、高投资和高增长的局面。在统计学上"人口红利期"是指"总抚养比"（少儿和老人人口之和，除以 15~64 岁的劳动年龄人口）小于 50% 的时期，该时期内总人口呈"中间大，两头小"结构，劳动力供给充足，社会负担较轻。

刘易斯拐点，即劳动力过剩向短缺的转折点，是指在工业化过程中，随着农村富余劳动力向非农产业的逐步转移，农村富余劳动力逐渐减少，最终枯竭。

2. 问题讨论

"刘易斯拐点"的到来，预示着剩余劳动力无限供给时代即将结束，"人口红利"正在逐渐消失。那么中国的人口红利时期什么时候结束？刘易斯拐点又会在什么时候出现？

3. 现状

国家统计局在 2011 年公布的第六次全国人口普查主要数据显示，以 2010 年 11 月 1 日零时为准，我国内地总人口为 13.4 亿人，其中 60 岁及以上人口占比已经达到 13.26%。按照联合国传统标准，60 岁以上老年人口达到总人口的 10%，为"老龄化社会"，超过 14% 为"老龄社会"。也就是说，在未来一两年，我国将正式迈入"老龄社会"。

根据联合国的《世界人口展望》，21 世纪中叶之前，我国人口动态有三个转折点：第一，劳动年龄人口占总人口的比率从 2006 年开始进入稳定期，而从 2010 年起趋于下降；第二，劳动年龄人口的绝对数量将在 2015 年前后达 9.98 亿人的顶峰，2030 年以后则大幅度减少；第三，总人口将在 2030 年前后达到峰值，为 14.62 亿人，随后绝对数量减少。同时，根据中国社科院的研究，2009 年，我国的劳动年龄人口比例达到 72.35% 的峰值，而后总量开始下降，预计 2030 年或下降到 67.42%。

【想一想】

根据联合国的统计，在 2009 年刘易斯拐点的出现，会对中国，特别是沿海发达城市的第三产业中的劳动力供给造成什么深远影响？

# 任务3 组织信息的处理

**知识准备**

由于各企业的具体情况不同，所以编写人力资源规划的步骤也不尽相同。下面是编写人力资源规划的典型步骤，读者可根据企业的实际情况进行选择调整。

**1. 制订职务编制规划**

根据企业发展规划，结合职务分析报告的内容，制订职务编制计划。职务编制计划阐述了企业的组织结构、职务设置、职务描述和职务资格要求等内容。制订职务编制计划的目的是描述企业未来的组织职能规模和模式。

**2. 制订人员配置规划**

根据企业发展规划，结合企业人力资源盘点报告，来制订人员配置规划。人员配置规划阐述了企业每个职务的人员数量，人员的职务变动，职务人员空缺数量等。制订人员配置规划的目的是描述企业未来的人员数量和素质构成。

**3. 预测人员需求**

根据职务编制规划和人员配置规划，使用预测方法来进行人员需求预测。人员需求中应阐明需求的职务名称、人员数量、希望到岗时间等。最好形成一个标明有员工数量、招聘成本、技能要求、工作类别，及为完成组织目标所需的管理人员数量和层次的分列表。实际上，预测人员需求是整个人力资源规划中最困难和最重要的部分。因为它要求以富有创造性、高度参与的方法处理未来经营和技术上的不确定性问题。

**4. 确定人员供给规划**

人员供给计划是人员需求的对策性规划，主要阐述人员供给的方式（外部招聘、内部招聘等）、人员内部流动政策、人员外部流动政策、人员获取途径和获取实施规划等。通过分析劳动力过去的人数、组织结构和构成以及人员流动、年龄变化和录用等资料，就可以预测出未来某个特定时刻的供给情况。预测结果勾画出了组织现有人力资源状况以及未来在流动、退休、淘汰、升职及其他相关方面的发展变化情况。

**5. 制订培训计划**

为了提升企业现有员工的素质，适应企业发展的需要，对员工进行培训是非常重要的。培训计划中包括了培训政策、培训需求、培训内容、培训形式、培训考核等内容。

**6. 制订人力资源管理政策调整规划**

规划中明确计划期内的人力资源政策的调整原因、调整步骤和调整范围等。其中包括招聘政策、绩效考评政策、薪酬与福利政策、激励政策、职业生涯规划政策、员工管理政策等。

**7. 编写人力资源部费用预算**

其中主要包括招聘费用、培训费用、福利费用等费用的预算。

**8. 关键任务的风险分析及对策**

每个企业在人力资源管理过程中都可能遇到风险，如招聘失败、新政策引起员工不满等，这些事件很可能会影响公司的正常运转，甚至会对公司造成致命的打击。风险分析就是通过风险识别、风险估计、风险驾驭、风险监控等一系列活动来防范风险的发生。

人力资源规划编写完毕后，应先积极地与各部门经理进行沟通，根据沟通的结果进行修改；最后再提交公司决策层审议通过。

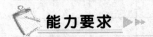 能力要求 ▶▶

情境1：人员需求预测表的设计与填写

如表2-2、表2-3、表2-4所示，分别为年度人员需求预测表，按职位类别划分的人员需求预测表及月份人员需求预测表：

表2-2　　　　　　　　　　　　年度人员需求预测表

单位：人

| 人员状况 | | 2009年 | 2010年 | 2011年 | 2012年 |
|---|---|---|---|---|---|
| 年初需求状况 | 年初人员需求数 | | | | |
| | 预测年度内需求之增加（减少） | | | | |
| 预计年度内人员变动情况 | 由于调动和晋升而得到的人员补充 | | | | |
| | 由于调离和晋升而造成的人员缺失 | | | | |
| | 由于资源浪费而造成的人员缺失 | | | | |
| | 由于退（离）休而造成的人员缺失 | | | | |
| | 由于辞职而造成的人员损耗 | | | | |
| 预计年度人员需求数量 | 预计年度内人员不足或多余数 | | | | |
| | 预计年度内人员损耗总数 | | | | |
| | 预计该年人员需求总数 | | | | |

填表人：　　　　　　　　　　　　　　　　审核人：

表2-3　　　　　　　　　　　按职位类别划分的人员需求预测表

单位：人

| 人员类别（按职务分） | 现有人员 | 计划人员 | 余缺 | 预期人员的损失 | | | | | | 本年度预计人员需求总数 |
|---|---|---|---|---|---|---|---|---|---|---|
| | | | | 调职 | 升迁 | 辞职 | 退休 | 辞退 | 其他 | 合计 | |
| 高层管理者 | | | | | | | | | | | |
| 中层管理者 | | | | | | | | | | | |
| 基层管理者 | | | | | | | | | | | |
| 一般员工 | | | | | | | | | | | |
| …… | | | | | | | | | | | |
| 合计 | | | | | | | | | | | |

填表人：　　　　　　　　　　　　　　　　审核人：

表2-4 月份人员需求预测表

单位名称：_____ _____年____月

| 需求原因 | 行政部门人员 | | | | 业务部门人员 | | | 一般职员 | | |
|---|---|---|---|---|---|---|---|---|---|---|
| 详细说明 | 总监 | 经理 | 办事员 | 小计 | 经理 | 主管 | 小计 | 领班 | 服务员 | 小计 |
| | | | | | | | | | | |
| | | | | | | | | | | |

填表人： 审核人：

### 情境2：岗位增补申请表的应用

如表2-5所示，为岗位增补申请表：

表2-5 岗位增补申请表

单位名称： 填表日期：____年____月____日

| 部门 | | 拟增补岗位名称 | |
|---|---|---|---|
| 增补岗位起始日期 | | 增补岗位所需人数 | |
| 目前存在的问题 | | | |
| 申请理由 | | | |
| 直接上级 | | 直接下级 | |
| 增补岗位人员要求 | | | |
| 增补岗位的工作内容 | | | |
| 申请部门意见 | | | |
| 人力资源部门意见 | | | |
| 领导意见 | | | |

填表人： 审核人：

### 情境3：人员增补申请表的应用

如表2-6所示，为人员增补申请表：

表2-6 人员增补申请表

单位名称： 填表日期：____年____月____日

| 人员配置状况 | | | | 拟增补人数 | 增补人员需要条件 |
|---|---|---|---|---|---|
| 序号 | 工作项目 | 编制人数 | 现有人数 | | |
| 1 | | | | | |
| 2 | | | | | |

| | 人员配置状况 | | | 拟增补人数 | 增补人员需要条件 |
|---|---|---|---|---|---|
| 序号 | 工作项目 | 编制人数 | 现有人数 | | |
| 3 | | | | | |
| 4 | | | | | |
| 5 | | | | | |
| 合计 | | | | | |
| 审批意见 | 总经理 | | | 人事部 | |

填表人： 审核人：

---

┌─────────────────────────────┐
│ **情境4：人才储备登记表的应用** │
└─────────────────────────────┘

如表2-7、表2-8所示，分别为管理人才储备登记表和专业人才储备登记表：

**表2-7** **管理人才储备登记表**

单位名称： 所在部门： 填表日期：___年___月___日

| 姓名 | | 年龄 | | 最高学历 | |
|---|---|---|---|---|---|
| 现任职务 | | 服务年限 | | 担任本职年数 | |
| 历年主要业绩 | | | | | |
| 对企业的贡献 | | | | | |
| 优势与特长 | | | | | |
| 劣势与缺点 | | | | | |
| 职业素养 | | | | | |
| 进取情况 | | | | | |
| 责任心 | | | | | |
| 创新与领导力 | | | | | |
| 可升调职位1 | | | 升调时间 | | |
| 所需培训 | | | | | |
| 可升调职位2 | | | 升调时间 | | |
| 所需培训 | | | | | |
| 人力资源部意见 | | | | | |
| 总经理意见 | | | | | |

填表人： 审核人：

表2-8 专业人才储备登记表

单位名称： 所在部门： 填表日期：

_____年_____月_____日

| 姓名 | | 年龄 | | 最高学力 | |
|---|---|---|---|---|---|
| 现任职务 | | | | 入职时间 | |
| 个人主要业绩 | | | | | |
| 主要专长与优点 | | | | | |
| 弱势与不足 | | | | | |
| 发展潜力 | | | | | |
| 进取状况 | | | | | |
| 学习能力 | | | | | |
| 工作技能掌握程度 | | | | | |
| 可升调职位 | | | | 升调时间 | |
| 所需培训 | | | | | |
| 直接主管意见 | | | | | |
| 人力资源部意见 | | | | | |
| 总经理意见 | | | | | |

填表人： 审核人：

# 项目2　工作岗位调查与分析

 **学习目标**

- 掌握工作岗位调查的概念、内容和方式。
- 掌握工作分析概念、作用、内容和步骤。
- 了解工作说明书的作用、内容以及应用实例。

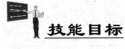 **技能目标**

1. 能够应用工作岗位写实法进行工作岗位调查，掌握该方法的分类与实施步骤。
2. 能够应用作业测时法进行工作岗位调查，掌握该方法的分类与实施步骤。
3. 能够应用工作抽样法进行工作岗位调查，掌握该方法的分类与实施步骤。
4. 能够应用访谈法、问卷调查法、观察法、工作日志法、资料分析法、能力要求法、关键事件法等分析方法，对工作岗位进行分析。
5. 能够根据教材案例提示，模仿编写饭店典型岗位的建议工作说明书。

岗位研究是岗位调查、岗位分析、岗位设计、岗位评价和岗位分类等项活动的总称。它是以企业单位各类劳动者的工作岗位为对象，采用多种科学方法，制订出工作说明书等人事文件，为人力资源的战略规划、招聘配置、绩效考评、培训开发、薪酬福利、劳动关系等项管理活动提供规划和标准过程。

工作岗位研究的相关概念如下。

（1）工作要素。工作中不能再继续分解的最小动作单位。

（2）任务。员工在某一有限的时间内为了达到某一特定的目的所进行的一项活动，可以由多个要素组成。

（3）岗位责任。岗位责任是根据劳动分工与协作的要求，规定员工在本岗位范围内对事、对物或对人所承担的各种义务。

（4）职责。由一个人承担的一项或多项任务组成的活动。

（5）职权。职务范围以内所应具有的权力。

（6）权限。权限是对职权范围的具体规定。

（7）岗位。在特定的组织中，在一定时间空间范围内，由员工所要完成的工作任务，以及与之对应的责任、权限和职务组成的统一体。

（8）职务。职务由许多相同的职位组成，即组织中同类职位的总称。

（9）职业。不同时间内，不同组织中的相似工作组成的跨组织工作集合。

（10）职业生涯。一个人在其工作生活中所经历的一系列职位、职务或职业。

# 任务 1　工作岗位调查的方法

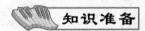
知识准备

## 一、工作岗位调查

岗位调查是以工作岗位为对象，采用科学的调查方法，收集各种与岗位有关的信息的过程。岗位调查必须采用科学方法认真进行，确保材料的真实性、可靠性和完整性。岗位调查是工作岗位研究的重要组成部分，只有做好这项工作，岗位分析和岗位评价才能顺利进行。

## 二、工作岗位调查的内容

1. 工作任务的性质、内容、程序、地点、时间

比如是做什么工作的，是部门领导还是某一方面的主管，是做研发的还是做销售的；这些内容里面哪些比较重要，哪些比较次要；工作经过哪些程序，是怎么做的；完成这项任务，领导有没有在时间上的要求等。

2. 岗位的责任

这个岗位负哪些责任，哪些负主要责任，哪些负部分责任，哪些工作只是支持别人。

比如美国企业都有一个办公室的机构，开会时办公室只负支持的责任，做布置会场、准备开水、准备纸张等支持性的工作，不负责开会内容。

3. 要求的学历、经验、年龄及其他资格和条件

岗位所要求什么样的任职条件，比如对学历、经验、年龄和身体有什么要求。比如某些岗位女同志做不太适合，要求一定是男性；有些工作一定要求大学本科以上学历，或者五年以上的工作经验等。

4. 工作的应知应会的技能

负责这项工作必须要懂某些方面的知识，比如一定要懂化工或办公自动化等。

5. 与公司内部和外部的关系

比如某部门的职员，对内，首先打交道的是部门经理，再上面是分管这项工作的总监或者副总，还可能要和营销部、客房部、餐饮部打横向交道；对外，比如说要和工商局、税务局、环保监督局打交道，这些情况在岗位调查的时候都要摸清楚。

6. 工作环境条件

工作处在一种什么条件下，特别是对于劳动密集型的企业来说，员工是在户外作业，还是在室内作业等。在作岗位分析和评价的时候要考虑这些因素，例如针对高温工种，除了要发放必要的劳保用品外，还需要按月发放高温津贴。

【练一练】

在条件允许的情况下，选择酒店中的某一典型岗位进行调查，并完成表 2-9 的填写。在这次调查完成过后，你是否发现有某项调查内容在调查中被遗漏了？

表 2-9　　　　　　　　　　　典型岗位调查表

岗位名称　　　　　　　级别：　　　　　　　编号：
被调查人姓名：　　　　日期：

| 项　目 | | 内　容 |
|---|---|---|
| 1. 工作任务的性质、内容、程序、地点、时间 | 性质 | |
| | 内容 | |
| | 程序 | |
| | 地点 | |
| | 时间 | |
| 2. 岗位的责任 | | |
| 3. 要求的学历、经验、年龄及其他资格和条件 | 学历 | |
| | 经验 | |
| | 年龄 | |
| | 其他 | |

| 项　目 | | 内　容 |
|---|---|---|
| 4. 与公司内部和外部的关系 | 内部 | |
| | 外部 | |
| 5. 工作应知应会的技能 | | |
| 6. 工作环境条件 | | |

### 三、工作岗位调查的方式

#### 1. 面谈

为了获得岗位的有关信息，可采用面谈的方式，即调查人直接与从事岗位工作的职工见面，调查了解其所在岗位的有关情况。通过面谈不仅可以掌握现场观察或书面调查所不能获得的情报和资料，而且还能进一步证明现有资料的真实性和可靠性。

【练一练】

面谈是岗位调查时常用的手段，那么，为了获得良好的调查结果，你认为在面谈时应该注意哪些问题，并请根据你的面谈经历，填写下面的表格（如表2-10所示），同时根据填表结果，思考是否有需改进之处。

表 2-10　　　　　　　　　　　面谈信息采集表

你认为面谈时应该注意的问题是：（例如：环境气氛；场地情况；使用工具准备等）

你的面谈经历调查

对象：　　　　　　　　调查地点：

| 考核内容 | 面谈实况 | |
|---|---|---|
| 尊重被调查人，态度诚恳，用语得当 | □是 | □否 |
| 面谈环境良好，被调查者感觉轻松，回答无拘无束 | □是 | □否 |
| 允许被调查者长篇大论，直到他认为无话可说为止 | □是 | □否 |
| 记录发言要点 | □是 | □否 |
| 调查者对重大原则问题，避免发表个人观点 | □是 | □否 |
| 需改进之处： | | |

#### 2. 现场观测

调查者直接到工作现场进行实地观察和测定，了解这个岗位的工作内容、工作时间和工作负荷等问题，如作业测时、工作岗位写实、工作抽样等。

 **案例学习**

　　格斯酒店财务部有5个人：一个经理，两个会计，两个出纳。两个出纳中：一个是银行出纳，一个是现金出纳，他们两个的工作有时交叉。60多个人的酒店有5个财务人员，有点多，但是没有根据，不知裁减谁才对。公司就用工作岗位写实的办法，进行调查。记录他们每天都在做什么，看工作是不是饱满，或者说工作有没有重叠等。财务部的5个人每人拿一个本子，把自己每一天的工作全都记下来，例如几点到几点做什么，连续记两周。

　　通过记录发现，出纳的工作确实很紧张，有一个出纳因为提款一天去了四次银行。问他为什么一天去四次呢？能不能去一次就把款提了。他说不行，因为公司规定一次提款现金量不能超过一万元，另外公司需要的现金量大，经常是这样。由于公司工作计划性差，造成出纳很忙。找出问题后，如果能够改进，出纳就可以从两个人减为一个人。

　　3. 书面调查（岗位调查表）

　　利用调查表进行岗位调查，给在这个岗位工作的员工发一个岗位调查表，通过这些表进行收集、整理和分析。调查表由专业人员在调查之前设计编制。被调查人接到调查表后，应按照调查项目逐一认真填写。一般来说，书面调查应与其他调查方式结合起来使用，才能保证岗位调查资料的完整性和全面性。

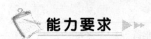 **能力要求** ▶▶▶

## 工作岗位调查的方法

　　在组织岗位调查时，可以根据被调查对象所处的环境和条件，选择以下具体的岗位调查方法，如图2-2所示：

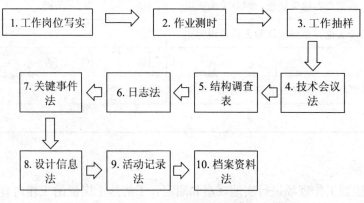

图2-2　工作岗位调查的方法

情境1：工作岗位写实法

## 一、工作岗位写实的作用

工作岗位写实是对操作者整个工作日的工时利用情况，按时间消耗的顺序，进行观察、记录和分析的一种方法。通过工作岗位写实，可以起到以下作用：

（1）全面分析、研究工时利用情况，找出工时损失的原因，拟定改进工时利用的措施；

（2）总结推广工时利用的先进经验，帮助广大员工充分利用工时，提高劳动生产利用率；

（3）从工时利用情况中，可以发现生产、技术、财务、劳动等方面管理工作的薄弱环节；

（4）为制订或修订定额中的作业宽放时间、个人需要与休息定放时间标准提供资料；

（5）为最大限度增加产量，规定工人与设备在工作日内合理的负荷量提供必要的数据；

（6）为确定劳动者体力劳动强度的级别提供依据。

## 二、工作岗位写实的种类

（1）个人工作岗位写实。由调查人员对一名职工在一个工作日内全部的工时消耗情况，进行观察、记录和统计分析的一种写实方法。

（2）工组工作岗位写实。由调查人员对一个工作日内一组工人在一个或几个工作地点共同劳作的工时消耗情况，进行观察、记录、分析的一种写实方法。工组工人的作业可以是相互关联的协同作业，也可以是没有联系的独立作业。

（3）多机台看管工作岗位写实。由调查人员对一个工作日内一名工人（或一组工人）实行多机台看管的工时消耗情况，进行观察、记录和分析的一种写实方法。

（4）特殊工作岗位写实。为了满足某种特殊需要而专门组织的工作岗位写实。写实的对象可以是个人，也可以是管理人员、技术人员。

（5）自我工作岗位写实。职工在从事某种生产任务或完成某项工作的过程中，对自己在整个工作日内的工时消耗情况，进行观察、记录和分析的一种写实方法。

## 三、工作岗位写实的步骤

工作岗位写实可以以员工，也可以以设备为对象进行。写实的范围可以是个人，也可以是集体。工作岗位写实的步骤如下（为了便于说明，仅以个人工作岗位写实为例）：

1. 写实前的准备工作

写实前应做好以下几项准备工作：

（1）应根据写实的目的选择对象。如果是为了分析和改进工时利用的情况、找出工时损失的原因，可以分别选择先进、中间和后进工人为对象，以便分析对比。如果是为了总结先进工作经验则应选择具有代表性的先进工人为对象。

（2）事先调查写实对象及工作地的情况，如设备、工具、劳动组织、工作地布置、工人技术等级、工龄、工种等。如果写实是为了提供制订定额的数据资料，就需要消除生产和管理方面的不正常因素，以便使测定资料具有代表性。

（3）写实人员要把写实的意图和目的向操作者讲清楚，以便操作者积极配合，协助做好这项工作。

（4）明确划分事项和各类工时消耗的代号，以便记录。

2. 实地观察记录

工作岗位写实应从上班开始，一直到下班结束。应将整个工作日的工时消耗毫无遗漏地记录下来，以保证写实资料的完整性。在观察记录过程中，写实人员要集中精力，在员工的配合下，按顺序说明每项活动的性质，简明扼要地加以记录，并注明每一项事项的开始和结束时间。如有与机动时间交叉的活动项目，应在备注栏注明交叉活动的内容。实地观察记录如表 2-11 所示。

表 2-11　　个人工作岗位写实记录表——以客房服务员早班为例

| 序号 | 作业项目 | 起止时间 | 各类工时消耗 | | | | | | | 备注 |
|---|---|---|---|---|---|---|---|---|---|---|
| | | | Tz | Tzk | Tgxk | Tzj | Tfs | Ttgf | Ttgg | |
| 1 | 换洗工衣 | 7：50 | | | | | | | | |
| 2 | 穿工作服 | 7：58 | | 8 | | | | | | |
| 3 | 开始工作 | 8：00 | | | | | | | | |
| 4 | 到房务中心签到 | 8：05 | | | | 5 | | | | |
| 5 | 参加班前例会 | 8：15 | | | | | | 10 | | |
| 6 | 领取工具 | 8：25 | | | | 10 | | | | |
| 7 | 准备工作 | 8：30 | | | | 5 | | | | |
| 8 | 上楼层 | 8：33 | | | | 3 | | | | |
| 9 | 开始做房 | 10：25 | 112 | | | | | | | |
| 10 | 生理需要 | 10：30 | | | 5 | | | | | |
| 11 | 继续做房 | 11：35 | 65 | | | | | | | |
| 12 | 午饭 | 11：52 | | 17 | | | | | | |
| | 午休 | | | | | | | | | |
| 13 | 开始工作 | 12：30 | | | | | | | | |
| 14 | 继续做房 | 14：50 | 140 | | | | | | | |
| 15 | 生理需要 | 14：55 | | | 5 | | | | | |
| 16 | 搬运清理垃圾 | 15：27 | 32 | | | | | | | |
| 17 | 接房屋中心电话 | 15：29 | | | | | | 2 | | |
| 18 | 到房间送物品 | 15：35 | 6 | | | | | | | |
| 19 | 房间布草送洗 | 16：03 | 28 | | | | | | | |
| 20 | 收拾工具 | 16：16 | | | | | 13 | | | |

续表

| 序号 | 作业项目 | 起止时间 | 各类工时消耗 | | | | | | | 备注 |
|---|---|---|---|---|---|---|---|---|---|---|
| | | | Tz | Tzk | Tgxk | Tzj | Tfs | Ttgf | Ttgg | |
| 21 | 回房屋中心签名 | 16：20 | | 4 | | | | | | |
| 22 | 生理需要 | 16：23 | | | 3 | | | | | |
| 23 | 换工衣 | 16：27 | | 4 | | | | | | |
| 24 | 提前下班 | 17：00 | | | | | | | 3 | |
| | 合计（工分） | 480 | 383 | 29 | 17 | 23 | 13 | 12 | 3 | |

注：表中各类工时消耗的代号之含义如下：Tz：作业时间；Tzk：作业宽放时间；Tgxk：个人需要与休息宽放时间；Tzj：准备与结束时间；Tfs：非生产时间；Ttgf：非工人造成停工时间；Ttgg：工人造成的停工时间。

3. 写实资料的整理汇总

在实地测定的基础上，应对工作岗位写实的资料进行整理汇总。具体步骤是：

（1）计算各活动事项的时间消耗。

（2）对所有观察事项进行分类，通过汇总计算出每一类工时的合计数。

（3）编制工作岗位写实汇总表（如表 2 - 12 所示），在分析、研究各类工时消耗的基础上，计算出每类工时消耗占用全部工作时间及占作业时间的比重；

表 2 - 12　　　　　　　　个人工作日调查写实汇总表

| 部门 | 客房部 | 姓名 | 杨林 | 时间 | 2011 年 2 月 11 日 |
|---|---|---|---|---|---|
| 职务 | 客房服务员 | 班次 | 早班 | 定额时间 | 480 工时 |
| 岗位性质 | 生产岗 | 编号 | KF－05　011 | 实际时间 | 423 工时 |
| 等级 | 12 | 写实地点 | 房务中心、客房、行政楼层 | 写实人员签名 | 陈胜 |

| 工时分类 | | 代号 | 工时消耗 | | |
|---|---|---|---|---|---|
| | | | 时间（分钟） | 占工作日比重（%） | 占作业时间比重（%） |
| 定额时间 Td | 作业时间 | Tz | 383 | 79.79 | — |
| | 作业宽放时间 | Tzk | 29 | 6.04 | 7.57 |
| | 个人需要与休息宽放时间 | Tgxk | 17 | 3.54 | 4.43 |
| | 准备与结束时间 | Tzj | 23 | 4.79 | 6 |
| 合计 | | | 423 | 88.13 | 18 |

| 工时分类 | | 代号 | 工时消耗 | | |
|---|---|---|---|---|---|
| | | | 时间（分钟） | 占工作日比重（%） | 占作业时间比重（%） |
| 非定额时间 Tfd | 非工作时间 | Tfs | 13 | 2.7 | 3.39 |
| | 非工人造成的停工时间 | Ttgf | 12 | 2.5 | 3.13 |
| | 工人造成的停工时间 | Ttgg | 3 | 0.63 | 0.78 |
| | 合计 | | 28 | 5.83 | 7.3 |
| 总计 | | | 480 | 100 | — |
| 可能提高的劳动生产率 | 消除非工作时间和非工人造成的停工时间 | $M_1=(Tfs+Ttgf)/Td=(13+12)÷423×100\%=5.91\%$ | | | |
| | 消除工人造成的停工时间 | $M_2=(Ttgg+实际Ttgg-标准Tgxk)/Td=(3+17-15)÷423×100\%=1.18\%$ | | | |
| 劳动生产率提高程度$=M_1+M_2=5.91\%+1.18\%=7.09\%$ | | | | | |
| 汇总 | 赵二虎 2011 年 02 月 15 日 | | 审核 | 吴广 2011 年 02 月 20 日 | |

注：标准个人需要与宽放时间为 15 分钟。

（4）拟定各种改进工时利用的技术组织措施，计算通过实施技术组织措施可能提高劳动生产率的程度。

（5）根据写实结果，写出分析报告。

【练一练】

任务：利用在酒店顶岗实习的机会，选定一个酒店里的一个典型岗位，填写表 2-13，掌握《自我写实记录表》的使用。

表 2-13　　　　　　　　　　　　　自我写实记录表

| 部门 | | 姓名 | | 使用工具、设备情况 | |
|---|---|---|---|---|---|
| 岗位性质 | | 职务/工种 | | | |
| 工作场所 | | 班次 | | | |
| 工作内容概述 | | | | | |
| 序号 | 发生非生产、停工时间工时消耗内容 | 工时消耗原因 | 开始时间 | 终止时间 | 延续时间 | 占工作班时的比重（%） |
| 1 | | | | | | |
| 2 | | | | | | |

续　表

| 序号 | 发生非生产、停工时间工时消耗内容 | 工时消耗原因 | 开始时间 | 终止时间 | 延续时间 | 占工作班时间的比重（％） |
|---|---|---|---|---|---|---|
| 3 | | | | | | |
| 4 | | | | | | |
| 5 | | | | | | |
| 6 | | | | | | |

注：个人工作日写实仅限客观填写工作上班期间发生的非生产和停工时间，并注明该时间消耗引起的原因是个人或组织。

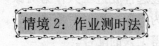

情境2：作业测时法

## 一、作业测时的概念

作业测时是以工序作业时间为对象，在工作现场对构成工序的作业要素进行多次重复观察，并测定其工时消耗的一种方法。其主要目的是研究合理的工序结构，改进操作方法；研究工序中各作业要素的时间消耗量，为制订时间定额标准提供可靠资料。作业测时法还可以用来设计和调整生产流水线，消除工序间的时差；研究、总结和推广先进生产者的操作经验。

## 二、作业测时的类型

作业测时，按观察对象的不同，可分为个人作业测时和工组作业测时；按观察记录方式和范围的不同，可分为连续作业测时、反复作业测时（抽测）、循环作业测时。其中，对个人的连续作业测时使用最为广泛，也最具有代表性。

1. 连续作业测时

由观察人员以秒表为工具，按工序操作单元顺序逐一观察，记录当时时间和发生事实的作业测时。主要特点是：在整个工序作业的观察中，自始至终不让秒表停止，仅按划分各操作单元界限的定时点记录起止时间，待全部观察次数进行完毕后再计算各操作单元、各次观察的延续时间。连续测时主要用于研究完整工序的操作构成和时间消耗。在制订技术定额时被广泛采用。

2. 反复作业测时

由观察人员用秒表对一个个操作单元独立进行观测、直接记录操作延续时间和事实的测时。主要特点是：某一操作开始即启动秒表，操作结束即停止秒表，记录下该操作绝对延续时间，使秒表复位归零，再继续下一操作的测时。此法又称归零法。在时间研究中，反复测时多数用于抽测一个工序中的某些重点操作单元的延续时间，达到特定的目的，故反复测时法又称为抽测法。

3. 循环作业测时

循环作业测时就是把全部操作分为若干操作组进行测时观察，只测定操作组合的时间，由测得的工序平均作业时间倒算各操作单元的平均延续时间。这种方法一般在作业时间短，用前两种方法观测有难度时采用。实施步骤为：①划分并排列操作组合；②依次分别测定各操作组合的消耗时间；③计算工序平均作业时间；④计算各操作单元平均延续时间。

### 三、作业测时的程序

作业测时一般分为作业测时准备、观察记录、整理和分析三个步骤。

1. 作业测时准备

（1）根据测时目的选择测时对象。如果作业测时是为了制订定额，应当选择介于先进和一般之间的工人为对象；如果是为了总结先进操作经验，应选择先进工人作为对象；如果为了找出完不成定额的原因，则应选择完不成定额的工人为对象。测时对象确定后，测定人员要将测时目的、意义和要求，向工人讲清楚，以便取得工人的配合。

（2）了解被测对象和加工作业方面的情况。主要是了解测时对象和设备情况，如被测对象的姓名、岗位名称、技术等级、从事本岗位时间等问题，同时了解所使用的设备名称、型号、状况以及工作环境、劳动条件等基本情况。如果测时是为制订时间标准提供资料，还需要在作业现场建立良好的生产秩序，如工作地服务、技术服务和合理布置工作地等。

（3）作业分解。根据实际操作步骤把所要研究的作业分解为若干要素。如把工序分解为若干合理的操作程序，以便让操作者按照规定的操作程序进行工作。原则是：把基本时间和辅助时间、机动时间、机手并动时间和手工操作时间要分开。究竟应分到多粗多细，要根据测时的目的来确定。

（4）确定定时点。这道工序终止的时间就是下道工序的开始时间，两个工步分界的时间叫定时点，操作分解后，为了保证每次观察记录的一致性和正确性。还要确定各个操作的定时点，作为区别上下操作的界限，定时点分为"定时起点"和"定时终点"。

（5）确定观察次数。作业测时最好在上班后一二小时，待生产稳定后进行。测时的观察次数是为了所测得的作业时间，能够达到所规定的调查精度和可靠度而对同一工序重复测定的次数。要根据生产类型、作业性质和工序延续时间长短等条件来确定。在大批量生产条件下，测时精确度要求高，观察次数比单件小批生产类型多些；工序的延续时间长，每次测定的结果出现的误差相对小些，观察次数可以少一些。一般机动操作比手动操作稳定，观察次数也可少些。

2. 观察记录

观察记录就是由观察人员在工作现场，按照所确定的作业要素及其程序、必要的观察次数，用秒表测定各作业要素所消耗的时间，并记录在"连续测时记录表"内（如表2-14所示）。

通常采取连续测时法，按操作顺序连续记录每个操作的起止时间。也可以采取反复测定法，反复记录一个操作的延续时间。如果工序中的操作延续时间较短不容易连续记录，可用交替测时法。如第一次测定第一、第三、第五项操作，第二次测定第二、第四项操作，交替测定记录。在测时过程中，测定员思想要集中，严格按照确定的定时点进行记录，如果出现中断或不正常的情况，应及时记录。

3. 整理和分析

对获得的测时资料进行整理和分析，主要工作如下。

（1）根据测时记录计算出每一操作的延续时间。

（2）检查核实全部测时记录，删去不正常的数值，求出在正常条件下操作的延续时间。

（3）计算稳定系数，检验每一操作平均延续时间的准确、可靠程度。稳定系数是指各操作的时间数列中最大延续时间与最小延续时间之比。稳定系数越接近1，说明测时数列波动越小，比较可靠；反之，说明测时数列波动性大，可靠性小。稳定系数超过规定的标准限度，就应查明原因或重测。

稳定系数＝测时数列中最大的数值÷测时数列中最小的数值

（4）确定作业的标准时间。首先把各个操作的平均延续时间相加计算出工序的作业时间；然后经过工时评定，将工序的作业时间调整为正常时间；再加上作业宽放时间、个人生理需要时间就是所要确定的作业标准时间。

 **案例学习**

如表2-14所示，为连续测时记录表。

表2-14　　　　　　　　　连续测时记录表

| 部门 | 客房部 | 被测评者姓名 | 杨林 | 作业内容 | 清洁C/O房 | | | | | |
| 岗位性质 | 生产岗 | 职务/工种 | 客房服务员 | | | | | | | |
| 工作场所 | 客房 | 班次 | 早班 | 备注 | | | | | | |
| 测量期间 | | | | 年　　月　　日至　　年　　月　　日 | | | | | | |

| 任务名称 | 操作员 | 测量单位（秒） | 观察次数 | | | | | 稳定系数 | | 平均工时 |
| | | | 1 | 2 | 3 | 4 | 5 | 标准 | 系数 | |
| --- | --- | --- | --- | --- | --- | --- | --- | --- | --- | --- |
| 1. 敲门，进入客房 | 杨林 | 时间 | 51 | 52 | 55 | 53 | 52 | 60 | 1.08 | 54 |
| 2. 撤出房间物品，倒垃圾 | 杨林 | 时间 | 175 | 190 | 220 | 200 | 205 | 180 | 1.25 | 195 |
| 3. 铺床上用品 | 杨林 | 时间 | 201 | 205 | 179 | 160 | 180 | 180 | 1.28 | 184 |
| 4. 擦抹房间物品 | 杨林 | 时间 | 321 | 282 | 294 | 306 | 312 | 300 | 1.14 | 303 |
| 5. 清洗卫生间 | 杨林 | 时间 | 502 | 468 | 486 | 511 | 492 | 480 | 1.09 | 490 |
| 6. 补充房间物品 | 杨林 | 时间 | 212 | 176 | 182 | 201 | 199 | 180 | 1.2 | 192 |
| 7. 吸尘 | 杨林 | 时间 | 240 | 244 | 259 | 234 | 261 | 240 | 1.12 | 246 |
| 8. 检查 | 杨林 | 时间 | 113 | 142 | 122 | 105 | 99 | 120 | 1.43 | 117 |
| 9. 退出房间 | 杨林 | 时间 | 32 | 45 | 34 | 44 | 54 | 60 | 1.68 | 45 |
| 合　计 | | | 1847 | 1804 | 1831 | 1814 | 1854 | 1800 | — | 1825 |

情境 3：工作抽样法

工作抽样法是统计抽样法在岗位调查中的具体运用，它是根据概率论和数理统计学的原理，对岗位随机地进行抽样调查，利用抽样调查得到的数据资料对总体状况作出推断的一种方法。例如，如果一家酒店的员工很多，就不可能使用工作岗位写实和测时的方法，逐人调查，只能抽取一定的岗位来做。例如在 100 个岗位中做 10 个或者 20 个。其设计原理是利用概率论和数据统计原理进行随机抽样，然后推算，就得到整个企业岗位调查的总体状况的结论。

## 一、工作抽样法的作用

（1）用于调查职工的工作时间利用情况，掌握各类工时消耗的比重。

（2）用于制订和修订劳动定额，检查劳动定额是否先进合理，是否符合企业的实际需要。

（3）用于研究机械设备的运转情况，调查设备的利用率、故障率。

（4）用于改进工作程序和操作方法。

## 二、工作抽样法的特点

（1）使用范围广，用于工厂企业、医院、商店、饭店、旅馆、机关团体等各类单位的工作研究。

（2）节省时间、节约费用。与测时、现场写实比较，工作抽样法可缩短调查时间，节约费用。

（3）取得的数据真实可靠，能消除被观测人员在生理、心理上的影响。抽样调查时，只要遵守随机性的原则，且保证有足够的抽样观测的次数，抽查的结果就具有一定的可靠性和精确度。

（4）测定人员不必整天连续在工作现场进行观察，从而大大减少了工作量，避免了因冗长的观测而使测定人员感到疲劳并产生厌烦情绪。

## 三、工作抽样法的工作步骤

（1）明确调查目的，确定观测的精度。

（2）对调查对象的作业活动适当分类。

（3）确定观测次数，即抽取的样本数。

（4）决定观测时刻。

（5）现场观测。

（6）检验样数据。

（7）计算评价观测结果。

# 任务2　工作岗位分析的方法

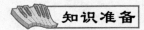

## 一、工作岗位分析的概念

工作岗位分析又称岗位分析、工作分析，作为全面了解一项岗位的管理活动，是企业对各类岗位的性质、任务、职责、劳动条件和环境，以及员工承担本岗位任务应具备的资格条件所进行的系统分析和研究，并制定出岗位规范、工作说明书等人事文件的过程。如图2-3所示为工作岗位分析过程。

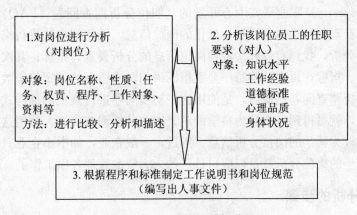

**图2-3　工作岗位分析过程**

工作岗位分析是现代人力资源管理所有职能，即人力资源获取、整合、保持与激励、控制与调整、开发等职能工作的基础和前提，只有做好了岗位分析与设计工作，才能据此有效完成以下具体现代人力资源管理工作。

(1) 制订企业人力资源规划；

(2) 核定人力资源成本，并提出相关的管理决策；

(3) 让企业及所有员工明确各自的工作职责和工作范围；

(4) 组织有效招聘、选拔、使用所需要的人员；

(5) 制订合理的员工培训、发展规划；

(6) 制订考核标准及方案，科学开展绩效考核工作；

(7) 设计出公平合理的薪酬福利及奖励制度方案；

(8) 为员工提供科学的职业生涯发展咨询；

(9) 设计、制订高效运行的企业组织结构；

(10) 提供开展人力资源管理自我诊断的科学依据。

开展岗位分析，应收集以下信息：

(1) 工作内容是什么（What）；

（2）责任者是谁（Who）；

（3）工作岗位及其工作环境条件等（Where）；

（4）工作时间规定（When）；

（5）怎样操作（How）及操作工具是什么；

（6）为什么要这样做（Why）；

（7）对操作人员岗位职责与任职资格，如生理、心理、技能要求是什么（What）；

（8）与相关岗位工作人员的关系要求是什么（what）。

为了收集这些用于岗位分析的信息，一般采用观察法、问卷法、关键事件分析法、访谈法、工作日志分析法、事故分析法等。其中观察法、关键事件分析法、访谈法、工作日志分析法、事故分析法主要用于定性分析，为定量分析提供科学的分析要素和相关的可量化规律。问卷法虽然可以用于定性分析，但就目前国内外的使用情况来看，如美国普渡大学（Purdue University）职业研究中心开发的"职位分析调查问卷（PAQ）"就主要用于定量分析，以便获取更为具体、详细、量化的岗位信息。采用问卷法进行岗位分析时，首先，是通过定性分析，找到有效收集各种岗位信息的分析要素、指标；其次，是用语言恰当描述这些要素、指标；再次，给每一要素指标语句赋予适当的评定等级数字，便可形成一个初步岗位分析调查问卷；最后，是使用这一初步问卷进行规范的抽样式调查，并进行信度、效度检验，就可得到一个较为科学的正式岗位分析调查问卷。使用这一岗位分析问卷，就可以获取较为科学的岗位分析信息。不过，一般企业，如中小企业只要使用定性分析方法，进行初步的岗位分析就足以应付日后的人力资源管理各项工作了。

## 二、工作分析的步骤

一般来说，工作分析流程分为准备阶段、调查阶段、分析阶段和完成阶段。

（一）准备阶段

（1）确定工作分析目的。通过对项目部发展战略、组织结构和组织流程的深入分析，结合实际情况，此次工作分析的首要目的就是将企业的职能分解到各项工作，明确企业中各项工作的纵向和横向的关联关系，即明确工作职责、工作权限和工作关系等方面。

（2）确定工作分析团队。工作分析由于涉及面大、内容多且需要专门的技术，所以在组织开展工作分析活动之前要先成立工作分析团队。工作分析团队一般由以下人员组成：一是项目组长由公司高层领导常务副总担任；二是项目执行组长由人力资源部经理担任；三是工作分析人员，主要由人力资源管理部门专业人员和熟悉部门情况的各部门经理助理组成。

（3）确定团队成员分工。组长主要负责工作分析的各项支持工作。副组长负责编写本工作团队工作分析的工作计划，督导项目团队成员的工作。工作分析人员主要是收集各项资料；调查问卷的下发与回收；和工作分析对象的联络和确认工作；资料回收后的汇总工作；工作说明书的编写工作。

（4）讨论确定需要工作分析的岗位。当需要分析的工作有很多但工作内容之间彼此又比较相似的时候，如果我们对他们所做的工作逐一进行分析，必然非常耗费时间，同时成本会增加。在这种情况下，可以选择典型（关键）的岗位工作进行分析。

（5）争取公司高层和全体员工的理解和支持，培训团队成员。工作分析不是由人力资源管理部门单独完成，也不是人力资源管理部门的人员仅凭个人对组织各个岗位的认识"闭门造车"，编写出工作说明书。如果这样，就使得工作说明书质量无法得到保证，也很难在实践中进行运用。因此，工作分析活动需要上至组织的高层下到每位员工的理解、支持和参与。

（二）调查阶段

（1）确定工作分析方法。工作分析方法可分为定量的方法和定性的方法。定性的方法主要有问卷法、观察法、面谈法、现有资料法和写实法等。定量的方法主要有职位分析问卷法、职能工作分析法、弗莱希曼工作分析系统法等。组织在开展工作分析活动时，要根据实际情况进行选择。由于此次工作分析周期较短，费用较为紧张，同时不能影响被调查者的正常工作，所以我们采取以职位分析问卷法和现有资料法为主，辅以面谈法、工作日志法和观察法等。

（2）设计调查问卷。要求结构清晰，针对性强，内容翔实等。

（三）分析阶段

（1）核对所得资料。通过各种方法收集的有关工作的信息，必须同工作任职者、任职者的主管和人力资源部门的人员共同进行审查、核对和确认。经过这样的过程，第一，可以修正初步收集来的信息中的不准确之处，使工作信息更为准确和完善。第二，由于工作任职者和任职者的上级主管是工作分析结果的主要使用者，请他们来审查和确认这些信息，有助于他们对工作分析结果的理解和认可，为今后的使用奠定基础。第三，收集工作信息的人员有时实际上并没有从事过所分析的工作，因此对工作中的一些实际问题和标准并不是很了解，而在这些方面，恰恰工作任职者和任职者的上级主管更有发言权。第四，让工作任职者和任职者上级共同对工作信息提出意见，也有利于发现他们对工作的一些不一致的看法，使他们有一次沟通的机会，以便协调一致，使今后工作更好地开展。

（2）提炼出所需要的材料和要素。将所得的资料进行加工整理分析，分门别类，归纳和总结出编写工作说明书需要的材料和要素。在分析过程中，要创造性地揭示出有关工作和任职者的关键信息。

（四）完成阶段

（1）草拟工作说明书。根据分析阶段归纳和总结出的编写工作说明书所需要的材料和要素草拟工作说明书。工作说明书内容应包括：该职位的基本情况：名称、职等职级、所属部门、编制等；该职位存在的价值和目的是什么；对该职位的要求有哪些要素，如规划、组织、审核、创新等；如何定义该任职者的责任和权力；该职位需要和外部有什么样的互动关系；该职位需要使用什么设备仪器，需要什么证照；该职位的工作环境和工作地点怎样；该职位的上下级汇报关系如何、服务的相互关系怎样；这份工作需要什么样素质、技能和经验的人担任。

（2）讨论验证工作说明书。召集整个调查中涉及的管理人员和任职人员，讨论由工作分析人员编制的工作说明书，将工作说明书初稿复印分发给他们，要求对其中每一句话、每一个词语进行斟酌、论证，发现问题并修改。

（3）修改定稿。通过多次反馈、修改，最后确定详细的工作说明书，经工作任职者、任职者的主管和人力资源部门负责人签字盖章认可后，进行归档保存并输入公司人力资源管理信息系统。

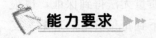 能力要求 ▶▶

## 工作分析的方法应用

一般而言，工作分析的方法可以分为职务定向方法和行为定向方法。前者相对静态地描述和分析职务的特征，收集各种有关"工作描述"一类的材料；后者集中于与"工作要求"相适应的工作行为，属于相对动态的分析。关键事件法就是一种常用的行为定向方法。这种方法要求管理人员、员工以及其他熟悉工作职务的人员记录工作行为中的"关键事件"——使工作成功或者失败的行为特征或事件。

在大量收集关键事件以后，可以对它们作出分析，并总结出该职务的关键特征和行为要求。关键事件法既能获得有关职务的静态信息，也可以了解职务的动态特征。主要方法如下。

### 情境1：访谈法

访谈法又称面谈法，是一种应用最为广泛的职务分析方法。它是指工作分析人员就某一职务或职位面对面地询问任职者、主管、专家等对工作的意见和看法。在一般情况下，应用访谈法时可以以标准化方式记录，目的是便于控制访谈内容及对同一职务不同任职者的回答相互比较。

1. 访谈法的优点

（1）可以进一步使员工和管理者沟通观念，以获得谅解和信任；

（2）运用面广，收集方式简单，可获得完整的工作数据；

（3）有助于管理者发现问题，使工作分析人员了解到短期内用直接观察法不容易发现的情况；

（4）访淡内容可弹性控制，不拘泥于形式，有助于与员工沟通，缓解工作压力。

2. 访谈法的缺点

（1）对于实施谈的专业人员要求高，需要经过专业训练和具备一定的工作经验；

（2）比较费精力、费时间，占用员工工作时间，妨碍生产；

（3）收集的信息可能受到扭曲，因访谈对象怀疑分析者动机、无意误解分析者、访谈技巧不佳等因素造成信息的扭曲；

（4）访谈内容易被员工认为是其工作业绩考核或薪酬调整的依据，所以他们会故意夸大或弱化某此职责，混淆访谈人员的判断。

3. 工作分析的访谈内容

访谈法广泛运用于以确定工作任务和责任为目的的情况。访谈的内容主要是得到任职者四个方面的信息。

（1）工作目标：组织为什么设置这个工作岗位，并根据什么给予报偿。

（2）工作的范围与性质（面谈的内容）：工作在组织中的关系，所需的一般技术知识、管理知识和人际关系知识，需要解决问题的性质及自主权，工作在多大范围内进行，员工行为的最终结果如何度量。

（3）工作内容：任职者在组织中发挥多大作用，其行动对组织的影响有多大。

（4）工作的责任：涉及组织战略决策、执行等方面的情况，另外需注意访谈的典型提问方式。

#### 情境2：问卷调查法

问卷调查法是工作分析中最常用的一种方法，具体来说，由有关人员事先设计出一套职务分析的问卷，再由随后工作的员工来填写问卷，也可由工作分析人员填写，最后再将问卷加以归纳分析，做好详细记录，并据此写出工作职务描述。

1. 问卷调查法的优点

（1）费用低，速度快，节省时间；

（2）调查范围广，可用于多种目的、多样用途的职务分析；

（3）调查样本量很大，适用于需要对很多工作者进行调查的情况；

（4）调查的资源可以量化，由计算机进行数据处理。

2. 调查问卷法的缺点

（1）问卷设计难度大，要花费较多时间，人力、物力、费用成本高；

（2）在问卷使用前，应进行测试，以了解员工对问卷中所提问题的理解程度，为避免误解，还经常需要工作分析人员亲自解释和说明，这就降低了工作效率；

（3）填写调查问卷是单独完成的，缺少交流和沟通，一般员工不愿意花时间填表，因而影响调查的质量。

3. 使用调查问卷还要注意的事项

（1）问卷调查员在发放问卷前要先通过相关专业培训；

（2）标准化问卷对于中小企业而言成本过高，可改为使用定性分析法或开放式问卷；

（3）在实施调查时，对问卷中的调查项目应进行必要的解释和说明；

（4）回收问卷要及时同，保证有效性；

（5）对问卷内空和提问方式要反复斟酌，需结合实际情况作必要的调整。

 案例学习

工作分析调查问卷如表2-15所示。

表2-15　　　　　　　　　　工作分析调查问卷

| 姓名 | | 职位名称 | |
|---|---|---|---|
| 部门 | | 工作地点 | |
| 填表日期 | | 直属上级签署 | |

工作时间：

——正常的工作时间为：每日自（　　　）时开始至（　　　）时结束

——每周平均加班时间为（　　　）小时

——实际上下班时间是否随业务情况经常变化（总是、有时是、否）

——所从事的工作是否忙闲不均（是、否）

——若工作忙闲不均，则最忙时常发生在哪段时间：_____

——每周外出时间占正常工作的（　　　%）

——外地出差情况每月平均几次（　　　）；每次平均需要（　　　）小时

——本地外出情况平均每周（　　　）次；每次平均（　　　）小时

工作目标：

工作概要（简要描述您的工作）


工作内容：
　　工作内容项目　　权限　　　占工作时间比重（%）

工作顺序：


失误造成的损失：
　　若您的工作出现失误，将会给公司带来哪些损失？

| 工作名称 | 损失类型 | 等　级 | 严重程度 | | | | |
|---|---|---|---|---|---|---|---|
| | | | 1<br>轻 | 2<br>较轻 | 3<br>一般 | 4<br>较重 | 5<br>重 |
| | 经济损失 | | | | | | |
| | 酒店形象损害 | | | | | | |
| | 经营管理损害 | | | | | | |
| | 其他损害（请注明） | | | | | | |

若您的工作出现失误，影响的范围将是：

　　1. 不影响其他人工作的正常进行

　　2. 只影响本部门内少数人

　　3. 影响整个部门

　　4. 影响其他几个部门

　　5. 影响整个公司


内部接触

频繁程度：

偶尔　　　　经常　　　非常频繁
1　2　　　　3　4　　　　　5

续 表

| | |
|---|---|
| 在工作中不与其他人接触 | ☐ |
| 只与本部门内几个同事接触 | ☐ |
| 需要与其他部门的人员接触 | ☐ |
| 需要与其他部门的部分领导接触 | ☐ |
| 需要同所有部门的领导接触 | ☐ |

外部接触

频繁程度：

偶尔　　　　经常　　　非常频繁

1　2　　　　3　4　　　　5

| | |
|---|---|
| 不与本公司以外的人员接触 | ☐ |
| 与其他公司的人员接触 | ☐ |
| 与其他公司的人员和政府机构接触 | ☐ |
| 与其他公司、政府机构、外商接触 | ☐ |

监督

　　直接和间接监督的属下人数（　　　）

　　监督你的上司人数（　　　）

　　直接监督人员的层次：一般员工、下级管理人员、中级管理人员

管理

　　☐　只对自己负责

　　☐　对属下有监督指导的责任

　　☐　对属下有分配工作、监督指导的责任

　　☐　对属下有分配工作、监督指导和考核的责任

　　☐　对自己的工作结果不负责任

　　☐　仅对自己的工作结果负责

　　☐　对整个部门负责

　　☐　对自己的部门和相关部门负责

　　☐　对整个公司负责

　　☐　在工作中时常作些小的决定，一般不影响其他人

　　☐　在工作中时常作一些决定，对相关人员有些影响，但一般不影响整个部门

　　☐　在工作中要作一些决定，对整个部门有影响，但一般不影响其他部门

　　☐　在工作中要作重大决定，对整个公司有重大影响

☐　有关工作的程序和方法均由上级详细规定，遇到问题时可随时请示上级解决，工作结果须报上级审核

☐　分配工作时上级仅指示要点，工作中上级并不时常指导，但遇困难时仍可直接或间接请示上级，工作结果仅受上级要点审核

☐　分配任务时上级只说明要达成的任务或目标，工作的方法和程序均由自己决定，工作结果仅受上级原则审核

☐　完成本职工作的方法和步骤完全相同
☐　完成本职工作的方法和步骤大部分相同
☐　完成本职工作的方法和步骤有一半相同
☐　完成本职工作的方法和步骤有大部分不同
☐　完成本职工作的方法和程序完全不同

工作内容与能力要求

在每天工作中是否经常要迅速作出决定？
没有☐　很少☐　偶然☐　许多☐　非常频繁☐

您手头的工作是否经常被打断？
没有☐　很少☐　偶然☐　许多☐　非常频繁☐

您的工作是否经常需要细节？
没有☐　很少☐　偶然☐　许多☐　非常频繁☐

您所处理的各项业务彼此是否相关？
完全不相关☐　大部分不相关☐　一半相关☐　大部分相关☐　完全相关☐

您在工作中是否要求高度的精力集中，如果是，约占工作总时间的比重是多少？
20%☐　40%☐　60%☐　80%☐　100%☐

在您的工作中是否需要运用不同方面的专业知识和技能？
否☐　很少☐　有一些☐　很多☐　非常多☐

在工作中是否存在一些令人不愉快、不舒服的感觉？
没有☐　有一点☐　能明显感觉到☐　多☐　非常多☐

在工作中是否需要灵活地处理问题？
不需要☐　很少☐　有时☐　较多☐　非常多☐

您的工作是否需要创造性？
不需要☐　很少☐　有时☐　较需要☐　很需要☐

您在履行工作职责时是否有与其他员工发生冲突的可能？
没有☐　很少可能☐　有可能☐　可能较大☐　很可能☐

1. 您常起草或撰写的文字资料有哪些？
等级　1　2　3　4　5
频率　极少　偶尔　不太经常　经常　非常经常

通知、便条、备忘录　☐

简报　☐

信函　☐

汇报文件或报告　☐

总结　☐

续　表

公司文件　　　　　　　　　　□

研究报告　　　　　　　　　　□

合同或法律文件　　　　　　　□

其他　　　　　　　　　　　　□

2. 学历要求：

初中□　　高中□　　职专□　　大专□　　大本□　　硕士□　　博士□

3. 受培训情况及要求：

培训科目　　　　　　　培训内容　　　　　　　培训时限（日）

4. 你认为你的职位的初任者，要多长时间才能基本胜任工作？

5. 为了顺利履行您所从事的工作，需具备哪些方面的其他工作经历，约多少年？

工作经历：　　　　　　　　　最低时间要求：

6. 在工作中您觉得最困难的事情是什么？您通常是怎样处理的？

困难的事情：　　　　　　　处理方式：

7. 您所从事的工作有何体力方面的要求？

轻□　　较轻□　　一般□　　较重□　　重□

8. 其他能力要求

等级　　1　　　2　　　3　　　4　　　5

程度　极少　偶尔　不太经常　经常　很经常

领导能力　　　　　□

指导能力　　　　　□

激励能力　　　　　□

授权能力　　　　　□

创新能力　　　　　□

计划能力　　　　　□

资源分配能力　　　□

管理技能　　　　　□

时间管理　　　　　□

人际关系　　　　　□

协调能力　　　　　□

| | |
|---|---|
| 谈判能力 | ☐ |
| 说服能力 | ☐ |
| 公共关系 | ☐ |
| 表达能力 | ☐ |
| 写作能力 | ☐ |
| 信息管理能力 | ☐ |
| 分析能力 | ☐ |
| 决策能力 | ☐ |
| 实施能力 | ☐ |
| 其　　他 | ☐ |

请您详细填写从事工作所需的各种知识和要求程度？

需要程度：1　　 2　　 3　　　 4　　　 5

等级：　低　 较低　 一般　 较高　 高

知识内容：

1.

2.

3.

其他

您还有哪些需要说明的问题？

---

**情境 3：观察法**

观察法是一种传统的职务分析方法，指的是工作分析人员直接到工作现场，针对特定对象（一个或多个任职者）的作业活动进行观察，收集、记录有关工作的内容、工作间的相互关系、人与工作的关系以及工作环境、条件等信息，并用文字或图表形式记录下来，然后进行分析与归纳总结的方法。

1. 观察法的优点

工作分析人员能够比较全面和深入地了解工作的要求，适用于那些主要用体力活动来完成的工作，如装配工作、保安人员等。

2. 观察法的缺点

（1）不适用于脑力劳动成分较高的工作，以及处理紧急情况的间歇性工作，如律师、教师、急救站的护士、经理等；

（2）对有些员工而言难以接受，他们会觉得自己受到监视或威胁，从而对工作分析人员产生反感心理，同时也可能造成操作动作变形；

（3）不能得到有关任职者资格要求的信息。

3. 观察法的操作须知

（1）要注意工作行为样本的代表性；

（2）观察人员在观察时尽量不要影响被观察者的注意力，干扰被观察者的工作；

（3）观察前要有详细的观察提纲和行为标准；

（4）观察者要避免机械记录，应反映工作有关内容，并对工作信息进行比较和提炼。

4. 观察法的工作分析程序

观察法可以与面谈法及调查法结合起来运用：

（1）初步了解工作信息。步骤1：检查现有文件，形成对工作的总体概念：工作使命、主要任务和作用、工作流程；步骤2：准备一个初步清单，作为面谈的框架；步骤3：为在数据收集过程中涉及还不清楚的主要项目做一个注释。

（2）进行面谈：步骤1：最好是首先选择一个主管或有经验的员工进行面谈，因为他们最了解工作的整体情况以及各项任务的配合；步骤2：确保所选择的面谈对象具有代表性。

（3）合并工作信息：步骤1：工作信息的合并是把以下各种信息合并为一个综合的工作描述：主管、工作者、现场观察者以及有关工作的书面资料；步骤2：在合并阶段，工作分析人员应该可以随时获得补充材料；步骤3：检查最初的任务或问题清单，确保每一项都已得到答案或确认。

（4）核实工作描述：步骤1：核实阶段要把所有面谈对象召集在一起，目的是确定在信息合并阶段得到的工作描述的完整性和精确性；步骤2：核实阶段应该以小组的形式进行，把工作描述分发给主管和工作的承担者；步骤3：工作分析人员要逐句地检查整个工作描述，并在遗漏和含糊的地方作出标记。

> 情境4：工作日志法

工作日志法又称工作写实法，指任职者按时间顺序详细记录自己的工作内容与工作过程，然后经过归纳、分析，达到工作分析目的的一种方法。

1. 工作日志法的优点

（1）信息可靠性很高，适于确定有关工作职责、工作内容、工作关系、劳动强度等方面的信息；

（2）所需费用较低；

（3）对于高水平与复杂性工作的分析，比较经济有效。

2. 工作日志法的缺点

（1）这种方法的主要缺点是注意力集中于活动过程，而不是结果；

（2）使用这种方法必须要求从事这一工作的人对此项工作的情况与要求最清楚；

（3）使用范围小，只适用于工作循环周期较短、工作状态稳定无大起伏的职位；

（4）信息整理的工作量大，归纳工作烦琐；

（5）工作执行人员在填写时，会因为不认真而遗漏很多工作内容，从而影响分析结果，另外在一定程度上，填写日志会影响正常工作；

（6）若由第三者进行填写，人力投入量就会很大，不适于处理大量事务的职务；

（7）存在误差，需要对记录分析结果进行必要的检查。

### 情境5：资料分析法

为降低工作分析的成本，应当尽量利用原有资料，例如责任制文本等人事文件，以对每项工作的任务、责任、权力、工作负荷、任职资格等有一个大致的了解，为进一步调查、分析奠定基础。

1. 资料分析法的优点

（1）分析成本较低，工作效率较高；

（2）能够为进一步开展工作分析提供基础资料、信息。

2. 资料分析法的缺点

（1）一般收集到的信息不够全面，尤其是小企业或管理落后的企业往往无法收集到有效、及时的信息；

（2）一般不能单独使用，要与其他工作分析法结合起来使用。

### 情境6：能力要求法

指完成任何一项工作的技能都可由那些最基本的能力组成，并加以描述。

1. 能力要求法的优点

（1）常用于招聘与选拔人员，尤其是当求职者并不被期望在进入工作门槛时便拥有特定技能的情况下；

（2）有时也被用来进行全身素质标准的确定；

（3）由于能力要求法提供了全面的人的能力清单，故工作分析人员不需要在每一次进行工作分析时都重新从零开始。

2. 能力要求法的缺点

主要是它所收集的信息范围有限，所以此法的使用一般要与其他工作分析法结合起来加以使用。

### 情境7：关键事件法

关键事件法（Critical Incident Technique，CIT）要求分析人员、管理人员、本岗位员工，将工作过程中的"关键事件"详细地加以记录，在大量收集信息后，对岗位的特征要求进行分析研究的方法（关键事件是使工作成功或失败的行为特征或事件，如成功或失败、赢利与亏损、高效与低产等）。关键事件法是观察、书面记录员工有关工作成败的"关键性"事实。它是由两个美国学者福莱·诺格（Flanagan）和伯恩斯（Baras）在1954年共同创立的，包含了三个重点：第一，观察；第二，书面记录员工所做的事情；第三，有关工作成败的关键性的事实。

该方法的设计原则是认定员工与职务有关的行为，并选择其中最重要、最关键的部分来评定其结果。它首先从领导、员工或其他熟悉职务的人那里收集一系列职务行为的事件，然后，描述"特别好"或"特别坏"的职务绩效。对每一事件的描述内容，包括：导致事件发生的原因和背景；员工的特别有效或多余的行为；关键行为的后果；员工自己能否支配或控制上述后果。在大量收集这些关键要素以后，可以对他们作出分类，并总结出与岗位匹配的关键特征和行为要求。关键事件法既能获得有关职务的静态信息，也可以了解职务的动态特点。关键事件法可以用在工作分析上，但主要应用于绩效评估程序上。

1. 关键事件法的优点

（1）被广泛应用于人力资源管理方面，比如识别甄选标准及确定培训方案，尤其可以用于绩效评估的行为锚定与行为观察；

（2）由于行为可被观察与测量，所以对职务行为的描述和行为标准的确立才可以更加准确；

（3）能更好地确定每一个行为的利益和作用。

2. 关键事件法的缺点

（1）需要花大量时间去收集那些"关键事件"，并加以概括和分类；

（2）并不对工作提供一种完整的描述，比如，它无法描述工作职责、工作任务、工作背景和最低任职资格的轮廓；

（3）对中等绩效的员工难以涉及，遗漏了平均绩效水平。

3. 运用关键事件法的注意事项

（1）调查的期限不宜过短；

（2）关键事件的数量应足以说明问题，事件数目不能太少；

（3）正反两方面的事件要兼顾，不得偏颇。

4. 记录关键事件的 STAR 法

STAR 法是由四个英文单词的第一个字母表示的一种方法；由于 STAR 英文翻译后是星星的意思，所以又叫"星星法"。星星就像一个十字形，分成四个角，记录的 个事件也要从四个方面来写：S 是 Situation——情境：这件事情发生时的情境是怎样的；T 是 Target——目标：他为什么要做这件事；A 是 Action——行动：他当时采取什么行动；R 是 Result——结果：他采取这个行动获得了什么结果。连起这四个角就叫 STAR。

**【练一练】**

### 对关键事件的提炼应用

杨林是酒店的团队销售主管。该岗位主要负责旅游团队的流量控制和团队入住接待的协调工作，检查督促下属员工做好团队房间及餐饮预订的接洽、确认，以及入住前的通知等事宜。

这家酒店刚起步，销售部共有 12 位员工，但目前只有杨林一人负责这项工作。旅行社和旅游团队的工作除了她再没人懂了。在刚与市内又一大型旅行社签订好合作协议后，一周后就发生一件事情：与她相恋多年的男友昨晚在外地出差的高速公路上出了车祸，生命危在旦夕。这个时候她应该第一时间出现在他的身边，但现在电话打不通，那边的情况也不了解，听说还有人员的伤亡。担心让她变得很憔悴，也病了。碰巧第二天，杨林所在的酒店就要接待一个由该社转过来的美国高端商务考察团，在当天 7 点钟之前将会到达机场，并立即入住酒店，这是一个重要的客户，首次合作一定不能失败。杨林该怎样做呢？

她决定把男友的事请先放在一边，第二天早上8点钟提前出现在酒店大堂里等候，她的经理和同事都发现，她的脸色铁青，精神也不好，一问才知道她男友出了事。但是，这个小女孩什么话也没说，用热情饱满的服务态度，一直等到该团队全部入住完毕并为该团队客人解决了一些实际性小问题后，才回到了自己的办公室，将工作报告填写完毕，此时她的眼泪已是夺眶而出。上午11点钟时，她就急急忙忙下班走了，可她今天的正常下班时间是16点钟，她提前走了，回去处理男友的事去了。这是一个关键性事件。如果这件事情她的部门经理没有发现，不记下来，或者人力资源部也没有发现，那么在其他员工的眼里，16点钟下班，她上午11点钟就走了，会被认为是早退。但是，如果部门经理善于观察，发现了这件事情，问清楚是怎么回事儿，会发现这是件很光彩的事情。

如果她的男友没有出车祸，那么协助旅行社让团队顺利入住，就是销售部团队主管正常的工作，是不会被记下来的。但这一天，她置个人的事情于不顾，首先考虑酒店的利益，为了不让客户受损失，克服了种种困难出现在工作场所里，提前完成了任务。这是要加分的一件事情，有关部门就应当把这件事情记录下来。通过记录，总结归纳出与销售主管岗位匹配的关键特征和行为要求。

当时的情境S是：杨林的男朋友头一天晚上出了严重的车祸，生命危在旦夕；当时的目标T是：为了第二天让首次合作的旅行社高端团队顺利入住；当时的行动A是：她置私人的事于不顾，提前出现在工作场所，把职责范围内的工作任务都完满解决好了；当时的结果R是：服务得到了该旅行社和美国商务考察团的高度赞扬，为酒店赢来信誉，成功开拓了市场。STAR分析模型如图2-4所示。

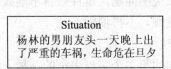

Situation
杨林的男朋友头一天晚上出了严重的车祸，生命危在旦夕

Target
为了第二天让首次合作的旅行社高端团队顺利入住

Result
服务得到了该旅行社和美国商务考察团的高度赞扬，为酒店赢来信誉，成功开拓了市场

Action
她置私人的事情于不顾，提前出现在工作场所，把职责范围内的工作任务都完满解决好了

**图2-4　关键事件法——STAR分析模型**

1. 通过阅读这个案例，掌握使用STAR分析模型对关键事件进行提炼。

2. 根据本案例的启发，请你列举出与酒店市场营销部员工岗位匹配的关键特征和行为要求。

如表 2-16 所示，为 7 种工作分析方法的优缺点之比较。

表 2-16　　　　　　　　　　7 种工作分析方法的优缺点之比较

| 分析方法 | | 优点和缺点 |
|---|---|---|
| 访谈法 | 优点 | 1. 可获得完整的工作数据，免去员工填写工作说明书的麻烦<br>2. 可以进一步使员工和管理者沟通观念，以获得谅解和信任<br>3. 可以不拘形式，问句内容较有弹性，又可随时补充和反问，是填表无法办到的<br>4. 收集方式简单 |
| | 缺点 | 1. 信息可能受到扭曲——因访谈对象怀疑分析者动机、无意误解分析者访谈技巧不佳等因素造成信息的扭曲<br>2. 分析项目繁杂时，费时又费钱<br>3. 占用员工工作时间，妨碍生产 |
| 问卷调查法 | 优点 | 1. 最便宜，且迅速<br>2. 容易进行，且可同时分析大量员工<br>3. 员工有参与感，有助于双方的了解 |
| | 缺点 | 1. 很难设计出一个能够收集完整数据的问卷<br>2. 一般员工不愿意花时间填表，因而很少正确地填写问卷 |
| 观察分析法 | 优点 | 根据工作者自己陈述的内容，再直接到工作现场深入了解 |
| | 缺点 | 1. 干扰正常的工作行为或工作者心智活动<br>2. 无法感受或观察到特殊事故<br>3. 如果工作本质上偏重心理活动，则成效有限 |
| 工作日志法 | 优点 | 1. 可充分地了解工作，有助于主管对员工的面谈<br>2. 逐日或在工作活动后作记录，可以避免遗漏<br>3. 可以收集到最详尽的数据 |
| | 缺点 | 1. 主要收集描述性资料，分析性较弱<br>2. 需要较长时间的资料收集 |
| 资料分析法 | 优点 | 1. 分析成本较低，工作效率较高<br>2. 能够为进一步开展工作分析提供基础资料、信息 |
| | 缺点 | 1. 一般收集到的信息不够全面，尤其是小企业或管理落后的企业往往无法收集到有效、及时的信息<br>2. 一般不能单独使用，要与其他工作分析法结合起来使用 |
| 能力要求法 | 优点 | 1. 常用于招聘与选拔人员，尤其是当求职者并不被期望在进入工作门槛时便拥有特定技能的情况下<br>2. 有时也被用来进行全身素质标准的确定<br>3. 由于能力要求法提供了全面的人的能力清单，故工作分析人员不需要在每一次进行工作分析时都重新从零开始 |
| | 缺点 | 主要是它所收集的信息范围有限，所以此法的使用一般要与其他工作分析法结合起来加以使用 |

续 表

| 分析方法 | | 优点和缺点 |
|---|---|---|
| 关键事件法 | 优点 | 1. 针对员工工作中的行为，能够深入了解工作的动态性<br>2. 由于行为是可观察、可衡量的，因为记录的信息应用性强 |
| | 缺点 | 1. 须花大量时间收集、整合、分类资料<br>2. 不适于描述日常工作 |

# 任务3　工作说明书的应用

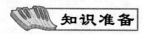

知识准备

工作说明书作为组织重要的文件之一，是指用书面形式对组织中各类岗位（职位）的工作性质、工作任务、责任、权限、工作内容和方法、工作环境和条件，以及本职务任职人资格条件所作的统一要求（书面记录）。它应该说明任职者应做些什么、如何去做和在什么样的条件下履行其职责。一个名副其实的工作说明书必须包括该项工作区别于其他工作的信息，提供有关工作是什么，为什么做，怎样做以及在哪里做的清晰描述。

## 一、工作说明书的作用

（1）让员工了解工作概要。

（2）建立工作程序和工作标准。

（3）阐明工作任务、责任与职权。

（4）为员工聘用、考核、培训等提供依据。

## 二、工作说明书的内容

（1）基本资料。包括岗位名称、岗位等级、岗位编码、定员标准、直接上下级、分析日期。

（2）岗位职责。主要包括职责概述和职责范围。

（3）监督与岗位关系。说明本岗位与其他岗位之间在横向与纵向上的联系。

（4）工作内容和要求。要是岗位职责的具体化，即对本岗位所要从事的主要工作事项作出说明。

（5）工作权限。为了确保工作的正常开展，必须赋予每个岗位不同的权限，但权限必须与工作责任相协调、相一致。

（6）劳动条件和环境。它是指在一定时间空间范围内工作所涉及的各种物质条件。

（7）工作时间。包含工作时间长度的规定和工作轮班制的设计等两方面内容。

（8）资历。由工作经验和学历条件两个方面构成。

（9）身体条件。结合岗位的性质、任务对员工的身体条件作出规定，包括体格和体力两项具体的要求。

（10）心理品质要求。岗位心理素质及能力等方面要求，应紧密结合本岗位的性质和特点深入进行分析，并作出具体的规定。

（11）专业知识与技能要求。

（12）绩效考评。从品质、行为和绩效等多个方面对员工进行全面的考核和评价。

 **案例学习**

## 饭店市场营销部经理工作说明书

### 第一部分　岗位规格说明

**一、基本资料**

岗位名称：市场营销部经理　　　　　　岗位等级：6级

岗位编码：160201　　　　　　　　　　所属部门：市场营销部

直接上级：市场营销部总监　　　　　　定员标准：1人

分析日期：2010年1月

**二、岗位职责**

**（一）岗位描述**

在总经理的领导下，负责带领本部门人员贯彻、执行国家有关法律法规、标准；对本部门负责和参与的工作质量和服务质量负全面责任；对本部门负责的工作有指挥、考核权；负责制订、修订本部门各级人员的职责与权限；负责制订、修订并组织实施销售工作计划；负责树立和改善销售人员的形象，督导，检查销售人员的市场开发情况，最终实现饭店的经济效益和社会效益。

**（二）工作职责**

（1）根据市场具体情况，作出市场预测，确定本饭店的目标市场，全面负责饭店经营产品的销售工作。

（2）提出并参与制订、修订饭店对外销售、开发的客源计划。

（3）负责本部门全盘业务计划的筹划和方案的实施。

（4）根据宾客的潜在需求，细分市场，确定本饭店的价格政策。

（5）根据饭店目标市场及宾客的潜在需求，制订、修订对重要客房及潜在客户的销售工作计划。

（6）提出饭店经营战略目标，并确保这一目标的最终达成。

（7）负责市场开发、指导各经营部门开发市场，不断提高饭店的竞争力和影响力。

（8）负责饭店年度市场计划的起草，包括饭店市场营销计划，饭店广告宣传、促销及公共关系的发展计划。

（9）督导饭店对内、对外的各项公关、广告宣传活动，并作出饭店销售活动、广告宣传活动及公关活动的预算。

（10）按年度计划要求，定期检查饭店内部销售计划的执行情况。

（11）与其他有关部门沟通、协调、密切合作，以确保销售计划的落实。

（12）定期对下属员工进行绩效评估，按照奖惩标准实施奖惩。

（13）负责组织、实施本部门员工的培训工作，提高员工的业务素质。

（三）其他职责

完成上级委派的其他临时工作任务。

三、监督及岗位关系

（一）所受监督和所施监督

（1）所受监督：市场营销部经理直接受总经理的监督指导。

（2）所施监督：对下属的市场营销部副经理、日韩市场主管、欧美市场主管、政企市场主管、旅行社市场主管、广告策划主管、预订部主管、文员兼训导员等进行直接监督指导。

（二）与其他岗位的关系

（1）内部联系：与饭店各业务部门和职能部门的联系。

（2）外部联系：与各大公司、办事处、政府机关、旅游主管部门等的联系。

（三）本岗位晋升阶梯图（如图2-5所示）

图2-5 职务晋升阶梯图

（四）本岗位横向平移情况

本岗位可向饭店内其他部门经理岗位平移。

四、工作内容及工作要求（如表2-17所示）

表2-17　　　　　　　　　　　　销售部经理工作内容及工作要求

| 工作内容 | 工作要求 |
| --- | --- |
| （1）根据市场具体情况，作出市场预测，确定本饭店的目标市场，全面负责饭店经营产品的销售工作 | （1）熟悉饭店提供的各类型产品、报价、具体分工等 |
| （2）提出并参与制订、修订饭店对外销售、开发的客源计划 | （2）根据饭店经营目标制订营销计划，并作合理分工和统筹安排 |
| （3）负责本部门全盘业务计划的筹划和方案的实施 | （3）对部门年度工作进行分段计划，分段管理和实施 |
| （4）根据宾客的潜在需求，细分市场，确定本饭店的价格政策 | （4）对细分市场和目标市场的情况有全局观和前瞻性判断，制定价格策略和选择报价方式 |

| 工作内容 | 工作要求 |
|---|---|
| （5）根据饭店目标市场及宾客的潜在需求，制订、修订对重要客房及潜在客户的销售工作计划 | （5）灵活应对客户需求，因地制宜，及时调整销售计划 |
| （6）提出饭店经营战略目标，并确保这一目标的最终达成 | （6）对销售计划进行战略性规划 |
| （7）负责市场开发、指导各经营部门开发市场，不断提高饭店的竞争力和影响力 | （7）合理分工、积极开拓新市场、新业务，对行业信息进行调查、收集、整理，培育新经济增长点 |
| （8）负责饭店年度市场计划的起草，包括饭店市场营销计划，饭店广告宣传、促销及公共关系的发展计划 | （8）提高计划设计阶段的信度和效度 |
| （9）督导饭店对内、对外的各项公关、广告宣传活动，并作出饭店销售活动、广告宣传活动及公关活动的预算 | （9）对销售活动所产生的费用进行有预算的规划，账目清晰 |
| （10）按年度计划要求，定期检查饭店内部销售计划的执行情况 | （10）落实计划的执行力度，定期检查销售计划实施结果，发现问题并及时反馈或作出调整 |
| （11）与其他有关部门沟通、协调、密切合作，以确保销售计划的落实 | （11）确保与有关部门的有效沟通和关系畅通 |
| （12）定期对下属员工进行绩效评估，按照奖惩标准实施奖惩 | （12）采用结果导向性为主的绩效管理模式。根据任务的性质，负责本部门员工的绩效考评工作，并根据考评结果展开以改善工作绩效为目的的绩效面谈 |
| （13）负责组织、实施本部门员工的培训工作，提高员工的业务素质 | （13）对本部门员工要作好培训规划。在工作过程中，要善于发掘员工的培训需求，提供有利于改善工作或提高效率的培训学习机会，建立学习型组织 |

五、岗位权限

（1）对市场营销部的业务和行政管理工作有指导和监督权。

（2）有权对下属员工的奖惩提出建议。

（3）对上级部门提出合理化的建议和意见的权利。

（4）根据企业员工守则和饭店考勤制度的规定有权对员工的假期审批提出建议。

（5）有就本部门的规划，向上级领导申报设备更新改造和申请拓展新的经营领域的权利。

六、劳动条件和环境

本岗位属于手工工作，室内坐姿结合室外走动进行，属于较轻体力劳动，工作环境温、湿度适中，无噪声、粉尘污染，照明条件良好。在特定条件下，户外走动拜访客户或进行业务洽谈。

七、工作时间

本岗位实行每周 40 小时的标准工时制。

## 第二部分 员工规格要求

八、资历

（1）学历要求：具有全日制大学本科以上文化程度。

（2）工作经验：具有三年以上旅游或饭店企业市场营销行政管理的相关工作经验。

九、身体条件

本岗位要求身体健康，精力充沛，具有整体策划能力、沟通协调能力、控制能力、调整力和记忆力。

十、心理品质及能力要求

（1）智力：具有较强的学习能力、理解指令和原理的能力及推理判断能力。

（2）语言能力：中文和一门以上外语的书面语言表达流利；普通话、粤语和一门以上的外语口头表达流利。

（3）具有一定的组织领导能力、管理能力、计划能力及实施运作能力。

（4）严谨、细心，善于发现问题，并能及时作出判断。

（5）具有较强的安全意识和保密意识。

十一、所需知识和专业技能

（一）担任本岗位职务应具备的专业知识和技能

（1）有坚实的专业理论知识和实战技巧。

（2）掌握两门以上的外语，能够运用外语进行听、说、读、写。

（3）具有一定的计算机水平，具有较强的信息收集能力和分析能力。

（4）强烈的公关意识，善于把握市场动态和接受先进的管理经验。

（5）具有丰富的社会经验和人际关系的维护经验。

（二）招聘本岗位员工应考核的内容

（1）热爱本职工作，工作态度积极、主动、自觉。

（2）有保守商业秘密的意识和相关专业知识。

（3）销售策划能力。

（4）团队管理能力。

（5）沟通协调能力。

（6）英语水平和计算机能力。

（三）上岗前应接受的培训内容

（1）了解销售部的职能和责任，熟悉饭店和销售部的各项规章制度。

（2）掌握销售部人员分工情况，了解销售团队业务进展情况。

（3）服务意识、安全意识、保密意识。

（四）上岗后应继续教育训练的内容

（1）销售策略开发与研究。

（2）人力资源管理学、组织行为学知识。

（3）财务管理学、会计学知识。

（4）公共关系学、人际关系学、心理学知识。

十二、绩效管理

从德、能、勤、绩四个方面对员工进行考核，采用 360 度考评方法，以领导评定为主，自我评定和同级评定为辅，客户评价为参考意见，其中领导评定占 70%，同级评定占 20%，自我评定占 10%，客户评价不列入评定比例。

（一）本岗位工作考核的内容

1. 德：良好的职业道德修养，敬业爱岗，忠于职守。

2. 能：（1）业务能力：①销售行业和服务行业专业知识和实际运用能力；②日常行政管理能力和处理突发事件的能力；③公关和协调能力。

（2）管理水平：具有全局观念的计划、组织、控制、协调和决策能力。

3. 勤：机动工作时间安排。

4. 绩：（1）是否按工作计划、行政会议决策和上级指令圆满完成工作任务；

（2）是否能够实现计划内的经济管理目标；

（3）各细分市场的工作团队工作状态是否改善，工作效率是否提高；

（4）与其他部门的协调度，整体组织效率。

（二）本岗位工作从时间角度考核要求

（1）进行每日例会，监督行销人员撰写销售报告，并进行跟踪。

（2）定期听取本部门人员的工作汇报。

（3）每月、每季度、半年、年末向销售总监提交书面销售报告。

（4）根据销售工作进展情况，随时调整市场战术，并随时向销售总监提出合理化意见和建议。

（5）每年年初，指定全年工作计划和销售计划，年末根据工作完成的情况，向上级作述职报告。

（三）考核结果的分析和反馈

由上级领导对考核结果进行核实及可靠性分析，以保证考核结果的真实性，并将考核结果与同期指标和工作要求相比较，及时将分析结果反馈给本人。

【方案设计】

任务：编制一份典型岗位的工作说明书

任务描述：现在你是格斯酒店客房部主管，工作过程中你发现员工日常工作内容与酒店原有的岗位职责发生了很大变化，有很多新的职责内容工作说明书中都没有，所以你向酒店建议重新修订工作说明书，酒店非常支持你的想法。现在请你编制客房部员工的工作说明书。

要求：

（1）可以根据在酒店实习的岗位进行编制；

（2）部门不限于客房部，可以选择自己在酒店实习中的岗位，但仅限于员工级别的岗位。

# 项目3 饭店组织结构图的绘制

● 掌握企业组织结构的概念和类型。
● 了解企业的结构模式的设计原则。

### 技能目标

1. 掌握组织结构图的绘制程序、前期准备和方法。
2. 掌握组织结构图绘制的基本图式，能够根据酒店的实际情况设置组织机构，并画出组织结构图。

## 任务1 组织结构图的类型和特点

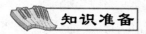

### 一、企业组织结构的概念

组织结构是组织内部分工协作的基本形式或者框架。随着组织规模的扩大，仅靠个人的指令或者默契远远不能高效实现分工协作，它需要组织结构提供一个基本框架，事先规定管理对象、工作范围和联络路线等事宜。

组织结构图是最常见的表现岗位设置、职务、上下级关系的一种图表，它形象地反映了组织内各机构、岗位上下左右相互之间的关系。组织结构图是组织结构的直观反映，也是对该组织功能的一种侧面诠释。

职能部门，是指组织中对下属单位具有计划、组织、指挥权力的部门，在饭店中往往是泛指不以直接赢利为目的的部门，例如有行政办公室、人力资源部、财务部、工程部、采购部、保安部、消防中心等。

业务部门，泛指在饭店中负责生产、经营和服务，直接以赢利为目的的部门，例如有前厅部、客房部、餐饮部、康乐娱乐部、酒店商场、运输部等。

### 二、组织结构的类型

#### （一）直线制

直线制是最简单的集权组织结构形式，又称军队式结构。领导关系按垂直系统建立，不设专门的职能机构，如图2-6所示。

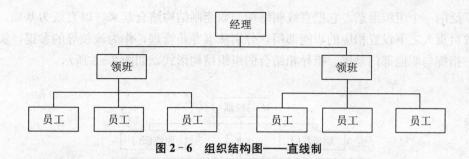

图 2-6　组织结构图——直线制

优点：结构简单、指挥系统清晰、统一；责权关系明确；横向联系少，内部协调容易；信息沟通迅速，解决问题及时，管理效率比较高。

缺点：缺乏专业化的管理分工，经营事务依赖于少数几个人，要求酒店领导人必须是经营管理的全才。尤其是酒店规模扩大时，管理工作会超过个人能力所能承受的限度，不利于集中精力研究酒店管理的重大问题。

适用范围：只适用于规模较小或业务活动简单、稳定的酒店。

（二）职能制

职能制又称分职制或分部制，指行政组织同一层级横向划分为若干个部门，每个部门业务性质和基本职能相同，但互不统属、相互分工合作的组织体制，如图 2-7 所示。

优点：能适应现代化工业企业生产技术比较复杂，管理工作比较精细的特点；能充分发挥职能机构的专业管理作用，减轻直线领导人员的工作负担。

缺点：妨碍了必要的集中领导和统一指挥，形成了多头领导；不利于建立和健全各级行政负责人和职能科室的责任制，在中间管理层往往会出现有功大家抢，有过大家推的现象；另外，在上级行政领导和职能机构的指导和命令发生矛盾时，下级就无所适从，影响工作的正常进行，容易造成纪律松弛，生产管理秩序混乱。由于这种组织结构形式的明显的缺陷，现代企业一般都不采用职能制。因此本教材只作通识介绍。

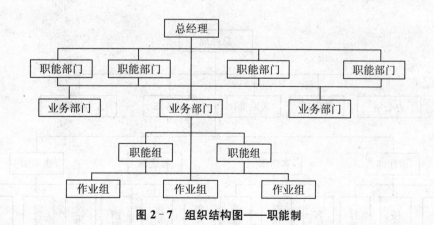

图 2-7　组织结构图——职能制

（三）直线职能制

直线职能制是以直线制为基础，在总经理领导下设置相应的职能部门，实行经理统一指挥与职能部门参谋、指导相结合的组织结构形式。直线职能制组织结构是现实中运用得最为广泛的一个组织形态，它把直线制结构与职能制结构结合起来，以直线为基础，在各级行政负责人之下设置相应的职能部门，分别从事专业管理，作为该领导的参谋，实行主管统一指挥与职能部门参谋、指导相结合的组织结构形式，如图2-8所示。

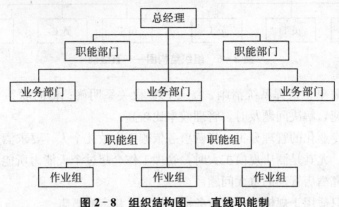

图2-8 组织结构图——直线职能制

优点：一种集权和分权相结合的组织结构形式，统一指挥，引入管理工作专业化的做法，发挥职能部门的参谋、指导作用。

缺点：无暇顾及企业面临的重大问题，当设立管理委员会、完善协调制度措施不足以解决问题，组织结构改革倾向于更多的分权。

适用范围：一种利于提高管理效率的组织结构形式，在现代企业中适用范围比较广泛。

案例学习

如图2-9所示，为酒店中的直线职能制应用实例。

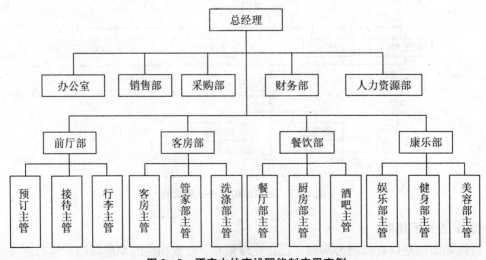

图2-9 酒店中的直线职能制应用实例

（四）事业部制

事业部制又称分权制结构或 M 形组织结构（Multidivisional Structure），是指以某个产品、地区或顾客为依据，将相关的研究开发、采购、生产、销售等部门结合成一个相对独立单位的组织结构形式。它表现为，在总公司领导下设立多个事业部，各事业部有各自独立的产品或市场，在经营管理上有很强的自主性，实行独立核算，是一种分权式管理结构。该组织机构遵循"集中决策，分散经营"的原则，如图 2-10 所示。

优点：权力下放，有利于最高管理层摆脱日常行政事务，集中精力于外部环境的研究，制订长远的、全局性的发展战略规划，使其成为强有力的决策中心；各事业部主管摆脱了事事请示汇报的限制，能自主处理各种日常工作，有助于加强事业部管理者的责任感，发挥他们搞好经营管理的主动性和创造性，提高酒店经营适应能力；各事业部可集中力量从事某一方面的经营活动，实现高度专业化；整个酒店集团可以容纳若干经营特点有很大差别的事业部，形成大型连锁酒店；各事业部经营责任和权限明确，物质利益与经营状况紧密挂钩。

缺点：容易造成组织机构重叠，管理人员膨胀；各事业部独立性强，考虑问题时容易忽视酒店整体利益。

适用范围：事业部制结构适合那些经营规模大、经营业务档次多样化、市场环境差异大、要求具有较强适应性的酒店集团采用。如有些酒店除了主体酒店外，还附属有旅行社、车队等，这些酒店多实行事业部制。

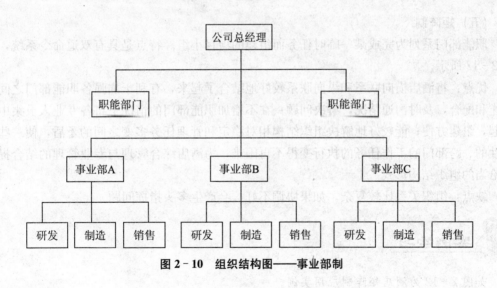

图 2-10 组织结构图——事业部制

 案例学习

如图 2-11 所示，为酒店事业部制应用实例。

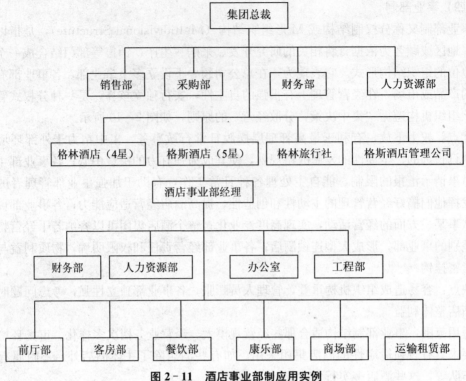

图 2－11　酒店事业部制应用实例

（五）矩阵制

职能部门系列为完成某一临时任务而组建的项目小组。特点是具有双道命令系统，如图 2－12 所示。

优点：将酒店横向联系和纵向联系较好地结合了起来，有利于加强各职能部门之间的协作和配合，及时沟通情况，解决问题；在不增加职能部门的情况下将各专业人员集中在一起，组建方便；能较好地解决组织结构相对稳定和管理任务多变之间的矛盾，使一些临时性的、跨部门的工作任务的执行变得不再困难；为酒店综合管理与专业管理的结合提供了恰当的组织结构形式。

缺点：组织关系比较复杂，如果协调不好，会产生多头指挥问题。

案例学习

如图 2－12 为酒店矩阵制应用实例。

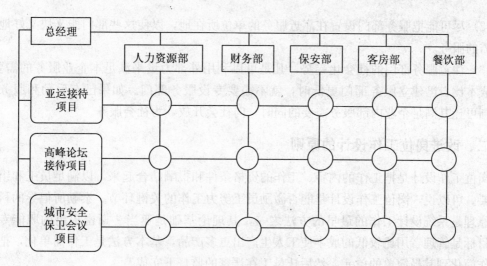

**图 2 – 12    酒店矩阵制应用实例**

**（六）子公司和分公司**

特点：子公司是指受酒店集团控制但在法律上独立的法人企业。子公司不是酒店集团本身的一个组成部分或分支机构，它有自己的名称和董事会，有独立的法人财产，并以此承担有限责任，可以以自己的名义从事各种业务活动和民事诉讼活动。

分公司是酒店集团的分支机构或附属机构，在法律上和经济上均无独立性，不是独立的法人企业。分公司没有自己的独立名称，没有独立的章程和董事会，其全部资产是酒店集团资产的一部分。如果发生资不抵债的情况，酒店集团必须以其财产对分公司的债务负责。

酒店的组织结构主要有以上六种类型。当然各酒店在形成自己的组织结构时，都会有适合自身经营需要的形式。除了以上六种组织结构形式外，酒店还可以有其他的组织结构。

# 任务 2　饭店组织结构图的绘制

**知识准备**

## 一、企业的结构模式的设计原则

（1）以工作和任务为中心来设计部门结构，设计的结果是直线制、直线职能制、矩阵制结构。

（2）以成果为中心来设计部门结构，通常表现为事业部制和模拟分权结构模式。

（3）以关系为中心的组织设计形成的系统结构，通常为跨国公司模式。

在服务和后勤部门设计时，应注意的三个问题如下。

（1）服务和后勤部门的设立必须和整个组织的工作效率结合起来，即通过这些部门的设立，使整个组织的效率得到提高。

（2）尽可能把服务部门设置在靠近服务的单位所在地，以使这些部门能又快又好地提供所需的服务。

（3）注意服务部门的社会化趋势，凡是可以利用外部力量来满足本企业服务的需要，而且成本比自己建立服务部门更低时，就不需要专设服务部门。如果已有后勤和服务部门，则可让其满足企业内部服务需要的同时，向社会开放，为社会服务。

## 二、改进岗位工作设计的原则

岗位工作设计是把工作的内容、工作的资格条件和报酬结合起来，以满足员工和组织的需要。可以说，岗位工作设计是能否激励员工努力工作的关键环节。泰勒所倡导的科学管理原理是系统设计工作的最早的方法之一，其理论基础是亚当·斯密提出的职能专业化，目标是管理者用比较低的成本使工人生产出更多产品，基本方法是工作简单化，把每项工作简化到其最简单的单元，然后让员工在严密的监督下完成。

（一）扩大工作范围，丰富工作内容，合理安排工作任务

（1）工作扩大化。包括横向扩大工作和纵向扩大工作。横向扩大工作可将属于分工很细的作业单位合并，由一个人负责一道工序改为几个人共同负责几道工序；纵向工作扩大可将经营管理人员的部分职能转由生产者承担，工作范围沿组织形式的方向垂直扩大。

（2）工作丰富化。在岗位现有工作的基础上，通过充实工作内容，使岗位工作多样化，消除因从事单调工作而产生的枯燥厌恶感，从心理上满足员工的需要。

（二）工作满负荷

每个岗位的工作量应饱满，使有效劳动时间得到充分利用，这是改进岗位设计的一项基本任务。

（三）劳动环境的优化

劳动环境的优化是指利用现代科学技术，改善劳动环境中的各种因素，使之适合劳动者的生理、心理健康安全，建立起人—机—环境的最优系统。

**能力要求**

## 组织结构图的绘制

企业为了适应外部环境和内部条件的变化，需要对原有组织机构进行调整，重新进行设计。利用各种组织结构框图，在图上作业，经过反复对比、分析和评价，是设计企业组织结构的一种方法。

**情境1：组织结构图绘制的基本图式**

1. 组织结构图

组织结构图是说明公司各个部门及职能科室、业务部门设置以及管理层次、相互关系的图。图中的框图代表某类工作岗位或某一职能、业务部门，横线表示机构之间的横向联系，垂线表示上下级领导与被领导的监督关系，结构图的上下层次应当如实反映和描述现

有组织层级关系和状况，或者应当符合组织结构设计方案的要求，如图 2－13 所示。

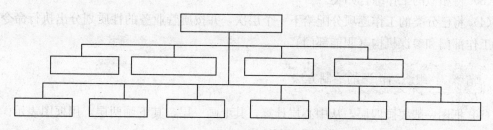

**图 2－13　组织结构图基本图例**

2. 组织职务图

组织职务图是表示各机构中所设立的各种职务的名称、种类的图。该图要说明人员编制的情况，有时也可以填上职务现任人员的姓名及相关情况，如图 2－14 所示。

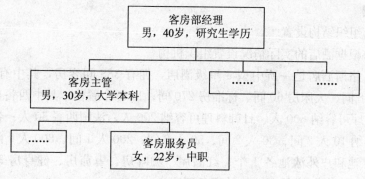

**图 2－14　组织职务图图例**

3. 组织职能图

组织职能图是表示各级行政负责人或员工主要职责范围的图，如图 2－15 所示。

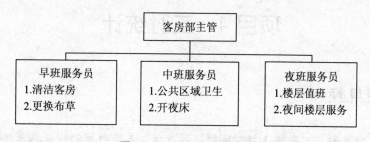

**图 2－15　组织职能图图例**

┌─────────────────────────┐
│ 情境 2：绘制组织结构图的前期准备 │
└─────────────────────────┘

（1）应明确企业各级机构的职能。

（2）将所管辖的业务内容一一列出。

（3）将相似的工作综合归类。

（4）将已分类的工作逐项分配给下一个层次，并按所管业务的性质划分出执行命令的实际工作部门和参谋机构（职能部门）。

情境3：组织结构图的绘制方法

（1）框图一般要画四层，从中心层计算，其上画一层，其下画两层，用框图表示。中心层框图最大，上层稍小，以下两层逐渐缩小。

（2）功能、职责、权限相同机构（岗位或职务）的框图大小应一致，并列在同一水平线上。

（3）表示接受命令指挥系统的线，从上一层垂下来与框图中间或左端横向引出线相接。其高低位置表示所处的级别。

（4）命令指挥系统用实线，彼此有协作服务关系的用虚线。

（5）具有参谋作用的机构、岗位的框图，用横线与上一层垂线相连，并画在左、右上方。

【方案设计】

任务：酒店组织结构设置

目标：能够根据酒店的实际情况设置组织机构

任务描述：格斯酒店是一所中型5星级酒店，拥有388间客房，其中有豪华套房20间、高级套房38间、大床房60间、标准房270间；1230个餐位，其中西餐自助餐可容纳380人、中餐大厅可容纳600人、日韩料理可容纳200人、法国西餐50人；各类型会议室8个，分别可容纳10人2间、30人2间、50人2间、200人1间、800人1间；同时配套有标准室内游泳池和户外泳池各1个、红酒屋、咖啡房、雪茄房、健身房等休闲娱乐设施，是集商务会议、休闲度假于一体的商务酒店。

要求：

（1）根据上述情况为格斯酒店设置合理的组织结构。

（2）以组织机构图的形式展现，要具体到酒店每一个岗位及人数。

# 项目4　工时统计

## 学习目标

● 通过学习，掌握工作时间统计的意义，工作时间的构成以及工作时间统计的方法。

● 了解工作时间统计的意义、工作时间的构成。

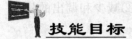

## 技能目标

1. 能够统计企业员工数量、报告期的平均人数、分析企业员工人数变动情况。
2. 能够对工作时间进行核算和对工作时间的利用程度进行分析。

# 任务1　员工统计

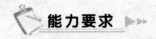

### 能力要求 ▶▶▶

**情境1：统计企业员工数量**

（1）企业员工：指企业内部从业人员，即在企业内部从事生产工作或服务并由企业支付工资的全部人员。

（2）在岗职工：指在本单位工作并由单位支付工资的人员，以及有工作岗位，但由于学习、病伤、产假等原因暂未工作，仍由单位支付工资的人员。

（3）其他从业人员：指企业聘用的离退休人员、聘用的港澳台和外籍人员等。

（4）企业员工不包括：①利用课余时间打工的学生及在本单位实习的各类在校生；②根据国家统计局规定，参军人员无论原单位是否发放生活费或补贴都不再统计在企业人数中；③本单位的离退休人员。

**情境2：统计报告期的平均人数**

1. 时点指标计算平均数的算法

$$月平均人数 = \frac{报告月每日实有人数之和}{报告月日历日数} = \frac{月初人数 + 月末人数}{2}$$

$$季平均人数 = \frac{季内各月平均人数之和}{3}$$

$$年平均人数 = \frac{年内各季（月）平均人数之和}{4（12）}$$

2. 在统计平均人力资源数时需要注意的事项

（1）企业的实有人数是指企业在报告期实际拥有的人力资源数量，无论其是否到岗工作，都应当计算在内；

（2）节假日的实有人数应用前一天的实际拥有人数来代替；

（3）在报告期内不论企业的实际开工天数，都必须按报告期的全部日历天数进行计算。

3. 企业人力资源变动统计

（1）企业员工变动统计指标：①新增和调入的从业人员，包括从农村招收的人员，从城镇招收的人员，录用的退伍军人，录用的大学毕业生，录用的中专和技工学校毕业生，由本市外单位调入的人员，由外省市、自治区、直辖市调入的人员；②减少和调出的从业人员。

（2）员工变动平衡关系式。

期末员工总数＝期初员工总数＋期内增加的员工数－期内减少的员工数

**情境 3：分析企业员工人数变动情况**

1. 员工总体规模的变动程度分析

$$员工人数动态指标＝\frac{报告期员工数}{基期员工数}×100\%$$

$$员工人数变动率＝\frac{期末员工数－期初员工数}{期初员工数}×100\%$$

2. 企业员工增减变动分析

$$新增率＝\frac{期内新增加员工数}{期末员工总数}×100\%$$

$$减少率＝\frac{期内减少员工数}{期初员工总数}×100\%$$

$$员工总变动率＝\frac{报告期末员工数}{基期末员工数}×100\%$$

3. 企业员工流动分析

（1）分析企业员工的流动量。

（2）分析企业员工流动的来源和流向。

 **案例学习**

格斯酒店 6 月初实有职工 1200 人，6 月变动情况为：6 月 5 日，调出 10 人，本月工资由对方支付；6 月 12 日，调入 5 人，本月工资本单位支付；6 月 20 日，退休工人 15 人；6 月 21 日，新招工人 30 人，则

（1）期末员工总数＝1200－10＋5－15＋30＝1210（人）

（2）全月平均人数＝1210÷30＝40.33（人）＝41（人）

（3）职工人数变动程度：

$$职工人数变动程度＝\frac{1210－1200}{1200}×100\%＝0.83\%$$

（4）期内员工数量增加程度：

$$期内员工数量增加程度＝\frac{5＋30}{1210}×100\%＝2.89\%$$

（5）期内员工数量减少程度：

$$期内员工数量减少程度＝\frac{10＋15}{1200}×100\%＝2.08\%$$

# 任务2 工时利用统计

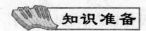 知识准备

## 一、工作时间统计的意义

（1）为合理安排作业计划和定岗定员提供依据。对于生产性行业，通过工作时间统计，掌握工作时间利用水平的一般规律，可以为合理安排生产作业计划，督促和检查生产计划的执行情况提供必要而可靠的资料；对于服务性行业，通过工作时间统计，可以为工作计划的制订和实施提供参考，还可据此制订合理的定岗定员。

（2）为企业产品成本核算提供依据。产品成本中，人工成本部分需要直接根据工时统计资料进行核算，料费、管理费部分的核算是以人工成本为基础的，因而也间接依赖于工时统计资料。

（3）为合理发放工作报酬、考核、奖励、晋升提供依据。企事业单位及国家机关通过工作时间统计，可以了解工作人员的病假、事假，出勤情况以及有效工时利用情况，从而确定工资、奖金的计发。同时，通过工作时间统计可以对工作者进行考核，以作为对其进行各种类型的奖励和晋升的重要依据。

（4）为提高工作效率提供依据。通过对工作时间的统计，可以了解对工作时间的利用程度和利用效果，揭示工作时间利用中的不合理环节，找出工作时间浪费的原因，提出减少工作时间损失的各类措施，以促进工作时间得到更加合理的分配和充分的利用，提高工作时间的利用效率；还可以发现和总结在工作时间利用方面的先进经验，为更加充分合理地利用工作时间创造条件，从而提高工作效率，促进企业的发展。

## 二、工作时间的构成

（1）日历时间。日历时间是整个时间资源的总量，是员工工作时间的自然极限。

（2）制度公休时间。制度公休时间是指法定的公休日和节假日。我国的法定休息日全年共有104天，加上全民的节假日11天，我国制度公休时间为115天。

（3）制度工作时间。制度工作时间是指法定工作时间。它反映出能利用的工作时间的最大值，是考核企业工作时间利用程度充分与否的标准。劳动和社会保障部有关文件规定，员工全年月平均工作天数和工作小时数分别调整为20.83天和166.64小时。

 案例学习

表2-18 2011年法定假期

| 节假名称 | 元旦 | 春节 | 清明节 | 劳动节 | 端午节 | 国庆 | 中秋节 | 合计 |
|---|---|---|---|---|---|---|---|---|
| 天数 | 1 | 3 | 1 | 1 | 1 | 3 | 1 | 11 |

制度工作时数 $= \dfrac{365 - 52 \times 2 - 11}{12} = 20.83$（天·月）

制度工作时数 $= 20.83 \times 8 = 166.64$（小时·月）

（4）缺勤时间。缺勤时间是指在制度工作时间内由于个人原因没有上班的时间。缺勤时间分为全日缺勤和非全日缺勤两类，前者是指员工在一个工作日中都未上班；后者是指员工在一个工作日中，仅有几个小时未上班，其他时间上班。

（5）出勤时间。出勤时间是指在制度工作时间内，员工实际上班的时间。

（6）停工时间。停工时间是指在制度工作时间内，由于企业的原因造成员工上班但没有从事生产活动的时间。如由材料供应中断、动力不足、检修设备、任务安排不足、等待图纸和设计更改等原因造成员工无法从事生产作业活动的时间。但是，如果企业预先知晓这些原因，将公休日与工作日掉换使用，则工作日休息不算停工时间，公休日工作不算加班时间。停工时间又分为停工被利用时间和停工损失的时间。停工被利用时间是指停工后员工被安排从事非本职的其他生产性工作所占用的时间，表明企业为避免或减少经济损失，积极组织安排员工从事其他生产性工作的情况。但需注意，如果企业安排员工从事的是非生产性活动，则不能称为被利用，不能计入停工被利用时间内。

（7）非生产时间。非生产时间是指在制度工作时间内，员工出勤后由于行政原因安排其从事非生产性活动的时间，如占用生产时间的选举、党团组织活动、开会、参观和各种公益活动等。

（8）制度内实际工作时间。制度内实际工作时间是指在规定的工作时间内，员工出勤后实际从事生产作业活动的时间，它是工作时间的核心部分。实际工作时间是制度内从事本职工作时间与停工被利用时间之和，即在规定的工作时间内，实际从事本职生产性工作的时间与停工被利用从事其他非本职生产性工作的时间之和。

（9）加班时间。加班时间是指在规定工作时间以外，由于生产经营活动的需要，企业安排员工实际从事生产作业活动的时间。

（10）全部实际工作时间。全部实际工作时间是指员工在规定工作时间以内和以外，实际从事生产作业活动的时间总和。

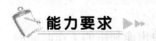 **能力要求** ▶▶

【情境1：工作时间的核算】

1. 日历工日数与日历工时数

日历工日 = 计算期的日历天数×计算期平均人数

日历工时 = 计算期的日历天数×计算期平均人数×制度工作日长度

2. 制度公休工日数与制度公休工时数

制度公休工日 = 计算期制度公休天数×计算期平均人数

制度公休工时 = 计算期制度公休天数×计算期平均人数×制度工作日长度

3. 制度工作工日数与制度工作工时数

$$制度工作工日＝日历工日－制度公休工日$$
$$＝计算期平均工作天数×计算期平均人数$$
$$＝出勤工日＋缺勤工日$$
$$制度工作工时＝计算期制度工作天数×计算期平均人数×制度工作日长度$$
$$＝日历工时－制度公休工时$$

4. 缺勤工日数与缺勤工时数

缺勤分为全日缺勤（即缺勤工日）和非全日缺勤。缺勤工日是按照整个一个工日都没有出勤计算的，即全日缺勤，因而不包括非全日缺勤；缺勤工时既包括全日缺勤，也包括非全日缺勤。

$$缺勤工日＝计算期缺勤天数×计算期平均人数$$
$$缺勤工时＝缺勤工日×制度工作日长度＋非全日缺勤工时$$

5. 出勤工日数与出勤工时数

出勤工日是指在计算期内每一制度工作日实际上班人数的累计。员工只要在制度工作时间内上班了，无论是否满一个规定工作日长度，都按一个出勤工日计算；出勤工时是指实际上班人数制度工作小时的累计。即计算期每一个员工累计上班小时的汇总。

$$出勤工日＝制度工作工日－缺勤工日$$
$$出勤工时＝制度工作工时－缺勤工时$$
$$＝全日出勤工日×制度工作日长度－非全日缺勤工时$$

6. 停工工日数与停工工时数

停工分为全日停工和非全日停工。停工工日是指在计算期内员工在整个出勤工日都没有从事生产性作业活动的工日累计，又称全日停工工日；停工工时是指员工在出勤时间中的全日停工与非全日停工的时间总和。

$$停工工时＝全日停工工日×制度工作日长度＋非全日停工工时$$

7. 非生产工日数与非生产工时数

非生产时间分为全日非生产（工日）和非全日非生产（工时）。非生产工日必须是员工在出勤时间内，整个一个工日都用于从事非生产性作业活动，不满一天的不予计算，又称全日非生产工日；非生产工时是员工在出勤时间中的全日非生产工日与非全日非生产工时的总和。

$$非生产工时＝全日非生产工日×制度工作日长度＋非全日非生产工时$$

8. 制度内实际工作工日数与制度内实际工作工时数

制度内实际工作工日是计算期内员工每日实际从事生产作业活动人数的累计；制度内实际工作工时是计算期员工每人每日实际从事生产作业活动小时数的累计，它既包括全日作业活动时间，也包括非全日作业活动时间。

制度内实际工作工日＝制度工作工日－缺勤工日－停工工日－非生产工日＋停工被利用工日＝出勤工日－停工工日－非生产工日＋停工被利用工日制度内实际工作工时＝制度工作工时－（缺勤工时＋停工工时＋非生产工时）＋停工被利用工时＝出勤工时－（停工工时＋非生产工时）＋停工被利用工时

9. 加班工日数与加班工时数

加班工日是指利用工休日加班满一个工作轮班；加班工时是指在正常工作时间以外工作的小时数。

$$加班工时＝加班工日×制度工作日长度＋加班工时$$

10. 全部实际工作工日数与全部实际工作工时数

$$全部实际工作工日＝制度内实际工作工日＋加班工日$$

$$全部实际工作工时＝制度内实际工作工时＋加班工时$$

**情境 2：工作时间利用程度分析**

（一）工作时间利用程度的基本分析

1. 出勤率指标

出勤率表明员工在制度规定的工作时间内实际出勤工作的程度，可以分别按工日与工时计算。计算公式如下：

$$出勤率指标＝实际出勤工时÷制度工作工时×100\%$$

按工日计算的出勤率仅受全日缺勤的影响；按工时计算的出勤率，则受到全日缺勤和非全日缺勤的影响。此外，还可以计算缺勤率。计算公式如下：

$$缺勤率＝实际缺勤工时÷制度工作工时×100\%$$

2. 出勤时间利用率指标

出勤时间利用率也称作业率，是反映员工在出勤时间内实际工作工时及其被利用情况的指标。

$$出勤时间利用率指标＝实际工作工时÷出勤工作工时×100\%$$

按工日计算的出勤时间利用率，只受全日停工和全日非生产时间的影响；按工时计算的出勤时间利用率，受全日或非全日的停工和非生产时间的影响。

3. 制度工时利用率指标

制度工时利用率反映在制度规定的工作时间内实际用于生产作业的程度。由于制度工作时间是制度规定的最大可能被利用的工作时间，实际工作时间越接近制度工作时间，说明工作时间利用得越充分。研究工作时间利用，应该以制度工作时间为标准，因而制度工时利用率是工作时间利用统计的核心指标，它反映制度工作时间实际被利用的程度。

$$制度工时利用率＝\frac{制度工时内实际工作时间}{制度工作时间}×100\%＝出勤率×出勤时间利用率$$

按工日计算的制度工时利用率，只反映全日缺勤、全日停工和全日非生产等工时的影响程度，而按工时计算的制度工时利用率，除了上述因素影响外，还反映了非全日的缺勤、停工和非生产等所占用时间的影响程度。

4. 工作负荷率

工作负荷率是指员工实际工作时间占制度工作时间的比率，反映员工制度工作时间实际被利用程度。它在一定程度上体现员工所承担和完成工作量的大小。

$$工作负荷率＝\frac{实际时间}{制度工作时间}×100\%$$

（二）工作时间利用的其他分析

1. 工作日利用率指标

工作日利用率说明在计算期内平均一个员工一个工作日实际从事生产作业活动的程度。

$$工作日利用率指标 = \frac{制度工作日实际长度}{制度工作日长度} \times 100\%$$

$$制度工作日实际长度 = \frac{制度内实际工作工时}{制度内实际工作工日} \times 100\%$$

2. 工作月利用率指标

工作月利用率是一个企业的员工平均每人（在一个月）实际工作天数和规定天数的比值，说明员工工作月的利用程度。它受全日缺勤、全日停工和全日从事非生产时间的影响。

$$工作月利用率指标 = \frac{制度工作月实际长度（天数）}{制度工作月规定长度} \times 100\%$$

工作月实际长度是平均每个员工一个月实际从事生产作业的天数。

$$工作月实际长度（天数） = \frac{制度内实际工作日}{全月平均人数}$$

制度工作月长度是日历天数扣除制度公休日数后应该出勤和作业的天数。也可以用下面公式计算：

$$制度工作月长度（天数） = \frac{全月制度工作工日}{生产工人月平均人数}$$

工作月利用率和按工日计算的制度工时利用率是一致的。工作月利用率和工作日利用率的乘积等于按工时计算的制度工时利用率。

（三）加班时间的分析

1. 加班比重指标

加班比重指标是反映加班在全部实际工作时间内所占比重的指标。

$$加班比重指标 = \frac{计算期加班工资}{计算期全部实际工作工时}$$

2. 加班强度指标

加班强度指标是计算期加班工时与制度内实际工作工时的比率。公式要乘以 100，表明计算期内平均每发生百个制度实际工作工时出现多少个加班加点工时，该指标越大，说明加班情况越严重。

$$加班强度指标 = \frac{计算期加班工资}{计算期制度内实际工作工时} \times 100$$

3. 平均加班长度指标

平均加班长度指标是加班工时与同时期制度内实际工作工日的比率。表明平均每个工作日实际加班的长度，即超时工作的时间。

$$平均加班长度指标 = \frac{计算期加班工时数}{计算期制度内实际工作工时}$$

# 项目5 劳动定额与饭店定员管理

学习目标

> ● 掌握劳动定额的概念和种类，定额管理工作的内容，以及工时和产量定额的核算方法。
> ● 掌握企业劳动定员的概念和作用。

**技能目标**

1. 能够使用经验估工法、统计分析法、类推比较法、技术定额法等方法来确定企业中的劳动定额的标准。

2. 能够使用劳动效率定员法、设备定员法、岗位定员法、比例定员法、职责定员法来确定企业劳动定员的标准。

3. 通过酒店中客房部的典型岗位示例，掌握确定劳动定员的实施步骤和方法。

## 任务1 饭店劳动定额管理

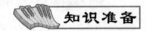知识准备

### 一、劳动定额

劳动定额是在一定的生产技术和生产组织的条件下，采用科学合理的方法，对生产单位合格产品或完成一定工作任务所预先规定的劳动消耗限额。

实行劳动定额是社会化大生产分工协作进行生产劳动的客观要求；是组织生产、合理分配劳动时间的必要条件；是衡量个人劳动成绩的主要尺度；是合理利用工作时间，提高劳动生产率、降低生产成本、促进技术水平提高的有力工具；是企业内部实行经济核算制，实行按劳分配的重要依据。总之，先进合理的劳动定额对促进企业生产的发展起着极为重要的作用。

（1）劳动定额是计划管理的基础。在企业计划管理中，编制生产、成本、劳动、财务计划及作业计划，进行生产能力的平衡都是以劳动定额为依据的。先进合理的劳动定额是企业计划得以顺利完成的保证，同时又促进了计划管理水平的提高。

（2）劳动定额是合理组织企业生产活动的条件。劳动定额合理地规定了完成生产过程的各个工序、各项工作的劳动消耗量（一般是指工时消耗），这就为生产过程组织提供了时间安排的依据，使整个过程能够连续地、按比例地均衡进行。同时也为合理配备车间、

班组劳动力，搞好劳动定员提供了计算的依据。

（3）劳动定额是企业实行经济核算、计算成本的依据。企业为用较少的劳动投入取得较大的经济效果，为计算和比较工人在生产中的劳动成果，为反映车间和班组的劳动消耗所进行的经济核算，必须要以先进合理的劳动定额为前提。产品成本中直接人工的消耗，车间之间、企业之间产品转移计价都必须以劳动定额为标准。没有先进合理的劳动定额，就难以反映单位产品的成本。

（4）劳动定额是贯彻"按劳分配"原则，衡量劳动者贡献大小，实行奖励的依据。无论采用计时工资和计件工资制，个人的劳动量与他所得到的报酬都是以劳动定额为标准的。先进合理的劳动定额既反映了社会平均劳动时间，又反映了企业实际的技术水平。要贯彻"各尽所能、按劳分配"的原则，就必须要以先进合理的劳动定额来衡量劳动者为社会提供的劳动量，实行多劳多得。同时，不同的定额水平，也是反映工人工资等级的主要依据之一。

劳动定额制订和管理是企业生产管理的极其重要的环节，定额的好坏直接影响到企业生产的成本和职工的劳动积极性，所以搞好定额工作必须要与职工的思想教育工作相结合，有效地发挥人的主观能动性，促使企业劳动生产率不断提高。搞好定额工作也是企业提高经济效益，减少劳动消耗的重要手段。因此，劳动定额在现代生产管理中处于举足轻重的地位。

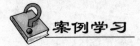 **案例学习**

## 劳动定额与计件工资的应用

格斯酒店在经过一系列广泛调查和深入探讨之后，决定在客房清扫中试行计件制管理，以期提高客房产品的质量和工作效率，适应酒店业市场持续不减的客情高峰，为酒店创造最大的效益。在对客房用工现状进行分析的基础之上，酒店结合劳动力市场情况，制订了计件制管理方案，该方案的决策过程是建立在服务定额的基础上的。

一、确定劳动定额标准是制订计件工资标准的依据——以服务定额为例

酒店事先进行了大量的试验性测试，选择不同能力的员工进行试验，从每天 12 间房开始，逐步增加，当增加到每人 16 间房的时候，时常出现加班的情况，员工的情绪显得特别烦躁，工作质量也有所下降。于是，酒店最终把标准工作量确定在 14 间房。在确定工作数量之后，酒店制订了详细的质量标准，包括卫生质量标准、仪容仪表标准、服务规范等，做到有规章制度可循。同时，还制订了一些原则：每位员工工作量的制订从 10 间／天开始，在工作时间能按时完成，并达到质量标准的，可以增加工作量，每次增加量为 1间房，对于质量不符合要求的，要求返工直至合格，每天质量检查合格以后才可以下班，对于一直不能达到要求的，减少每天的工作量，每次减少量为一间，直至能保证完成为止；同时坚持同工同酬的原则，对所有计件制员工一视同仁。

二、计件工资的制定

单位价格。酒店根据当前计时制员工的基本工资 1500～2000 元的标准，按照 20.83

天工作天数，每天 14 间房来计算，每清洁一间房的价格应在 5.14～6.86 元，接下来又根据目前同等文化程度的同等工作性质的人群在社会上的工资水平每月在 1300～1800 元的调查结果，酒店最终将单房清洁价格定在 6 元。按照这样的单位价格，计件制员工如果做满一个月的话，可以拿到 1749.72 元，高于社会上的同等水平，从而有利于酒店吸引员工。在确定单位价格中还有一个需要解决的问题是不同房型之间的换算，因为房间大小和陈设的不同会使清洁难度有所不同，因而所花费的清洁时间和劳动力也有所差异。通过测算，酒店确定标准房换算系数为 1，行政房为 1.2，套房为 1.5，由此确定了清扫不同房型客房的单价分别是：标准房 6 元/间，行政房 7.2 元/间，套房 9 元/间。

（资料来源：陈文浩，酒店客房用工制度探析——计件制在客房管理中的运用，有删改）

## 二、劳动定额的形式

劳动定额是生产一定量产品或完成一定量工作所规定的劳动消耗量标准。具体地说，就是在单位时间内应当生产多少产品，或者生产每一单位产品应当用多少时间。它体现的是生产量与相应的劳动时间消耗之间的比例关系。由此可得出劳动定额的两种表现形式：用时间表示的劳动定额，称为工时定额或时间定额；用产量表示的劳动定额，称为产量定额。

1. 工时定额（时间定额）

工时定额是规定每个工人或每组工人完成单位产品所需要消耗的劳动时间。其计算公式如下：

$$工作定额 = \frac{生产产品所消耗劳动时间总量}{产品数量}$$

如表 2 - 19 所示为客房服务员对客服务时间定额的实例表。

表 2 - 19　　　　　　　　　客房服务员对客服务时间定额

| 服务内容 | 时间定额 | 备 注 |
|---|---|---|
| 收取洗衣 | 5 分钟到达 | 确认洗衣单、房号；客人签名、填写数量；送还时间 |
| 送还洗衣 | 10 分钟送还 | 确认房号、洗衣数量；送衣记录本登记 |
| 补充、添加 Mini－bar | 10 分钟送到 | 可先从附近 OS 或 VC 房内取，后主管补入并入账 |
| 擦鞋服务 | 30 分钟内送还 | 确认房号、选择正确鞋油、棕色皮鞋使用无色鞋油 |
| 打冰服务 | 10 分钟送到 | 拿冰桶去房间打冰 |
| 送客用品及布草 | 10 分钟送到 | 注意一对一收出脏布草或记录多加布草数量 |
| 毛毯套、被罩 | 15 分钟完成 | 及时联系客服送毛毯 |
| 加硬床板 | 30 分钟完成 | 多人合作，加在床单之下，床垫之上 |
| 普通加床 | 30 分钟内 | 两人合作，在房间完成 |
| 婴儿加床 | 30 分钟内 | 两人合作，在工作间提前将床整理好放到房间 |
| 夜床服务 | 2～10 分钟 | 根据实际情况整理 |
| 打扫房间 | 20 分钟完成 | 10 分钟内到达房间 |

| 服务内容 | 时间定额 | 备 注 |
|---|---|---|
| 检查退房 | 5分钟完成 | 先检查Mini－bar；如房间很乱，打电话给前台，争取时间尽快查房；不要错报、漏报 |
| 检查换房 | 30分钟内完成 | 仔细检查有无客人遗忘物品，及时送还 |

2. 产量定额

产量定额是规定在单位时间内，每个工人或每组工人应完成产品的数量。其计算公式如下：

$$产量定额 = \frac{产品数量}{生产产品所消耗的劳动时间总量}$$

由于工时定额与产量定额存在反比数量关系，以下讨论将以工时定额为主。在生产实际中选择何种定额形式，要根据产品结构和企业生产类型确定。一般地，产量定额适用于大量生产类型的企业；工时定额适用于成批或单件小批生产类型的企业。工时定额和产量定额是劳动定额的两种基本表现形式，它们在数值上互成倒数关系。工时定额越低，产量定额也就越高；反之亦然。其效量关系式是：

或者

$$T = \frac{1}{Q} 或者 Q = \frac{1}{T}$$

式中：$Q$——工时定额；$T$——产量定额。

同时，个人的班产量定额和单件工时定额有如下关系：

$$Q_B = \frac{480 \text{分钟}}{T_A} 或者 T_A = \frac{480 \text{分钟}}{Q_B}$$

式中：$Q_B$——班产量定额；$T_A$——单件工时定额。

3. 看管定额

它是指对操作者（1个人或1组）在同一时间内照管机器设备的台数或工作岗位数所规定的限额。它是在劳动定额不能直接用工时或产品产量表现时而采用的一种特殊的定额形式。看管定额具体包括以下两种。

（1）规定1名（或1组）工人在同一时间内所应看管机器设备的台数。

其计量单位是：台/人或人/台。

（2）为生产线或联动机组规定的工人配备数或工人的操作岗位数。它适用于连续性生产或按节拍组织生产的单位和机组。如食品工业饮料生产线、造纸机生产线、玻璃制品生产线等。

4. 服务定额

它是指按一定的质量要求，对服务人员在制度时间内提供某种服务所规定的限额。例如，1个客房部的员工，能在8小时/天的工作时间里，完成12间标准客房的平均工作量。1个餐厅服务员需要负责在晚餐用餐时段照看2张8人桌的客人的标准工作量。

5. 工作定额

它是指采用多种指标和方法，对各类人员完成技术性、管理性、公务性劳动所规定的限额。

**6. 人员定额**

人员定额即企业定员、劳动定员，它是指在一定的生产技术组织条件下，为了保证企业生产经营活动的正常进行，按一定素质要求，对企业各类岗位人员的配置所规定的限额。

**7. 其他形式的劳动定额**

如销售定额，它规定经营销售人员在规定的时间内应完成的销售金额等。

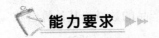 **能力要求** ▶▶▶

### 劳动定额的制订方法

根据企业的生产特点、技术条件和不同的生产类型，正确地选择制订、修订定额的方法，是关系到企业能否快、准、全地制订先进合理的劳动定额的重要问题。目前工业企业中常用的定额制订方法主要有：经验估工法、统计分析法、类推比较法和技术定额法。

**情境1：经验估工法**

经验估工法是由定额员、技术员、有经验的老工人，根据产品（零件）的图纸、工艺规程或实样，结合凭过去的生产经验，进行分析并考虑到所使用的设备、工具、工艺装备、产品材料及其他生产技术组织条件，直接估算定额的一种方法。经验估工法又可分为综合估工法、分析估工法和类比估工法。综合估工法又称粗估工法，是对整个工序进行粗略估计。分析估工法又称细估工法，是把要制订定额的活动分为若干个组成部分，对各部分的工时进行估计然后再累加。类比估工法是对类比相似零件的定额进行粗估的一种方法。经验估工法的优点是手续简单，方法容易掌握，制订时间短，工作量小。缺点是准确性差，水平不易平衡，缺乏先进性。多用于多品种，少批量，定额基础工作较差的场合。

**情境2：统计分析法**

统计分析法是把企业最近一段时间内生产该产品所消耗工时的原始记录，通过一定的统计分析整理，计算出平均先进的消耗水平，以此为依据制订劳动定额的方法。

**情境3：类推比较法**

这种方法是以现有产品定额资料为依据，经过对比推算出另一种产品、零件或工序的定额的方法。作为依据的定额资料有：相似的产品、零件或工序的工时定额；类似产品、零件或工序的实耗工时资料；典型零件、典型工序的定额标准。用来类比的两种产品必须具有可比性。

类推比较法兼备了经验估工法和统计分析法的内容。只要典型工序、典型零件选择得当，对比分析细致，就可以较好地保证定额的水平，而且工作量较小。这种方法多用于产品品种多，批量少，单件小批生产类型的企业和生产过程。

情境4：技术定额法

技术定额法是在分析技术、组织条件和工艺规程、总结先进经验、尽可能充分挖掘生产潜力的基础上，设计合理的生产条件和工艺操作方法，对组成定额的各部分时间，通过分析计算和实地观察来制订定额的方法。这是制订劳动定额的比较科学的方法。技术定额法又分为分析研究法和分析计算法。

1. 分析研究法

分析研究法是用测时和工作日写实等方法，来确定工时定额各部分时间。现代的分析研究法还应用人体工程学和数学工具对工作进行分析研究，使之更合理更科学化。"动作与时间研究"这门学科为确定先进合理的劳动定额提供了科学的依据。

2. 分析计算法

分析计算法则是根据定额手册中提供的各项定额标准，通过计算来制订的。如机械加工，可以根据工艺规程，从定额手册中找出相应的定额标准。

技术定额法是定额制订方法中最有科学依据的方法，可使劳动定额水平容易做到先进合理；复杂的定额工作能条理化、定量化；便于掌握定额水平，并有利贯彻执行。其缺点是制订方法复杂、工作量大，难以做到迅速及时。但它的实行则有利于促进企业各项管理工作的提高和劳动组织的完善。现代化的生产管理，要求企业应努力创造条件，推广和运用这种科学的方法。

如表2-20所示为劳动定额的制订方法及适用范围。

表 2-20　　　　　　　　　　劳动定额的制订方法及适用范围

| 制订方法 | 适用范围 |
| --- | --- |
| 经验估工法 | 1. 多品种、小批量、单件生产<br>2. 新产品试制<br>3. 一次生产和零星任务 |
| 统计分析法 | 1. 大量、成批生产<br>2. 经常重复的产品<br>3. 修改老产品定额 |
| 类推比较法 | 1. 多品种、小批量、单件生产<br>2. 有相似类型的产品<br>3. 新产品试制（有可比性的） |
| 技术定额法 | 1. 大量生产适用详细定额标准<br>2. 成批生产适用概略定额标准<br>3. 品种少，大量生产，流水线，自动线，关键工件或工序，可直接采用测定时间分析、动作分析等计算研究方法 |

# 任务2  饭店定员人数的核算方法

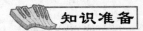 知识准备

## 一、劳动定员的概念

企业定员的作用如下。

劳动定员，也称企业定员或人员编制。企业劳动定员是在一定的生产技术组织条件下，为保证企业生产经营活动正常进行，按一定的素质要求，对企业各类人员所预先规定的限额。

## 二、企业定员的作用

企业定员的作用如下。

(1) 合理的劳动定员是企业科学用人的标准；

(2) 合理的劳动定员是实施人力资源计划的基础；

(3) 合理的劳动定员是调配企业内部各类员工的主要依据；

(4) 合理的劳动定员是提高员工队伍的有效保证。

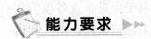 能力要求 ▶▶▶

### 劳动定员的方法

由于企业各类人员的工作性质不同，总的工作量和个人劳动效率表现形式不同，影响定员的因素不同，确定定员的方法也各不相同。

**情境1：劳动效率定员法**

这种方法是根据工作量和劳动定额计算定员，适用于一切能够用劳动定额表现生产工作量的工作或岗位，计算公式是：

$$定员人数 = \frac{生产任务}{工人劳动效率 \times 出勤率}$$

式中，工人劳动效率用劳动定额乘以定额完成率计算。由于劳动定额的形式有工时定额和产量定额，生产任务和工人劳动效率，可相应按工时或产量表示。不论用产量定额或工时定额计算得出的定员人数都是相等的。

**情境2：设备定员法**

这种方法是根据完成一定的生产任务所必须开动的设备台数和班次，以及单机设备定员计算编制定员的方法。适用于操纵设备作业工种的定员。计算公式是：

$$定员人数 = \frac{机器设备台数 \times 每台机器设备开动班次}{工人看管设备 \times 出勤率}$$

式中，机器设备台数和开机班次，需要根据设备生产能力和生产任务来计算，不一定是实有的机器设备台数，因为备用设备不必配备人员，有时生产任务不足又不必开动全部设备。不同的机器设备，必须开动的台数，有不同的计算方法。一般要根据劳动定额和设备利用率来核算单台机器设备的生产能力，再根据生产任务来计算开动台数和班次。

## 情境3：岗位定员法

这种方法是按岗位定员、标准工作班次和岗位数计算编制定员的方法，适用于大型装置性生产，自动流水线生产的工人以及某些看守性岗位的定员。对于多岗共同操作的设备，计算公式是：

$$岗位定员人数 = \frac{共同操作的各岗位生产工作时间总和}{工作时间 - 休息与生理需要时间}$$

对于单人操纵设备的工种，如客房服务员等，主要根据设备条件，岗位区工作量，实行兼职作业和交叉作业的可能性等因素来确定定员。

## 情境4：比例定员法

这种方法是以服务对象的人数为基础，按定员标准比例来计算编制定员的方法，适用于辅助性生产或服务性工作岗位的定员。这种定员方法的出发点是某种人员的数量随企业员工总数或某一类人员总数的增减而增减。

## 情境5：职责定员法

这种方法是按照既定的组织机构和职责范围，以及机构内部的业务和岗位职责来确定人员，适用于管理人员和工程技术人员的定员。在多数情况下，无法用数学公式表示。以上五种定员方法在一定条件下是同时使用、互相补充的。

 案例学习

## 客房部劳动定员的应用

步骤1：确定劳动定额

工作定额有两种表现形式，一是指时间定额，即完成单位工作所必须耗费的时间，二是指产量定额，就是在单位时间内按标准要求完成的工作数量。影响客房工作定额制订的因素：

（1）人员素质。这是指客房员工的年龄、性别、性格、身体素质、文化程度、专业训练水平等。

（2）工作环境。这是指饭店客房部所属区域的环境及其建筑结构、设施密度、装潢风格等。

（3）客源对象。要充分考虑客人的生活习惯、文化修养等。

（4）饭店的等级档次。等级档次高的饭店，它的服务设施多，服务质量的标准和对清洁卫生水平的要求也高，工作定额必然制订得低，反之则高。

（5）器具的配备。劳动手段越先进就越节约时间，劳动定额就高，反之则低。

（6）操作流程。操作流程的合理性和科学性，直接决定工作效率的高低。

客房工作定额制定的方法：实际测定法。其主要用于楼层客房清洁卫生班组。原则是，根据清扫质量要求，科学制订定额。由工时定额的公式，根据客房部的实际情况，衍生出新的劳动定额计算公式：

$$工时定额 = \frac{工作时间 - （准备工作时间 + 结束工作时间） - 休息与自由的时间}{清扫一个房间的时间 + 随机服务时间}$$

步骤 2：确定客房部劳动定员

1. 客房部定员的基本原则

（1）科学地确定各类人员的比例；

（2）定员的标准应该相对稳定；

（3）定员水平要先进合理。

2. 定员方法

（1）岗位定员法。这是指根据客房内部的机构设置，岗位职责和工作需要等因素来确定职工人数的方法。

（2）比例定员法。按某工种人员总数的比例来计算确定员工数的方法。

（3）定额定员法。即按劳动效率定员，根据计划任务工作定额和员工出勤率，计算出定员人数的一种方法。

步骤 3：客房部人员的配备和安排

$$定员人数 = \frac{客房间数 \times 年均出勤率}{员工工作定额 \times 出勤率}$$

（1）了解客源市场，做好客房出租率的预测工作；

（2）严格控制员工的出勤率；

（3）根据劳动力市场的情况决定用工的性质和比例；

（4）做好工作计划，合理安排人员，组织劳动班组，使服务员工作具有主动性。

# 模块3　人员招聘与配置

✎ 知识拓展:引子

## 内部招募

　　格斯酒店总经理李刚从国内某知名高校酒店管理专业招聘了高才生杨林担任总经理助理的工作。由于这个年轻小伙子亲和力强、反应敏捷、口齿伶俐,且文字功底好,助理工作做得十分出色,深得李总的喜爱。两年后,李刚认为该给杨林一个发展的机会,于是把他任命提拔为酒店人力资源部经理,直属管理十多名员工。不料在半年内,先后有三个下属离职,部门工作一片混乱,业务部门对人力资源部也抱怨颇多。原来杨林从学校直接到酒店担任总经理助理,并不熟悉基层业务,从未从事过管理工作的他与同级、下属的沟通方式很不到位,决策理想化,往往让下属都觉得非常难受;同时,他个人认为工作只需向总经理汇报,推行人力资源政策时没有必要征求业务部门的意见。因此,他推行的一系列人力资源决策,结果是收效甚微却徒增了其他业务部门的工作负担。在各种舆论和内部压力下,杨林也引咎递交了辞职信。

　　由此案例可见,总经理任用杨林担任人力资源部经理前缺乏全面、客观的评估,其决策的基础是建立在对杨林的个人感情而非岗位要求上,这是风险极高的事情。酒店在开展内部招聘活动时,不能念及私情,坚持"人职匹配"是最重要的原则。如果让员工就职于一个与其才能不相适宜的岗位,不仅让被任用者身心疲惫,抑制其才能的发挥,而且还会影响其职业生涯的发展。

　　总结上述案例的教训,内部招聘的首要原则应是以工作需要为主,而不能使"轮岗"过于放任自流。比如酒店可根据战略与业务发展需要进行指令性的员工内部调配等。但是像案例中所述,不考虑业务需要,只考虑员工个人发展的需要,大范围开展内部岗位轮换,是肯定要出问题的。所以,内部招聘要仔细权衡,全盘考虑,树立正确的理念,建立和完善相关的制度和机制,堵住一切可能导致内部招聘失败的源头。

　　总体来说,内部招聘的优点主要在于成本小、效率高、员工激励性强、工作磨合期短等方面,而内部招聘的弊端往往在于岗位有限,易造成内部员工竞争,直接影响彼此关系甚至导致人才流失。另外,内部招聘如果控制不好,易滋生内部的"近亲繁殖"、"团体思维"、"长官意志"等现象,不利于酒店的开放创新和茁壮成长。

　　(改编自最佳东方案例)

# 项目1 人员招聘的基本程序与补充来源

 学习目标

● 掌握人员招聘的定义和程序。
● 掌握企业人员补充的来源、招聘的基本程序和各种具体的方法。
● 了解招聘申请表的特点和内容。

技能目标

1. 掌握企业招聘的流程，并能为企业人员补充、提供依据和工作思路。
2. 能够设计招聘申请表、自传式调查表和应聘者推荐表，并懂得使用和填写。

## 任务1 饭店企业招聘流程

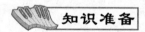 知识准备

### 一、人员招聘的定义

人员招聘是饭店企业为了弥补岗位的空缺而进行的一系列人力资源管理活动的总称。它是饭店人力资源管理的首要环节，是实现人力资源管理有效性的重要保证。

从广义上讲，人员招聘包括招聘准备、招聘实施和招聘评估三个阶段；狭义的招聘即指招聘的实施阶段，其中主要包括招募、筛选（或称选拔、选择、挑选、甄选）、录用三个具体步骤。

### 二、人员招聘的基本程序

**（一）准备阶段**

（1）进行人员招聘的需求分析，明确哪些岗位需要补充人员。

（2）明确掌握需要补充人员的工作岗位的性质、特征和要求。

（3）制订各类人员招聘计划，提出切实可行的人员招聘策略。

**（二）实施阶段**

（1）招募阶段。饭店企业根据招聘计划确定的策略和用人条件与标准，进行决策，采用适宜的招聘渠道和相应的招聘方法，吸引合格的应聘者。

（2）筛选阶段。在吸引到众多符合标准的应聘者之后，还必须善于使用恰当的方法，挑选出最合适的人员。

（3）录用阶段。在这个阶段，饭店企业和求职者都要作出自己的决策，以便达成个人和工作的最终匹配。

（三）评估阶段

进行招聘评估，可以及时发现问题、分析原因、寻找解决的对策，有利于及时调整有关计划并为下次招聘提供经验教训。

如图3-1所示是企业招聘流程。

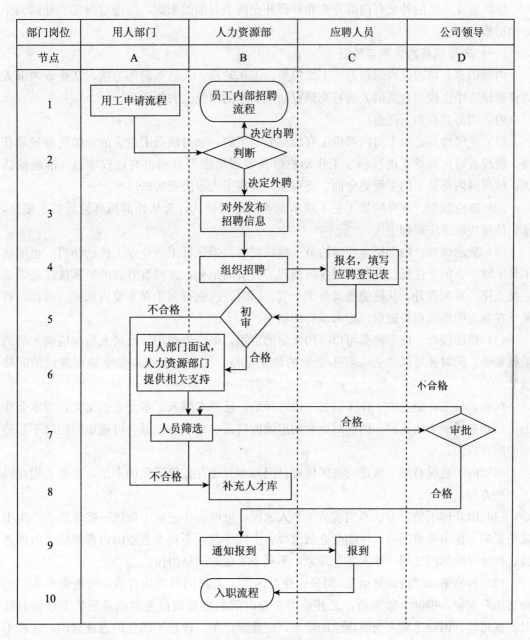

图3-1 企业招聘流程

# 任务2　招聘渠道的选择

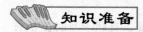知识准备

## 一、饭店企业人员补充的来源

饭店企业人员的补充有内部补充和外部补充两个方面的来源，即通过内部和外部两个方面招募员工。

（一）内部招募的优势与局限

内部招募是指通过内部晋升、工作掉换、工作轮换、人员重聘等方法，从企业内部人力资源储备中选拔出合适的人员补充到空缺或新增的岗位上去的活动。

内部招募具有如下优点。

（1）准确性高。由于对内部员工有较充分的了解，如对该员工过去的业绩资料较易获得，管理者对内部员工的性格、工作动机以及发展潜能等方面也有比较客观、准确的认识，使得对内部员工的了解更全面、更可靠，提高了人事决策的成功率。

（2）适应较快。现有的员工更了解本企业的运营模式，与从外部招募的新员工相比，他们能更快地适应新的工作。

（3）激励性强。内部招募能够给员工提供发展，强化员工为企业工作的动机，也增强了员工对企业的责任感。尤其是对各级管理层人员的招募，这种晋升式的招募往往会带动一批人作一系列晋升，从而能鼓舞员工士气。同时，这也有利于在企业内部树立榜样，有助于在企业中形成积极进取、追求成功的氛围。

（4）费用较低。内部招募可以节约大量的费用，如广告费用、招聘人员与应聘人员的差旅费等，同时还可以省去一些不必要的培训项目，减少企业因岗位空缺而造成的间接损失。

此外，员工在企业中工作了较长一段时间后，已基本融入了本企业的文化，对本企业的价值观有了一定的认同，因而对企业的忠诚度较高、离职率较低，可避免因招聘不当造成的间接损失。

尽管内部选拔有如上所述的许多优势，但其本身也存在着明显的不足，主要表现在以下一些方面。

（1）因处理不公、方法不当或员工个人原因，可能会在企业中造成一些矛盾，产生不良的影响。竞争失败的员工可能会心灰意冷、士气低落，不利于企业的内部团结。内部选拔还可能导致部门之间"挖人才"现象，不利于企业的团结协作。

（2）容易造成"近亲繁殖"。同一企业内的员工有相同的文化背景，可能会产生"旧势思维"现象，抑制个体创新，尤其是当企业内部的重要岗位主要由基层员工逐级升任时，就可能会因缺乏新人与新观念的输入，而逐渐产生一种趋于僵化的思维意识，这将不利于企业的长期发展。

此外，企业的高层管理者如果多数是从基层逐步晋升的，管理层的年龄就会偏高，不

利于冒险和创新精神的发扬。而冒险和创新则是处于新经济环境下企业发展至关重要的两个因素。

**（二）外部招募的优点与局限**

外部招募相对于内部选拔而言，成本比较高，而且也存在着较大的风险，但具有以下优势。

（1）带来新思想、新方法。从外部招募来的员工对现有的企业文化有一种崭新的、大胆的视角，而较少有感情的依恋。典型的内部员工已经彻底被企业文化同化了，受惯性思维影响，整个企业会缺乏竞争的意识和氛围，可能呈现出一潭死水的局面。通过从外部招募优秀的技术人才和管理专家，就可以在无形中给企业原有员工施加压力、激发斗志，从而产生"鲶鱼效应"。

（2）有利于招到一流人才。外部招募的人员来源广，选择余地很大，能招聘到许多优秀人才，尤其是一些稀缺的复合型人才。这样可以节省内部培训费用。

（3）树立形象的作用。外部招募也是一种很有效的交流方式，企业可以借此在其员工、客户和其他外界人士中树立良好的形象。

同样，外部招募也有以下不足。

（1）筛选难度大，时间长。饭店希望能够比较准确地测评应聘者的能力、性格、态度、兴趣等素质，从而预测他们在未来的工作岗位上能否达到企业所期望的要求。但仅仅依靠这些测量结果来进行科学的录用决策是比较困难的。为此，企业还可采用诸如推荐信、个人资料、自我评定、同事评定、工作模拟、评价中心等方法。

（2）进入角色慢。从外部招募来的员工需要花费较长的时间来进行培训和定位，才能了解企业的工作流程和运作模式，增加了培训成本。

（3）招募成本大。外部招募需要在媒体发布信息或者通过中介机构招募时，一般需要支付一笔费用。因应聘人员相对较多，后续的挑选过程也非常烦琐与复杂，耗费很多人力、财力，还要占用很多时间，所以外部招募的成本较大。

（4）决策风险大。外部招聘只能通过几次短时间的接触，就必须判断对方是否适合本企业相关岗位的要求，不像内部招聘已经过长期的接触和考察。

（5）影响内部员工的积极性。如果饭店企业中有能够胜任的人未被选用或提拔，即内部员工得不到相应的晋升和发展机会，内部员工的积极性可能会受到影响，容易导致"招来女婿气走儿子"的现象发生。

## 二、竞聘上岗

竞聘上岗是传统的人事管理向新型的更注重能力开发的人力资源管理的转变，是目前使用较多的一种招聘方法。它应符合一定的操作规程，否则，不仅会影响改革的权威性，而且也会直接影响改革的效果。

（1）必须事先公布竞聘上岗的岗位，特别要强调聘任的公开性。

（2）为保证竞聘上岗的公正、公开、公平，必须成立竞聘上岗领导小组，小组内应至少有一人是饭店企业外部专家，负责指导竞聘选拔工作，同时监督其公正性。

（3）所有竞聘岗位无一例外地不能有选定对象，领导不能参与推荐、暗示或个别谈话。

(4) 竞聘岗位均要有科学完整的工作说明书，对应聘条件的设计必须具有普遍性，不能针对某些个体或小群体，应结合企业实际情况，确定合适的基本条件，并通过公告的形式向企业全体员工发布。

(5) 要确保应聘岗位合理的候选人数。一个岗位不能只有一两个人报名参加竞聘，一般不应低于1：5的比例。应聘候选人数的多少，通常与竞聘条件的选择有关，一旦出现应聘人员太少的情况，可考虑放宽竞聘条件或放弃该岗位的竞聘，待条件成熟时再竞聘。

(6) 饭店企业竞聘时，可根据具体情况按以下步骤进行。

①发布竞聘公告，内容包括竞聘岗位、职务、职务说明书、竞聘条件、报名时间、地点、方式等。

②对应聘人员进行初步筛选，剔除明显不符合要求的应聘者。

③企业相关的"文化考试"或"技能考试"，企业必要的与竞聘岗位有关的其他测试。

④在初选的基础上，对候选人进行情景模拟测试。

⑤企业"考官小组"进行综合全面的"诊断性面试"，面试的指标体系的设计和权重体系的设计是至关重要的，一定要有针对性，不同的饭店企业应采用不同的指标体系和权重体系。

⑥辅以一定的企业考核，对应聘者以往的工作业绩、实际的工作能力、群众对其的认可度等进行考核，并按1：3的比例选拔出最终候选人，推荐给企业领导。

⑦按德、才、能、识、勤、绩、体对最后人选进行全面衡量，作出最终的人事决策。

⑧正式张榜公布竞聘上岗的结果，并履行人事任命手续。

### 三、内部招募和外部招募的具体来源甄选

#### (一) 内部招募来源的选择

内部招募作为一个总体，还可以细分为内部提拔、工作掉换、工作轮换、重新聘用、公开招募五个来源。其中，公开招募是面向企业全体人员，内部提拔、工作掉换、工作轮换则局限在部分人员，重新聘用则是吸引那些因某些原因而暂时不在岗的人员。

(1) 内部提拔。这种做法能给员工升职的机会，会使员工感到有希望、有发展的机会，对于激励员工非常有利。从另一方面来讲，内部提拔的人员对本企业的业务工作比较熟悉，能够较快适应新的工作。

(2) 工作掉换，也叫做"平调"。这样做的目的是要填补空缺，但实际上它还起到许多其他作用。如可以使内部员工了解企业内其他部门的工作，与本企业更多的人员有深入的接触、了解。这样，一方面有利于员工今后的提拔，另一方面可以使上级对下级的能力有更进一步的了解，也为今后的工作安排做好准备。

(3) 工作轮换。工作掉换从时间上来讲往往较长，而工作轮换则通常是短期的。

另外，工作掉换往往是单独的、临时的，而工作轮换往往是两人以上、有计划地进行的。工作轮换可以使企业内部的管理人员或普通人员有机会了解企业内部的不同工作，给那些有潜力的人员提供以后可能晋升的条件，同时也可以减少部分人员由于长期从事某项工作而带来的烦躁和厌倦等感觉。

（4）重新聘用。有些单位由于某些原因会有一批不在位的员工，如下岗人员、长期休假人员等。在这些人员中，有的恰好是内部空缺所需要的人员。他们中有的人素质较高，对这些人员的重聘会使他们有再为企业效力的机会。

（5）公开招募。公开招募的做法通常是企业在内部公开空缺岗位，吸引员工来应聘。这种方法起到的另一个作用就是使员工有一种公平合理、公开竞争的平等感觉，它会使员工更加努力奋斗。

（二）外部招募来源的选择

内部招募由于人员选拔的范围比较小，往往不能满足企业的需要，尤其是当企业处于创业初期或快速发展的时期，或是需要特殊人才时，仅有内部招募是不够的。外部招募的具体来源有：

（1）学校招聘。跟社会招聘相比，学校招聘有许多优势：学生的可塑性强；选择余地大；候选人多样化，可满足企业多方面需求；招募成本较低；有助于宣传企业形象等。

学校通常又分为中等职业技术学校、大专院校两类。中等职业技术学校是许多饭店招聘各类服务员和其他基层员工的主要渠道，而大专院校则是发现大批年轻的、具有较高素质的、潜在的专业服务人员和管理人员的主要场所。一些饭店企业为了不断从学校获得所需人才，在学校设立奖学金，与学校横向联合，资助优秀或贫困的学生，借此吸引学生毕业后去该企业工作。

（2）竞争对手与其他单位。对于中小型饭店企业来说，往往更注重寻求那些有在大饭店企业工作经验的人才，这些人在大饭店的工作环境中经过科学管理体制的熏陶，往往具有较高的素质，是小饭店提高管理水平的快速而有效的方法。

（3）下岗失业者。在这些下岗失业者中，大部分都具有长时期的工作经验和社会阅历，有些还具有独特的企划能力和领导能力。

（4）退伍军人。军人具有坚强的意志、忠诚的品质、严明的企业性和纪律性，是招聘诸如行政、保卫这样岗位的最佳人选。另外，拥军优属是每个单位和个人的光荣义务，招聘退伍军人，把他们妥善安置在合适的岗位上有利于提高单位的知名度，树立企业良好的外部形象，并且可以和当地政府建立融洽的关系。

（5）退休人员。虽然退休人员常被认为是行动迟缓、因循守旧的代名词，但在一些职业领域，如需要丰富的工作经验、协调能力和稳健的处世作风时，退休人士常是极佳的候选人。有些饭店企业将他们返聘回来，或担任经营顾问，或置于财务部门，取得了很好的效果。

## 四、企业内部招聘与选拔原则

企业内部招聘与选拔原则如下。

（1）避免长官意志的影响。从内部选拔人才，决策者绝不能把眼光仅仅盯在整天在自己身边转来转去的少数人身上，绝对不能受"一面之见、一面之听、一面之说"的影响，而要打破各种界限，不受各种偏见的制约，在全企业的范围内广纳贤才，实事求是、科学地考察和鉴别人才。

（2）不要求全责备。从内部选拔人才，绝不要因为对员工过于了解而对他们吹毛求疵、求全责备。对外部人才，却因不了解而只看到优点。

（3）不要将人才固定化。从内部选拔人才，绝不能按照老框框，将人才固定化，如学历等同于能力，这样会束缚创新的思维。饭店企业需要各种各样的人才，不能用一个固定不变的模式来套用人才，要不拘一格选人才，要唯才是举，唯才是用。

（4）全方位地发现人才。从内部选拔人才可以采用多种途径，如员工的工作态度、实践活动、群众议论、部门推荐、历史档案、考绩记录等方式、方法，全方位地发现人才。通过多种途径和方法，全面考察、了解人才，这样有利于克服盲目性，提高选人、用人的科学性。

# 任务 3　招聘申请表的设计

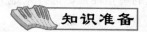

## 一、招聘申请表的特点

招聘申请表是由饭店企业设计的，包含了工作岗位所需的基本信息，并用标准化的格式表示出来的一种初级筛选表，其目的是筛选出那些背景和潜质都与职务规范所需的条件相当的候选人，并从合格的应聘者中选出参加后续选拔的人员。

一般来说，招聘申请表有以下特点。

（1）节省时间。经过精心设计、恰当使用的申请表可以使选择过程节省很多时间，加快预选的速度，是较快、较公正准确地获取与候选人有关的资料的最好办法。

（2）准确了解。申请表是由饭店企业决定填写哪些信息。有些用人企业会要求所有应聘者都按表中所列项目提供相应的信息，因此可以使单位比较准确地了解到候选人的历史资料，其中通常包括教育、工作经历以及个人爱好一类的信息。

（3）提供后续选择的参考。招聘申请表有助于企业在面试前设计出具体的或有针对性的问题，有助于在面试过程中做交叉参考，看看是否会出现什么矛盾。

## 二、招聘申请表的内容

因为招聘申请表所反映的资料对单位的面试评定以及对应聘者的能力、资历的判断都有极其重要的作用，所以申请表的设计一定要科学、认真，以便能全面反映所需的有关信息。

招聘申请表作为应聘者所填写的由单位提供的统一表格，其目的要着眼于对应聘者初步的了解，主要收集关于应聘者的背景和现在情况的信息，以评价应聘者是否能满足最起码的工作要求。通过对招聘申请表的审核，剔除一些明显的不合格者。

一般来说，招聘申请表的内容要根据职务说明书来设计，每个栏目均有一定的目的，不要烦琐、重复。不管何种形式的招聘申请表、都应当反映出以下一些信息：应聘者个人基本信息、应聘者受教育状况、应聘者过去的工作经验以及业绩、能力特长、职业兴趣等。一般应当包括以下各项具体内容。

（1）个人基本情况：年龄、性别、住处、通信地址、电话、婚姻状况、身体状况等。

（2）求职岗位情况：求职岗位、求职要求（收入待遇、时间、住房等）。

（3）工作经历和经验：以前的工作单位、职务、时间、工资、离职原因、证明人等。

（4）教育与培训情况：学历、所获学位、所接受过的培训等。

（5）生活和家庭情况：家庭成员姓名、关系、兴趣、个性与态度。

（6）其他：获奖情况、能力证明（语言和计算机能力等）、未来的目标等。

上面所列的各种信息，可能因单位的不同而不同，甚至因企业中工作岗位类别的不同而不同。

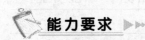 **能力要求** ▶▶▶

情境1：设计招聘申请表

招聘申请表一般由招聘单位的人力资源部门设计，应聘人员在求职时自己填写，因此，招聘申请表又有求职申请表、应聘申请表等多种说法。

在设计过程中，设计者应当注意到以下要求。

（1）申请表要从申请者角度出发设计，为此，要将表中同类问题归为一组列在表中，且要尽可能采取"是"或"非"的简洁回答方式，使用通俗的语言。

（2）申请表的设计应考虑企业的目标，便于人员招聘的归档与管理工作。具体来说，作为人力资源信息库中最重要的信息来源之一，招聘申请表所采集的资料应当便于存储、处理和检索。

（3）申请表应采取多种形式，按不同人员类型分别设计。不同的企业可以根据需要反映不同的文化背景和岗位管理需求，在格式上、内容上有所区别。在设计应聘申请表时，还应充分考虑以下几个问题。

①内容的设计要根据职务说明书来确定，考虑本企业的招聘目标以及欲招聘的岗位，按不同岗位要求、不同应聘人员的层次分别进行设计。每一栏目均有一定的目的，切忌烦琐、重复。

②设计时还要注意有关法律和政策，不要将涉及国家机密的内容列入招聘申请表的调查项目。

③设计申请表时还要考虑申请表的存储、检索等问题，尤其是在计算机管理系统中。

④审查已有的申请表。即使已经有一个现成的表格，也不要简单地就使用。要进行适当地审查，确保这份申请表可以提供为了填补岗位空缺而需要从申请人那里了解的情况。

 **案例学习**

如表3-1所示为企业员工工作岗位申请表。

**表 3 - 1**　　　　　　　　　　　　**企业员工工作岗位申请表**

单位名称：　　　　　　　　　　填表日期：　　年　月　日

| 应征（岗位）职位 | | | | 部门 | | | 照片 |
|---|---|---|---|---|---|---|---|
| 姓名 | | 性别 | 民族 | | 出生日期 | 年　月　日 | |
| 籍贯 | 省（市）　县（区） | | 身份证号码 | | | | |

| 文化程度 | | 所学专业 | | 健康状况 | | 婚姻状况 | |
|---|---|---|---|---|---|---|---|
| 现住址 | | | | 邮编 | | 联系电话 | |

| 教育经历 | 起止年月 | 学校名称 | 所学专业 | 外语语种及程度 | 毕业/肄业 |
|---|---|---|---|---|---|
| | | | | | |
| | | | | | |

| 工作经历 | 起止年月 | 工作单位 | 工作内容 | 职务 | 月薪 | 离职原因 |
|---|---|---|---|---|---|---|
| | | | | | | |
| | | | | | | |

| 家庭成员 | 姓名 | 与本人关系 | 工作单位 | 职务 | 电话 |
|---|---|---|---|---|---|
| | | | | | |
| | | | | | |

何时何地受过何种奖励或处分：

个人特长及自我鉴定：（可另附纸张）

| 能否出差 | | 能否加班 | | 期望薪资 | |
|---|---|---|---|---|---|

请提供两位友人（注明姓名及电话以便联络）：

申请人声明：

以上所填各项均属实，若有不实或虚构，愿受取消申请资格或受雇后除名之处分。

填表人：　　　　审核人：　　　　人力资源部门经理：　　　　总经理：

填表说明：

1. 此表用于招聘时使用，由应聘人员填写，填写人要如实、完整地填写。

2. 应聘人员填写此表后，方可办理入职手续，此表由人力资源部存档。

如表 3 - 2 所示为企业内部人员求职申请表。

表 3-2  企业内部人员求职申请表

单位名称：　　　　　　　　　　　填表日期：　　　年　月　日

| 申请职位名称 | | 求职信息源 | □上司；□同事；□内刊；□网站；□报刊；□其他 | | |
|---|---|---|---|---|---|
| 姓　名 | | 性　别 | | 年　龄 | |
| 部门/科室 | | 现岗位名称 | | | |

工作经历：

教育经历：

培训经历：

业余爱好（请描述一下你在业余生活中都做些什么）

进取心（请描述一下你为什么要获得这一职位）

补充说明（请在这里补充你想进一步说明的内容）

填写声明：
本人对上述填写的内容的真实性负责。

签名：

　　　　　　　　　　　　　　　　　　　　年　月　日

填表人：　　　　　　　　　　　　　　　　审核人：

填表说明：此表由企业内部人员在应聘岗位时填写，若表内各栏因字数太多不够时，可另附纸张。

### 情境2：设计自传式调查表

　　自传式调查表也称应聘人员履历表。其设计原理是：将在职的行为表现与过去在各种情况下的态度、行为、偏好和价值观等联系在一起进行考察，以便对应聘者的未来发展作出预测分析。

案例学习

如表 3-3 所示为企业设计的自传式调查表。

**表 3-3**　　　　　　　　　　企业设计的自传式调查表

| 一、你目前的婚姻状况 | |
|---|---|
| 　1. 单身 | ☐ |
| 　2. 已婚，有子女 | ☐ |
| 　3. 已婚，无子女 | ☐ |
| 　4. 寡居 | ☐ |
| 　5. 分居或离婚 | ☐ |
| 二、习惯与态度 | |
| 您是否经常说笑话 | |
| 　1. 很经常 | ☐ |
| 　2. 经常 | ☐ |
| 　3. 偶尔 | ☐ |
| 　4. 很少 | ☐ |
| 　5. 根本不说笑话 | ☐ |
| 三、健康 | |
| 过去您的健康状况如何 | |
| 　1. 从不生病 | ☐ |
| 　2. 从不生重病 | ☐ |
| 　3. 一般 | ☐ |
| 　4. 有时生病 | ☐ |
| 　5. 经常生病 | ☐ |
| 四、人际关系 | |
| 您对邻居的感觉如何 | |
| 　1. 对邻居不感兴趣 | ☐ |
| 　2. 喜欢他们，但不常见 | ☐ |
| 　3. 经常相互拜访 | ☐ |
| 　4. 很多时间在一起 | ☐ |
| 五、金钱 | |
| 作为一家之长，在正常情况下，您打算从一年收入中储蓄多少钱 | |
| 　1. 5%或更少 | ☐ |
| 　2. 6%～10% | ☐ |
| 　3. 11%～15% | ☐ |
| 　4. 16%～20% | ☐ |
| 　5. 21%以上 | ☐ |
| 六、您在 18 岁以前的大多数时间和谁在一起生活 | |
| 　1. 父母亲 | ☐ |
| 　2. 父亲或母亲 | ☐ |

| | |
|---|:---:|
| 3. 亲戚 | ☐ |
| 4. 继父母 | ☐ |
| 5. 家庭或学校 | ☐ |

**七、个人贡献**

您感觉您对社会贡献有多大

| | |
|---|:---:|
| 1. 贡献很大 | ☐ |
| 2. 比同地位者大 | ☐ |
| 3. 中等贡献 | ☐ |
| 4. 比同地位者小 | ☐ |

**八、目前的家庭**

关于迁居，您配偶的反应

| | |
|---|:---:|
| 1. 愿随您去任何一个地方 | ☐ |
| 2. 任何情况下均不愿迁居 | ☐ |
| 3. 只有绝对需要时才搬家 | ☐ |
| 4. 不知道他对迁居的看法 | ☐ |
| 5. 未婚 | ☐ |

**九、娱乐、爱好和兴趣**

您去年读了几本书

| | |
|---|:---:|
| 1. 没读 | ☐ |
| 2. 一本或两本 | ☐ |
| 3. 三本或四本 | ☐ |
| 4. 五本及以上 | ☐ |

**十、学校教育**

您高中毕业时有多大

| | |
|---|:---:|
| 1. 小于 15 岁 | ☐ |
| 2. 15～16 岁 | ☐ |
| 3. 17～18 岁 | ☐ |
| 4. 19 岁以上 | ☐ |
| 5. 高中没毕业 | ☐ |

**十一、自我形象**

您是否总是尽力而为

| | |
|---|:---:|
| 1. 不论做什么工作都这样 | ☐ |
| 2. 只是感兴趣的工作才这样 | ☐ |
| 3. 只有对您有所要求时才这样 | ☐ |

**十二、价值观、偏好**

下列各项中您认为最重要的是

| | |
|---|:---:|
| 1. 舒适的家及家庭生活 | ☐ |
| 2. 挑战性和令人兴奋的工作 | ☐ |
| 3. 走在别人的前面 | ☐ |
| 4. 主动接受企业分配的工作 | ☐ |
| 5. 尽情发挥您的特长 | ☐ |

**十三、您一般工作的速度怎样**

| | |
|---|:---:|
| 1. 比大部分人干得快、干得多 | ☐ |

续　表

| | |
|---|---|
| 2. 比大部分人稍快 | ☐ |
| 3. 与大部分人的速度差不多 | ☐ |
| 4. 比大部分人稍慢 | ☐ |
| 5. 比大部分人慢得多 | ☐ |
| 6. 说不准 | ☐ |

**情境3：设计应聘者推荐表**

在一般情况下，应聘者为了找到合适的工作，都会请有关人士撰写一份推荐书，证明自己的综合能力。但他们所提供的推荐材料，往往准确程度很低，这是因为任何一个推荐者或负责推荐的企业都不愿意妨碍他人获得更好的工作机会，他们总是抱着"多行善事，多说好话"的心态。当然，有时企业为了保证招聘工作的质量，也希望应聘者能够请原所在单位的负责人或者直接主管，为他撰写一份推荐材料。

因此，对企业人力资源管理部门来说，审查应聘人员的推荐材料责任重大，难度很高。为提高推荐材料的可信度，企业应当认真地进行推荐表格设计，尽可能要求推荐者用实例来说明被推荐者的优势和长处。

 **案例学习**

如表3-4所示为应聘人员推荐表。

表3-4　　　　　　　　　　　　　应聘人员推荐表

| 被推荐人姓名 | | 填写人单位 | |
|---|---|---|---|
| 被推荐人社保号码 | | 填写的时间 | 年　　月　　日 |

＿＿＿＿＿＿＿＿先生（女士）拟在我单位申请＿＿＿＿＿＿＿＿职位。

申请人自称从＿＿＿＿＿年＿＿＿＿＿月至＿＿＿＿＿年＿＿＿＿＿月曾在贵单位工作。

如您有机会观察到上述申请人作为一名雇员的工作情况，请您对下面所提的问题，作出坦率的回答。这将对我们公司具有很重要的参考价值。

对于您给予我们公司的支持和帮助，深表谢意！

我们也郑重向您保证：您的回答无论在什么情况下，都不会被申请者或其他人看到。

1. 申请者何时被贵公司雇用？　从　　　　年　　月至　　　年　　月
2. 他在贵公司担任职务？
3. 出勤情况如何？　很好☐　　一般☐　　很差☐
4. 他是否受合作者欢迎？　非常喜欢☐　　还行☐　　他经常缺勤的原因是：
5. 有时受批评☐　　不欢迎☐
6. 工作进步的速度？　慢☐　平均☐　高于平均☐
7. 他属于：①被领导要求辞职的☐；②自动辞职☐
您或公司是否愿意雇用他从事同类职务？　是☐　否☐

续 表

如果否，原因是：

8. 依您所见，申请者的特质、能力和可靠性如何，作为您的雇员，您如何评价他？

低于现职人员平均水平□ 高于现职人员平均水平□ 接近现职人员平均水平□

9. 如您愿意与我们电话联系，您的联系电话号码是：

10. 您还有其他需要补充说明的事项吗？

可补述如下：

_____

_____

_____

# 项目2 应聘人员的初步选拔

 学习目标

● 掌握人员选拔的意义、步骤和方法，以及应聘者的背景调查。

● 了解个人简历与应聘申请表的差异、作用和使用范围。

● 掌握校园招聘的概念、方式和特点，选择招聘学校应考虑的因素，校园招聘的企业在实施中可能出现的困难、问题。

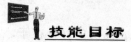 技能目标

1. 能够根据要求设计和制作个人简历。

2. 掌握校园招聘的工作流程和实施要求，能够实施校园招聘与面试。

## 任务1 人员初步选拔的意义、步骤和方法

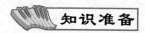 知识准备

### 一、应聘人员选拔的意义

如前所述，企业人员招聘由招募、选拔、录用和评估四个基本环节组成。

人员选拔对企业来说至关重要。研究表明，同一岗位上最好的员工比最差的员工的劳动生产率要高3倍，这意味着在应聘人员进入企业之前，需要经过一系列的辨别甄选过程，以切实保证挑选出来的人才，既愿意为企业提供服务，又具备相应的知识、经验和技

能，满足任职的标准和要求。企业人员选拔的意义如下。

**（一）保证企业得到高额的回报**

企业录用员工之后，就要在该员工身上有所投入，包括工资、福利、培训等费用支出。这种对员工的投入能否收回、何时收回、能得到多大的回报，则取决于员工的劳动态度、劳动积极性与其劳动生产率，前两者取决于他对工作的满意度，而后者则取决于他的劳动技能、掌握的知识和具有的经验。如果在人员选拔过程中能做到员工对工作满意，愿意为企业工作，而企业对员工的技能、知识、经验满意，则企业必然会收到高额、快速的回报。

**（二）降低员工的辞退率与辞职率**

企业不仅要把人招来，更要把人留住。能否留住受雇用者，既要靠招聘后对员工的有效培养和管理，也要靠招聘过程中的有效选择，即在招聘过程中对应聘者进行准确评价。有效的人员选拔可减少企业雇用不合格人员和不愿为企业尽职人员的可能性，降低员工辞退率与辞职率，为企业降低离职成本。

**（三）为员工提供公平竞争的机会**

有效的人员选拔应当为企业内员工与企业外的应聘者提供公平竞争的机会，通过一系列的面试、考试、测试等选择环节，使每一个应聘者均有机会展示自己的才能，得到更好的发展机会。

## 二、简历与申请表的差异性

初步筛选是对应聘者是否符合岗位基本要求的第一次审查，目的是筛选出那些背景和潜质都能满足岗位任职标准和基本要求的候选人，为后续第二阶段的细选，乃至最终的甄选奠定基础。

如前所述，应聘人员的初步筛选是人力资源部门通过审阅应聘者的个人简历或招聘申请表后进行的初次审查。

应聘者最初的信息资料主要通过应聘简历或招聘申请表表现出来。简历的好处在于，它能使应聘者以展示其书面交流能力的方式申明自己的资历和经历。与标准申请表相比，简历存在的问题是应聘者自己掌握写什么，不写什么，而申请表则是由企业决定填写与其需要有关的信息。申请表相对更可靠，因为所有应聘者都要按表中所列项目提供相应的信息。当然，有些企业可能仅仅需要应聘者递交简历而不用填写事先印好的申请表。如表3-5所示列出了两者的主要区别。

表3-5 简历与申请表的优缺点分析

| | 简　历 | 申请表 |
|---|---|---|
| 优点 | 体现应聘者的个性<br>允许应聘者强调自认为重要的东西<br>允许应聘者点缀自己<br>费用较小 | 直截了当<br>结构完整<br>限制了不必要的内容<br>易于评估 |
| 缺点 | 允许应聘者略去某些东西<br>难以评估 | 限制创造性<br>设计、印刷、分发费用较大 |

### 三、人员选拔的主要步骤

从企业选拔应聘人员的全过程来看，人员选拔可分为：第一阶段的初步挑选，即粗选；第二阶段的深度筛选，即细选；以及第三阶段的最终甄别，即精选，从而最终保障企业人才选拔的质量。

如果从人员选拔的具体内容和方法上看，其主要步骤包括：①简历筛选；②招聘申请表筛选；③笔试；④面试；⑤情境模拟测试；⑥心理测试；⑦背景调查与体检等内容。

### 四、材料筛选法

材料筛选法就是通过一些材料信息来考察和选拔人才的方法。申请表、履历分析、证明材料、推荐信、背景调查等都是材料筛选法的具体形式。材料筛选法主要依据应聘者个人的基本信息及背景材料，因而必须与其他人才选拔方法如面试、笔试等方法结合使用，才能取得令人满意的效果。总之，材料筛选法是一种适合初步选拔应聘者的重要方法。

（一）招聘申请表

审核应聘人员填写的申请表，可以说是企业对应聘人员初步选拔过程的第一步。典型的申请表需要求职者填写背景资料，如姓名、地址、受教育程度、社会关系、工作经历、特长、兴趣爱好、要求的职位等。

一张填好的申请表可以达到三个基本目的：一是确定求职者是否符合工作所需要的最低资格要求，以便确定最少的候选人；二是申请表可以帮助招聘者判断求职者是否具有或不具有某些与工作相关的属性，例如，可以通过工作经历来判断其经历是否与拟任职位所需能力有关；三是申请表中所包含的资料可以提示招聘人员在下一阶段提出与求职者有关的潜在问题。申请表比较客观，易审核，成本低，所以它在选拔人才过程中被普遍使用。

申请表可以提供很多求职者的有用信息，但是主考官的关键问题在于确定哪些信息在人才选拔中是最有价值的，在这方面，人们通常持有很多偏见，例如，有些人认为学历与管理能力有较强的联系，但科学研究表明未必如此。

（二）个人简历分析

个人简历分析，即个人履历分析，是指根据简历或档案中记载的事实，了解一个人的成长历程和工作业绩，从而对其人格背景有一定的了解。近年来这一方式日益受到人力资源管理部门的重视，被广泛地用于人员选拔等人力资源管理活动中。对于个人简历资料，既可以用于初审个人经历，迅速排除明显不合格的人员，也可以根据其各项内容与工作要求相关性的高低，事先确定简历中各项内容的权重，然后把申请人各项得分相加，得出总分，最后根据总分确定选择决策。

研究结果表明，简历分析对申请人今后的工作表现有一定的预测效果，员工的过去总是能从某种程度上表明其未来。企业在进行人员的初选时，采用这种方法的优点是：成本费用低，依据较为客观。但它也存在明显的不足，如在简历填写的真实性、简历分析的预测效度、简历项目的选择以及评定权重设计的准确性和客观性等方面。通过对应聘者简历进行较为深入的审核与剖析，能够从一定程度上把握应聘者的素质状况和他过去的所作所为，特别是他所取得的业绩。

（三）应聘者的推荐材料

应聘者的推荐材料既可以用于证明应聘者在求职申请表中所提供信息的真实性，也可以说明其过去的经历，以及目前的现状，乃至未来发展的可能性，但也有很多企业人力资源部门的经理认为，应聘者的推荐信及其证明材料未必十分有用。

【方案设计】

实训项目：个人简历设计与制作

实训目的：通过对 Microsoft Office 2003 办公自动化软件的学习，能够制作一份适合个人的求职简历。

项目实施：

步骤1：个性化封面的设计

技能要求：艺术字的插入、艺术字格式的设置、图片的插入、图片格式的设置、文本框的插入、文本框格式的设置、字符格式的设置。

步骤2：简历主体的制作

技能要求：字符、段落格式的设置、图片的插入、图片格式的设置、表格的插入、表格格式设置、表格中文字的对齐方式、表格中插入图片和图片的定位。

步骤3：通过简历充分展现自我

技能要求：图片的插入、图片格式的设置、设置书签、建立超级链接。

步骤4：打印输出

技能要求：页面设置、打印预览、打印设置、打印。

实训材料：

（1）图片素材：通过扫描仪或数码相机等仪器制作图片信息或者通过在网上下载一些满意的图片素材。本实训包含的图片素材有：封面背景图片一张（保存文件名为"背景图.JPG"），毕业院校徽标一张（保存文件名为"徽标.JPG"），个人登记照一张（保存文件名为"登记照.JPG"），证书图片两张（分别保存文件名为"证书1.JPG"、"证书2.JPG"）。

（2）文字素材：通过 Word 文字处理软件手动输入一封求职信（保存文件名为"给我一个机会.DOC"）

 案例学习

如表3-6所示为制作个人简历的表格

表3-6　　　　　　　　　　　个人简历

| 姓　　名 | | 性　　别 | | |
|---|---|---|---|---|
| 籍　　贯 | | 出生年月 | | |
| 学　　历 | | 专　　业 | | |
| 联系电话 | | 电子邮件 | | |

续 表

| 工作经历 | |
|---|---|
| 学习经历 | |
| 职业技能 | |
| 工作业绩及<br>奖励情况 | |
| 自我评价 | |

# 任务2　校园招聘

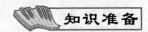 **知识准备**

## 一、校园招聘的概念

校园招聘通常是指企业直接从应届本科生、硕士研究生、博士研究生（也包括少数专科生）中招聘企业所需的人才。它是一种两点式招聘，即在学校与企业两点间进行。

## 二、选择学校的考虑因素

大学校园是企业专业人员与技术人员的重要来源。企业在设计校园招募活动时，需要考虑学校的选择和对应聘者的吸引力两个问题。在选择学校时，应根据自己的财务预算和所需要的员工类型来进行决策。如果财务预算比较紧张，企业可能只在当地的学校中选择；而实力雄厚的企业通常在全国范围内进行选择。在选择学校时，主要考虑以下因素。

（1）在本企业关键技术领域的学术水平；

（2）符合本企业所需专业的毕业生人数；

（3）该校往届毕业生在本企业的业绩和服务年限；

（4）在本企业关键技术领域的师资水平；

（5）该校毕业生过去录用数量与实际报到数量的比率；

（6）学生的质量；

（7）学校的地理位置。

在校园招聘中，一些饭店企业往往只看重学校的名气，只在著名院校进行招聘，但这些著名学校的学生却往往不是最理想的招聘来源。原因是这些学校的毕业生自视清高，不愿意承担具体而烦琐的工作，这在很大程度上妨碍了他们对服务的履行及其管理能力的进步。所以应选择符合本企业需要的学校进行招聘，像百事可乐公司就很注重从二流学校中挖掘人才。

## 三、校园招聘的方式

（1）企业到校园招聘。企业直接派出招聘人员到校园进行公开招聘。可与所需专业的院系直接联系，或是参加学校举办的招聘会，现场设置招聘台。这种招聘通常在每年2月至6月间进行。

（2）学生提前到企业实习。企业可有针对性地邀请部分大学生在毕业前（大约毕业前半年的时间）到企业实习，参加企业的部分工作。企业的部门主管直接对其进行考察，从而了解学生的能力、素质、实际操作能力等。这种考察一般实地进行，收集的信息较全面。

（3）企业和学校联手培养。企业针对其所需专门人才，与学校联手培养，学生毕业后全部到参与培养的企业工作，这种方式通常指某些特殊专业的专门人才。在一般情况下，学生在校期间所学科目在参考企业对所需人才的能力要求下由学校确定，并由教师授课，同时学生每年有1~2个月的时间到企业实习，毕业后学生全部进入该企业工作。

总之，企业要极力吸引最好的工作申请人，在进行校园招聘时要选派能力比较强的工作人员，对工作申请人的答复要及时，并且企业的各项政策要能够体现出公平、诚实和顾及他人的特征。

### 四、校园招聘的特点

（1）校园招聘的优点。这主要包括：①针对性强。可以根据需要，选择学校、选择专业、选择性别、选择特殊的专长。②选择面大。学校是培养人才的基地，专业广，可供选择的人数多，具备各种专长的也大有人在。③层次清晰。校园招聘有较低层次的中专、大专，也有中等层次的本科，还有较高层次的硕士和博士。④战略性强。由于校园人才的层次多，人数多，因此可供挑选的机会多，适宜进行战略性人才选择并储备部分优秀人才，如高科技人才、英语人才、外贸人才、具有较多特长的综合性人才。⑤人才单纯。校园招聘的学生社会阅历浅，思想比较单纯，接受能力和可塑性强。⑥成功率高。校园招聘可信度高，既无须辨认应聘者证件的真伪，又有学校相关部门的领导、老师提供其在校表现的鉴定，还能通过与应聘者本人或其同学的交流，了解到更多全面、准确、可靠的信息，因此成功率高。⑦认可度高。如果企业对其培养、任用得当，人才对企业的认可度会较高，忠诚度也较高。

（2）校园招聘的不足。主要包括：①校园招聘要和学校事先商议时间安排，要考虑学生毕业期间的时间安排，并且要印制宣传品，还要做面谈记录，费钱费时。②学生由于社会阅历浅，年轻且责任心较弱，因此可能造成企业实际运作中的不顺畅。③学生缺乏实践经验，企业要投入的培训成本较高。很多企业不选择校园招聘，而是选用有工作经验的人，就是想节约培训成本，并使新员工尽快胜任工作。④刚毕业的学生常有眼高手低、对工作期望值过高的缺点，因此一年内跳槽的概率高，造成企业招聘成本高。⑤如果培养、任用不善，应届毕业生可能不认可企业的文化和价值观，影响企业的团队建设。

### 五、校园招聘可能出现的困难和问题

（1）企业在校园招聘时，需要处理好以下三个方面的问题：①领导不重视。很多企业在进行校园招聘前准备不足，仅把招聘会当成收集简历等应聘材料的场所，对本企业及招聘情况介绍简单或不予介绍，使学生无法了解企业而很可能转向其他企业的招聘会。②招聘人员的观念错误。有些招聘人员在面对学生时，认为自己是"老资格"，而学生是"初

出茅庐"，有求于本公司，所以对待学生态度傲慢，会出现到场不守时、回答学生提问不耐烦、言语不礼貌等现象，严重损坏企业在学生中的形象。③招聘人员素质不高。有的企业招聘人员素质不高，不仅没有把企业情况介绍清楚，而且回答不好学生的提问，造成现场气氛沉闷，投递简历的人数骤减。

（2）筛选应聘人员相关材料时，应注意避免出现以下三种问题：①淘汰大多数投档者。许多企业为节约后续劳动量，仅从收到的大量简历中挑选极少数候选人参加笔试或面谈。这样虽然减少了下一步的劳动量，但很可能将优秀的学生遗漏。应按所招人数确定一个适当的比例，在后续的选拔工作中逐步挑选。②过分看重专业、分数及学历。很多企业错误地认为，该学生学了什么专业，他在这一领域就一定会做得比非本专业的人出色，或者该学生分数、学历越高，他就越能胜任这份工作，这些观念都是极其错误的。③可能出现的某种歧视，主要有性别歧视、生源歧视等。

（3）在校园招聘中企业笔试时，应当注意解决好以下两个问题：①简单地把笔试成绩作为筛选依据。目前很多企业使用的笔试题目都大同小异，类似于很多标准化的心理测试模拟题。有的学生笔试分数虽然很高，但很有可能出现"高分低能"现象，因此企业不应单纯依据笔试成绩，还应结合面谈时应聘者的表现来决定取舍。②笔试题目的难度把握不准。很多企业把握不准学生所掌握知识的范围及程度，因此所出的题目不是太难就是太容易，没有起到应有的选拔效果。

（4）在校园招聘中进行面试时，应当注意防止以下几种情况的发生：①招聘人员无法胜任面谈工作。校园招聘与其他招聘方式相比有其独特之处和特殊的困难。招聘人员在与毕业生进行面谈时，常常要依靠主观判断，这使得许多招聘者往往无法胜任面谈角色。主要是因为学生在资历方面都差不多，不能够依据其工作经历作出判断，以其他招聘经验在较短的时间里鉴别出有利于企业发展的人才是比较困难的。②面试内容不确定。许多招聘者在面试时会循着学生的简历等材料所提供的信息进行提问，如学生的自我评价、专业及技术知识、实践经验及曾参与的活动描述等。在制作简历等应聘材料时，他们已准备好了这些问题的答案。这时，招聘面试者应根据岗位的资格要求多提一些有关行为描述式的问题。③滥用压力式面试。有的企业为了考察大学生的心理承受能力，故意把气氛弄得很紧张，采取追问法提问，这种压力式面试确实可以考倒很多学生，但不是对所有岗位都适用，一般只有企业的经营管理岗位需要较强的心理承受能力的人员。所以在招聘毕业生时，最好使用非压力式面试，使学生能正常发挥，展现他们的能力。④不切实际地自夸。在校园招聘中，有些招聘者为了使招聘成功，常常夸大企业和岗位的优点，而不是给予现实的信息，这样做的结果是产生比较低的职业满足感和比较高的流失率。

## 六、校园招聘的流程

（一）准备工作

（1）编制、印刷公司概况介绍及此次校园招聘情况的手册。可根据企业自己的风格、要求等决定手册的内容和规格。

（2）选择学校和专业。根据企业自身的规模、发展阶段、薪酬水平、需求专业、需求的人才层次、企业社会形象等因素选择合适的招聘院校。

（3）组成招聘小组的方式。通常企业选择的学校不止一所，而是国内若干所院校，因此企业可能会采取两种形式组织招聘小组。一种是组织一个招聘小组，这个招聘小组在国内若干所不同的院校流动招聘。这种方法有较统一的标准，同时能对比不同大学的优缺点，为今后的校园招聘积累更丰富的资料和信息，但所需时间较长。还有一种方式是，若干个招聘小组同时奔赴不同院校进行招聘。这种方式可以通过目前快捷的通信方式把各小组招聘的信息组合起来，对各学校的生源作一个对比，从而可以作出招聘人数的比例分配，效率较高，但由于招聘面试的专家系统不同，标准不能统一，招聘中可能会出现许多误差。

（4）招聘小组人员的组成。应包括：企业人力资源部人员，控制招聘流程，安排细节；需求人才部门的主管人员，着重于考察应聘者的能力，解答问题等。了解学校情况的人，能对人才作出较为准确的判断。

（二）校园面试考题的准备

如果是以招聘会的形式参加校园招聘会，因受场地等因素影响，现场面试的机会很少，为了提高校园招聘的质量，可采用单独的校园内面试形式。

企业进行校园招聘时，应准备好几组面试考题，因为校园的学生进入企业，通常必须从基层做起，因此面试通常要达到的目标也比较简单，只是测试学生的知识面、应变能力、素质和潜力，对于社会阅历、工作经验、管理能力和领导能力等可以暂不加考察。例如：

（1）你最喜欢的格言是什么？它给你什么样的人生启迪？

（2）课余时间怎么安排？

（3）你喜欢的休闲活动是什么？为什么喜欢？

（4）你最崇敬的人是谁？为什么？

（5）参加过社会实践吗？参加过的话，你学到了什么？没参加的话，原因是什么？

（6）你在校所学过的课程里，最喜欢的是哪一门？为什么？

（7）你觉得自己的学习能力强吗？你的实际学习能力和学习成绩一致吗？

（8）你是班干部吗？如果不是，那你觉得你适合当什么职位的班干部？为什么？

（9）你最满意的事是什么？

（10）你最受挫折的事是什么？是如何解决的？

（11）如果仅用一个词来概括你的性格，那将是什么词？

（12）你对自己的职业生涯是怎么规划的？

（三）考核招聘

（1）向学校相关部门的领导、老师了解应聘学生的在校表现。

（2）初步筛选，确定初步人选的应聘者的联系方式，并决定招聘意向。

（3）进行讨论、比较，初步确定录用人选。

如果招聘小组中包含有权决定录用的领导，也可以与某些特别中意的学生签约，以免他们被别的企业挖走。

## 七、编写校园招聘记录表

在进行校园招聘面试时，招聘者通过提问等形式得到应聘者的相关信息，对此要作专门记录，因此，在面试前应编制校园招聘记录表，便于统一记录，进行比较。

编写校园招聘记录表各个项目时，应参考所准备提问问题的要点，以及企业需要获取的应聘者的有关信息。内容包括两部分：一是应聘者的基本信息，如姓名、专业、成绩等；二是招聘者通过面试，经考察分析得到的应聘者所具备的能力情况。由于评价带有一定的主观性，所以要求招聘者自身具有较高的素质。如表 3-7 所示是一张校园招聘面谈记录表的实例，它的结构化程度比较高，基本上不需要招聘人员另外记录毕业生的信息。

 案例学习

如表 3-7 所示为校园招聘记录表。

表 3-7　　　　　　　　　　　校园招聘记录表

| 姓名 | | 性别 | | 地点 | | 时间 | |
|---|---|---|---|---|---|---|---|
| 学校 | | | | 专业 | | 学位 | |
| 申请岗位 | | | | 工作地点 | | | |
| 姓名 | | 性别 | | 地点 | | 时间 | |
| 考察因素 | | | | | | 评　分 | |
| 仪表言谈 | 外表、衣着、言谈举止、语调、音色 | | | | | 1　2　3　4　5 | |
| 态　度 | 向上、合作、活跃 | | | | | 1　2　3　4　5 | |
| 沟通技巧 | 诚恳、机智、说服力、印象深刻 | | | | | 1　2　3　4　5 | |
| 智　力 | 洞察力、创造力、想象力、推理能力 | | | | | 1　2　3　4　5 | |
| 执行能力 | 从容不迫、有条不紊、表现突出 | | | | | 1　2　3　4　5 | |
| 领导能力 | 自信、负责任、讲求效果、能够把握分寸 | | | | | 1　2　3　4　5 | |
| 独立性 | 独立思考能力、情感成熟、影响他人 | | | | | 1　2　3　4　5 | |
| 激励方向 | 兴趣与岗位符合、进取心、激励可能性 | | | | | 1　2　3　4　5 | |
| 教　育 | 所学的课程与工作的配合程度 | | | | | 1　2　3　4　5 | |
| 家庭背景 | 家庭环境对工作的积极意义 | | | | | 1　2　3　4　5 | |
| 总评得分 | | | | | | | |
| 考官签字 | | | | 日期 | | | |

【方案设计】

实训项目：校园招聘面试实训

实训目的：掌握校园招聘的程序、招聘面试的技巧和个人简历的设计方法；懂得使用常用企业招聘工具、填写常用表格和设计个人简历。

课时设计：80 分钟。

实训方法：行动导向法、角色扮演法。

实训媒体：多媒体、工作页、表格。

项目实施：

1. 结合理论课分组的结果，根据思维导图（如图 3－2 所示）明确任务要求，分小组进行方案实施（10 分钟）

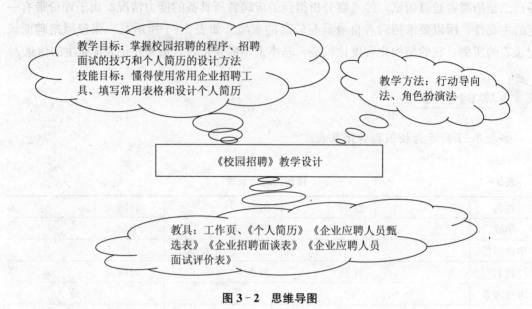

教学目标：掌握校园招聘的程序、招聘面试的技巧和个人简历的设计方法
技能目标：懂得使用常用企业招聘工具、填写常用表格和设计个人简历

教学方法：行动导向法、角色扮演法

《校园招聘》教学设计

教具：工作页、《个人简历》《企业应聘人员甄选表》《企业招聘面谈表》《企业应聘人员面试评价表》

图 3－2　思维导图

（1）分组：6 人/组，其中选出 1 名组织扮演面试官，其余 5 人扮演应聘者。

（2）材料：工作页、《个人简历》《企业应聘人员甄选表》《企业招聘面谈表》《企业应聘人员面试评价表》。

（3）场地：模拟招聘会现场布置（上课前布置完毕）。

（4）设定岗位：酒店前台接待员、客房服务员、餐厅服务员。

（5）任务实施：

①招聘面试程序开始，应聘者投递简历，面试官开始面试；

②教师抽样旁听、过程指导和监督。

（6）实施要求：

面试官：

①面试官要事前根据预先设定的岗位，设计准备好面试题目，参考《企业招聘面谈表》《企业应聘人员面试评价表》；

②面试官对应聘者的简历以及表现进行评价，填写记录；

③面试官整理材料、统计分数、填写表格、作出录用决定。

应聘者：

①面试者按照要求设计并打印好《个人简历》；

②按照面试官的要求回答问题。

（7）教师提醒实施注意事项：

①角色扮演双方都要进入角色，注意面试礼仪；

②面试官表述要清晰，设问恰当，注意气氛调节；

③应聘者注意回答问题的技巧并且注意语气；

④面试官要注意时间控制，每位应聘者面试的时间一般控制在3~5分钟内完成；

⑤双方态度要严肃认真，评价要客观公正。

2. 材料准备（课前准备并能够熟练使用，如表3-8所示）

表3-8　　　　　　　　　　　　　　准备材料

| 序　号 | 材　料 | 使用范围 | 备　注 |
|---|---|---|---|
| 1 | 附件1：《企业应聘人员甄选表》 | 面试官用 | 教师课前准备好附件1~3，并印刷发放 |
| 2 | 附件2：《企业招聘面谈表》 | 面试官用 | |
| 3 | 附件3：《企业应聘人员面试评价表》 | 面试官用 | |
| 4 | 《个人简历》（面试者用） | 应聘者用 | 学生课前家里准备，如有条件可安排计算机实训室，课堂完成 |
| 5 | 《学生实训评价表》 | 面试官用 | 教师准备，打印 |

附件1：面试官用（如表3-9所示）

表3-9　　　　　　　　　　　　　　企业应聘人员甄选表

单位名称：　　　　　　　　　　　　填表日期：　　　年　月　日

| 职位名称 | | | | 面谈时间 | | |
|---|---|---|---|---|---|---|
| 口试测试人 | | | | 心理测试人 | | |
| 姓名 | 学历 | 年龄 | 工作经历 | 反应能力 | 智力 | 创造力 |
| | | | | | | |
| | | | | | | |
| | | | | | | |
| | | | | | | |
| | | | | | | |
| | | | | | | |
| | | | | | | |
| | | | | | | |

填表人：　　　　　　　　　　　　　　审核人：

填表说明：

1. 此表用于对应聘人员的甄选，对候选人进行各项评估时，可采取评出等级的方式，也可以采取打分的方式，评估标准另定。

2. 此表保存在人力资源部，并注意保密，也可以定期销毁。

附件 2：面试官用（如表 3-10、表 3-11 所示）

**表 3-10**　　　　　　　　　　　**企业招聘面谈表**

单位名称：　　　　　　　　　　　　　　　填表日期：　　　年　月　日

| 面谈对象姓　名 | | 所在部门 | | 申请职位 | |
|---|---|---|---|---|---|
| 面谈地点 | | 面谈时间 | | 面谈人 | |

| | 面谈内容 |
|---|---|
| 工作兴趣 | 1. 这一职位涉及哪些方面的工作？<br>2. 你为什么想做这份工作？<br>3. 你为什么认为你能胜任这方面的工作？<br>4. 你对待遇有什么要求？<br>5. 怎么知道我们公司的？ |
| 目前工作状况 | 1. 如果可能，你什么时候可以到我们酒店上班？<br>2. 你现在的工作单位及工作职务情况。 |
| 工作经历 | 1. 请简述你以前的工作经历，主要职务及工作内容。<br>2. 你所取得的主要工作成绩有哪些？<br>3. 在以前的工作中，你一直是从事同一种工作吗？<br>4. 说明你曾从事过哪些不同的工作、时间长度及各方面的主要成绩。<br>5. 你认为自己最适合从事哪方面的工作？曾经在哪些方面有成就感？<br>6. 你最初的薪水是多少？现在的薪水是多少？<br>7. 你目前的求职意向是什么？要求月薪是多少？<br>8. 请简述以前几个工作的离职原因。<br>9. 在选择新工作时，你最看重的是公司的哪些方面？ |
| 教育背景 | 1. 你认为你所受的哪些教育或培训将帮助你胜任所申请的工作？<br>2. 对你受过的所有正规教育进行说明。<br>3. 工作以外的培训及学习情况。 |
| 个人问题 | 1. 你愿意出差吗？<br>2. 你最大限度的出差时间可以保证多长？<br>3. 你对加班的看法。 |

| | 面谈内容 |
|---|---|
| 其<br>他 | 1. 你认为你最大的优点是什么？<br>2. 你认为你最大的缺点是什么？<br>3. 你有哪些爱好及特长？你的性格特征。<br>4. 你对以前工作单位满意的地方在哪里，有哪些不满？<br>5. 你与以前的上、下级及同事的关系怎么样？<br>6. 你对我们公司的印象怎样？包括规模、特点、环境、竞争地位等。<br>7. 你对申请的职位的最大兴趣是什么？<br>8. 介绍一下你的家庭情况。<br>9. 你认为对你工作有激励作用的因素有哪些？<br>10. 你更喜欢独自工作还是协作工作？ |

填表人：　　　　　　　　　　　　　　　　审核人：

填表说明：此表用于负责人事招聘的专员与应聘人员谈话前拟定面谈提纲之用。

附件3：面试官用（如表3-11所示）

表 3-11　　　　　　　　　　企业应聘人员面试评价表

单位名称：　　　　　　　　　　　　填表日期：　　年　月　日

| 应 聘 人 | | 应聘职位 | | 职位编码 | |
|---|---|---|---|---|---|
| 预约时间 | | 实到时间 | | 面试日期 | |

| 评价项目 | 评分标准 | | | | | 备注 |
|---|---|---|---|---|---|---|
| | 优 | 良 | 中 | 可 | 差 | |
| 1. 仪表和仪态（着装、坐姿等） | | | | | | |
| 2. 自我表现能力（表情、语言、自信） | | | | | | |
| 3. 口头表达能力（沟通能力） | | | | | | |
| 4. 想象力、创造力 | | | | | | |
| 5. 综合分析能力 | | | | | | |
| 6. 工作热情、事业心 | | | | | | |
| 7. 体力、精力情况 | | | | | | |
| 8. 随机应变能力 | | | | | | |
| 9. 态度及工作抱负与公司工作目标是否相符 | | | | | | |
| 10. 专长是否符合职位要求 | | | | | | |
| 11. 教育程度是否符合要求 | | | | | | |
| 12. 气质、性格类型是否符合职位要求 | | | | | | |
| 13. 工作意愿与公司要求是否一致 | | | | | | |

续 表

| 评价项目 | 评分标准 | | | | | 备注 |
| --- | --- | --- | --- | --- | --- | --- |
| | 优 | 良 | 中 | 可 | 差 | |
| 14. 工作经历是否符合要求 | | | | | | |
| 15. 要求待遇、工作条件是否符合公司情况 | | | | | | |
| 16. 潜能在本公司能否有所发挥 | | | | | | |
| 17. 综合素质是否符合职位要求 | | | | | | |
| | | | | | | |
| | | | | | | |
| | | | | | | |

| | |
| --- | --- |
| 综合评价等级 | |
| 综合评语以及录用建议 | |
| 建议入职日期 | |

主考人：                   审核人：                        总经理：

填表说明：

1. 此表用于员工招聘工作中的面试过程，由主试人员或面试时专门记录人员填写。

2. 此表评价等级、综合评语及录用建议由招聘小组研究后集体作出。

3. 面试结束后，请及时将此表随面试人员资料送交办公室，以免延误招聘进程。

3. 项目评价

(1) 教师记录面试官表现，以及面试官和应聘者的典型行为，并对面试官的表现进行评分，评分维度分为设计材料准备、设问技巧、气氛控制、时间控制四个维度（如附表3-12所示）。

(2) 学生自我总结评价（8分钟）：

每小组由组长发言，对本小组刚才实施效果的感想和组员表现进行评价；对自我表现进行自评。

(3) 教师总结评价（7分钟）：

教师对组长表现进行点评，以及对双方的典型行为、普遍现象进行分析、评价。

附教师评价表（满分为100分，具体评分标准如下）：

表3-12                         教师评价表

| 组名 | 材料准备 (25分) | 设问技巧 (25分) | 气氛控制 (25分) | 时间控制 (25分) | 总分 |
| --- | --- | --- | --- | --- | --- |
| 第1组 | | | | | |
| 第2组 | | | | | |

续　表

| 组名 | 材料准备<br>(25分) | 设问技巧<br>(25分) | 气氛控制<br>(25分) | 时间控制<br>(25分) | 总分 |
|---|---|---|---|---|---|
| 第3组 | | | | | |
| 第4组 | | | | | |
| 第5组 | | | | | |
| 第6组 | | | | | |

如图3－3所示为校园招聘教学流程。

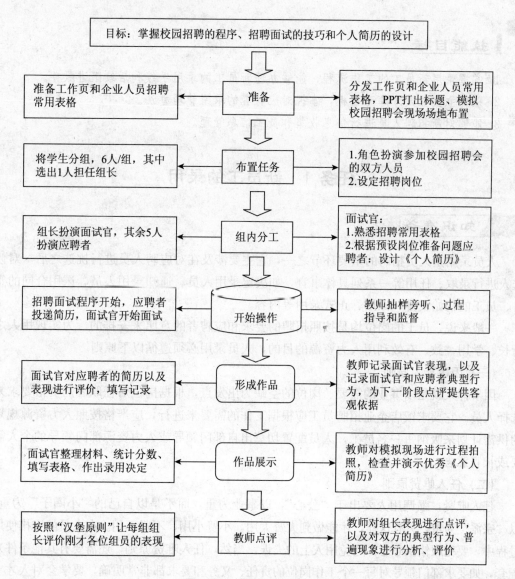

图3－3　校园招聘教学流程

# 项目3　员工录用管理

**学习目标**

> ● 掌握人员录用的原则，办理员工录用的具体手续。
>
> ● 掌握企业员工信息管理的基本方法，员工信息管理系统的构建和作用。

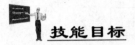

**技能目标**

1. 掌握录用新员工的工作流程，能够办理新员工的录用手续和后续跟进服务。
2. 以建立企业人才库为目标，掌握对应聘者的录用管理办法。
3. 能够对新招聘人员进行信息收集和员工信息管理。

## 任务1　新员工的录用

**知识准备**

人员录用是人员招聘的重要环节之一，它主要涉及在对应聘人员进行挑选之后，对候选人进行录取、任用等一系列具体事宜，如决定录用人员、通知录用人员、试用合同的签订、员工的初始安排、试用、正式录用等内容。

一般来说，员工的岗位均是按照招聘的要求和应聘者的意愿来安排的。为实现用人之所长、学用一致、有效利用人力资源的目的，人员录用必须遵循以下原则。

（一）因事择人原则

因事择人就是以事业的需要、岗位的空缺为出发点，根据岗位对任职者的资格要求来选择人员。它要求饭店企业招聘员工应根据工作的需要来进行，应严格按照人力资源规划的供需计划来吸纳每一名员工，人员配置切莫出自部门领导或人力资源部门领导的个人需要或长官意志。

（二）任人唯贤原则

任人唯贤，强调用人要出于"公心"，以事业为重，而不是以自己的"小圈子"为重，以"宗派"为重，只有这样，才能做到大贤大用，小贤小用，不贤不用。在人员的安排使用过程中，要克服错误心态，避免用人上的失误。当然，任人唯贤原则，还需要有其他条件来配套，如要求部门领导对每一个工作岗位的责任、义务和要求都非常明确，要学会对人才鉴别，掌握基本的人才测试、鉴别、选拔的方法，应懂得什么样的岗位安排什么样的人员。

（三）用人不疑原则

这个原则要求管理者对员工要给予充分的信任与尊重。如果对部下怀有疑虑，不如干脆不用。既然要用，就一定要明确授权，放手大胆使用，使他充分发挥才干。

（四）严爱相济原则

员工在试用期间，管理者必须为其制定工作标准与绩效目标，对其进行必要的考核，考核可从以下几个方面进行：能力及能力的提高，工作成绩、行为模式及行为模式的改进等；对试用的员工在生活上应当给予更多的关怀，尽可能地帮助员工解决后顾之忧，在工作上要指导、帮助员工取得进步，用情感吸引他们留在企业中；同时，从法律上保证员工享受应有的权利。这些对员工是否愿意积极努力地、长期稳定地为企业工作是非常有利的。

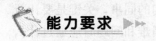 **能力要求** ▶▶

**情境1：录用新员工的工作流程**

步骤1：通知录用者，公布录用名单

此阶段的任务是待录用名单确定后，张榜公布，公开录用，以提高透明度。这样做的好处是，一方面接受社会监督，切实落实招聘政策；另一方面可防止招聘中的不正之风，也可纠正招聘过程中的弄虚作假。

步骤2：办理录用手续

单位办理招聘录用手续应向劳动行政主管部门报送员工登记表，填写内容包括：员工姓名、年龄、性别、民族、籍贯、文化程度、政治面目、个人简历、考核的结果、单位同意录用的意见等。报经劳动行政主管部门审查同意，在登记表上加盖同意录用的印章，录用手续即办理完毕。

步骤3：签订劳动合同

1. 试用期及安排

员工进入单位后，单位要为其安排合适的岗位。一般来说，员工的岗位均是按照招聘的要求和应聘者的应聘意愿来安排的。安置工作的原则是用人所长，人适其岗，使人与事的多种差异因素得到最佳配合。人员安排是人员试用的开始。试用是对员工的能力与潜力、个人品质与心理素质的进一步考核，一般试用期是1～6个月。

员工还要与单位签订相应的试用合同。员工试用合同是对员工和单位双方的约束与保障。试用合同应包括：试用的岗位、试用的期限、员工在试用期的薪酬、员工在试用期应接受的培训、员工在试用期的工作绩效目标与应承担的义务和责任、员工在试用期应享受的权利、员工转正的条件、试用期单位解聘员工的条件与承担的义务和责任、员工辞职的条件与义务、员工试用期被延长的条件等内容。

2. 正式录用员工

正式录用员工即我们通常所称的"转正"，是指试用期满，且试用合格的员工正式成为该单位成员的过程。员工能否被正式录用关键在于试用部门对其考核的结果如何，单位对试用员工应坚持公平、择优的原则进行录用。正式录用过程中用人部门与人力资源部门应完成以下主要工作：员工试用期的考核鉴定；根据考核情况进行正式录用决策；与员工签订正式的雇用合同；给员工提供相应的待遇；制订员工发展计划；为员工提供必要的帮助与咨询服务等。

根据《劳动法》，与员工签订正式的劳动合同，符合国家政策，便于维护用人单位和被录用员工双方的合法权益。合同是单位与聘者的契约，也是建立劳动关系的依据，并成为当事人的行为准则。

步骤4：培训新员工

新员工培训就是向新员工介绍其工作和企业环境，让新员工了解单位的历史、现状、未来发展计划、他们所在部门的情况、企业的规章制度、工作的岗位职责、工作的流程、企业文化、企业绩效评估制度和奖惩制度，以及让新员工熟悉他们的同事，关键是要让新员工明确企业对他们的期望。此外，还应让新员工了解到在遇到困难和问题时应通过什么渠道来解决。

新员工培训分两部分进行：一是上岗前的集中训练；二是上岗后的分散训练。

1. 上岗前的集中训练

上岗前集中训练的目的是要解决一些共同的问题，让新员工尽快了解企业的基本情况。可以采用发行内部刊物以及观看企业相关录像或实地参观的形式。其培训内容有：

（1）帮助员工了解企业，培养新员工的认同感。可考虑采用观看企业相关录像的形式讲述企业的发展历史、主要负责人、有关产品的生产经营状况、经营方针与发展目标等。

（2）在上述活动的基础上，要求新员工明确自己的工作态度和人生目标，同时提供有关员工常识的宣传册，使新员工尽快完成角色转换。

（3）请新员工讲述对企业的感想，了解新员工的思想状况和新员工对于企业的期望。

2. 上岗后的分散训练

上岗后的分散训练是对新员工进行所在部门的基本工作以及对具体工作实际操作方法的培训。可考虑采用现场演练法或录像观摩法等方式进行。

（1）基础知识教育。其主要目标是吸引新员工，增强亲切感。主要培训内容包括：企业的经营理念、经营方针、发展计划、战略目标等；增进新老员工的了解，增强企业团结合作、相互协调的意识；说明本部门的具体要求，例如：着装、谈吐等方面的要求。通过联谊等活动增强集体意识。

（2）教育重点。帮助新员工树立社会人、企业人的观念。其内容包括：表达能力的训练，例如，即兴演讲、指定题目的小组讨论等；了解企业对新员工的期望以及员工对企业的期望，找出相同与不同的地方进行分析与协调。

情境2：对应聘者的录用管理

通知应聘者录用结果是录用工作的一个重要部分。通知无非有两种，一种是录用通知，一种是辞谢通知。两种通知是完全不一样的，一个是给人带来好消息，另一个效果则是截然相反。当然，还有另外一种情况是，用人单位决定录用后，应聘者因主观或者客观的因素而拒绝录用的。此时，饭店企业也应当尽力挽留。

1. 对被录用者的处理方法

在通知被录用者方面，最重要的原则是及时。录用通知哪怕晚发一天，都有可能损失单位重要的人力资源。因此录用决策一旦作出，就应该马上通知被录用者。在录用通知书中，应该讲清楚什么时候开始报到，在什么地点报到；应该附上如何抵达报到地点的详细说明和其他应该说明的信息。当然，还不要忘记欢迎新雇员加入单位。对于被录用者，应该用相同的方法通知他们被录用了，不要有的人用电话通知，有的人用信函通知。公开和一致地对待所有被录用者，能够给人留下好印象。

2. 回绝应聘者的处理方法

在选择过程中的任一阶段，求职者都可能被拒绝。如果初步面试表明求职者明显不符合要求时，对其伤害可能较小。对大多数人来说，求职过程是最不愉快的经历之一。大多数单位认识到了这一点，并努力使应聘者尽可能保持平静。但是，告诉人们他们未被录用仍然是件很难的事。一般而言，人们会选择写一封拒绝信的方法通知应聘者。当选择过程允许花在一个人身上的时间较多时，单位代表可以与求职者坐下来解释为何录用了另一个人。但是，时间限制往往会迫使单位采取写一封拒绝信的做法。这样做的好处是，针对个人的信件通常会减少被拒绝的耻辱感及应聘者对单位产生否定情绪的机会。在经过一段时间后，大多数人都会接受未被选中的事实。

应该采用同样的方式通知所有未录用的应聘者。如果用电话通知一个应聘者没有被录用，那么所有的申请者都应该用电话通知。每一个参加了面谈的人都应该接到一个及时的回答。最好是以信件的形式来通知。有的单位曾经使用过明信片的形式，这显然是令人很尴尬的做法。一般来说，由单位人力资源部经理签名的辞谢信，比单纯加盖一个公章的辞谢信要让人感觉好受一些。

3. 挽留拒聘者的处理方法

无论单位如何努力吸引人才，都仍然会发生接到录用通知的人不能来单位报到的情况。特别对于那些单位看重的优秀应聘者，这是一件单位所不期望发生的事情。这时，单位的人力资源部甚至高层管理者应该主动去电话询问，并表示积极的争取态度。如果是候选人提出需要更多的报酬，单位应该而且必须与他进一步谈判。因此，在打电话之前，对于单位在这方面还能够提供什么妥协，最好有所准备。如果在招聘活动中，单位被许多应聘者拒聘，就应该考虑自己的条件是否太低。如果问清楚应聘者为什么拒聘，也许可以从中获得一些有用的信息。

# 任务2　员工信息管理

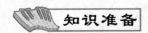
**知识准备**

## 一、员工信息管理系统的构建

对于大中型企业集团来说，由于机构庞大，地域辽阔，人员众多，情况复杂，集团公司的人力资源管理困难重重。人才如何储备和选拔，人力资源如何培训和开发，员工业绩如何考核，人员工资福利如何确定等，都是集团人力资源部门必须面对的问题。因此，建立一个有效的人力资源管理信息系统，将会大大减轻劳动强度，提高工作效率。

一般来说，一套典型的员工信息管理系统，从功能结构上应当分为三个层面：基础数据层、业务处理层和决策支持层。

(1) 基础数据层。基础数据在 HR 系统初始化的时候要用到，是整个系统正常运转的基础。基础数据层包含的是变动很小的静态数据，主要有两大类：一类是员工个人属性数据，又称为员工信息管理，它是任何人力资源系统必备的功能，包括员工个人基本信息、员工工作分配的信息、家庭和社会关系、合同和档案信息、员工各种证件和证书信息等；另一类是单位数据，如企业结构、岗位设置、工资级别、管理制度等。

(2) 业务处理层。业务处理层是指对应于人力资源管理具体业务流程的系统功能，这些功能将在日常管理工作中不断产生并积累新数据，如薪资数据、绩效考核数据、培训数据、考勤休假数据等。这些数据将成为企业掌握人力资源状况、提高人力资源管理水平以及提供决策支持的主要数据来源。

(3) 决策支持层。决策支持层建立在基础数据与大量业务数据组成的人力资源数据库基础之上，通过对数据的统计和分析，就能快速获得所需信息，如工资状况、员工考核情况等。这不仅能提高人力资源的管理效率，而且便于单位高层从总体上把握人力资源情况。

## 二、员工信息管理的作用

员工信息管理是指记述和保存员工在社会活动中的经历和德才表现等方面信息的管理。

员工信息以员工个人为单元，是个人经历、思想品德、业务能力等情况的真实记录，客观地反映了一个员工的真实情况。当单位按照一定的原则与方法，对员工信息进行加工整理，并由各单位的人力资源部门设专人统一保管时，就构成了员工信息管理。当然，这些信息应当是单位在了解员工，使用员工的过程当中形成的，并经过有关部门或单位认可的，否则，员工信息管理也就失去了效用。

员工信息管理具有如下的作用。

(1) 员工信息管理是单位全方位考察员工的必要手段，是人力资源管理活动中必不可少的工具之一。

(2) 员工信息管理为单位处理员工的有关问题提供了依据和凭证。

(3) 员工信息管理为单位制定人力资源管理等政策，以及人才学、心理学等学科的研究提供了原始资料。

## 三、员工信息管理的内容

员工信息包含的内容，单位可根据自身的需求，按不同的类别与标准进行界定。

一般来说，员工信息的内容主要包括：

(1) 反映员工历史状况的信息。主要内容有：履历材料；自传材料；鉴定材料；政治历史问题的审查、甄别和复查材料；参加党团组织的材料等。

（2）反映员工现状的信息。包括目前的个人状况信息，以及与工作相关的信息，如职务、职称、教育状况、工作变动、工资变动、任免晋升、考核材料等，奖励和模范先进事迹材料；处分、取消处分和甄别复查材料等。

（3）反映员工个性与潜能的信息。包括兴趣、特长、爱好等信息。实际上，单位可根据工作的需要或单位人员管理的情况，建立有效、实用的人员信息资料。

值得强调的是员工信息内容项目繁多，但应做到规定的内容都收集在员工信息中，并且要统一信息管理的要求和规格规范，做到信息管理制度化、科学化。

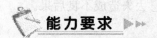

**能力要求** ▶▶

**情境 1：新招聘人员信息的收集**

对于单位新招聘的员工而言，所有信息都需要收集，尤其是在招聘过程和进入单位初期的内容。一般来说，新招聘员工信息包括以下几个部分。

（1）新员工的历史材料。具体包括新员工在进入本单位之前的工作经历与表现。

（2）新员工的招聘材料。即在招聘此新员工时所发生的相关记录，包括：

①求职申请表；

②新员工求职时递交的简历；

③新员工的笔试、面试材料；

④在选拔时对新员工进行的评价，录用的理由；

⑤录用通知以及相关材料。

（3）新员工进入单位后的材料。即新员工在进入单位后所发生的相关记录，包括：

①试用期的工作表现；

②工作业绩考核结果；

③所在部门对其表现的反馈信息。

（4）新员工个人资料。具体包括：

①新员工的个人简介（姓名、性别、个人特长、受教育程度、专业技能等）；

②现任岗位名称；

③薪酬及相关收入；

④职业生涯规划。

**情境 2：员工信息管理**

员工信息管理的一般步骤和方法如下。

（1）员工信息的收集。员工信息资料的收集是由人力资源部门通过各种渠道，将有关人员历史上形成的和近期形成的人事材料收集，尤其是对新招聘员工信息资料的收集。

（2）员工信息的整理。员工信息的整理就是按照一定的规则、方法和程序，对收集到的单位员工的信息资料进行鉴别、归类、排列、登记、技术处理，使之系统化、规范化、条理化。这既包括对新招聘员工信息资料的整理，也包括对原有员工信息资料的整理，主要表现在鉴别、分类、编排、登记等环节，使其达到"完整、真实、精确、实用"的要求。

（3）员工信息的保管。主要包括：员工信息的编号、存放；员工信息的接收、转移及登记；员工信息的检查和保密工作等。为了更好地保管员工信息，员工信息必须集中在人力资源部等相关部门，任何人不得私自保存本人或他人的信息资料，同时还要建立相应的保管制度，如材料的归档制度、检查与核对制度、传递制度、保卫保密制度、统计制度等。对员工信息资料的管理给出严格、科学合理的界定，避免信息丢失造成不良后果。

# 项目4　人力资源的时间配置

● 掌握轮班制的概念、酒店工作轮班制的类型和实施原则。

## 技能目标

1. 能够对饭店轮班工作进行组织和实施。
2. 掌握三班工作制的排班技术，并根据工作的实际情况编排班次。
3. 具备能够发现实际工作中班次编排的问题并能够予以纠正的能力。

## 任务　饭店工作轮班的组织和实施

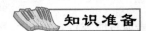

### 一、轮班制的概念

轮班制是指在工作时间内组织不同班次的劳动协作形式。不同的企业，由于生产的工艺、服务的内容及流程不同，工作班次及具体要求也不同。生产工艺或服务的过程不能间断的，实行多班制；生产工艺或服务的过程可以间断的，实行单班制或多班制。组织多班制必须解决好各班员工的倒班问题。

据国外有关企业的调查，夜班比日班的工作效率低8%。因此，组织好轮班，对于合理使用劳动力，充分利用设备，搞好安全生产，保证员工的身体健康，提高劳动生产率，都有很重要的意义。

### 二、工作轮班制的常用类型

轮班方式一般可分为单班制和多班制，其中单班制即一班制，二班以上的轮班方式统称多班制。在不同的企业中，组织工作轮班的制度是不同的，这主要根据企业的生产工艺特点、生产任务、人员情况、经济效果和其他有关的生产条件而定。对于生产工艺过程可以间断的，可实行单班制或多班制；生产过程不能间断的，必须实行多班制。现就企业中常见的轮班方式进行分析介绍，同时计算出合理的轮班方式。酒店工作轮班制分为两种：单班制和多班制。

单班制。后勤保障与职能部门一般实行单班制。对于单班制的劳动组织工作，主要是合理规定员工的上下班时间，组织好各部门和各岗位的分工与协作，提高工作效率。

多班制。经营部门一般实行多班制。多班制的劳动组织工作，必须解决好各班员工的倒班问题，保证员工的身体健康。部门管理人员要跟班轮流值班，保证每时每刻向客人提供优质高效的服务。多班制的选择由酒店经营部门结合各自的实际情况确定。无论何种工作轮班的安排，首先需依法确定工作时间，同时也需充分考虑员工的休息。

#### 1. 单班制

单班制又称"一班制"，是指每天只组织一个班生产，工人都在统一时间上下班。主要适用于生产、经营组织和管理工作相对比较简单、能间断生产经营的、不宜组织多班制的企业。单班制组织工作相对简单，有利于员工按统一的时间上下班、责任明确、管理方便，便于安排员工的学习和文娱活动，有益于员工的身心健康；还可以利用班前班后时间维修设备。缺点是：现有生产条件、经营设施不能充分利用，员工易出现忙闲不均的现象。

#### 2. 多班制

多班制是指每天组织两班或两班以上的工人轮流生产，适宜于基本生产车间，如加工、督导等生产岗位。实行多班制，对合理使用劳动力，提高设备利用率，缩短生产周期，提高劳动生产率均有重要作用。多班制一般有以下几种形式。

（1）双班制。每天分早、中两班组织生产，每班工作8小时。交接班时间可根据实际情况制定。一般来说，工人在第一周每天上早班，公休日后下一周上中班，再下一周又上早班，依次循环，正常公休，与劳动法规不冲突，两班制只能在工艺过程可以间断进行的单位实行，主要适用于商业、公用事业等单位。

（2）三班制。每天分早、中、晚三个班连续生产。三班制又分为间断三班制（有公休日）和连续三班制（没有公休日，工人轮流休息）。

①间断性三班制。其中间断性三班制，指每个工作日分三班组织生产，公休日停止生产，这种形式适用于工艺过程可以间断的生产单位。

②连续性三班制。四班三运转是指把不同生产班次的员工分为甲、乙、丙、丁四个固定班，每天早、中、夜三个班轮流生产，一个班轮休。该轮班方式也有许多形式，循环周期可以是四天、八天、十二天等。现以四天为一个循环周期，每班工人在一个循环期内工作24小时，休息72小时的运转形式在一个星期内的倒班情况为例进行介绍，运转方式如表3-13所示：

表 3－13　　　　　　　　　　　　　　　四班三运转制排班

| 组别 | 周一 | 周二 | 周三 | 周四 | 周五 | 周六 | 周日 |
|---|---|---|---|---|---|---|---|
| 甲 | 0：00—8：00 | 8：00—16：00 | 16：00—24：00 | 休 | 0：00—8：00 | 8：00—16：00 | 16：00—24：00 |
| 乙 | 8：00—16：00 | 16：00—24：00 | 休 | 0：00—8：00 | 8：00—16：00 | 16：00—24：00 | 休 |
| 丙 | 16：00—24：00 | 休 | 0：00—8：00 | 8：00—16：00 | 16：00—24：00 | 休 | 0：00—8：00 |
| 丁 | 休 | 0：00—8：00 | 8：00—16：00 | 16：00—24：00 | 休 | 0：00—8：00 | 8：00—16：00 |

（3）四班制。四班制是指组织四个班次按一定时间间隔和顺序反复轮换进行生产，具体形式很多，主要有以下几种。

①四八交叉作业制。每班工作八小时，上下两个班有两个小时的交叉时间，在交叉时间内两个班的员工共同进行生产。交叉时间，原班员工还继续做原来的工作，刚上班的员工做准备工作。具体运转方式如表 3－14 所示。

表 3－14　　　　　　　　　　　　　　　四八交叉作业制

| 工作班次 | 甲 | 乙 | 丙 | 丁 |
|---|---|---|---|---|
| 上班时间 | 8：00—16：00 | 14：00—22：00 | 20：00—4：00 | 2：00—10：00 |

②四六作业制。四六作业制是指每天组织四个班，每班工作六小时，一般适用于劳动强度大的行业。

③五班轮休制。五班四运转，它是员工每次工作十天轮休两天的轮班制度。该班次以十天为一个循环周期，组织五个轮班，实行早、中、夜三班轮流生产，保持设备连续生产不停，并每天安排一个副班，按照白天的正常时间上班（不超过 6 小时），完成生产的辅助性工作。运转方式如表 3－15 所示：

表 3－15　　　　　　　　　　　　　　　五班四运转作业制

| 班组＼日期 | 1 | 2 | 3 | 4 | 5 | 6 | 7 | 8 | 9 | 10 |
|---|---|---|---|---|---|---|---|---|---|---|
| A | 早 | 中 | 中 | 副 | 0 | 早 | 夜 | 夜 | 副 | 0 |
| B | 副 | 0 | 早 | 中 | 中 | 副 | 0 | 早 | 夜 | 夜 |
| C | 0 | 早 | 夜 | 夜 | 副 | 0 | 早 | 中 | 中 | 副 |
| D | 夜 | 夜 | 副 | 0 | 早 | 中 | 中 | 副 | 0 | 早 |

| 班次　　日期　班组 | 1 | 2 | 3 | 4 | 5 | 6 | 7 | 8 | 9 | 10 |
|---|---|---|---|---|---|---|---|---|---|---|
| E | 中 | 副 | 0 | 早 | 夜 | 夜 | 副 | 0 | 早 | 中 |

### 三、轮班制的实施原则

实行多班制的部门，要做好合理配备各班次员工，在量和质上保持平衡，并加强对每班的组织领导，建立严格的交接班制度，特别要解决好夜班疲劳等问题，关心员工生活。组织多班制的生产，要比单班制复杂些，一般地说，需要处理好以下几个问题。

（1）合理配备各班人员力量。平衡各轮班人员的数量和素质，以保持各班生产的相对稳定。企业可根据生产任务的大小、员工通勤情况、成本等因素自行决定采取何种形式组织生产，无须强求一律，但必须遵守劳动法规关于员工工作时间的相关规定。

（2）合理安排倒班。由于夜班生产打乱了人的正常生活规律，上夜班容易疲劳，影响员工身体健康。因此，不能固定地由一些员工长期上夜班，应定期地轮换员工班次。三班制、四班制的倒班方法有两种：一种是正倒班，现以三班制为例说明，即甲、乙、丙三班工人都按早、中、夜的顺序倒班，即原来的早班倒中班，中班倒夜班，夜班上早班。另一种是反倒班，也以三班制为例说明，即甲、乙、丙三班工人都按早、中、夜班反顺序倒班。即原来的早班倒夜班，中班倒早班，夜班倒中班，如果实行正倒班，在生产工艺不允许间断的企业里，轮班时就会出现上完了夜班要接着上早班，连续工作两班的现象。所以，连续生产的企业应采用反倒班的办法。

（3）合理组织员工的轮休。在实行多班制生产的企业中，有一些企业是连续性生产的企业，员工不能按公休制度一起休息，只能轮休。轮休办法有三种：三班轮休制；三班半轮休制；四班轮休制。虽然轮班方式可以多样，但在连续生产岗位中，由于夜班生产打乱了人的正常生活规律，容易产生疲劳，对员工的身体健康及生活安排均有影响。因此，不能固定地由一些员工长期上夜班，应定期地轮换员工班次。

（4）加强轮班生产的管理工作，制定规范的轮班制度，明确相关人员的责任，严格执行交接班制度。

在实行多班制的企业中，为了加强各班员工之间的协作，要建立健全交接班制度，规定上、下班的时候应交接的事项和方法，以衔接生产，分清各班责任，保证生产连续进行。每次交接班，也就是一次群众性的岗位责任制的检查。交接班一般要交代清楚完成任务情况，产品质量情况，设备运转情况，工具、用具、仪器、仪表和原材料情况，安全生产情况，为下一班生产准备的情况，上级指示及注意事项等。交接班时要做好记录。

## 格斯酒店前台交接班工作流程及要求

早班：8：00—17：00

（1）提前10分钟准时到岗，整理妆容及工作服，认真检查夜班工作是否合格。

（2）进行交接班，认真阅读交班本，特殊事项进行口头交班；交班后，认真检查当天预订情况及订单，若有发现不妥之处及时与相关部门检查修改，然后根据当天预订情况排房。

（3）与客房部校对最新房态。

（4）及时补充前台工作所需物品。

（5）继续跟进上一班未完成工作。

（6）热情接待到店客人，协助大副或主管做好催收等其他工作。

（7）给客人办理入住、换房、换价等手续，并做好登记。

（8）与销售人员密切联系，时刻关注VIP客人和团队客人。

（9）协助大副或主管接待好当日客人，灵活推荐，尽量留住到店的每一位客人；遇到困难问题勇于承担，对于客人交代的事情及时做好处理，当日事当日毕，本班不能完成的事情做好交班，避免工作出现脱节，造成损失。

（10）与收银核对当天中午的退房情况，清点收回的房卡钥匙。

（11）14：30开始总结当班工作，检查当班入住客人的登记单与计算机录入情况是否相符。

（12）详细填写交班单，与中班进行工作交接，包括当天的预订情况、入住情况、VIP客人、重要团队接待工作，及本班未完成的工作。

中班：16：30—24：30

（1）提前10分钟到岗，检查仪容仪表；

（2）与早班交班；

（3）根据当天预订情况核对房态，检查有无错登房或漏登房，认真接待当日预订的客人，快速为客人办理好登记入住手续；

（4）及时补充前台工作所需物品；

（5）继续跟进上一班未完成工作；

（6）18：00根据计算机房态表填写好当日入住及续住客的早餐券，交给客房部发放至房间；

（7）在当班过程中，如酒店领导有重要通知，做好详细记录并交代下一班同事；

（8）随时掌握当日客房销售情况，了解预订客人未到店的原因，并做好记录；

（9）20：00前写好第二天早餐人数通知单，交给中餐厅；

（10）提前10分钟开始全面检查当天工作，与客房核对房态，检查计算机录入情况。

夜班：24：00—8：00

（1）提前10分钟到岗，检查仪容仪表；

（2）与中班交班；

（3）检查当天预订及入住情况，了解现在可销售的房间数、房型及房价；

（4）根据宾客入住登记单核对计算机检查房价、付款方式、入住天数、房卡发放数量，是否与计算机相同，准确无误；

（5）制作当天营业收入报表；

（6）检查前台当班用品的情况；

（7）将第二天的预订单清理出来，核对预订，将预订输入计算机，特别注意客人有无特殊要求；

（8）将客人的叫醒服务输入计算机自动叫醒系统，做到及时、准确、无误；

（9）注意0：00以后入住客人的房价，并提醒客人退房时间为当天12：00；

（10）晚上休息后打扫前台卫生，整理个人仪容仪表，检查交班有无漏写；

（11）与早班准确无误进行交接班。

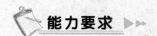
**能力要求** ▶▶▶

┌─────────────────────────┐
│ 情境：三班工作制的排班技术 │
└─────────────────────────┘

**1. 间断性三班制**

间断性三班制是指有固定公休日的三班制轮班形式，即公休日停止生产，全体员工休息，公休日后轮换班次。其倒班的方法分为正倒班和反倒班。正倒班是甲、乙、丙三班员工都按早—中—夜的顺序倒班，即原来的早班倒中班，原来的中班倒夜班，原来的夜班倒早班。反倒班是甲、乙、丙三班员工都按早—夜—中顺序倒班，即原来的早班倒夜班，原来的夜班倒中班，原来的中班倒早班。两种倒班方法如表3-16所示：

表3-16 间断性倒班方法——正倒班和反倒班

| 周次 班次 \ 方式 | 正倒班 | | | | | | | 反倒班 | | | | | | |
|---|---|---|---|---|---|---|---|---|---|---|---|---|---|---|
| | 第一周 | 公休 | 第二周 | 公休 | 第三周 | 公休 | 第四周 | 公休 | 第一周 | 公休 | 第二周 | 公休 | 第三周 | 公休 | 第四周 | 公休 |
| 早 | A | | C | | B | | A | | A | | C | | C | | A |
| 中 | B | | A | | C | | B | | B | | B | | A | | B |
| 夜 | C | | B | | A | | C | | C | | A | | B | | C |

**2. 连续三班制**

对于连续服务过程的酒店企业来说，例如客房部每天都必须连续组织生产，公休日也不能间断。这时必须实行连续性三班制。服务员不能一起休息，只能组织轮休。

在目前我国实行 40 小时工时的制度下，四班轮休制，即"四班三运转制"是较为合理的安排。四班三运转制也叫四三制，是以 8 天为一个循环期，组织四个轮班，实行早、中、夜班轮流生产，保持设备连续生产不停，员工每八天轮休两天的轮班工作制度。具体倒班方式如表 3-17 所示：

表 3-17　　　　　　　　　　　四班三运转的倒班方法

| 班组 \ 班次 日期 | 1 | 2 | 3 | 4 | 5 | 6 | 7 | 8 | 9 | 10 | 11 | 12 | 13 | 14 | 15 | 16 |
|---|---|---|---|---|---|---|---|---|---|---|---|---|---|---|---|---|
| A | 早 | 早 | 中 | 中 | 夜 | 夜 | 0 | 0 | 早 | 早 | 中 | 中 | 夜 | 夜 | 0 | 0 |
| B | 中 | 中 | 夜 | 夜 | 0 | 0 | 早 | 早 | 中 | 中 | 夜 | 夜 | 0 | 0 | 早 | 早 |
| C | 夜 | 夜 | 0 | 0 | 早 | 早 | 中 | 中 | 夜 | 夜 | 0 | 0 | 早 | 早 | 中 | 中 |
| D | 0 | 0 | 早 | 早 | 中 | 中 | 夜 | 夜 | 0 | 0 | 早 | 早 | 中 | 中 | 夜 | 夜 |

四班三运转的优点有：

（1）人休设备不休，提高了设备利用率，挖掘了设备潜力，在原有设备条件下增加了产量。

（2）缩短了员工工作时间。在实行每周 48 小时的工时制度时，该轮班制度使员工平均每周的工作时间减少 6 小时，有利于保护劳动力，提高员工的积极性。

（3）减少了员工连续上夜班的时间，有利于员工的休息和生活。由于两天一倒班，员工每周只连续上两个夜班，对身体健康影响较小。

（4）根据人力资源雇佣规则，增加了员工学习技术的时间，可提高员工技术水平，有利于提高工作效率和产品质量水平，从而提高企业经济效益。

（5）有利于在现有生产条件下，增加用工量，为社会提供更多的就业岗位。

# 模块4　培训与开发

## 完善的培训体系是留住人才的关键

当今饭店企业的流失率偏高，几乎都不可避免地面临着"天天招人，天天走人"的尴尬局面。近年来，酒店员工流失率一直居高不下。根据调查统计表明，北京、上海、广东等地区的酒店平均流动率在40%左右，一些酒店甚至达到了60%。根据研究，饭店员工年流失率的正常比例应在6%～25%。低于6%的饭店呈现死水一潭，不利于创新和发展；而高于25%，则缺乏稳定性，影响饭店服务质量。从流失员工的类型来说，饭店员工的流失主要集中在两类人群：一是刚走出校门走上工作岗位的大学生。据多项调查统计证明，高校旅游专业的毕业生，在毕业分配到饭店实习工作的人员中，第一年的流失率高达50%，第二年的流失率为80%，三年以后就仅有少数几个人仍留在原饭店工作。多数大学生把饭店当做跳板，工作不久就跨行业流动，以致许多饭店企业在招聘员工时宁愿吸收高中生或中专生，也不愿要大学生。另一高流失率出现在中高级人才中。他们热爱饭店工作，对于所从事职业的忠诚往往超过对饭店企业的忠诚，而且他们具有专业的知识和技能，也了解自身的知识和技能对于饭店的价值。当原有饭店已不能给予其更好的发展机会时，出于对个体和事业更大的追求，他们就会转入其他的企业，进行行业内的横向流动。①

人员流失的原因是多样的，但从员工培训与开发的角度分析，究其主要原因是在于饭店企业在用人方面不能摆脱"重使用，轻培养"的思路。使得目前酒店培训缺乏一套有效的、建立在培训与发展基础上的人才培养机制。培训的内容一般由企业培训部设计，酒店业务培训多以短期、简单、分散为主，本着实用实效的原则，相对缺乏中长期的发展目标，对大学毕业生、有潜质的经理人或业务骨干没有系统的培养计划，只是强调不断地完成工作任务，承担个人责任。虽然，目前国内大多数饭店企业已经逐步认识到员工培训的重要性，一些酒店也花大成本、下大决心做培训，但这类型的培训往往都是通用性实务培训为主，缺乏针对性。很多酒店往往只重视新员工的入职培训和基层员工的轮岗培训，而忽略了不同职业阶段员工的培训需求，也没能从企业的角度，根据酒店不同部门、不同岗位的素质与绩效要求以及实际绩效与目标绩效之间的差距，确定基本的培训范围、强度与方向。即使参加了高级培训班，其目的也多半是获取岗位资格证书，而非真正通过系统的专业学习深造提升自身的管理水平。因此，根据不同职业阶段的员工培训需求，建立完善

---

① 王兴琼. 饭店员工高流失率的原因及对策分析 [J]. 东山师范学院学报，2007（10）.

的培训体系是饭店企业留住中高端人才的关键。

**【想一想】**

（1）试分析高校旅游专业的毕业生在新入职酒店企业的3年内会期望接受什么类型的培训？

（2）饭店企业需要提供怎样的培训才能留住中高端人才，减少流失率？

# 项目1　培训体系的构建与运行

## 学习目标

● 掌握企业员工培训的概念、作用、特点、原则和要求。

● 掌握培训需求分析的定义、实施要点、目的、内容，并从组织层、任务层以及个人层对企业培训需求进行分析。

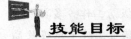

## 技能目标

1. 能够对企业员工培训系统进行设计作业流程并保证该系统的有效运行。

2. 掌握培训需求分析的步骤，能够针对员工的需求开展培训需求分析工作。

3. 掌握培训需求信息的收集方法，能够收集培训需求的信息，为下一步制订培训计划奠定基础。

4. 掌握培训需求分析模型，能够根据实际的情况指导培训需求分析工作的开展。

## 任务1　饭店员工培训系统设计与流程

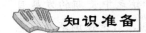

### 知识准备

### 一、员工培训的概念

员工培训是指企业为了实现其战略发展目标，满足培养人才、提升员工职业素质的需要，采用各种方法有计划地对员工进行教育、培养和训练的活动过程。

### 二、员工培训的作用

1. 从企业全局角度看

（1）培养人才，造就队伍，促进企业战略目标的实现。

（2）提高效率，保证质量，为客户提供最满意的服务。

2. 从员工个人角度看

（1）改变员工的态度和行为，提升员工自身的素质。

（2）确认员工职业发展通道，促进自我价值的实现。

## 三、员工培训的特点

（1）员工培训是一个完整的企业管理系统，它具有目的性、计划性和针对性，与绩效管理系统等子系统之间存在密切的联系。

（2）员工培训是一种企业人力资本的投资行为，可以对它的成本和收益进行衡量。

（3）员工培训是创造智力资本的基本途径，是企业赢得智力资本竞争优势的重要手段。智力资本由专业知识、基本技能、高级技能和自我激发的创造力等项目组成。

（4）员工培训是持续的学习过程，是构建学习型企业的企业文化的基础。学习型企业是指员工不断学习新知识、新技术并运用于实践以提高产品和服务的现代企业。

## 四、员工培训的原则

### 1. 战略性原则

员工培训是企业管理的重要一环，这要求企业在进行员工培训时，一定要从企业的发展战略出发去思考相关问题，使员工培训工作构成企业发展战略的重要内容。

### 2. 长期性原则

员工培训需要企业投入大量的人力、物力和财力，这对企业的运营肯定会有或大或小的影响。有的员工培训项目需要一段时间后才能反映到员工工作绩效或企业经济效益上来，尤其是管理人员和员工观念的培训更是如此；有的则有立竿见影的效果。因此，要正确认识智力投资和人才开发的长期性和持续性，抛弃那种急功近利的员工培训态度，坚持员工培训的长期性。

### 3. 按需培训原则

普通员工和最高决策者所从事的工作不同，创造的绩效不同，个人能力所应当达到的工作标准也不同，因此员工培训工作应当充分考虑培训对象的工作性质、任务和特点，实行按需培训。

### 4. 实践培训原则

培训不仅是观念的培训、理论的培训，更是实践的培训。因此培训过程中要创造实践条件，以实际操作来印证、深化培训的具体内容，这样更有利于实践成果的转化。如在课堂教学过程中，要有计划地为受训员工提供实践和操作的机会，使他们通过实践提高工作能力。

### 5. 多样性培训原则

企业中不同员工的能力有偏差，具体的工作分工也不同，因此员工培训要坚持多样性原则。多样性原则包括培训方式的多样性，如岗前培训、在岗培训、脱产培训等；也包括培训方法的多样性，如专家讲授、教师示范、教学实习等。

### 6. 企业与员工共同发展原则

对企业而言，员工培训是调动员工工作积极性、改变员工观念、提高企业对员工凝聚力的一条重要途径；对员工个人而言，员工培训使员工学习并掌握新知识和技能，提高个人的管理水平，有利于个人职业的发展。因而有效的员工培训，会使员工和企业共同受益，促进员工和企业共同发展。

7. 全员培训与重点培训结合原则

全员培训是指对所有员工进行培训，以提高企业全员素质；重点培训是指对企业技术中坚、管理骨干（特别是中高层管理人员）加大培养力度，进行重点培训。

8. 反馈与强化培训效果的原则

反馈的作用在于巩固学习技能、及时纠正错误和偏差。反馈的信息越及时、准确，培训的效果就越好。强化是将反馈结果与受训人员的奖励和惩罚相结合，它不仅应在培训结束后马上进行，而且应该体现在培训之后的上岗工作中。

9. 注重投入与提高效益的原则

员工培训是企业的一种投资行为，和其他投资一样，也要从投入产出的角度考虑效益大小及远期效益、近期效益问题。培训产出不能纯粹以传统的经济核算方式来评估，它包括潜在的或发展的因素，另外还有社会的因素。在投资培训时，投入是较容易计算的，但产出回报是较难量化计算的，并且还有些培训较难确定是长期效益还是短期效益。虽然如此，我们也必须把它当做极其重要的问题来考虑。

## 五、员工培训的要求

1. 高层管理者的支持

一方面，只有高层管理者确信培训规划的有效性并且予以批准以后，员工的培训与开发工作才能进行；另一方面，培训规划的实施程度依赖于高层管理者对培训的支持度。

2. 培训机构的设置

培训机构是培训的物质载体，是开展培训活动的重要物质保证之一。如培训的规模、培训的活动场所、培训的时间、培训的师资配备等，都是培训机构必须认真规划的内容。

3. 合格的培训师资

培训师是指在员工培训与开发过程中具体承担培训与开发任务，并且向受训者传授知识和技能的人员。培训师对于员工的培训与开发工作非常关键，他们的能力与素质直接影响到培训的效果。合格的培训师资可以保证受训员工真正达到增加知识、提高技能的目的，并有效地将培训过程中所获得的知识、技能应用于具体的工作之中。

4. 足额的培训经费

培训经费是员工培训与开发的重要保障。缺乏足够的经费，员工培训与开发工作就难以得到真正的落实，就会出现半途而废、因陋就简、顾此失彼等现象。因此企业在对员工进行培训之前，必须落实培训经费并使这些经费得到合理有效的使用。

5. 齐备的培训设施

培训设施是指黑板、幻灯、投影仪、电视、网络传递系统，案例分析场所、教学实验基地等使培训得以顺利进行的基本物质条件，它是员工有效培训、提高技能和职业素养的重要保证。

6. 完整的培训工作记录

员工培训与开发的过程，其实也是员工知识、技能的总结与提高的过程。每一期的培训与开发都会为下一期积累经验，提供参照，因此要认真、完整、准确地作好每一期的培训记录，这样做有利于随时发现工作中的失误，并为下次培训作准备。

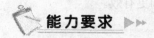 **能力要求** ▶▶

> 情境：企业员工培训系统的设计

培训项目的全过程，按时间顺序应包含：需求确认、制订培训计划、教学设计、实施培训、培训反馈五个部分。

## 一、需求确认

其目的就是确定谁最需要培训、最需要什么培训，即需要确认培训对象和培训内容。

1. 需求意向的提出

相关人员根据企业理想需求与现实需求、预测需求与现实需求的差距，提出培训需求的意向，并报告企业培训的主管部门或负责人。

2. 需求分析

其目的就是确定是否真的需要培训，哪些方面需要培训。这又分为两方面的内容。

（1）排他分析。绩效差距的产生可能是由多种因素造成，如工具、结构等，并非都是由于人的素质和能力的原因。所以要对产生差距的原因作全面的分析，确定哪些是人为的因素，哪些不是人为的因素。如果不是人为的因素就要排除培训或者否定培训意向。

（2）因素确认。即便是由于人为的因素而产生的绩效差距，也不是都能通过对现有人员的培训就能彻底弥补和解决的。当遇到现职人员的素质较低，或者素质较高但专业不对口，而需要投入的培训费用很高、花费的时间很长的情况，就应当转换策略，采取人事调整的方式解决问题。所以，要确认哪些现存问题是通过员工培训就能够解决的。

3. 确认培训

确认培训，就是确认哪些岗位的员工需要培训，需要提高的是知识、技能还是能力素质。

## 二、制订培训计划

1. 确定培训内容

在确认了"通过培训就能消除障碍，减少失误，提高工效"之后，就要开始编制培训计划以及确定培训内容。

但是，培训什么内容就可提高或增强人的某方面的素质和能力，也不能一概而论。这需要有一定经验的人进行分析判断，要尽量避免偏差，保证培训的效果。

2. 确定培训时间

确定了培训内容后，就要确定培训时间。从本质上看，绩效差距包括预期工作差距和现存工作差距。其中预期工作差距紧迫感不强，可根据企业发展需要安排培训；若是现存工作差距，则需要考察，在该差距中人的因素有多大，是不是需要马上进行培训。若是需要马上实施的培训，就要从费用和时间上作出确认，明确采用何种方式培训，什么时间开始培训。

**3. 确认培训方式**

确定培训内容和时间后，接下来就要确定培训方式。培训方式主要包括外派培训和企业内部培训，选择哪种方式，主要从培训效果来考虑，看哪种培训更有效。

**4. 确定受训人员**

为了提高工作效率，尽量让有关人员都参加所要实施的培训，尤其是企业内部的培训，更是如此，这样可降低单位投资成本。受训人员分为主要受训人员和次要受训人员。

**5. 选择培训教师**

根据培训内容，选择和确定培训教师，决定是从外部聘请，还是由企业内部相关人员担任，但均是以保证实现培训目的为前提和标准。

**6. 费用核定与控制**

费用核定与控制是培训工作流程中极其重要的一个工作环节，既要保证培训目的的实现，又要注意成本控制。

## 三、教学设计

教学设计是进入实质性培训工作的第一步。这个阶段工作的好坏将直接影响受训人员对培训内容的接受程度。为什么这个阶段的工作要与培训准备工作分开呢？因为这与前一阶段的工作有着本质的不同。前一阶段工作，是以企业内负责培训企业管理的部门或岗位为主要执行人所进行的工作，而教学设计是以培训教师为主要执行人所进行的工作。此时企业负责培训管理的部门或负责人主要是协助培训教师做一些辅助准备工作。因为培训教师最了解所要培训的内容及受训人员的组成情况，知道什么教材最适合，什么教学方式方法最容易被受训者接受。

应以培训教师为主导，根据培训目标和要求，选择并确定培训的具体方法。不同的培训内容决定了不同的培训方法。不同素质、不同水平的受训人员决定了不同的培训方法。有时所有受训人员可在一起进行，但有时因培训方式的差距较大，不得不分别或者分批对不同的人员进行同一种培训。

## 四、实施培训

实施培训是指在企业培训管理部门或岗位人员的组织下，由培训教师实施培训，并由该培训项目的进行管理责任人进行考核评定。

（1）培训。培训是培训教师在规定的时间、场所对所确定的受训人进行培训。

（2）考核受训者。对受训人员进行培训考评是考察受训人员对受训内容的接受程度，也是督促受训人员认真接受培训的一种方式。

（3）培训奖惩。培训奖惩是督促受训人员接受培训的一项强制和激励措施。这是保障良好的培训效果的一种重要手段。培训奖惩应及时进行，拖的时间不能太长，否则会失去强制和激励的作用。为了加大其力度，有时受训人员的考评与奖惩也在培训过程中实施。

## 五、培训反馈

培训反馈是企业管理中对培训修正、完善和提高的必要手段，是企业与管理一个必不可少的程序。

（1）培训教师考评。对培训教师的考评，是由该培训项目的企业管理责任人、企业受训人员对培训教师进行考评，以便为下一次进行相同内容培训时选择培训师作准备。这种考评一般采用问卷的形式，不记名填写。

（2）培训管理的考评。对培训企业管理的考评是由培训专职人员负责企业，由受训人员针对培训内容、培训时间、培训形式、培训的后勤保障等方面进行考评，以便改进企业的培训企业管理工作。

（3）应用反馈。应用反馈又称为延时反馈，是指在培训后，受训人员到工作岗位上工作一段时间后，对其培训效果进行考察的一种方式。它包括对受训人员、受训人员主管领导的调查了解，并以此来改进培训工作。

（4）培训总结，资源归档。培训后应总结出培训的负责人对该培训项目的评估和总结，从而为今后培训效果的提高提供依据，同时还要将培训的相关资料编辑归档。

如图 4-1 所示，是企业员工培训系统。

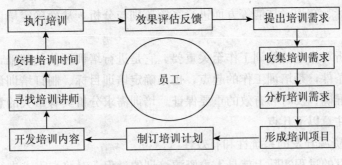

**图 4-1　企业员工培训系统**

# 任务 2　发现培训需求

**知识准备**

让我们从下面这个投诉案例中，看看如何找到培训的需求点。

客人赵先生向大堂副理投诉说，两天前他在 922 房间遗留了手机充电器，今天过来询问总台，总台答复说没有。大堂副理立刻协助寻找，在房务中心找到了客人遗留的手机充电器。事后，经过对当班员工的调查以及对楼层服务员、领班、房务中心员工等的了解，发现造成投诉的原因有：

（1）总台员工责任心不强，业务知识欠缺，对遗留物品处理与控制的程序不了解。客人询问其是否有遗留物品时，该员工仅仅从总台的交接班日志中查找，而不知道遗留物品是在房务中心统一保管的。

（2）客房服务员和领班对遗留物品处理得当，但查房不仔细，客人退房时，查房员工未能及时发现遗留物品，失去了第一时间将其归还给客人的机会。直到做完客房打扫时才发现充电器，然后将其上交给了房务中心。

（3）房务中心员工对遗留物品处理与控制的最根本原因——归还客人不明确，没有及时地将此情况通过总台查找客人电话告之，也没有将遗留物品情况记入客史档案，以便在下次入住时归还，而是将物品登记好存入遗留物品保管柜子了事；经检查，柜子中物品也未分类保管，贵重物品和一般遗留物品混杂，存在隐患。

综合以上信息，我们得出的培训需求有哪些？

---

---

## 一、培训需求分析和实施要点

培训需求分析，就是通过周密的调研，运用有效的手段，确认员工现有的知识、能力和胜任本岗位所要求的知识、能力之间所存在的差距状况的一项活动。也有人将其定义为在规划与设计每项培训活动之前，由培训部门、人事部门、工作人员等采取各种手段、方法，对员工的目标、知识、技能等方面进行系统鉴别与分析，从而确定培训的必要性及培训内容的过程。

培训需求分析对企业的培训工作至关重要，它是进行培训评估的基础，是真正有效地实施培训的前提条件，是培训工作的起点，也是确定培训目标、制订培训计划的前提，是使培训工作达到准确、及时和有效的重要保证。培训需求分析具有重大的意义，在进行培训需求分析时要注意以下几点。

1. 确保人力资源开发的系统性和有效性

人力资源开发的过程实际上就是人力资源培训的过程。对培训需求进行科学规范的分析，首先能够确保培训工作的顺利进行，其次也是完全实现培训目标的保证。

2. 寻找差距并确认差距

培训需求分析的基本目标是确认差距。它主要包括两个方面：一个是绩效差距，即企业及其员工绩效的实际水平与绩效应有水平之间的差距，这主要是通过绩效评估的方式来完成的。绩效评估的方式有很多，具有代表性的主要有实绩记录法、工作标准法、因素评定法、代表人物评定法和目标管理评价法等。另一个是完成一定绩效的知识、技能和能力的差距。它的确认一般包括三个环节：第一，必须对所需要的知识、技能和能力进行分析，即理想的知识、技能和能力的标准是什么？第二，必须对实践中缺少的知识、技能和能力进行分析；第三，必须对所需要的知识、技能和能力与现有的知识、技能和能力之间的差距进行分析。

3. 要获得内部与外部的多方支持

无论是企业内部还是企业外部，通过需求分析收集制订培训计划、选择培训方式的大量信息，这无疑给将要制订的培训计划的实施提供了有利的支持条件。

4. 改变原有分析

原有的需求分析基本是针对企业及其成员的既有状况进行的。当组织面临着持续变革的挑战时，原有需求分析就可能脱离企业及其成员的实际状况，因而改变原有分析对培训显得相当重要。当企业发生变化时，不管这种变化涉及技术、程序、人员，还是涉及产品或服务的提供问题，企业都有一种特殊的、直接的需求。负责培训和开发的相关人员应及时把握住这些变化，改变原有分析，从而制订出符合实际情况的培训规划和设计。

5. 分析培训的成本和价值

当要进行培训需求分析并找到了解决问题的方法后，就应该分析培训的成本和价值。如果培训的价值大于不进行培训所造成的损失，就应该培训，反之则说明当前并不需要培训。

6. 提供其他解决问题的方法

不能片面地认为培训需求分析的目的就是通过培训解决企业及其员工存在的问题。美国学者米切尔把通过需求分析所获得的问题分为四种：体制问题、组织问题、技能问题、动机问题，且认为并不是所有问题都是培训问题。实际上，培训需求分析可提供一些与培训无关的选择，如人员变动、薪资增长、新员工吸收、组织变革，或者几个方法的综合。选择的方式不同，培训的分类也不同。现实中，最好把几种可供选择的方法综合起来，使其包含多样的培训策略。

## 二、培训需求分析的目的

培训首先要回答五个问题：①谁要参加培训；②他们为什么需要接受培训；③怎样培训他们；④由谁来组织并实施培训；⑤培训结束之后怎样去评价。

培训需求分析正是围绕这五个问题开展的，由此也体现了培训需求分析的作用。

（1）通过培训需求分析，可以正确制订企业的培训战略和计划，恰当确定培训内容和方法，以提高培训的质量及效果。

（2）通过培训需求分析，提高企业领导者对培训部门的信任度，使企业内部形成一种有利于培训和巩固培训成果的良好气氛。

（3）通过培训需求分析，可以跟培训对象之间建立一种相互了解、信任的紧密关系。

（4）通过培训需求分析，能获得培训所需的实例资料，加强培训的针对性。

## 三、培训需求分析的内容

从总体上来讲，培训需求分析的内容可分为组织层分析、任务层分析以及个人层分析。

1. 组织层分析

组织层分析主要是通过对酒店的目标和资源等因素的分析，准确地找出酒店所存在的问题以及问题产生的根源，来确定培训是否是解决这些问题最有效的方法。首先要看酒店的目标分析。明确清晰的酒店目标对于培训规划的设计与实施起决定性作用，酒店目标决定着培训目标。比如，假设一个酒店的目标之一是保证顾客投诉处理满意率为100%，那么开展培训活动就必须设计一些有关"投诉处理原则与方法"方面的课程，才能在完成酒店目标的工作中体现出培训的价值。其次是酒店的资源分析。一般包括人力资源、设备资源、财务资源、环境资源以及信息资源几个方面。如果没有确定可以被利用的人力、物力和财力资源，就很难保障培训的有效实施。最后要重点提一下环境资源的分析，关键在于酒店的培训课程与酒店企业文化之间的关系。培训课程设计要对酒店的软硬件设施、规章制度、经营运作的方式、待人处事的特殊风格和经营的理念进行分析，使课程内容能够与实践相结合，而不是使受训员工不断地通过使用培训课程去发现酒店的缺陷——而这些缺陷的改进有很大一部分是超出酒店资源承受力度的。对上述问题和特点的了解，将有助于管理者及培训部门全面真实地了解酒店。

2. 任务层分析

任务层分析主要是指工作分析。只有对工作进行精准的分析并以此为根据，才能设计出与酒店的绩效和特殊工作环境真正相符合的培训课程来。工作分析的根据是完整而持续不断改进的岗位责任书和任职资格条件。任务层分析的步骤如下。

（1）确认任务类型。在分析时，无法对所有任务都分析，因此，要了解存在的问题属于何种任务类型。

（2）分析工作过程。将整个工作进行分解，成为几个关键部分，然后从关键部分中找出完成任务所需的技能和知识。

（3）任务分析结果。确认并列出存在问题的关键部分，列出这些关键部分的工作标准，再找出完成这些任务工作具体要求的知识技能。

3. 个人层分析

个人层分析指的是将员工目前的实际绩效与企业员工绩效的标准对员工技能上的要求进行对比，确认两者之间是否存在差距。简单来说，就是将个人与具体要求进行对比分析。

个人层分析的要点就是要确认绩效方面的问题与差距，然后进行成本分析，确定培训是否值得，再确认分析重点，即员工是否了解工作的内容和绩效标准，是否能胜任工作的技能，是否愿意这样去做，最后要求员工进一步去了解、明确标准。

培训需求的人员层次分析的方法有很多，一般采取案例分析法和问卷调查法。主要分析研究在本酒店顾客满意度调查中所被关注的基本焦点、重复问题以及员工关注培训的哪些方面和希望得到的培训内容。因而我们的目的不仅仅是让管理者和员工得到工作需要的知识和技能，更重要的是通过培训得到并有效地运用这些技能来保证酒店达到目标。

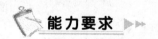 能力要求 ▶▶

情境1：培训需求分析

培训需求分析的基本分析框架可以归纳为有逻辑的如下三个步骤。

步骤1：找出部门或个人绩效差距

培训需求分析应该从何入手，有关培训的理论认为应当从绩效差距入手。传统理论认为培训之所以必要是因为企业工作岗位要求的绩效标准与员工实际工作绩效之间存在着差距；新的理论则认为也应包括企业战略或企业文化需要的员工能力与员工实际能力之间的差距，这种差距导致低效率，阻碍企业目标的实现。只有找出存在绩效差距的地方，才能明确改进的目标，进而确定能否通过培训手段消除差距，提高员工生产率。

步骤2：寻找分析差距产生的原因

发现了绩效差距的存在，并不等于完成了培训需求分析，还必须寻找差距存在的原因，因为不是所有的绩效差距都可以通过培训的方式去消除。有的绩效差距属于环境、技术设备或激励制度的原因，有的则属于员工个人难以克服的个性特征原因，只有排除这些情况时，培训才是必要的。

步骤3：确定解决方案，产生培训需求

找出了差距存在的原因，就能判断应该采用培训方法还是非培训方法去消除差距。企业根据差距原因有时采用培训方法，有时采用非培训方法，有时也采用培训与非培训结合的方法，一切都根据绩效差距原因的分析结果来确定。

培训的成功与否在很大程度上取决于需求分析的准确性和有效性。进行培训需求分析，除了对以上培训需求的形成原因的客观分析外，还要着重从培训需求的不同层面、不同方面、不同时期来进行培训需求分析，如图4-2所示为培训需求分析步骤。

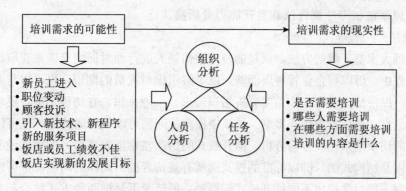

图4-2　培训需求分析步骤

情境2：培训需求信息的收集

很多酒店都非常重视员工培训，但是又经常会抱怨培训没有效果，结果往往是员工埋怨培训枯燥乏味、内容单一、华而不实；培训人员吃力不讨好；管理层对培训部门意见很大。其实抛开一些培训技术层面的因素，出现这些问题很大程度上是没有做好培训需求分析的缘故。那么怎么样去做一个有效的培训需求分析呢？这是酒店培训人员和培训部门目前面临的主要问题。以下列一个简单的培训需求分析表作参考，如表4-1所示。

表4-1　　　　　　　　　　　　　　　　培训需求分析表

| 层次分析 | 目　的 | 具体方法 |
| --- | --- | --- |
| 组织层分析 | 决定酒店中需要培训的地方 | 考察酒店目标及经营计划来判定知识和技能需求 |
|  |  | 将实际结果与目标进行对比 |
|  |  | 制订人力资源计划 |
|  |  | 评价酒店的组织环境 |

续　表

| 层次分析 | 目　的 | 具体方法 |
|---|---|---|
| 任务层分析 | 决定培训内容 | 个人工作分析 |
| 个人层分析 | 决定需要培训的人员和不同人员的培训层次 | 对业绩差距进行分析 |
| | | 对关键案例进行分析 |
| | | 进行培训需求调查 |

资料来源：徐源．培训主观实务 ［M］．广东：经济出版社，2005.

可以用来进行培训需求分析的方法有许多种，在这里主要介绍 9 种可供选择使用的培训需求分析方法：访谈法、问卷调查法、行为观察法、关键事件法、绩效分析法、经验判断法、头脑风暴法、专项测评法和胜任能力分析法。

1. 访谈法

这是一种大家都了解的方法，就是通过与被访谈人进行面对面的交谈来获取培训需求信息。应用过程中，可以与企业管理层面谈，以了解组织对人员的期望；也可以与有关部门的负责人面谈，以便从专业和工作角度分析培训需求。一般来讲，在访谈之前，要求先确定到底需要何种信息，然后准备访谈提纲。访谈中提出的问题可以是封闭式的，也可以是开放式的。封闭式的访谈结果比较容易分析，但开放式的访谈常常能发现意外的更能说明问题的事实。访谈可以是结构式的，即以标准的模式向所有被访者提出同样的问题；也可以是非结构式的，即针对不同对象提出不同的开放式问题。一般情况下是把两种方式结合起来使用，并以结构式访谈为主，非结构式访谈为辅。访谈法的实施步骤如表 4-2 所示。

采用访谈法了解培训需求，应注意以下几点。

（1）确定访谈的目标，明确"什么信息是最有价值的、必须了解到的"。

（2）准备完备的访谈提纲。这对于启发、引导被访谈人讨论相关问题、防止访谈中心转移是十分重要的。

（3）建立融洽的、相互信任的访谈气氛。在访谈中，访谈人员需要首先取得被访谈人的信任，以避免产生敌意或抵制情绪。这对于保证收集到的信息具有正确性与准确性非常重要。

另外，访谈法还可以与下述问卷调查法结合起来使用，通过访谈来补充或核实调查问卷的内容，讨论填写不清楚的地方，探索比较深层次的问题和原因。

表 4-2　　　　　　　　　　　访谈法的实施步骤

| 步　骤 | 内　容 | 说　　明 |
|---|---|---|
| 1 | 访谈计划 | 确定访谈目的、项目，准备相关资料，确定相关人员名单 |
| 2 | 访谈预演 | 进行访谈练习，总结经验，发现问题及时更正 |
| 3 | 访谈开始 | 向访谈对象作简单介绍，营造适合交流的访谈氛围 |
| 4 | 收集数据 | 通过向访谈对象提问获得信息，基本工具为访谈记录表 |
| 5 | 访谈结束 | 对访谈内容进行小结并让访谈对象确认，重问没有充分回答的问题 |

续 表

| 步 骤 | 内 容 | 说 明 |
|---|---|---|
| 6 | 访谈总结 | 整理访谈记录表，总结访谈记录并收集归档 |
| 7 | 访谈综合 | 对访谈资料进行总结，综合访谈中的发现及结论 |

 案例学习

## 培训需求访谈提纲

面谈对象：

内容：

主题：

重点了解：

①员工认为会伤害到工作积极性的因素调查。

②员工在工作中遇到困难时会采取的办法。

③员工在日常工作和生活中遇到人际关系纠纷会采取的办法。

面谈的详细内容如下：

①楼面服务员：是否熟悉各种餐牌和酒水牌的内容，是否能简单地判断顾客的心理，识别顾客对服务细节和满意的程度，是否了解顾客对菜品的评价，是否有将信息及时反馈的想法和行为，反馈渠道是否通畅，愿意采用什么渠道？

②传菜员：是否了解菜式的特点、名称和服务方式，理解前台和厨房的要求有无障碍，对现有传菜过程和路线的意见和建议，有无协助厨师长把好质量关？（如装盘造型、菜的冷热程度、菜的质量等）

记录人：                                   日期：

2. 问卷调查法

这也是一种为大家所熟知的方法。它是以标准化的问卷形式列出一组问题，要求调查对象就问题进行打分或作是非选择。当需要进行培训需求分析的人较多，并且时间较为紧急时，就可以精心准备一份问卷，以电子邮件、传真或直接发放的方式让对方填写，也可以在进行面谈和电话访谈时由调查人自己填写。在进行问卷调查时，问卷的编写尤其重要。调研问卷法的实施步骤如表4-3所示：

表4-3                                 调研问卷法的实施步骤

| 步 骤 | 内 容 |
|---|---|
| 1 | 制订调研计划，明确调研目标及任务，并具体化，调研才能紧紧围绕目标展开 |

续　表

| 步　骤 | 内　容 |
|---|---|
| 2 | 编制问卷，调研问卷（表）是调研问卷分析法的基本工具，通常采用选择题和问答题的方式 |
| 3 | 收集数据，发放调研问卷（表），并组织回收、整理 |
| 4 | 处理数据，统计数据，将问题进行汇总、分析 |
| 5 | 得出结论，根据分析结果得出结论，编写调研报告，提交调查结果 |

调研问卷的设计方法和要点如表 4－4 所示。

表 4－4　　　　　　　　　　　　　调研问卷的设计方法和要点

| 步　骤 | 内　容 |
|---|---|
| 1 | 列出希望了解的事项清单 |
| 2 | 一份问卷可以由封闭式问题和开放式问题组成，两者应视情况各占一定比例 |
| 3 | 对问卷进行编辑，并最终形成文件 |
| 4 | 请他人检查问卷，并加以评价 |
| 5 | 在小范围内对问卷进行模拟测试，并对结果进行评估 |
| 6 | 对问卷进行必要的修改 |
| 7 | 实施调查 |

在设计调研问卷的问题时，应该注意以下几个问题。

（1）问题尽量简短，并注意使用简单的、有固定用法的术语，避免使用读者不了解或者容易引起歧义的名词；

（2）一个问题只涉及一件事，避免"结构复杂"的问句；

（3）题目设计要简单，不要使作答者做计算或逻辑推理；

（4）避免出现诱导答案的问题，保证作答者完全陈述自己观点。

**案例学习**

## 员工培训需求调查问卷实例

各位同人：

您好！

请您协助进行本次问卷调查，认真填写问卷中的每一个问题，我们将根据本次调查的反馈结果，制订相应的培训计划来帮助您提升您的工作成效和发展空间。在此，我们向您对我们工作的支持表示诚挚的谢意。

一、基本资料：

您的姓名：　　　　　　　您的部门：　　　　　　　您的职位：

二、基本调查：

1. 您认为您目前最希望通过培训解决哪一方面的问题（请在您认为符合的选项前打"√"）：

□增加专业知识　　　　　　□提高综合素质　　　　　　□提升实际操作能力

2. 请列举三项在您岗位职责中的重要工作内容：

(1)

(2)

(3)

3. 在上述三个方面中，您是否有需要培训提升的项目？如果有，请同时说明您认为最有效的培训方式。

4. 您在以下哪个时间段接受培训会比较方便（请在您认为符合的选项前打"√"）：

□上午　　　　　　　　□下午　　　　　　　　□非工作时间

5. 您希望每次培训的时间控制在多长范围内较好（请在您认为符合的选项前打"√"）：

□1～2小时　　　　□半天　　　　□全天　　　　□2～3天（封闭式训练）

6. 您希望接受培训的方式（请在您认为符合的选项前打"√"）：

□内部讲师授课　　□外部讲师授课　　□出外参与培训班　□自学教材　　　□其他

7. 您更乐意接受的培训方法（请在您认为符合的选项前打"√"）：

□讲授法　□讨论法　□情景模拟　□野外拓展　□声像视听　□实地考察　□其他

三、您目前想要接受的培训课题有（请在您认为符合的选项前打"√"）：

□沟通技巧　　□如何提高执行力　　□时间管理　　□市场营销理论与实践

□计划与控制能力　　□行业相关法律法规　　□商务礼仪培训　　□政策规范

□领导艺术　□公司企业文化、公司内部管理制度及管理流程　　□非财务经理的财务管理

□非人力资源经理的人力资源管理　　□其他

四、您对公司培训工作有何建议？请列举如下：

五、如果有本调查问卷未列出，但您认为有必要反馈的信息，您可以列举于下方：

（注：请认真填写并于＿＿＿＿年＿＿＿＿月＿＿＿＿日前反馈给培训部）

### 3. 行为观察法

行为观察法是通过到工作现场观察员工的工作表现，发现问题，获取信息数据。运用行为观察法的第一步是要明确所需要的信息，然后确定观察对象。观察法最大的一个缺陷是，当被观察者意识到自己正在被观察时，他们的一举一动可能与平时不同，这就会使观察结果产生偏差。因此观察时应该尽量隐蔽并进行多次观察，这样有助于提高观察结果的准确性。当然，这样做需要考虑时间上和空间条件上是否允许。在运用行为观察法时应该注意以下几点。

（1）观察者必须对要进行观察的员工所进行的工作有深刻的了解，明确其行为标准。

否则，无法进行有效观察。

（2）进行现场观察不能干扰被观察者的正常工作，应注意隐蔽。

（3）观察法的适用范围有限，一般适用于易被直接观察和了解的工作，不适用于技术要求较高的复杂性工作。

（4）必要时，可请陌生人进行观察，如请人扮演顾客观察终端销售人员的行为表现是否符合标准或处于何种状态。

 案例学习

### 行为观察分析法的应用实例

观察对象：①对楼面服务员的现场观察；②对传菜生的现场观察。

观察地点：餐厅。

观察时间：2011—05—11 中班。

步骤：（1）记录行为内容，如表 4-5、表 4-6 所示。

表 4-5　　　　　　　　　对楼面服务员的现场观察记录

| |
| --- |
| 开餐前的准备工作：检查餐厅和餐桌的卫生以及餐具、玻璃器皿、桌布、餐巾的准备情况 |
| 服务程序：迎接客人入座就席，协助客人点菜，向客人介绍特色时令菜点，推销酒水饮料 |
| 开餐后：按程序提供各种服务，上菜，更换及收撤餐具 |
| 餐后结尾：搞好餐厅的清洁卫生工作，餐具送还，下次服务的准备工作 |
| 结账：是否了解结账方式和流程。保存好订单，引导或辅助结账 |
| 顾客评价与投诉：观察是否有顾客的好评或投诉 |

表 4-6　　　　　　　　　对传菜员的现场观察记录

| |
| --- |
| 营业前：清洁餐具，餐具的卫生入柜工作，以保证开餐时使用方便 |
| 开餐前：各种菜式的配菜及走菜用具准备 |
| 出菜前：与厨师的工作配合情况。上菜前要记准宾客的台号、人数 |
| 上菜时：要快、轻、稳，端出的菜要不变形 |
| 餐后结尾：协助服务员。脏餐具、空菜盆等撤回洗碗间，并按要求摆放。保养走菜用具 |
| 工作结束时：保管出菜单，上交财务部规定的人员 |

（2）填写行为观察记录表，如表 4-7 所示。

表 4-7　　　　　行为观察记录表（楼面服务员的现场观察记录示例）

| 观察对象：杨林 | 部门：餐饮部 | 岗位：楼面服务员 |
| --- | --- | --- |
| 观察地点：餐厅 | | 观察时间：2011—05—11 中班 |

| 观察内容 | 情况记录 | 评价 |
|---|---|---|
| 服务程序 | | |
| 开餐后 | | |
| 餐后结尾 | | |
| 结账 | | |
| 顾客评价与投诉： | | |
| | | |
| | | |

备注：

记录人：　　　　　　　　　　　　记录时间：

4. 关键事件法

关键事件法与我们通常所说的整理记录法相似，它可以用以考察工作过程和活动情况以发现潜在的培训需求。被观察的对象通常是那些对组织目标起关键性积极作用或消极作用的事件。确定关键事件的原则是：工作过程中发生的对企业绩效有重大影响的特定事件，如系统故障、获取大客户、大客户流失或事故率过高等。关键事件的记录为培训需求分析提供了方便而有意义的消息来源。关键事件法要求管理人员记录员工工作中的关键事件，包括导致事件发生的原因和背景，员工特别有效或失败的行为，关键行为的后果，以及员工自己能否支配或控制行为后果等。进行关键事件分析时应注意以下两个方面。

（1）制订保存重大事件记录的指导原则并建立记录媒体（如工作日志、主管笔记等）；

（2）对记录进行定期分析，分析员工在知识和技能方面的缺陷，以确定培训需求。如表4-8所示为关键事件收集样表。

表4-8　　　　　　　　　　　　　　关键事件收集样表

| 员工姓名： | | 部门： | 岗位： |
|---|---|---|---|
| 访问者： | | 访问时间： | 访问地点： |
| 访问背景陈述： | | | |
| 访问内容及其描述 | 工作中遇到哪些重要事件 | | |
| | 事件发生的情境 | | |
| | 采取了怎样的应对行动 | | |
| | 事件结果 | | |
| | 经验教训 | | |

| 分析及评价 | 导致事件发生的原因和背景 | |
|---|---|---|
| | 员工的特别有效或多余的行为 | |
| | 关键行为的后果 | |
| | 员工自己能否支配或控制上述后果 | |
| | 员工事件处理欠缺的方面 | |

备注：

制表人：　　　　　　　　　　　　　　　　日期：

5. 绩效分析法

培训的最终目的是改进工作绩效，减少或消除实际绩效与期望绩效之间的差距。因此，对个人或团队的绩效进行考核可以作为分析培训需求的一种方法。运用绩效分析法需要注意把握以下四个方面。

（1）将明确规定并得到一致同意的标准作为考核的基线。

（2）集中注意那些希望达到的关键业绩指标。

（3）确定未达到理想业绩水平的原因。

（4）确定通过培训能够达到的业绩水平。

6. 经验判断法

采取经验判断法获取培训需求信息在方式上可以十分灵活，既可以设计正式的问卷表交由相关人员，由他们凭借经验判断提出培训需求；还可以通过座谈会、一对一沟通的方式获得这方面的信息。培训部门甚至可以仅仅根据自己的经验直接对某些层级或部门人员的培训需要作出分析判断。那些通常由公司领导亲自要求举办的培训活动，其培训需求无一不来自公司领导的经验判断。

7. 头脑风暴法

在实施一项新的项目、工程或推出新的产品之前需要进行培训需求分析时，可将一群合适的人员集中在一起共同工作、思考和分析，在公司内部寻找那些具有较强分析能力的人并让他们成为头脑风暴小组的成员；还可以邀请公司以外的有关人员参加，如客户或供应商。头脑风暴法的主要步骤如下。

（1）将有关人员召集在一起，通常是围桌而坐，人数不宜过多，一般十几人为宜；

（2）让参会者就某一主题尽快提出培训需求，并在一定时间内进行无拘无束的讨论；

（3）只许讨论，不许批评和反驳，观点越多、思路越广越好；

（4）所有提出的方案都当场记录下来，不作结论，只注重产生方案或意见的过程；事后，对每条培训需求的迫切程度与可培训程度提出看法，以确认当前最迫切的培训需求信息。

8. 专项测评法

专项测评法是一种高度专门化的问卷调查方法，设计或选择专项测评表并进行有效测评需要大量的专业知识。通常，一般的问卷只能获得表面或描述性的数据，专项测评表则复杂得多，它可通过深层次的调查，提供具体而且较系统的信息，比如可测量出员工对计划中的公司变化的心理反应以及接受培训的应对准备等。由于专项测评法操作要求极高，并需要大量的专业知识作支撑，企业一般是外请专业的测评公司来进行。然而，使用外部专业公司提供专项测评，会受到时间和经费的限制。

9. 胜任能力分析法

胜任能力是指员工胜任某一工作所应具备的知识、技能、态度和价值观等。现在，许多公司都在依据经营战略建立各岗位的胜任能力模型，以为公司员工招聘与甄选、培训、绩效考评和薪酬管理提供依据。基于胜任能力的培训需求分析有两个主要步骤。

（1）职位描述：描述出该职位的任职者必须具备的知识、技能、态度和价值观。

（2）能力现状评估：依据任职能力要求来评估任职者目前的能力水平。如图 4-3 所示是基于胜任力的培训需求分析模型。

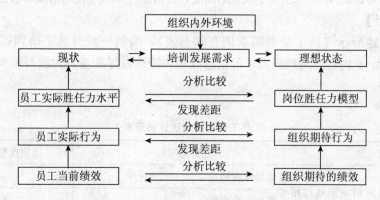

**图 4-3 基于胜任力的培训需求分析模型**

使用这一方法的企业或培训经理普遍认为，当职位应具备的能力和个人满足职务的实际能力得到界定后，确定培训需求就变得容易了。

酒店在开展培训需求分析的时候可参照上述方法进行。然而培训需求分析的最终衡量标准是培训目标的确认。一般包括三个层面：知识目标、行为目标以及结果目标。知识目标是指在培训后员工将知道些什么；行为目标是指受训后员工将具备哪些技能；结果目标则是指通过培训，酒店最终将达到什么目标和结果，比如顾客满意度的增加、员工流动率的降低、团队意识增强等。

情境3：培训需求分析模型

1. 循环评估模型

循环评估模型旨在对员工培训需求提供一个连续的反馈，以用来周而复始地评估培训的需要。在每一个循环中，都需要从组织整体层面、作业层面和员工个人层面进行分析。

2. 全面性任务分析模型

全面性任务分析模型是指通过对组织及其成员进行全面、系统的调查，以确定理想状况与现有状况之间的差距，从而进一步决定是否需要培训和培训内容的一种方法。其核心是通过对一项或一类工作所包括的全部可能的任务和所有可能的知识和技能进行分析，形成任务目录和技能目录，以此作为制定培训策略的依据。任务分析是一个比较复杂的过程，需要耗费大量的时间，且需要一种系统的方法，应该分以下几个阶段进行：计划阶段、研究阶段、任务和技能目录阶段、任务和技能分析阶段、规划设计阶段、执行新的或修正的培训规划阶段。

3. 绩效差异分析模型

绩效差异分析模型是一种重点分析方法，策略与全面性分析模型相似。绩效差距分析方法的环节包括发现问题阶段、预先分析阶段、需求分析阶段。

4. 前瞻性培训需求分析模型

在很多情况下，即使员工目前的工作绩效是令人满意的，也同样需要培训，尤其是对知识型员工的前瞻性培训就非常必要。同时随着企业经营环境的变化、战略目标的调整、企业生命周期的演进，以及员工个人在组织中成长的需要，针对适应未来变化的培训需求也会产生。

【方案设计】

请根据上述所示《员工培训需求调查问卷表》，编制一份《员工培训需求统计调查表》，完善表4-9内容。为培训需求的信息收集和统计做好准备，为撰写培训需求分析报告做前期准备。

表4-9 员工培训需求统计调查表

| 问　题 | 备选项目 | 选定次数（统计） |
|---|---|---|
| 1. 您认为您目前最希望通过培训解决哪一方面的问题 | 增加专业知识 | |
| | 提高综合素质 | |
| | 提升实际操作能力 | |
| 2.…… | | |

# 项目2　饭店员工培训设计

 学习目标

● 掌握酒店岗前培训的概念、特点、意义、注意事项、内容、实施方法和步骤。

● 掌握岗位培训的类别、内容、实施用表、计划、设计与程序。

● 掌握酒店脱产培训的概念、类型和特点。

## 技能目标

1. 岗前培训是酒店员工在上岗前进行适应性学习的重要环节之一，掌握岗前培训的实施步骤，能够在酒店中顺利开展岗前培训，并能够在实施过程中注意实施的要点。

2. 掌握岗位培训的实施计划和步骤，能够制订岗位培训计划。

3. 掌握转岗培训的实施计划和步骤，能够对转岗培训进行设计和管理。

4. 掌握晋升培训的实施计划和步骤，能够对晋升培训进行设计和管理。

5. 掌握岗位资格培训的实施计划和步骤，能够对岗位资格培训进行设计和管理。

6. 掌握管理人员培训的实施计划和步骤，能够对管理人员培训进行设计和管理。

7. 掌握脱产培训的实施计划和步骤，能够对脱产培训进行设计和管理。

# 任务 1　岗前培训

## 知识准备

### 一、岗前培训概述

岗前培训也称新员工导向培训或职前培训，指员工在进入企业之前，企业为新员工提供的有关企业背景、基本情况、操作程序和规范的活动，这种培训企业性和规范性强，通过一段时间能使员工迅速掌握岗位要求必备的技能，以便尽快进入角色，对于新员工具有导向性作用，通常是在企业开办的新员工培训班内进行，主要采取课堂教学、开办讲座等方法进行，但它不适合于技术性强、对操作经验要求高的岗位。

### 二、酒店岗前培训的作用和特点

（一）酒店岗前培训的作用

岗前培训的主要目的是让员工尽快熟悉企业、适应环境和形势。新员工进入企业会面临"文化冲击"，有效的岗前培训可以减少这种冲击的负面影响。员工刚刚进入一个企业时，最关心的是如何形成与自己的角色相符的行为方式，而岗前培训是员工在企业中发展自己职业生涯的起点。岗前培训意味着员工必须放弃某些理念、价值观念和行为方式，要适应新企业的要求和目标，学习新的工作准则和有效的工作行为。企业在这一阶段的工作就是要帮助新员工建立与同事和工作团队的关系，形成符合实际的期望目标和积极的态度。员工岗前培训的目的是消除员工新进公司产生的焦虑，具体而言，酒店岗前培训的作用有以下几个方面。

（1）为酒店员工丰富专业知识，增强业务技能和改善工作态度，使员工的素质水准进一步符合酒店期望的要求；

（2）为提高员工的工作能力，服务质量和经营效益服务；

（3）提高酒店员工的工作能力，提高员工对酒店的责任感，减少缺勤、浪费、损失与责任事故；

（4）增加酒店员工对工作的安全感与满足感，调动员工工作积极性，减少员工流动；

（5）提高服务质量，增加客人的满足感，减少投诉，改善酒店的社会形象，扩大酒店的销售额；

（6）帮助解决酒店经营管理业务中的实际问题，保证酒店的生产发展。

（二）岗前培训的特点

酒店的培训工作具有以下几个特点。

1. 具有针对性

酒店是一种综合性服务行业，客房，餐饮、商场、工程、财务等各部门的专业知识和业务技能不完全相同，为了增强各部门员工对不同工种业务需求的适应能力，要求培训工作在计划安排、课程设置、训练方式及方法选择等方面，必须从实际需要出发。坚持理论与实际相结合，以讲求实用为出发点，注重针对性。

2. 具有广泛性

由于酒店的员工培训必须以实用性为主，各部门、各岗位所需要的知识技能不同，培训内容比较广泛、复杂。各部门各层次员工要求全面掌握所从事工作的专业知识与业务技能及相关的各种常识，因此，酒店培训需要开展不同内容的培训，作好计划安排，坚持长期规划与短期安排相结合。

3. 具有灵活性

酒店培训的主要形式是对员工进行职责训练，培训对象既有管理人员、工程技术人员，又有广大服务人员，由于人员结构层次复杂，员工的文化基础和知识水平参差不齐，酒店内部工种繁多，技术要求不同，因此，酒店的员工培训必然是多学科、多层次、多形式的，这种特点要求培训工作必须长期分阶段，并采用灵活多样的方式与方法。对不同工种或从事不同工作的员工，培训必须针对不同岗位的业务需求，结合不同职务层次的实际需要，坚持遵循多学科、多层次、多种形式的灵活多变原则。

4. 具有艰巨性

酒店培训的艰巨性表现在培训活动的时间安排与出勤控制方面具有相当的难度，往往要受到经营业务的冲击而不能按计划进行。因此，酒店培训部在计划安排课程时应尽量做到时间紧凑、内容精练，同时，在计划安排中，要准备各种应急与应变的措施，以适应酒店培训的多变特点，使培训工作取得满意的效果。

### 三、酒店岗前培训的内容

（1）向员工介绍酒店的规模、等级、经营方针和发展前景，以激励他们积极工作；

（2）向员工介绍内部的组织机构和各部门之间的协调网络，使他们了解和熟悉各部门的职能，以便他们在工作中能准确地与有关部门取得联系；

（3）向员工介绍酒店的各项服务设施的营业时间、收费标准等情况；

（4）向员工介绍酒店的规章制度和岗位责任，以便其自觉遵守；

（5）介绍如何使用消防器材及处理安全工作中出现的问题；

（6）向员工介绍酒店的仪表仪容、礼节礼貌及着装要求；

（7）进行服务用语的学习训练；

（8）进行各部门专业技能培训；

（9）职业道德方面的培训。

 **案例学习**

新员工岗前培训内容如表4－10所示：

表4－10　　　　　　　　　　　新员工岗前培训内容

| 执行部门 | 培训内容 | 培训方式 | 培训师 | 评估方式 | 培训工具 | 备　注 |
|---|---|---|---|---|---|---|
| 总经理办公室 | 致欢迎词 | 讲授 | 总经理/<br>副总经理 | 无 | PPT演示 | |
| 人力资源部 | 规章制度 | 讲解<br>示范<br>说明 | 部门经理 | 书面考核 | 管理体系<br>员工手册 | 岗前培训<br>（全员） |
| 质量管理部 | 应知应会<br>行为规范<br>礼节礼貌<br>酒店参观 | | | 书面考核 | 员工手册<br>PPT演示 | |
| 保安中心 | 消防安全常识<br>火警处理<br>地震处理<br>宾客死亡处理<br>宾客违法处理 | 讲解演练 | | 书面考核<br>现场模拟 | 安全手册 | |

## 四、员工手册的构成

岗前培训中的一项重要材料就是专门为员工定制的员工手册。在新员工对企业及员工不熟悉的情况下，员工手册是新员工获取企业信息的基本来源。员工手册应当包括哪些内容，并无定规，编排也无固定模式，但一般可由以下几个部分组成。

（1）概括介绍本企业。让新员工大致了解企业性质、经营范畴、主导产品（含劳务、服务）、市场分布、注册资本、现有资本及实现利税等基本情况，以使其对企业实力和竞争能力充满信心，并简要回顾企业发展历史，再对企业战略目标及发展规划略加阐述，并将企业的美好前景展示给员工，以激励员工的斗志。

（2）企业文化。现代企业文化是经济高速发展的文化体现。它既是企业生产、经营活动的产物，又为企业生产与经营的成功开辟了全新的思路。现代企业文化讲求共识，提倡参与，崇尚团队精神，是团结教育广大员工、增强企业凝聚力和向心力的有力武器，应当写入员工手册。

（3）企业结构。员工来到企业，自然应对企业结构框架有个粗略的了解。一般可绘制企业部门结构图。通过该图，员工不仅可一目了然地知晓企业包括哪些部门，且对企业的产权构成、企业管理模式以及各个系统（生产系统、营销系统、财务系统等）形成印象。

（4）部门职责。通过阅读各部门的工作职责，员工会明白，某个部门负责何种事务，协同哪些别的部门，参与哪些其他工作。部门自身职、责、权分明，部门之间纵横关系清晰，有利于回答员工"有事找谁"和"我所在的部门分管什么"这两个基本问题，有助于员工尽快进入角色。

（5）政策规定。这一部分内容较多，且涉及员工切身利益，可谓手册中的"重头戏"。首先是人事政策，即员工选聘依据、考核标准、晋升条件、聘用（解聘）程序；其次是工资待遇，即工资结构及分级、工龄计算、各种奖金和补贴的发放办法、试用期待遇等；还有劳动纪律，即由劳动合同规定的上下班时间，以及请假制度等；最后对报销制度（如差旅费、医药费等）、车辆使用制度、安全制度、卫生制度、保密制度等，都可作出概略介绍。

（6）行为规范。一个现代化的企业，其精神面貌必然体现于员工的仪表风度。员工的一言一行、一举一动，均代表着企业形象。企业在这些方面有哪些要求，应当明确而又具体地写于员工手册之中，以利员工经常对照，不断提高自己的道德修养和文明素质。待人接物的行为准则，虽为企业文化的有机组成部分，但应单列为独立的内容，以引起员工重视，自觉规范其行为。

## 五、岗前培训的实施方法

企业可以采用二阶段培训与三阶段培训两种岗前培训方法。

（一）二阶段培训

其一般分为全企业培训和工作现场培训。前者又称为集中培训，即所有新员工，无论将从事什么工作，都接受同样内容的培训，培训内容一般是企业概况、行为规范、生产过程之类，方法主要有集中授课、现场参观、实习等；后者则一般在新员工到岗后进行，是指新员工在事先确定的岗位上熟悉具体业务，掌握特定的技能，这种方式主要适用于企业管理层次少，部门业务分工细，人员较少，下属企业的企业结构、业务、人员等基本相同的情况。

（二）三阶段培训

岗前培训的三阶段培训一般由总部培训、分支机构或部门培训、工作现场培训组成，其前提是，企业要建立两级培训体制，下属企业或部门在上级人事部门的监督和指导下对岗前培训进行安排和管理。培训结束后，下属企业或部门应将培训情况和结果报上级人事部门备案。在第一阶段企业总部培训，要使新员工了解企业状况，企业的各部门及未来的工作岗位，企业产品的性能、包装及价格，市场销售情况的分析以及市场上同类产品厂家的情况。主持企业总部培训的人员，应对新员工的优缺点作出评价，并将结果转给员工未来培训的主管，作为以后开展各种专业培训的重要依据。

培训的重点在于新员工未来实际工作技术的学习，重点在下列几方面：了解未来的工作范围；了解每天的例行工作和非例行工作；强调时间与效率的重要性；各部门之间的协调与配合等。工作现场培训即为见习期，是在一位资深员工的指导下从事未来所负担的工作。工作现场培训应尽量让新员工表现，指导员仅在旁协助，待新员工做完某项工作后再告诉他应改进的地方。

 **能力要求** ▶▶

 情境：岗前培训的实施步骤

## 一、岗前培训的设计

### 1. 制订岗前培训计划

开展岗前培训需要事先制订完整的计划。在岗前培训计划阶段，人力资源部门需要明确一些关键问题，包括岗前教育活动的目的、需要考虑的问题及其范围、开展岗前培训的时间、地点和培训教师等细节问题。对企业层次、部门层次和工作层次的主题要作出合理的划分，并合理规划岗前培训中的技术类内容和社会类内容。培训计划由文字和表格两部分组成。文字部分说明培训的对象、目的、内容、培训时间和培训地点等，表格显示培训的具体安排。岗前培训计划部分内容是固定的，另一部分内容根据每年的情况有所调整。

 **案例学习**

如表4-11所示，为客户楼层新员工培训计划实例表。

表4-11　　　　　　　　　　　　客房楼层新员工培训计划

| 培训内容 | 时　间 | 负　责 |
|---|---|---|
| 第一周 | | |
| 部门组织结构图/本岗位相关信息/在酒店角色及与其他部门关系/部门参观/了解工作内容和职责 | | |
| 仪容仪表的标准/工作中基本对客礼节礼仪/了解可以和不可以接受的工作行为/SFSMS系统/消防与生命安全 | | |
| 钥匙和小灵通的签领和签退/电话礼仪/如何填写工作报表/下班时归还报表程序/如何看排班表 | | |
| 客房的物品介绍/工作中的安全问题/如何做床 | | |
| 如何清洁浴缸/如何清洁淋浴间/如何清洁面盆/如何清洁恭桶/如何清洁墙面/如何清洁地面 | | |
| 如何抹尘/如何清洁镜子/如何清洁MINIBAR/如何清洁电话/如何吸尘/抹布的分类使用/清洁剂的辨别和使用 | | |

| 培训内容 | 时　间 | 负　责 |
|---|---|---|
| 第一周 | | |
| 楼层及房型布局/房间物品摆放标准/房间设施的使用方法/毛巾的折叠标准/工作间布草通道的使用 | | |
| 第二周 | | |
| 房态的认识与控制/如何查房态/如何电话更改房态 | | |
| 开门程序/如何处理开门要求/清洁房间前的准备工作 | | |
| DND 的处理程序/客房维修及报告 | | |
| 客人遗留物品的处理程序/房间棉织品的设置标准 | | |
| 吸尘器的使用和保养/杯具消毒程序/工作车的设置标准 | | |
| 房间整理标准程序/VIP 小整理服务/开夜床服务程序 | | |
| 洗衣的收送程序/洗衣单的正确填写/布草通道的使用 | | |
| 第三周 | | |
| 退房检查及注意事项/如何填写迷你酒吧单及酒水认识/如何用电话进行酒水入账 | | |
| 客房部对客服务项目/客房借物及注意事项/客房维修及报告/地毯去污程序/空调开关的设置 | | |
| 加床服务/婴儿床服务 | | |
| 擦鞋服务/欢迎茶服务 | | |
| 保姆服务 | | |
| 对客特殊事件处理/紧急情况处理 | | |
| 如何正确对待客人的投诉 | | |

资料来源：香格里拉酒店集团内训材料。

2. 编写岗前培训提纲

（1）企业介绍。这包括企业架构及其主要职能；本年度企业的经营方向和重点。

（2）企业文化介绍。这包括企业使命、核心价值观、企业精神等。

（3）人力资源管理制度说明。这包括薪酬制度；工作绩效考评制度；企业培训条例；劳动保险制度和有关税收政策；企业考勤制度介绍和企业福利介绍等。

（4）其他管理制度。这包括生产运作管理、安全管理、物流管理和保密规定等。

（5）设施条件说明。这包括 OA 管理介绍、交通路线与办公设施。

（6）将新同事介绍给各部门经理、主管。

## 二、岗前培训的实施

1. 准备培训资料

员工岗前培训的资料是指与岗前培训相关的各项通知、说明、统计表格、教学计划和培训提纲等，具体包括：①员工上岗培训计划；②员工上岗培训通知；③受训员工基本情况表；④受训员工上岗培训安排表；⑤受训员工上岗培训提纲；⑥按培训内容编写的培训资料或提纲；⑦员工手册。

2. 岗前培训的准备

（1）岗前培训开始时，由高层经理人员致欢迎词，介绍企业的信念和期望，企业历史及概要，企业的传统、规范与标准，企业的指挥系统，企业的方针和理想，企业在同行业中的地位，企业的经营思想，企业的发展趋势与目标，企业具备的优势和面临的问题，以及员工可以对企业具有的期望和企业对雇员的要求。

（2）由人力资源部门进行一般性的指导。在这一过程中，人力资源部门的代表应该和新员工讨论一些共同性的问题，包括介绍企业的概况、各种人事管理及规定、就职规则、薪酬制度、工作时数、员工福利、劳资关系、就职合同等。所需要介绍的各种政策与规定包括加班制度、轮班制度、工作费用报销规定、节日工资标准、发薪方式和纳税方法等。

（3）由新员工的直属上司执行特定性的指导，包括企业的经营活动、经营网络、商品构成、部门功能、新员工的工作职责、工作的地点、安全规定、绩效检查标准以及一起合作的同事等。在工作上还可以建立辅导关系，即让新员工的直属上司和同事成为新员工的师傅，指导新员工的工作。另外，通过正式或非正式的方式，将新员工的工作绩效反馈给新员工，有助于新员工个人进行明确的自我定位，并减少他们的焦虑感。

（4）举行新员工座谈会，鼓励新员工提问，进一步使员工了解关于企业和工作的各种信息。这一过程在促进新员工社会化方面具有重要作用。

（5）安排岗前培训的会场培训员应在培训实施时提前到位检查地点，确保培训各项准备的顺利进行。具体的事项有：座位的排定；温度的调节；设备的检查与调试；资料、学习用品的准备；后勤服务与保障和其他后备计划。

3. 实施培训

实施培训，即根据培训内容选择相应的培训方法和方式进行培训。

4. 考核考试

考试适用于对知识、技能的考察，如果想知道新员工对管理实务是否掌握、实习是否有收获，就应进行考核。考核有两种形式，一种是利用考核表；另一种是让新员工写心得报告，指导者根据心得报告作出评价。

5. 颁发上岗证或上岗通知书

上岗证和上岗通知书是员工取得上岗资格的证明。上岗证或上岗通知书的颁发，一般应以考试、考核是否合格为依据。

### 三、岗前培训内容与效果的跟踪

在岗前培训过程中，正式和系统的岗前培训跟踪很有必要。跟踪内容是对每一个新员工进行全面的复查，以了解岗前培训的内容是否已经被真正领会和掌握，必要时应该简单重复一遍。一般的调查方法是由新雇员代表和主管人员进行座谈，或者以问卷的方式普查所有新雇员。调查的内容包括：

1. 岗前培训活动是否适当

教育场所、文件资料和表达方式等是否使新员工得到了关于企业的正确印象。

2. 培训内容是否容易理解

如各种职业和各种背景的新员工在一起接受岗前培训，那么就需要了解岗前培训活动的内容和风格是否普遍适用，是否容易理解和接受。

3. 岗前培训的激励作用

培训活动是否强调了员工对于企业的重要性，接受岗前培训后，员工是否能够感到企业关心他们的事业和他们的家庭。

4. 岗前培训活动的成本大小

如果岗前培训的结果达到了预期的目标，就可以对岗前培训的效果与培训费用支出进行比较，对培训成本收益作出评估。

# 任务 2　岗位培训

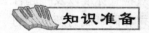 知识准备

## 一、岗位培训的概念

岗位培训也称在岗培训、在职培训、非脱产培训，是指企业为了使员工具备有效完成工作所需要的知识、技能和态度，在不离开工作岗位的情况下对员工进行的培训。目前在岗培训已经得到企业的认同，诸多企业都采取在岗培训的方式培训员工。

在岗培训的优点是简单易行、成本较低，不需要另外添加设备、场所，有时也不需要专职的教员，而是利用现有的人力、物力来培训，培训对象不用脱离工作岗位，可以不影响生产或工作。但这种培训往往较不规范，不易较快地取得效果。因此，这种培训一般用于涉及面广，不要求很快见效的培训任务。

在岗培训所运用的培训方法有很多种，较为常用的方法有工作指导法、工作轮换法、计划的提升、设立"助理"职位、建立"委员会"或"下级委员会"、特殊任务的委派等。这种工作中的培训，使员工在工作过程中逐步提高综合能力、新岗位的适应能力、创新能力和应变能力，也造就了企业运作的灵活性和有效性。

## 二、岗位培训的类型

按照培训的目的，岗位培训可划分为以下四种类型。

（一）转岗培训

转岗培训是指对已批准转换岗位的员工进行的，旨在使其达到新岗位要求的培训。转岗的原因主要有：

（1）企业原因。企业经营规模与方向的变化、生产技术进步、机构调整等因素往往引起现有员工配置的改进。在这种情况下，转岗成为人员重新配置的手段。由于历史原因，我国

国有企业普遍存在人员过剩问题，减员增效已成为必然趋势。减下来的人员中，一部分经统一培训后转换了岗位。另外，经济效益不好的企业被重组或兼并时，也可能发生员工转岗。

（2）个人原因。一般有两种情况，一是员工不能胜任现在的工作，需要重新安置；二是员工因某方面的才能或特长而受到重视，需要另行安排。

## （二）晋升培训

晋升培训是指对拟晋升人员或后备人才进行的，旨在使其达到更高一级岗位要求的培训。晋升培训的意义在于，当某个领导岗位出现空缺时，能够挑选到满意的候选人。其特点包括：

（1）以员工发展规划为依据。晋升目标是员工发展规划的重要内容。员工现状与晋升目标要求之间的差距就是个人培训需求。个人培训需求是制订晋升培训计划、指导晋升培训的依据。

（2）培训时间长、内容广。以管理人员为例，要把一个有潜力的员工培养成为优秀的管理者不可能一蹴而就，而需要花费一定的时间。因为对管理者的素质要求是多方面的，既有知识、经验、能力的要求，又有品德、个性的要求，相应地，培训内容也是多方面的。

（3）多种培训方法并用。这是由培训内容的多样性决定的，知识培训可采用课堂讲授，能力、个性的培训则应采用实践锻炼和模拟练习。

## （三）以改善绩效为目的的培训

以改善绩效为目的的培训是指在绩效未达到要求、绩效下降或绩效虽达到要求但员工希望改进其绩效的情况下所进行的在岗培训。其特点如下。

（1）以客观、公正的绩效考核为依据。实施此类培训的前提是企业具有客观、公正的考核制度，能够对员工的绩效进行准确的评估。同时，员工的直接领导应具有绩效管理的知识和技巧。这样，就能够通过绩效考核来确定培训需求。

（2）以一对一指导为主要方法。在培训比较系统、规范的企业里，员工在上岗前都要接受系统的集中培训，上岗后也要以课堂培训或自学的方式不断接受新的知识，学习新的技能。在这种情况下，绩效不理想往往是知识、技能等的应用方面有问题或思想上、心理上存在问题，这方面的改进有赖于工作中的指导。在培训不够系统、规范的企业里，员工素质的提高更适合在指导者的指导下边干边学，绩效的改进也是如此。

（3）任职前培训的延续。任职前的培训使员工具备了任职的资格，但并不意味着员工已尽善尽美，也不能确保每个员工都能达到要求。根据绩效考核的结果，有针对性地制订培训计划、实施培训，可以使任职前培训的不足得以弥补，使员工进一步发展和提高自己的工作能力。

## （四）岗位资格培训

许多岗位需要通过考试取得相应资格证才能上岗，而且资格证一般是在几年内有效。资格证到期时，员工需接受培训并再参加资格考试。要求上岗者须具备资格证的岗位包括国家有关部门规定的岗位、企业规定的岗位。针对第一类岗位的资格培训，一般由有关部门授权的机构组织，针对第二类岗位的资格培训由企业自己组织，本文所说的岗位资格培训特指后者。

## 三、岗位培训的内容

### 1. 在岗人员管理技能培训

在岗人员管理技能培训一般包括：观察与知觉力、分析与判断力、反思与记忆力、推理与创新能力、口头与文字表达能力、管理基础知识、案例分析、情商等方面。

2. 在岗人员专业性技能培训

在岗人员专业性技能培训一般包括：行政人事培训、财务会计培训、营销培训、生产技术培训、生产管理培训、采购培训、质量管理培训、安全卫生培训、计算机培训和其他专业性培训。

3. 培训迁移的有效促进

培训迁移是指一种培训中习得的经验对其技能的影响，因此，教育界提出了"为迁移而教"的口号。有效促进员工培训迁移的主要因素包括：合理确定培训目标、精选培训教材、合理安排培训内容、有效设计培训程序、使员工掌握学习规律等方面。

 案例学习

如表4-12所示为岗位技能培训实例表。

表4-12　　　　　　　　　　　岗位技能培训

| 执行部门 | 岗位技能培训内容 | 培训方式 | 培训师 | 评估方式 | 培训工具 |
|---|---|---|---|---|---|
| 人力资源部 | 招聘面试技巧<br>办公设备使用 | 讲解操作<br>示范 | 部门经理 | 日常管理、检查管理交叉评分 | 计算机投影仪 PPT 办公设备<br>演示<br>白板<br>部门服务工具 |
| 质量管理部 | 沟通技巧<br>案例分析<br>投诉处理技巧 | 分析举例 | | | |
| 保安中心 | 消防器材使用<br>应急事件处理 | 分析举例 | | | |
| 前厅部 | 酒店信息管理系统应用<br>电话接听礼仪<br>问询服务<br>沟通技巧<br>高价房推销技巧<br>突发事件处理<br>特殊账务处理<br>POS 机应用<br>火警处理<br>停电处理<br>客人电梯被困解救 | 讲解模拟操作 | 主管/经理 | | |
| 客房部 | 酒店信息管理系统应用<br>火警处理<br>停电处理<br>善于发现客人喜好习惯<br>常见故障排除 | | | | |

续 表

| 执行部门 | 岗位技能培训内容 | 培训方式 | 培训师 | 评估方式 | 培训工具 |
|---|---|---|---|---|---|
| 餐饮部 | 酒店信息管理系统应用<br>餐巾折花<br>摆台<br>斟酒水<br>菜肴知识介绍<br>餐中服务<br>沟通技巧<br>急推菜肴推销 | | | 日常管理、<br>检查管理<br>交叉评分 | 计算机投影<br>仪 PPT 办公<br>设备<br>演示<br>白板<br>部门服务工具 |
| 厨房 | 酒店信息管理系统应用<br>围边技巧<br>装盘技巧<br>创新菜制作<br>菜肴出品质量控制 | | | | |
| 工程部 | 各类设备维护<br>常见故障排除<br>故障发生如何与客人沟通 | | | | |
| 财务部 | 酒店信息管理系统应用<br>点钞<br>计算器熟练应用<br>特殊账务处理<br>沟通技巧 | | | | |
| 采购部 | 物品、菜肴等询价、验收<br>供应商对比选择 | 讲解说明<br>表格对比 | | | |
| 营销部 | 客户开发技巧<br>新产品宣传推销技巧<br>客户维护<br>沟通技巧 | 讲解说明<br>现场示范 | 部门经理 | | |

## 四、岗位培训实施用表

企业实施在岗培训，需要设计一些标准化的工作表格和记录单，常见的表单主要有：培训目标与企业目标对应表、人员情况调查表、员工培训计划表、年度培训计划汇总表、教材制作核对表、培训课前准备检查表、培训课程表、培训反馈表、培训成果检测表、培训课程与知识要点、培训评估资料收集表、事前观察收集评估表、培训师教学评价表、学员培训参与评估表、个人受训记录表（培训档案）、企业部门培训记录表、培训资料存档登记表等。

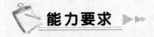

**能力要求** ▶▶

情境1：制订岗位培训计划的步骤

步骤1：调查企业目前从业员工现状

调查企业从业员工现状的目的是为了确定企业中哪些员工需要培训。调查企业从业员工现状的内容包括：确定五年内退休的员工及其人数；通过培训即可晋升上级职位的员工及其人数；因工作态度不好必须实施培训的员工及其人数；因工作技能和绩效不佳而不能提升的员工及其人数等。

调查时一般采用让员工或员工主管填写调查表的方式。调查表的填写一般由各业务部门的主管负责。对需要晋升的业务主管的调查应由上一级负责人员或人力资源部门填写。调查表汇总后培训部门分析培训的要素，针对各职级的需要制作培训要点分析。根据分析情况确定五年内各职级必须参加培训的人数及培训要点，并预测培训的有关变动情况。

步骤2：确定培训的项目和内容

培训项目的确定可采用直接记录法或企业分析法等方法。直接记录法是通过与下属或同事的沟通与磋商，让从业人员随时记录所从事工作的名称、所使用的设备、作业流程、作业的技能要求、从业人员的责任等。企业分析法是指把工作现场内的所有工作分成若干作业期，并将每一作业期内的工作分类，调查每一项工作的具体要求。

培训项目确定后，就要决定对不同员工实施不同的培训，选择不同的培训内容。培训内容是根据某项工作对员工所应具备的知识和技能要求确定的。由于参训员工的工作岗位和所掌握的技能不同，所以培训的内容也会有相当大的差距。一般来说，员工知识的增加主要靠讲师讲授，技能的提高主要来自工作实践。

步骤3：培训实施的准备

（1）安排培训教师，通知下属培训的内容、目的、时间等；

（2）确定培训的方法。如个别指导、集中培训、会议式培训等；

（3）安排参训人员培训期间所从事工作的代理人；

（4）备齐培训所需的仪器、设施、工具等必要设备；

（5）根据工资发放的有关规定支付参训员工培训期间的工资；

（6）测定参训员工的培训作业成绩，检测的标准应随着培训的进展而定，各职级的标准可根据各职级所需的知识、技能中代表性的项目决定；

（7）制订每月培训主题和培训计划表（如表4-13、表4-14所示）。

表 4-13　　　　　　　　　　　　　制订每月培训主题表

| 月　份 | 培训主题 | 备　注 |
|---|---|---|
| 1 | 岗位职责及工作内容 | |
| 2 | 酒店规章制度及部门劳动纪律（含行为规范） | |
| 3 | 部门礼节礼貌、仪容仪表 | |
| 4 | 部门服务技能 | |
| 5 | 部门接待程序、标准、质量 | 根据部门特点自行编制培训教案；培训目的：员工缺什么补什么 |
| 6 | 消防安全知识、突发事件处理 | |
| 7 | 沟通技巧、岗点故障排除 | |
| 8 | 客人投诉处理（部门案例分析） | |
| 9 | 酒店应知应会、常见问题解答 | |
| 10 | 操作安全与规范 | |
| 11 | 酒店意识、团队精神建立完善 | |
| 12 | 节能降耗、部门设备、劳动工具操作安全与维护 | |

表 4-14　　　　　　　　　　　　　员工岗位培训计划表

单位（部门）：　　　　　　　　　　　　　　　　　　　年　　月　　日

| 培训项目名称 | | 本年度举办班数 | | 培训地点 | | 各培训班负责人 | |
|---|---|---|---|---|---|---|---|
| 培训目的 | | | | | | | |
| 培训对象 | | | | 培训人数 | | 培训时间 | |
| 培训科目 | 科目名称 | 教师 | 教学大纲 | 授课时数 | 教材来源 | 备注 | |
| | | | | | | | |
| | | | | | | | |
| | | | | | | | |
| 培训方式 | 讲授与实习同时举行：每日上课　　小时；实习　　小时 | | | | | | |
| | 讲授与实习分期举行：讲授　周，每日　小时；实习　周，每日　小时 | | | | | | |
| | 全部培训时间在现场实习：每日　　小时 | | | | | | |
| | 讲授方式：每日上课　　小时 | | | | | | |
| | 学术座谈和业务讨论：每周　　小时 | | | | | | |
| 培训进度 | 周次 | 培训内容摘要 | | | | 备注 | |
| | 第一周 | | | | | | |
| | 第二周 | | | | | | |
| | 第三周 | | | | | | |

步骤 4：明确培训指导负责人

培训指导负责人的职责：接受并带领参训员工进行培训；掌握培训的进展速度。培训指导负责人应该具备以下条件：深厚的学识修养和高超的职业技能；一定的企业能力和策划能力；较强的协调能力；一定的语言表达能力；较强的自制能力。

步骤 5：制作准备培训记录表和培训报告书（如表 4－15、表 4－16 所示）

表 4－15　　　　　　　　　　员工岗位培训记录表

单位（部门）：　　　　　　　　　　　　　　　　　　　年　　月　　日

| 培训内容 | | | | | |
|---|---|---|---|---|---|
| 时间 | | 地点 | | 人数 | |

| 参训人 | 签到 | 参训人 | 签到 | 参训人 | 签到 |
|---|---|---|---|---|---|
| | | | | | |
| | | | | | |
| | | | | | |

表 4－16　　　　　　　　　　员工培训报告书

| 姓名 | | 培训内容 | | | |
|---|---|---|---|---|---|
| 培训时间 | | 培训方式 | | 培训地点 | |

培训内容：

学习心得：

| 签名 | | | 报告日期 | |
|---|---|---|---|---|

步骤 6：制订培训计划的责任管理

目前一般采取自下而上的方法制订计划。首先，是企业各下属机构或部门分别制订各自下一年度的培训计划；其次，各下属机构或部门在规定的期限内将培训计划上报人事部，由人事部汇总；人力资源部门（或教育培训部门）召开各下属机构或部门培训负责人会议，确定企业的年度培训计划（共同培训部分）。

步骤 7：核算培训经费

在岗培训费用是指从事在岗培训工作的一切经费，主要包括教材编写、聘请讲师、租用培训场地等费用。许多企业都有自己的培训场地，就可以节省一部分费用。培训教材的使用方面，有的企业订购教材，但是订购的教材往往不完全适合某一个具体的企业，所以大多数企业都自己编撰教材。

> **情境2：转岗培训的设计**

**1. 转岗培训的程序**

因企业原因或个人不能胜任工作而需要转岗培训，可按以下程序进行。

（1）确定转换的岗位。员工的领导根据其具体条件并在征求本人的意见后提出建议，由人事部门确定。

（2）确定培训内容和方式。培训内容根据员工将要从事的岗位的具体要求确定，培训方式则根据培训内容和受训人数等因素确定。

（3）实施培训。转岗培训与岗前培训在内容上的差别是：转岗培训更偏重专业知识、技能、管理实务的培训。

（4）考核考试。培训结束后应对受训者进行考试或考核，考试、考核合格，由人事部门办理正式转岗手续。

**2. 转岗培训的方式**

由于转岗的原因不同，岗位转换的"跨度"有大有小，这就决定了转岗培训的方式多种多样。

（1）与新员工一起参加拟转换岗位的岗前培训。对企业而言，转岗员工是老员工，但对岗位而言，他们是新员工。因此，转岗员工可以与新员工一起接受培训。

（2）接受现场的一对一指导。转岗往往是个别现象，有时候在企业内对转岗员工进行正规、系统的培训存在困难，在这种情况下，最好的办法是，在新的岗位上边干边学，考试、考核合格后正式上岗。

（3）外出参加培训。如果岗位转换的"跨度"很大，也就是员工现有素质与新岗位的要求之间有较大差距，就必须对其进行系统培训。如果某类培训企业做不了，可以让员工外出参加相同内容的培训，但这种培训一般时间较长，费用也较高。

（4）接受企业的定向培训。在集中转岗的情况下，企业可以根据员工的发展方向进行集中培训，培训内容、时间长短视将来工作的需要而定。

> **情境3：晋升培训的设计**

晋升培训主要包括两个阶段。

（1）任职前训练阶段。本阶段的目的是提高受训者的理论水平和业务水平，增长受训者的才干，丰富受训者的工作经验，使其具备任职的基本条件。可采用派出学习、参加本企业的理论和专业培训班、参加指定的实践活动等方式。

（2）任职后训练阶段。本阶段的目的是进一步提高受训者的素质。培训时间一般为任职后的1～2年。在这1～2年内，对受训者进行一些专门的培训，这些培训项目之所以放在任职后，是因为受训者有了一定的领导经验后再接受这类训练效果更好，同时，培训后可以立即加以应用，通过实践来掌握、巩固学习的内容。培训的内容应根据工作的具体要求设计，如：目标选择训练、工作评估训练、激励训练、逐日反馈训练和时间管理训练等。

### 情境 4：岗位资格培训设计

（1）确定要严格执行持证上岗制度的岗位和资格证的期限。一般是技术知识要求严格或责任重大的岗位，确定资格证的期限要考虑技术发展的要求。

（2）确定岗位资格考试、考核的内容。考试、考核内容应根据工作说明书（或岗位规范）、技术等级标准确定。由于技术进步和知识更新的速度很快，考试、考核内容应及时调整。

（3）确定培训内容。培训内容应当与考试、考核内容相对应。

（4）实施培训。培训应当在资格证有效期限之前进行。由于资格证是分批颁发，所以培训也应分批进行。

（5）考试、考核。实行"考试、考核—颁发上岗证—考试、考核—换证"。这种管理方法，其目的是激发员工学习新知识、新技术的积极性，保证员工素质与岗位要求相吻合。

（6）重新颁发上岗证。

### 情境 5：管理人员培训设计

员工管理人员教程培训是在职培训的重要形式之一，受到很多企业的重视。员工管理人员教程培训的设计一般按照四个级别进行，各级培训之间先以最低级别培训为基础，从第四级别到第一级别所获技能依次提高，其具体培训内容大致如下。

1. 四级培训：管理理论教程

培训对象：具有管理潜能的员工。

培训目的：提高参与者的自我管理能力和团队建设能力。

培训内容：企业文化、自我管理能力、个人发展计划、项目管理、掌握满足客户需求的团队协调技能。

培训日程：与工作同步的一年培训，短期研讨会 1 次和开课讨论会 1 次。

2. 三级培训：基础管理教程

培训对象：具有较高潜力的初级管理人员。

培训目的：让参与者准备好进行初级管理工作。

培训内容：综合项目的完成、质量及生产效率管理、财务管理、流程管理、企业建设及团队行为、有效的交流和网络化。

培训日程：与工作同步的一年培训、短期研讨会 2 次和为期 2 天的开课讨论会 1 次。

3. 二级培训：高级管理教程

培训对象：负责核心流程或多项职能的管理人员。

培训目的：开发参与者的企业家潜能。

培训内容：企业管理方法、业务拓展及市场发展策略、技术革新管理、多元文化间的交流、改革管理、企业家行为及责任感。

培训日程：与工作同步的 18 个月培训，为期 5 天的研讨会 2 次。

4. 一级培训：总体管理教程

培训对象：管理业务或项目并对其业绩全权负责者；至少负责两个职能部门者。

培训目的：塑造领导能力。

培训内容：高级战略管理技术、知识管理、识别全球趋势、调整企业业务、管理全球性合作。

培训日程：与工作同步的2年培训，每次为期6天的研讨会2次。

 案例学习

如表4-17所示为管理层（含优秀员工培训内容实例表）

表4-17　　　　　　　　　　管理层（含优秀员工）培训内容

| 培训层次 | 培训内容 | 培训方式 | 培训师 | 评估方式 | 培训工具 |
|---|---|---|---|---|---|
| 优秀员工突出重点培养 | 企业文化认知<br>酒店服务意识<br>个人职业形象塑造<br>酒店管理意识<br>参观高星级酒店 | 讲解<br>座谈互动<br>参观交流 | 内部专职培训师<br>外请讲师 | 阶段管理效果评估 | 计算机投影仪<br>PPT<br>办公设备<br>白板 |
| 基层管理层 | | | | | |
| 中层管理层 | 团队管理理念<br>管理技巧<br>人力资源分配<br>市场分析能力培养<br>内部管理需求分析<br>团队合作精神建立<br>管理创新方法<br>企业归属感培养 | 沟通讨论<br>参观交流<br>户外拓展<br>脱产培训 | 内部或外请高级讲师 | 经营目标实现考核<br>阶段管理效果评估<br>员工管理满意度评估<br>客人服务满意度评估<br>员工流失率 | 指定道具 |
| 高级管理层 | 企业发展战略<br>企业环境研究分析<br>企业文化完善实施<br>人力资源管理<br>对策研究<br>决策执行<br>人际关系处理哲学<br>管理修养 | 脱产培训<br>参加研讨会<br>高级研修班 | 国内专业讲师<br>国际知名酒店集团讲师 | 经营目标实现<br>企业成本控制<br>企业安全生产控制<br>宾客满意率<br>员工流失率<br>从业资格认证 | 特殊工具 |

# 任务 3 脱产培训

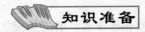 知识准备

## 一、脱产培训概念

脱产培训是指离开工作或工作现场进行的培训。有的培训是在本单位内进行,有的则送到国内外有关的教育部门或专业培训单位进行。这种培训能使受训者在特定时间内集中精力于某一特定专题的学习。如参加研讨会、去国外优秀企业短期考察、到高等院校进修和出国进修等。

脱产培训的费用一般比较高,对工作影响大,因此并不适合于全员培训。其主要是用来培养企业紧缺人员,或为企业未来培养高层次技术人才、管理人才,或为了引进新设备、新工艺,由工厂选送员工去国内外对口企业、高等院校、科研机构进修。

脱产培训的方法很多,特别是发达国家设立的培训中心培训手段非常丰富,如电视录像、分组讨论、角色扮演、案例研究等。

## 二、脱产培训的类型和特点

### (一) 分阶层脱产培训的概念和特点

分阶层脱产培训就是对不同阶层的员工进行脱产教育培训,包括对各类管理阶层人员的培训,还包括对新员工的岗前培训,对女职工的脱产培训,对骨干员工的脱产轮训等。

(1) 强调培训对象的职务地位、等级和阶层。某个员工即将进入某个阶层、担当某种职务或取得更高职务时,必须经历一次脱产的教育培训,以便更好地担当新职务。

(2) 强调教育培训的综合性,即提高受训员工扮演新角色时必要的综合能力。

(3) 强调标准化、规范化教育培训,即按职务工作及担当职务工作所必须具备的知识、技能和态度的要求,按事先规定的且多年来行之有效的标准化教学方法;按规范的教学大纲和教材;按规定的授课时数和日程安排,按部就班地进行集中脱产培训。

(4) 具有定期轮训的特性。企业中的每一位员工都有各自的职务和工作,都有机会晋升更高的职务工作等级,因此分阶层脱产培训是定期进行的,一年一次或一年两次。每个员工都有资格和机会参加脱产培训,作为职业生涯的基础。

### (二) 分专业脱产培训的概念和特点

所谓分专业脱产培训是指按不同专业对各类员工进行脱产教育培训,包括对不同员工进行全面质量教育培训、安全生产教育培训,以及专业教育培训和技术教育培训等。其特点是:

(1) 强调教育培训的专业性,即对专业部门、专业人员进行专业知识、技能教育培训。

(2) 强调教育培训内容的单一性,即单课独进,缺什么补什么。由于生产工艺的变化或所担当的职务工作内涵发生变化,使原有的知识结构或技能结构出现某种失衡;换言之,使某职务某岗位的某些员工的某方面知识或技能显得有些不足,需要离开工作岗位,

集中参加教育培训，弥补这些不足，以便更好地适应改变了的生产工艺和职务工作。

（3）强调专业知识和技能的层次，以适应各专业、各职务不同层次、不同水平的专业人员的需要。

（4）强调教育培训的适应性和未来性。注重知识的迁移，能够将培训所学习的知识和技能运用到生产和工作上；并能够注意培训内容与当前生产条件和技术接轨，以适应未来技术发展的趋势。

（5）强调教育培训的灵活性和随机性，即在企业脱产教育培训的制度和大纲上，事先确定系统的教材、确定教育培训的时期以及师资来源；教育培训的需求和内容，主要不是依据企业内部的工作职务和岗位，而是外部的环境；在教育培训的需求和内容确定上存在着许多不可控和不确定的因素；在教育培训的专业课程设置上强调灵活性及随机应变。

（三）分等级脱产培训的概念和特点

分等级脱产培训类似"员工终身教育制"，即在进入公司前进行前期教育；进入公司后进行新员工教育；随着职务职位等级上升，进行定期或不定期的教育。从另一个角度说，对每一位处在不同职务或职位等级上的员工来说，都必须经历相应的"脱产教育培训"，以便更快地适应所承担的新职务或新职位。

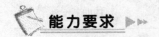

**能力要求** ▶▶

> 情境：脱产培训的管理程序

步骤1：评估需求与制订计划

这一阶段的主要任务是，运用调查和预测的方法，对酒店教育培训的需求实行分析与评估，在此基础上拟定脱产培训的教育培训目标和计划内容。需求评估中有四项内容。

（1）组织分析。着重确定组织范围内的教育培训需求，包括对组织目标、资源和环境的分析，以及对人力资源的重要或关键方面进行分析。从企业组织内外的对比分析中，从生产经营过程的现状和问题的对比分析中，确定企业组织的人才需求结构，进而确定教育培训的目标与计划大纲。

（2）工作分析。即按照企业职务工作标准、担当职务所需要的能力标准（职能标准），对各部门、各职务工作（岗位）状况，主要是对担当工作的职工及职工的工作能力、工作态度和工作成绩等进行比较分析，以确定企业组织成员，在各自的工作岗位上是否胜任所承担的工作，进而确定企业教育培训的需求结构。

（3）职工个体分析。逐一对职工的工作过程和工作结果以及工作态度进行考核评价，尤其对那些关键工作、关键岗位的人员素质进行测评，以确定需要教育培训的内容和人员。

（4）培训需求调查与预测方法的运用。通常企业可以选择以下各种方法对培训需求作出调查与预测。

①自我申报，即设立"自我申报参加教育培训制度"，让职工申述参加脱产教育培训的理由与依据。拟外出参加培训者应填写"脱产培训申请表"或"脱产培训推荐表"，报人力资源部门审核并须经主管经理审批。"脱产培训申请表"如表4-18所示。

表 4 - 18 　　　　　　　　　　　脱产培训申请表

| 姓名 | | 编号 | |
|------|------|------|------|
| 部门 | | 职位 | |
| 培训机构 | | 培训课程 | |

说明：

| | 课程名称 | 开始日期 | 结束日期 | 学费 |
|------|------|------|------|------|
| 培训过程 | | | | |
| | | | | |
| | | | | |
| | 姓名 | 日期 | 姓名 | 日期 |
| 审核 | | | | |
| | | | | |

填写说明："说明"栏要求填写申述参加脱产教育培训的理由与依据，或作备注说明。

②人事考核，即依靠人事管理的考核结果分析确定脱产教育培训（脱产培训）的对象和内容。

③人事档案，即利用人事档案，对人员情况及历史状况作出调查，确定教育培训的需求。

④人员素质测评，即用一套标准的统计分析量表，对各类人员素质进行评估，根据评估结果，确定培训对象与内容。

⑤此外，还有观察法、面谈法、典型调查法等。

步骤 2：脱产培训的实施与控制

这是脱产培训工作的主要阶段，是实施教育培训的目标与计划，并根据目标与计划，对脱产培训教育培训过程中出现的问题及时作出调整，控制整个过程的顺利进展的阶段。在脱产培训的实施和调控阶段上，并存着两方面工作，一是教学工作，二是教务工作。如何做好教学和教务工作，按既定的脱产培训计划与目标展开教育培训，是成败的关键。

步骤 3：脱产培训效果评估与反馈

这是脱产培训工作的最后阶段；这一阶段的重点是建立教育培训效果评估指标及指标体系；对教育培训的成效进行检查与评价；把评估结果反馈给有关部门，作为下一轮脱产培训目标与计划制订的依据之一，以完善脱产培训的教育培训体系和内容。脱产培训效果的评估一般有两种方法：一是根据受训者是否获得证书进行评估。这种方法适用于以取得资格证、学历证为目的的培训。培训结束后，受训员工将获得的证书交人力资源部备案。二是通过调查表或报告书进行评估，这种方法适用于非证书培训。员工学习结束后，填写培训效果调查表或培训报告书，交予人力资源部。人力资源部根据员工填写的调查表或报告书对培训作出评估，有利于今后审批此类培训。此阶段的工作实际上有两个重点：一是回答各种培训计划是否具有成效；二是回答各种培训是否达到预期的目标。通常采用四种标准对脱产培训结束后的教育培训效果进行评估，回答上述两个重点问题。

（1）反应标准。用于对表面效果的测评，询问那些参加培训者对此次教育培训的印象。

（2）学习标准。通常通过各种试卷或考试方式，直接测量受训者所学到或掌握的知识量。

（3）行为标准。这是指对受训者工作行为、工作能力和工作态度进行考核，分析判断教育培训前后的变化程度。

（4）结果标准。直接对接受教育培训之后的职工工作成绩，以及所在工作部门、科室的集体工作成绩进行测量、分析和判断，确定脱产培训的效果。

在一些情况下，教育培训的效果不会立即反映出来，或不直接在受训者行为结果上反映出来，需要进行"追踪调查与测评"。

步骤4：培训合同的签订

企业派员工外出接受长期培训，往往需要支付较多的培训费用，因此企业一般会要求员工学习结束后继续工作若干年。为确保双方的利益，受训者要与单位签订培训合同，这属于风险管理的范畴。

# 项目3　培训组织与实施

 **学习目标**

- 掌握课堂培训的影响因素、种类与准备工作。
- 掌握培训教室的布置方式。
- 掌握讲授法的优点、缺点、方式和实施要点。
- 掌握研讨法的类型、优缺点、形式、方法和实施要点。
- 掌握案例分析法的概念、特点、操作程序和对教师的基本要求。
- 掌握专题讲座法的类型、优缺点、形式、方法和形式。
- 掌握现场培训的内容、对象和形式。
- 掌握培训过程管理系统中需求调查、培训计划制订、课程开发、培训实施、效果评估等环节的实施要点。

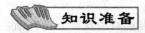

## 技能目标

1. 掌握传统布置法、臂章形布置法、环形布置法、圆桌会议和圆桌分组布置法、U形布置法、V形布置法，能够根据培训的内容和特点对培训教室进行布置，促进培训效果。

2. 掌握讲授法、研讨法、案例分析法、专题讲座法和现场培训方法的应用。

3. 能够根据柯氏培训四级评估模型，对培训效果进行评估。

# 任务1  培训方法的选择

### 知识准备

培训的主要方法包括：讲授法、研讨法、案例分析法、主题讲座法和现场培训法等。

## 一、讲授法的应用

（一）讲授法的方式

1. 灌输式讲授

灌输式讲授即单向式讲授，教师在讲台上讲解，学生在下面听讲、记笔记。这种方法不要求学生参与，不要求学生发现问题、分析问题、解决问题，这些都是教师的任务，学生只是被动地接受。教师只能依靠有吸引力的内容来吸引学生的注意，否则，时间久了，学生的注意力会下降。

2. 启发式讲授

启发式讲授即教师和学生间有互动，教师在讲授时先有所保留，将保留部分以问题提出，让学生思考和回答，然后进行总结。教师常用的提问方式有两种：一是提出问题让学生得出结论，如"请大家思考一个问题，启发式讲授的优点是什么？"；二是提出结论让学生分析和论证，如"为什么我们今天要采用U形布置法来布置教室？"

3. 画龙点睛式讲授

教师先将相关的讲义、辅导材料发给学生，让学生课前有充分的时间预习，上课时教师只针对重点和难点进行讲解，并回答学生的问题。这种方法使学生的参与性与自主性大大提高，提高学生的听课效率，而且学时数要比前两种方法明显减少，因为学生已经在上课前对讲课内容进行了认真的预习。

（二）讲授法的实施要点

1. 对讲课内容的要求

根据培训的具体对象和目标确定讲课内容，即培训前先了解学员的基本情况，如知识、能力水平、职位等，以及相对于岗位要求，学员在知识、能力等方面有哪些欠缺，由此确定讲课的内容、方式，形成具体的授课计划。

2. 对讲课教师的要求

在知识方面，要求讲课教师对所讲授的知识了如指掌，并有深入的研究，或有丰富的实际经验。在授课技巧方面，要求教师做到：善于引出讲课主题，如采用开门见山直入主题、由社会热点问题引出主题、以幽默的方式引出主题等方法，以引起学员的听课兴趣；讲课时善于把握要点，保持讲述的条理性，注意身体语言的配合等。

3. 保持学员兴趣的措施

让学员积极参与，如提出问题，由学生分析结论，提出解决方法；通过生动的语言或直观教具增强直观性；制造一些幽默和悬念。

4. 与其他方法结合使用

讲授法作为培训的最基本的方法，适合于系统地传授知识，可与研讨、角色扮演等多种方法相结合，以充分发挥它的作用，取得更好的培训效果。

## 二、研讨法的应用

研讨法适宜各类学员围绕特定的任务或过程独立思考，提高判断、评估问题的能力及表达能力的培训。

（一）研讨的形式

1. 集体讨论

集体讨论是指在教师的指导下，学生就某一主题展开讨论的形式。在大多数情况下，学生自由发言；有时教师也可以让学生写出发言提纲，从中选出若干人作为主要发言者。每一位发言者发言完毕后，其他学生发表看法。

2. 分组讨论

分组讨论是指将学生分为若干小组，就某一问题展开讨论的形式。讨论结束后，教师将各个小组的讨论情况汇集在一起，进行总结。这种形式适合于学生人数较多的情况，可以使每个人都有发言机会。

3. 对立式讨论

对立式讨论是指将学生分为意见对立的两组，双方针对某一命题进行辩论的形式。采用对立式讨论，一般要求对立的两组人数相等，发表意见的机会相同。学生在针锋相对的辩论中锻炼自己的分析能力、反应能力和说服能力。具体实施步骤如下：①主持人宣布辩题，介绍对立双方的观点；②正方发表看法；③反方发表看法；④自由辩论；⑤反方总结；⑥正方总结；⑦主持人总评双方观点。企业培训中的对立式讨论，一般不需判定双方胜负，只要对双方观点进行评论即可。

（二）研讨的方法

1. 演讲讨论法

演讲讨论法是指由培训企业者聘请一位专家针对某一专题进行演讲，演讲结束后专家与受训者进行自由讨论的方法。它适合于已学习过基本理论、需要对某些问题进行深入研究的受训者。演讲讨论法要求：演讲者必须是该课题的专家；事先应让受训者了解演讲的大致内容；演讲后的讨论应围绕演讲内容展开；讨论时应采取受训者提问、演讲者回答的方式。

2. 强调理解讨论法

强调理解讨论法是指通过讨论来达到掌握和巩固理论知识的一种方法。它一般不单独使用，而是与讲授或事前自学相配合，要求教师只分析讲解教案中基本的内容，将难点作为重点学习讨论的内容，这样可以提高受训者学习的兴趣，加深受训者对学习内容的理解。其实施过程如下：

（1）教师确定研讨主题、具体问题和答案。

（2）学员事前进行基础知识学习，如上课、自学。

（3）每个学员独立回答将讨论的问题。

（4）将全体学员分组，每组 5～6 人，各组讨论已确定的研讨问题，作出共同的答案。

（5）教师提供正确答案并加以解释。

（6）分析各组的答案，评定各组解决问题的能力和效率。

$$小组的讨论效率 = \frac{团体得分 - 个人平均分}{满分 - 个人平均分} \times 100\%$$

式中团体得分根据小组答对的题目计算，个人平均分根据小组得分和小组人数计算。百分比越高，说明团体讨论的效率越高。

（7）教师总结讨论过程，对普遍的错误进行分析，进行必要的个别辅导。

（三）研讨法的实施要点

1. 对研讨题目和内容的要求

研讨题目既要紧密联系实际，能反映现实问题，又要从培训要求出发，体现培训内容的要点，同时便于研讨操作。满足上述要求的研讨题目需要经过长期悉心收集、积累，同时要对它们进行深入研究、精心设计。

（1）题目具有代表性。这是指题目应与实际工作紧密联系，既能反映实际工作中普遍存在或亟待解决的问题，又能体现所需培训的关键和核心问题。

（2）题目具有启发性。这是指题目应能启发学员思考、研究，以利于学员能力的提高和对知识更好地掌握。

（3）题目难度适当。这是指题目应根据培训目标的要求，结合培训对象的知识、能力水平确定。

（4）研讨题目应事先提供给学员，以便做好研讨准备。

2. 对指导教师的要求

研讨法是在教师引导下，以学员活动为主的培训方法。它对指导教师的要求较高，他们不仅应是所研讨课题方面的专家，而且要关于引导、企业学员围绕主题展开讨论，同时创造轻松自由的讨论气氛，否则直接影响研讨的顺利进行，影响培训的效果。总之，为确保研讨的顺利实施，指导教师应注意做好如下工作。

（1）明确讨论要求。指导教师应首先提出讨论的基本要求和原则，安排讨论程序，确定讨论形式。

（2）引导讨论过程。讨论过程中，指导教师应随时注意引导。如讨论偏离主题时，应及时纠正；当讨论出现冷场时，可通过提出引导性的问题引导学员思考、辩论。

（3）创造讨论气氛。指导教师应鼓励每个学员积极参与讨论，鼓励学员提出自己的独到见解，并对学员的个人见解予以肯定。

（4）总结讨论结果。指导教师对讨论过程进行总结，分析结论的可行性，肯定正确意见，纠正讨论中的错误观点。

3. 指导教师制订讨论计划，准备讨论资料

指导教师应对研讨内容进行认真研究，明确通过讨论要解决的问题及解决问题的可能答案；设计研讨的进程，预计讨论过程中可能出现的问题及各种应对措施，准备研讨结束前的总结。

研讨法可用来传授知识、训练能力、培养态度，根据具体的培训目标不同，研讨法可用于各种内容的培训，如培养综合能力的案例分析法、开发创造力的头脑风暴法、改善人际关系的沟通能力训练、学习职业行为的角色扮演等，作为这些方法实施的基本形式。

### 三、案例分析法的应用

(一) 案例分析法的操作程序

1. 培训前的准备工作

（1）培训者根据培训目标和培训对象确定培训课程的具体内容。

（2）培训者从平时积累的案例中选择适当的案例作为研讨内容。

（3）培训者制订培训计划，确定培训时间、地点。

（4）培训者熟悉案例分析法的操作方法，了解实际应用中应注意的问题，掌握案例的选择标准和讨论后进行总结的方法。

2. 培训前的介绍工作

（1）培训者向学员介绍：培训者自我介绍；培训的目的、培训方式；案例分析法的基本内容、特点；案例分析法应用时应注意的问题及应用后能达到的效果；培训课程的计划安排。

（2）学员简单地自我介绍，彼此相互认识以获得基本的了解，以创造一个友好、轻松的研讨气氛。

（3）将学员分组，确定各组组长。

3. 案例讨论

（1）培训者展示案例资料，让学员了解、熟悉案例内容，同时应回答学员就案例内容提出的问题。

（2）各组分别研讨案例，找出所有的问题，并进一步确定核心问题。

（3）小组成员提出多种解决方案，通过讨论选择最佳方案。

（4）全体讨论解决问题的方案。

4. 分析总结

（1）培训者就案例内容及解决方案进行总结。

（2）培训者就本次培训课程的学习要点进行总结，并对讨论质量作出评价（检查是否达到预期要求，对学生的发言进行分析）。

(二) 案例分析法的实施要点

（1）培训者应在案例资料展示完毕后，进行必要的解释说明，回答学员的提问，以尽量保证学员对案例内容的准确把握，因为案例是从实际工作中收集来的，学员一般无法完

全通过材料了解案例的全部背景和内容。

（2）小组讨论中，若发现研讨内容偏离主题，培训者应及时纠正。

（3）各小组在提出最佳方案时，若培训者发现各组提出的对策缺乏新意，应给予提示引导，以促使学员深入思考。

（4）集体讨论时，培训者应注意控制时间，并进行适当引导，以使讨论能够深入。

（5）培训者进行总结时，既要对案例内容及解决方案进行分析，又要对各组提出的方案作出评价。

（6）培训者应在每次案例研讨结束后，对案例研究工作和结果进行记录、整理，一方面可保持、提高案例研究的完整性；另一方面有助于提高企业案例研讨课程的技巧和水平。

（三）案例编写的步骤

案例一般包括：说明，即目的、对象、使用建议、作者等内容；正文；附件，如数据、图表、有关规章制度、有关背景知识等；思考题。简单的案例至少要包括正文和思考题，其中正文一般按照事件发展的顺序展开，对于复杂的案例还应先介绍事件发生的背景；思考题不止一个，提问方式多种多样，如"你认为案例中主人公的行为有无不妥之处？"、"针对 A 公司的问题应采取什么对策？"等。具体编写步骤如下：

（1）确定培训的目的。案例的编写要以培训目的为依据，培训目的应当具体、明确。

（2）收集信息。信息的来源一般有四个：一是公开出版发行的报刊书籍；二是内部的文件资料；三是有关人员的叙述；四是自己的经历。如果仅依据公开的报刊书籍而不进行深入调查，很难编写出高水平的案例。

（3）写作。事件的起因、发展、结果应忠于事实，引用的数据要准确（不便于公开的除外），涉及的机构和人名可隐去。如果案例需要公开，应征得有关机构、人员的同意。

（4）检测。请具有一定专业知识的人或经验丰富的人来审阅案例，看它是否存在缺陷或遗漏。

（5）定稿。根据审阅者的意见对案例进行修改，最后定稿。

## 四、专题讲座法

专题讲座法形式上和课堂教学法基本相同，但在内容上有所差异。课堂教学一般是系统知识的传授，每节课涉及一个专题，接连多次授课；专题讲座是针对某一个专题知识，一般只安排一次培训。这种培训方法适合于管理人员或技术人员了解专业技术发展方向或当前热点问题等方面知识的传授。

专题讲座法的优点：培训不占用大量的时间，形式比较灵活；可随时满足员工某一方面的培训需求；讲授内容集中于某一专题，培训对象易于加深理解。专题讲座法的缺点：讲座中传授的知识相对集中，内容可能不具备较好的系统性。

## 五、现场培训的方法

现场培训方法又称实践法，是指受训者在工作场所边干边学的培训方法。它的主要优点有：一是经济，受训者边干边学，一般无须特别准备教室等培训设施；二是实用、有效，受训者通过实干来学习，培训的内容与受训者将要从事的工作紧密结合，而且受训者在"干"的过程中，能迅速得到关于他们工作行为的反馈和评估。现场培训的对象包括：

（1）从学校毕业的新员工。这类人员具备系统的专业知识，但他们不具备具体的产品知识和相关技能，不熟悉相关管理实务。

（2）有相关工作经验的新聘用人员。这类人员虽然从事过相关工作，但由于不同企业产品存在差异，仍需要先熟悉产品；也有这样的情况，由于工作内容非常接近，进入一家新企业后，不需要进行现场培训，只要进行简单的指导即可上岗，如财务部的出纳员。

（3）有工作经历但原先从事的工作与现在从事的工作完全不同的员工，包括转岗员工和将要从事的工作与原先工作不同的新员工。前者如一名产品开发人员调到质量部从事质量管理工作，需要熟悉质量管理体系；后者如一位从事过构件采购的人员被聘为电子元件采购员，需要熟悉各种电子元件的性能和用途。

（4）企业的后备人才。这类人员有可能晋升到更高的职位，需要有针对性地对他们进行能力等方面的培养。

（5）需要改善绩效的员工，而且该员工要改进的项目适合于现场培训。

其具体形式有：工作指导法、工作轮换法、特别任务法和个别指导法。

（一）工作指导法

工作指导法又称教练法、实习法，是指由一位有经验的工人或直接主管人员在工作岗位上对受训者进行培训的方法。负责指导的教练的任务是教给受训者如何做，提出如何做好的建议，并对受训者进行激励。

工作指导法的优点是应用广泛，可用于基层生产工人，如让受训者通过观察教练工作和实际操作，掌握机械操作的技能；也可用于各级管理人员培训，让受训者与现任管理人员一起工作，后者负责对受训者进行指导，一旦现任管理人员因退休、提升、调动等原因离开岗位时，已经训练有素的受训者便可立即顶替，如用设立助理职务来培养和开发企业未来的高层管理人员。这种方法并不一定要有详细、完整的教学计划，但应注意培训的要点：一是关键工作环节的要求；二是做好工作的原则和技巧；三是须避免、防止的问题和错误。

（二）工作轮换法

工作轮换法是指让受训者在预定时期内变换工作岗位，使其获得不同岗位的工作经验的培训方法。以利用工作轮换进行管理培训为例：让受训者有计划地到各个部门学习，如生产、销售、财务等部门，在每个部门工作几个月。实际参与所在部门的工作，或仅仅作为观察者，以便了解所在部门的业务，增进受训者对整个企业各环节工作的了解。工作轮换法的优点是：

（1）能丰富受训者的工作经验，增加其对企业工作的了解；

（2）使受训者明确自己的长处和短处，找到自己适合的位置；

（3）改善部门间的合作，使管理者能更好地理解相互间的问题。

工作轮换法的不足之处在于：此法鼓励"通才化"，适合于一般直线管理人员的培训，不适用于职能管理人员。

（三）特别任务法

特别任务法是指企业通过为某些员工分派特别任务对其进行培训的方法，此法常用于管理培训。

（1）委员会或初级董事会。这是为有发展前途的中层管理人员提供分析本公司范围问题经验的培训方法。一般"初级董事会"由 10～12 名受训者组成，受训者来自各个部门，他们针对高层次的管理问题，如企业结构、经营管理人员的报酬以及部门间的冲突等提出建议，将这些建议提交给正式的董事会，通过这种方法为这些管理人员提供分析高层次问题的机会以及决策的经验。

（2）行动学习。这是让受训者将全部时间用于分析、解决其他部门而非本部门问题的一种课题研究法。受训者 4～5 人组成一个小组，定期开会，就研究进展和结果进行讨论。这种方法为受训者提供了解决实际问题的真实经验，可提高他们分析、解决问题以及制订计划的能力。

（四）个别指导法

个别指导法和我国以前的"师傅带徒弟"或"学徒工制度"相类似。目前我国仍有很多企业在实行这种帮带式培训方式，其主要特点在于通过资历较深的员工的指导，使新员工能够迅速掌握岗位技能。

个别指导法的优点是：

（1）新员工在师傅指导下开始工作，可以避免盲目摸索；

（2）有利于新员工尽快融入团队；

（3）可以消除刚从高校毕业的学生进入工作的紧张感；

（4）有利于企业传统优良工作作风的传递；

（5）新员工可从指导人处获取丰富的经验。

个别指导法的缺点：

（1）为防止新员工对自己构成威胁，指导者可能会有意保留自己的经验、技术，从而使指导流于形式；

（2）指导者自身水平对新员工的学习效果有极大影响；

（3）指导者不良的工作习惯会影响新员工；

（4）不利于新员工的工作创新。

**能力要求** ▶▶▶

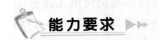

情境：布置培训教室

一般来说，影响教室布置的决定性因素有：①参训者人数；②不同的培训活动形式；③课程的正式程度；④培训者希望对课堂的控制程度。课室布置过程中，要走到最后的座位，从学员的角度对整个教室进行观察。留意是否有分散注意力的因素，是否大家都能听清、看清，这种布置是否是最佳的。当学员到达时，他们看到教室已经布置好了，每个人的名字都写在座位卡上，他们会感到培训的准备工作非常认真，信心也会增加。

教室的布置可以以教师为中心，即突出教师的位置，使教师便于讲授和控制，学生便于集中精力听讲；也可以以学生为中心，即突出学生的位置，使学生能够相互影响和交流，便于活跃课堂气氛，显得教师与学生的关系更接近。当然，后者往往使学生不能在整个教学过程中注意教师。具体方式如下。

1. 传统布置法

传统布置法即学生面向讲台，分排就座，坐椅前通常有桌子，便于摆放学习用具和记笔记，若只有椅子，则可将椅子设计成宽扶手的，便于学生记笔记，如图4-4所示。

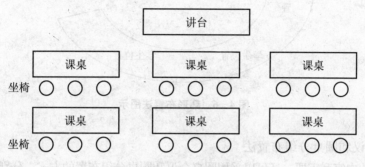

图4-4 传统布置法图示

从空间利用的角度看，这种布置方法是最好的，因为它只要留出教师的活动空间和座位间的通道，其余空间都可摆放桌椅；从讲授的角度看，这种布置方法也是最佳的，因为讲授过程中不需要学生之间的交流，学生只要专心听讲即可。

2. 臂章形布置法

这种方法如图4-5所示，由传统布置法发展而来，它将每列桌子靠中间过道的一头向后稍移一定的角度，以使处于同一排而被过道隔开的学生能相互看见，相互交流。但这种方法只适合于桌椅排成两列的教室。

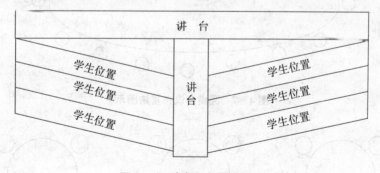

图4-5 臂章形布置法图示

这种布置方法具备传统教室布置的一些优点，又便于学生交流，讲授与讨论相结合的教学可以尝试，但它会分散学生对教师讲课的注意力。

3. 环形布置法

环形布置法，如图4-6所示，即将桌椅围成一个不封闭的圆圈，缺口处为教师的位置，便于学生之间、学生与教师之间的交流，是典型的以学生为中心的布置方法。它适合于应用研讨法或案例法的培训，而不适合于讲授法，因为有近一半的学生不能正视教师。

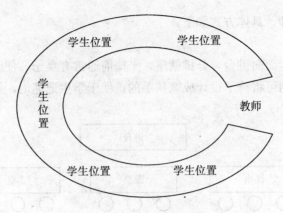

图 4 - 6　环形布置法图示

4. 圆桌会议和圆桌分组布置法

根据培训的内容和需要，还可以采用圆桌会议和圆桌分组布置的方式，分别如图 4-7 和图 4-8 所示。圆桌会议布置法适用于人数在 15 人以下的研讨性培训，也容易增加亲近感，学员精神比较容易集中。而圆桌分组布置方式的主要优势是：比较适合多人型的团队培训，有利于培养团队意识，可以在桌与桌之间进行沟通，不离开位置就能组成新的小组，培训师可以在各桌之间巡视，并且加入任何一组。其不足是：学员们不容易看到培训师，并且在观看投影时都得转动一个角度；在演讲时，这种布置方式鼓励了私下的谈话，削弱了演讲效果。

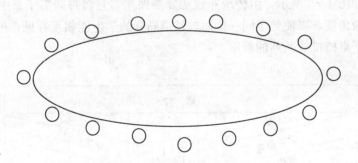

图 4 - 7　圆桌会议布置法图示

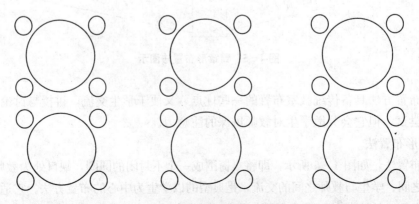

图 4 - 8　圆桌分组布置法图示

5.U形布置法

即将桌椅围成一个U形，开口处是教室的正面。这种布置形成两边的学生互相对视，另一排学生正对教师。它适合于模拟练习法，U字里面的空间可以作为模拟者的演练区域，如图4－9所示。

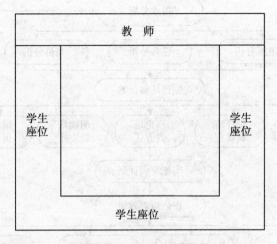

**图4－9　U形布置法图示**

6.V形布置法

V形布置法或称人字形布置法即将课桌、座位以一个角度进行布置，摆成一个V字形，如图4－10所示。采用V字形布置，不像平行布置那么拘谨，所有的学员都可以比较容易地看到黑板、投影幕布，培训师可以从过道走向任何一个学员进行沟通，学员们可以进行最佳的沟通。其主要缺陷是：不便于学员们相互看见对方，有些学员的视线会被其他学员挡住，学员的沟通不如U形布置。为此，可对其进行必要的调整，如采用单排的V形布置，可以为培训师和学员提供最佳视角，也最便于沟通，但参加培训的人数不宜太多，一般10人以下为宜。

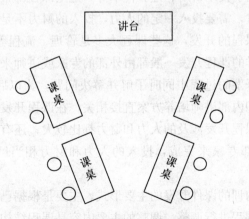

**图4－10　V形布置法图示**

# 任务 2　培训过程管理

### 知识准备

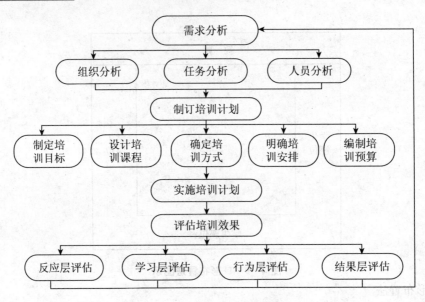

**图 4 - 11　企业培训过程管理**

## 一、课程开发

课程开发从开发的程度可以划分为完全定制开发、半定制开发和直接引进，从开发的资源区分可以分为内部开发和外部开发。

完全定制开发是完全基于课程的开发流程进行开发的课程，需要解决的是既定的问题，要投入很大的人力或财力。一般来讲，完全定制开发一般都是企业的企业文化宣讲、战略规划传达、业务介绍、技术讲解、经验传承等，这些课程都带有强烈的企业色彩，基本都有内部讲师进行开发，需要投入一定的人力，投入的财力不是很多；也有一些针对企业的某些特定问题进行课程的开发，这些课程大多是管理、流程等方面存在一定的问题，而且是普遍的问题，这样的课程开发一般都由外部的专家或讲师来完成，而且是与专项方案相关的，在进行课程开发的过程中同时了解并解决问题，为以后问题的处理制订规范，这样的项目一般都同时和内部讲师培养方案直接相关，在课程开发的过程中培训起自己的专业讲师队伍，这样的课程开发涉及的人力和财力都比较大；还有就是根据关键事件做的课程开发，主要是由外部专家来完成，投入的人力和财力相当巨大，比如 IBM 开发的"MOT 关键时刻"。

半定制开发是进行内训的课件开发的主要形式，主要是根据已有的培训课程，结合企业的实际情况，对培训课程进行调整，调整的主要内容是课程结构和案例，使得单次培训的内容和背景资料更有针对性，从而增强培训的效果。半定制开发的课程内容调整幅度一般在 60%～90%，太多讲师的授课可能会有影响，太少针对性就会比较差，如果课程设计时针对的企业类型和自己企业的企业类型比较相近的，调整幅度就比较小，反之调整的幅度就比较大。如果是外部讲师进行半定制开发，一定要进行好课前调查，并收集企业的相关案例；如果是内部讲师则需要在外部讲师授课的时候进行几次现场学习，然后再进行开发效果会更好一些。

直接引进的课程一般来说并不是很多，直接引进的课程大多是专门做课程开发的企业开发的课程。这样的课程整体的科学性比较高，不需作调整，讲师一般充当的是讲解和阐述的角色，课程的精华在课件本身，而且要求引进的课程和本企业具有极强的行业、企业规模、面对挑战等的一致性。如果是外部讲授这样的课，课程教授的场次经验很重要，如果是内部讲师讲这样的课，则一定要去参加培训并拿到讲师手册等比较全面系统的培训资料。

## 二、培训实施

培训实施按时间顺序可以分为三个阶段：培训前的准备阶段、培训中的现场支持阶段、培训后的总结阶段。

培训前的准备阶段包括行政准备、确认参训人员名单和课前调研。行政准备主要是培训的设备、物品等；确认参训人员名单，对上报的参训人员名单进行核实和确认，了解是否有人员调整，如果有人员调整，就再看是否符合培训的目标对象；课前调研，根据确定的课程大纲，做一个训前调研表，标出培训的重点并让参训学员按照重要度和掌握的程度进行打分，然后求出均值，大家都认为重要的掌握的又不好的作为培训的重点，同时收集一些案例在培训过程中直接解决问题。

培训中的支持阶段主要包括行政工作、协调工作和记录工作。行政工作是准备相关物品等协助讲师完成培训；协调工作是根据培训现场每个学员的反应，在休息时间与相关人了解培训的内容、难易、重点、进度等建议，并将学员的建议反馈给讲师，以便讲师更好地把握学员的现状和需求；记录工作主要记录与培训相关的内容，作为培训后的总结之用。

培训后的总结阶段包括培训总结报告和反馈。培训总结报告包括出勤情况、合格率、学员建议等，一般以固定的模板形式体现；反馈主要包括两方面，一方面是按照模板进行的总结，必须反馈给相关负责人，另一方面是总结模板没有包含的信息，比如培训特别好，建议再增加该培训，或者是在培训过程中有的学员的特殊表现可以直接反馈给所在部门。

## 三、效果评估

关于培训评估，很多企业和培训负责人都用柯氏（Kirkpatrick）四级评估法，又称4R评估法，内容如表 4-19 所示。那么这四级评估都是怎么做的呢？

一级评估，反应评估（Reaction）：评估被培训者的满意程度。

反应评估是指受训人员对培训项目的印象如何，包括对讲师和培训科目、设施、方法、内容、自己收获的大小等方面的看法。反应层评估主要是在培训项目结束时，通过问卷调查来收集受训人员对于培训项目的效果和有用性的反应。这个层次的评估可以作为改进培训内容、培训方式、教学进度等方面的建议或综合评估的参考，但不能作为评估的结果。

二级评估，学习评估（Learning）：测定被培训者的学习获得程度。

学习评估是目前最常见也是最常用到的一种评价方式。它是测量受训人员对原理、技能、态度等培训内容的理解和掌握程度。学习层评估可以采用笔试、实地操作和工作模拟等方法来考查。培训组织者可以通过书面考试、操作测试等方法来了解受训人员在培训前后，知识以及技能的掌握方面有多大程度的提高。

三级评估，行为评估（Behavior）：考查被培训者的知识运用程度。

行为评估指在培训结束后的一段时间里，由受训人员的上级、同事、下属或者客户观察他们的行为在培训前后是否发生变化，是否在工作中运用了培训中学到的知识。这个层次的评估可以包括受训人员的主观感觉、下属和同事对其培训前后行为变化的对比，以及受训人员本人的自评。这通常需要借助于一系列的评估表来考查受训人员培训后在实际工作中行为的变化，以判断所学知识、技能对实际工作的影响。行为层是考查培训效果的最重要的指标。

四级评估，成果评估（Result）：计算培训创出的经济效益。

成果评估即判断培训是否能给企业的经营成果带来具体而直接的贡献，这一层次的评估上升到了组织的高度。效果层评估可以通过一系列指标来衡量，如事故率、生产率、员工离职率、次品率、员工士气以及客户满意度等。通过对这些指标的分析，管理层能够了解培训所带来的收益。

表 4-19 　　　　　　　　　　柯氏培训四级评估模型

| 评估级别 | 主要内容 | 可以询问的问题 | 衡量方法 |
|---|---|---|---|
| 一级评估：反应评估 | 观察学员的反应 | • 受训者是否喜欢该培训课程<br>• 课程对受训者是否有用<br>• 对培训讲师及培训设施等有何意见<br>• 课堂反应是否积极 | 问卷、评估调查表填写、评估访谈 |
| 二级评估：学习评估 | 检查学员的学习成果 | • 受训者在培训项目中学到了什么<br>• 培训前后，受训者知识、理论、技能有多大程度的提高 | 评估调查表填写、笔试、绩效考核、案例研究 |
| 三级评估：行为评估 | 衡量培训前后的工作表现 | • 受训者在学习上是否有改善行为<br>• 受训者在工作中是否用到培训内容 | 由上级、同事、客户、下属进行绩效考核、测试、观察绩效记录 |
| 四级评估：结果评估 | 衡量企业经营业绩的变化 | • 行为的改变对组织的影响是否积极<br>• 组织是否因为培训而经营得更加顺心更好 | 事故率、生产率、员工离职率、次品率、员工士气以及客户满意度 |

资料来源：www.gsyb.com.cn.

# 项目4 培训效果评估

 **学习目标**

● 掌握员工培训的基本原则、培训制度的内容。

● 掌握培训成本的含义和项目构成。

● 掌握培训成本信息的意义和培训成本信息的采集的方法。

● 掌握培训经费预算草案的编制和相关注意事项，以及培训项目收费标准的核算。

 **技能目标**

1. 能够应用会计方法计算培训成本。

2. 能够应用资源需求模型计算培训成本。

3. 能够编制培训经费预算方案。

4. 能够对培训成本收益进行分析。

5. 能够对培训项目收费标准进行核定。

## 任务1 培训制度的建立与推行

 **能力要求** ▶▶

企业在对员工进行培训时，为了更好地实现培训目标，应制定相关的培训制度，主要包括培训服务制度、入职培训制度、培训激励制度、考核评估制度、奖惩制度和风险管理制度。

> 情境1：培训服务制度

1. 培训服务制度内容

起草培训服务制度应包括培训服务制度和培训服务协议条款两个部分。

（1）培训服务制度条款。制度条款需明确以下内容。

①员工正式参加培训前，根据个人和组织需要向培训管理部门及部门经理提出的申请；

②在培训申请被批准后需要履行的培训服务协议签订手续；

③培训服务协议签订后方可参加培训。

（2）培训服务协议条款。"协议条款"一般要明确以下内容。

①参加培训的申请人；

②参加培训的项目和目的；

③参加培训的时间、地点、费用和形式等；

④参加培训后要达到的技术或能力水平；

⑤参加培训后要在企业服务的时间和岗位；

⑥参加培训后如果出现违约的补偿；

⑦部门经理人员的意见；

⑧参加人与培训批准人的有效法律签署。

2. 培训服务制度解释

对于一些投入较大的培训项目，特别是需要一段时间的入职培训来说，企业不仅投入费用让员工参加培训，还要提供给学员工资待遇，同时企业要承担因为员工离职不能正常工作的机会成本。倘若参加培训的员工学成后就跳槽，企业投入价值尚未收回，这种培训得不偿失。为防范这种问题的出现，就必须建立制度进行约束，培训服务制度由此而产生并被广泛运用。

培训服务制度是培训管理的首要制度，虽然不同组织对有关这方面的规定不尽相同，但目的都是相同的，只要是符合企业和员工的利益并符合国家法律法规的有关规定就应该遵守。

### 情境 2：入职培训制度

1. 入职培训制度内容

起草入职培训制度时，应当主要包括以下几个方面的基本内容。

（1）培训的意义和目的；

（2）需要参加的人员界定；

（3）特殊情况不能参加入职培训的解决措施；

（4）入职培训的主要责任区（部门经理还是培训组织者）；

（5）入职培训的基本要求标准（内容、时间、考核等）；

（6）入职培训的方法。

2. 入职培训制度解释

入职培训制度就是规定员工上岗之前和任职之前必须经过全面的培训，没有经过全面培训的员工不得上岗和任职。它体现了"先培训，后上岗"、"先培训，后任职"的原则，适应企业培训制度的实际需要，有利于提高员工队伍的素质，提高工作效率。

企业培训制度的制定要与人力资源部有关人员配合进行，并争取与其他各部门经理人员共同商讨，这对于此制度的贯彻执行是非常有利的。

### 情境 3：培训激励制度

1. 培训激励制度内容

起草与培训配套的激励制度时，应当主要包括以下几方面的基本内容。

（1）完善的岗位任职资格要求；

（2）公平、公正、客观的业绩考核标准；

（3）公平竞争的晋升规定；

（4）以能力和业绩为导向的分配原则。

2. 培训激励制度解释

企业培训制度的主要目的是激励各个利益主体参加培训的积极性。对员工的激励包括三个方面。

（1）对员工的激励。培训必须营造前有引力、后有推力、自身有动力的氛围机制，建立培训—使用—考核—奖惩的配套制度，形成以目标激励为先导、竞争激励为核心、利益激励为后盾的人才培养激励机制。

（2）对部门及其主管的激励。建立岗位培训责任制，把培训任务完成的情况与各级领导的责、权、利挂钩，使培训通过责任制的形式，渗透在领导的目标管理中，使培训不再只是培训部门的事，而是每一个部门、每一级领导、每一位管理人员的事。

（3）对企业本身的激励。企业培训制度实际上也是对企业有效开展培训活动的一种约束。企业培训的目的就是要提高员工的工作素质，改变员工的工作行为，提高企业的经营业绩。因此，应制定合理的制度并严格实施，激发企业的培训积极性，使培训真正满足企业生产发展的需要。

## 情境4：培训考核评估制度

1. 培训考核评估制度内容

起草培训考核评估制度时，需要明确以下几个方面的内容。

（1）被考核评估的对象；

（2）考核评估的执行组织（培训组织者或部门经理）；

（3）考核的标准区分；

（4）考核的主要方式；

（5）考核的评分标准；

（6）考核结果的签署确认；

（7）考核结果的备案；

（8）考核结果的证明（发放证书等）；

（9）考核结果的使用。

2. 培训考核评估制度解释

评估作为培训发展循环的中心环节已经是业内的共识，但各环节从培训模式中体现的培训评估目的多是为提高培训管理水平，同时也有对培训效果的评估，而对参加培训人员的学习态度、培训参加情况则关注得少一些，设立培训考核评估制度的目的，既是检验培训的最终效果，也为培训奖惩制度的确立提供了依据，同时也是规范培训相关人员行为的重要途径。

需要强调的一点是：员工培训的考核评估必须全方位进行，并且要与标准保持一致，考核评估的过程要开放透明、公平公正，方可达到员工培训考核评估的目的。

## 情境 5：培训奖惩制度

1. 培训奖惩制度内容

起草员工的培训奖惩制度时，应当主要包括以下几项基本内容。

（1）制度制定的目的；

（2）制度的执行组织和程序；

（3）奖惩对象说明；

（4）奖惩标准；

（5）奖惩的执行方式和方法。

2. 培训奖惩制度解释

奖惩制度是保障前面几项培训管理制度能够得以顺利执行的关键，如果参加与不参加培训一个样，培训考核评估好与不好一个样，相信谁也不会对这些制度重视，同时培训本身也无法引起足够的重视。因此非常有必要设立、执行培训奖惩制度。

值得注意的是，在制定培训奖惩制度时一定要明确培训可能出现的各种优劣结果的奖惩标准，如果奖惩标准不一或不明确，就无法保证此制度的有效性。

## 情境 6：培训风险管理制度

1. 培训风险管理制度内容

通过制定管理制度规避企业培训的风险，需要考虑以下几个方面的问题。

（1）企业根据《劳动法》与员工建立相对稳定的劳动关系；

（2）根据具体的培训活动情况考虑与受训者签订培训合同，从而明确双方的权利义务和违约责任；

（3）在培训前，企业要与受训者签订培训合同，明确企业和受训者各自负担的成本、受训者的服务期限、保密协议和违约补偿等相关事项；

（4）根据"利益获得原则"，即谁投资谁受益，投资与受益呈正比关系，考虑培训成本的分摊与补偿。比如对于投资大、时间长、能够迅速提高受训者能力和其个人收入的开发性培训项目，对基础学历教育及以提高自身基本素质为主的培训，以个人投资为主，企业部分分摊，根据员工学习成绩的好坏，以奖惩的性质调整各自的比例。

2. 培训风险管理制度解释

培训是一项生产性投资行为，做投资就必然存在风险。培训风险如人才流失及其带来的经济损失、培养竞争对手、培训没有取得预期的效果、送培人员选拔失当、专业技术保密难度增大等。若企业培训风险较大且找不到合适的防范手段时，就会对培训投资持有不积极的态度。培训风险只有通过做好培训实施工作来尽量降低，如积极性维持和培训质量保证等。

# 任务2　培训成本核算与控制

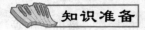知识准备

## 一、培训成本的含义

培训成本是指企业在员工培训过程中所发生的一切费用，包括培训之前的准备工作，培训的实施过程，以及培训结束之后的效果评估等各项活动的费用总和。培训成本包括直接培训成本和间接培训成本两部分。

直接培训成本是指在培训企业实施过程之中，直接用于培训者与受训者的一切费用的总和。如培训教师的费用，学员的往来交通、食宿费用，教室设备的租赁费用，教材印发、购置的费用，以及培训实施过程中的其他各项花费等。

间接培训成本是指在培训企业实施过程之外企业所支付的一切费用的总和。如培训项目的设计费用，培训项目的管理费用，培训对象受训期间的工资福利，以及培训项目的评估费用等。

## 二、培训成本的构成

在西方人力资源管理中，员工培训成本被定义为人力资源的开发成本，它是指企业为了使新聘用的人员熟悉企业、达到具体岗位所要求的业务水平，或者为了提高在岗人员的素质而开展教育培训工作时所发生的一切费用。企业人力资源开发成本的支出，有助于员工知识的增长、技能的提高，因此，从本质上来看，人力资源的开发成本是企业对人力资源进行的投资。

人力资源的开发成本主要包括人员定向成本、在职培训成本和脱产培训成本。

（一）人员定向成本

人员定向成本也称岗前培训成本，它是企业对上岗前的员工进行有关企业历史、企业文化、规章制度、业务知识、业务技能等方面的教育培训时所支出的费用。它包括培训者和受训者的工资、教育管理费、学习资料费、教育设备的折旧费等。

（二）在职培训成本

在职培训成本是在不脱离工作岗位的情况下对在职人员进行培训所支出的费用。它包括培训人员和受训人员的工资、培训工作中所消耗的材料费、让受训人员参加业余学习的图书资料费、学费等。在职培训往往会涉及机会成本问题，它是指由于开展在职培训而使有关部门或人员受到影响导致工作效率下降，从而给企业带来的损失。如有关人员离开原来岗位所造成的损失、由于受训人员的低效率或误操作给整条生产线，乃至对整个生产过程的产量和质量造成的影响等。

（三）脱产培训成本

脱产培训成本是企业根据生产工作的需要，对在职员工进行脱产培训时所支出的费用。脱产培训根据实际情况，可以采取委托其他单位培训、委托有关教育部门培训或者企业自己培训等多种形式。根据所采取的培训方式，脱产培训成本可分为企业内部脱产培训

成本和企业外部脱产培训成本。内部脱产培训成本包括培训者和被培训者的工资、培训资料费、专设培训机构的管理费等；外部脱产培训成本包括培训机构收取的培训费，接受培训学员的工资、差旅费、补贴、住宿费、资料费等。

培训成本与参与培训的人员在企业中所担任的职务、所接受培训的层次、培训单位等有密切的关系。

### 三、掌握培训成本信息的意义

掌握培训成本的相关信息，具有以下重要意义和作用。

（1）可以了解培训总成本的构成，直接成本与间接成本的情况；

（2）有利于对不同的培训项目成本进行对比分析，作出正确的选择；

（3）有助于合理确定培训项目在设计、实施、评估和管理上资金的分配比例；

（4）用于分析比较不同小组员工的培训资金分配情况；

（5）便于进行成本控制，进行成本—收益的对比分析。

总之，要切实保证企业培训的需要，把钱花在刀刃上，在培训计划实施前，企业必须全面掌握培训成本的相关信息，才能做好员工培训费用预算的编制工作，为企业培训工作的开展提供资金上的有力支持，从物质上保证培训计划的贯彻执行，不断提高员工培训的实际效果和经济效益。

### 四、培训成本信息的采集

编制培训预算方案前，主要应当采集以下与员工培训相关的信息。

（1）收集需要参加企业外部培训的员工的数据资料。即采集所有需要参加外部培训的员工可能发生的费用资料，如学费、资料费、参观考察、交通食宿等费用。

（2）收集企业及其各个下属部门在企业内部培训可能发生的各项费用资料。这包括企业拟定举办的各种类型的培训班，在培训场地、聘请讲师、购买教材等方面的费用资料。

（3）收集企业培训所需要新建场地设施，新增设备器材器具的购置等方面的数据资料。

这些数据资料主要涉及以下两大类费用。

（1）有形资本费用。如场地的租赁费，设备、器材的购置或租赁费用，资料购买或印刷费用，外请培训师的聘用费用，培训企业人员和内聘教学人员在企业培训过程中的工资、奖金、补贴等，受训人员在接受培训期间的工资、奖金、补贴等。

（2）无形资本费用。如培训企业人员、内聘教学人员和受训人员因从事培训工作，未能参加企业的生产活动而造成的损失；应当用于租赁和购置场地、设备、器材，购置、印刷教材及外聘教师的费用，由于管理不善可能造成的损失等。

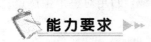
**能力要求** ▶▶▶

情境1：应用会计方法计算培训成本

一般来说，我国现行会计制度要求采用会计方法核算企业培训成本，主要是按照一定的成本科目进行统计计算。如有些企业按照投资内容列出以下 6 个成本核算项目，如表4－20所示：

表 4－20　　　　　　　　　　培训成本项目统计（一）

| 序　号 | 项　　目 | 单　位 |
|---|---|---|
| 1 | 培训项目开发或购买成本 | 元 |
| 2 | 培训教师的课酬、交通费、饭费等费用 | 元 |
| 3 | 设备、设施等硬件的使用成本 | 元 |
| 4 | 向培训教师和学员提供的培训材料成本 | 元 |
| 5 | 学员交通及住宿等方面的成本 | 元 |
| 6 | 教学辅助人员、管理人员的工资 | 元 |

此外，还有相当多的企业是按照以下 7 种项目统计计算培训成本。这些成本项目包括的内容如表 4－21 所示：

表 4－21　　　　　　　　　　培训成本项目统计（二）

| 序　号 | 项　　目 | 单　位 |
|---|---|---|
| 1 | 教师的工资奖金、福利保险及其补贴、津贴等项支出 | 元 |
| 2 | 学员脱产学习的工资福利等项支出 | 元 |
| 3 | 学员学习资料、教材和学习用品方面的支出 | 元 |
| 4 | 教室、校舍建设方面的支出 | 元 |
| 5 | 属于固定资产标准的教学仪器、设备费用 | 元 |
| 6 | 经常性教育培训费用支出，如讲课酬金、业务费、办公费、实习费、委托代培费、器具购置费 | 元 |
| 7 | 学员学习期间的工资，因参加培训而损失的生产率或当受训者接受培训时代替他们工作的临时工的成本 | 元 |

这种培训成本的核算方法，不但可以明确什么时候发生这些成本，还可以明确区分培训成本发生的次数及频繁程度。例如，一次性成本指那些与培训需求评估、培训项目开发等活动有关的费用；而多次性重复培训的成本包括培训场地租赁费用、培训教师工资，以及其他每一次培训计划实施时都可能发生的费用，如每个受训者的成本包括餐费、材料费及受训者参加培训而损失的生产率或发生的替代成本。

　　情境 2：应用资源需求模型计算培训成本

资源需求模型是一种按照培训的横向、纵向作业流程核算企业培训成本的方法。具体地说，它是从培训项目开始的准备阶段一直到项目全部终结为止，按照培训项目设计成本、培训项目实施成本、培训项目需求分析评估成本、培训项目成果的跟踪调查以及效果评估成本等科目进行成本的核算。资源需求模型的方法核算培训成本，具有以下三个特点：

（1）有利于比较培训项目在不同阶段上所需设备、设施、人员和材料的成本支出情况；

（2）有助于分析不同培训项目成本的总体差异，为科学合理地选择培训项目提供依据；

（3）有利于对不同培训项目的不同阶段发生的费用进行对比，突出重点问题，对成本实施有效的监控。

 案例学习

## 培训成本预算——资源需求模型法的应用

格斯酒店集团采取委托培训方式拟对各个下属酒店的经理层举办一次为期3天的集中培训，参加培训的学员有20人，由外部培训公司3人和公司培训部2人组成了专题培训小组，全面参与项目设计、实施与管理。前期先用2天的时间进行了专题调研，对该培训项目进行设计。在培训完成之后的一个月、三个月和半年时，将分别进行3次评估跟踪，每次3天。

该培训项目的各部分费用标准如下：培训公司前期的研发费用1500元/天，培训师课酬10000元/天，培训师的交通食宿费用1000元/天，培训场地及设备租赁费1500元/天，教材费100元/人，餐费标准每人20元/天，评估费用800元/天，培训部人员薪资每人200元/天，培训学员的误工费3000元/天。

求解：请用资源需求模型法对该培训成本作出预算。预算结果如表4-22所示。

表4-22　　　　　　　格斯酒店集团管理层培训项目费用预算表　　　　　　单位：元

| 序　号 | 培训项目费用标准 | | 费用预算 |
|---|---|---|---|
| 1 | 培训项目设计成本（1500元/天，2天） | | 3000 |
| 2 | 培训项目实施成本 | 2.1　培训师课酬（10000元/天，3天） | 30000 |
| | | 2.2　培训师交通食宿（1000元/天，3天） | 3000 |
| | | 2.3　场地设备等费（1500元/天，3天） | 4500 |
| | | 2.4　学员教材费（100元/人，20人） | 2000 |
| | | 2.5　学员的餐费（20元/人·天，3天，20人） | 1200 |
| | | 2.6　学员的误工费（3000元/天，3天） | 9000 |
| 3 | 培训项目评估费（800元/天·次，3次，3天） | | 7200 |
| 4 | 项目管理费 | 培训部人员薪资（200元/人·天，2人，2天，3天，9天） | 5600 |
| 5 | 费用合计 | | 65500 |

情境 3：培训经费预算方案的编制

培训经费是进行培训的物质基础，是培训工作所必须具备的场所、设施、培训师等的资金保证。能否确保培训经费的来源和能否合理地分配及使用培训经费，不仅直接关系到培训的规模、水平及程度，而且也关系到培训者与学员能否有很好的心态来对待培训。在编制培训经费预算时，要充分考虑以下影响因素，并对不同培训方案的总成本及其构成进行对比分析，以便作出正确的决策。

（1）有多少员工需要参加培训？他们的岗位性质和级别是什么？

（2）脱产多长时间？准备举办多少期？每期有多少员工同时离开工作岗位？

（3）员工脱产培训时，另外安排人员顶岗的成本是多少？

（4）培训讲师与学员最理想的比率是多少？

（5）培训的成本包括哪些项目？数额是多少？

（6）培训计划从计划、实施、协调、控制到评估所需要的时间、人力、物力？

（7）增加部分成本在效益上是否会按比例扩大？培训结果有哪些可能产生的间接效益？

（8）培训成果评估，能否达到预期的效果，实现培训目标？

（9）培训成本分担期限的界定及人数或成本中心的计算方式应合理确定。

（10）培训课程是企业内自行开发，或聘请企业外培训机构，或使用现有的培训课程，与培训人数、次数及培训层次有关。

如表 4-23 所示是一张培训成本的统计核算表，其成本项目设计具有一定的参考价值。

表 4-23　　　　　　　　培训项目成本统计核算表　　　　　　　　单位：元

| | | | |
|---|---|---|---|
| 直接成本 | 1 | 培训教师 | 0 |
| | 2 | 公司内培训教师（每天 125 元，为期 12 天） | 1500 |
| | 3 | 小额福利（工资的 25%） | 375 |
| | 4 | 交通费 | 0 |
| | 5 | 材料费（60 元/本，56 个受训者） | 3360 |
| | 6 | 培训教室和视听设备租赁费（每天 50 元，为期 12 天） | 600 |
| | 7 | 餐费（每人每天 4 元，3 天，56 个受训者） | 672 |
| | 8 | 总的直接成本费用 | 6507 |
| 间接成本 | 1 | 培训管理费 | 0 |
| | 2 | 员工和管理人员工资 | 750 |
| | 3 | 小额福利（工资的 25%） | 187 |
| | 4 | 邮资、运输和电话费 | 0 |
| | 5 | 培训前和培训后的学习材料费（4 元/本，56 个受训者） | 224 |
| | 6 | 总的间接成本费用 | 1161 |

| | | | |
|---|---|---|---|
| 开发成本 | 1 | 项目购买费用 | 3600 |
| | 2 | 培训教师培训费用 | 1400 |
| | 3 | 注册费用 | 0 |
| | 4 | 交通和住宿费用 | 975 |
| | 5 | 工资 | 625 |
| | 6 | 福利（工资的 25％） | 156 |
| | 7 | 总的开发成本费用 | 6756 |
| 一般管理费用 | 1 | 企业的总体支持、高层管理时间<br>（直接成本、间接成本和开发成本的 10％） | |
| | 2 | 总的管理费用 | 1443 |
| 受训者培训费用 | 1 | 受训者工资和福利（根据离岗时间计算） | 16969 |
| | 2 | 总的培训成本 | 32836 |
| | 3 | 每个受训者的成本 | 587 |
| | 4 | 总的受训者培训费用 | 50392 |

注：资料改编自雷蒙德·A. 诺伊. 雇员培训与开发［M］. 徐芳，译. 北京：中国人民大学出版社，2001.

# 模块5 绩效管理

📝 知识拓展:引子

## 一、绩效管理的基本概念

绩效管理（Performance），是指为实现组织发展战略目标，采用科学的方法，通过对员工个人或组织的综合素质、态度行为和工作业绩的全面监测分析与考核评定，不断激励员工，改善组织行为，提高综合素质，充分调动员工的积极性、主动性和创造性，挖掘其潜力的活动过程。

酒店绩效指的是酒店各级员工的综合表现，是行为与结果的统一体。对酒店而言，绩效是工作任务在数量、质量、效率、结果等方面完成的情况；对员工个人而言，绩效则是上级和同事对自己工作状况的考评。

## 二、绩效的特点

### 1. 多因性

多因性是指绩效的优劣不是取决于单一因素，而是受到主观、客观多种因素的影响，即员工的技能（S）、激励（M）、环境（E）、机会（O）。如图5-1所示，前二者是员工自身的主观性影响因素，后二者则是客观性影响因素。

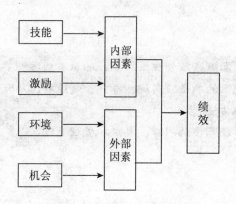

图5-1 工作绩效的影响因素

绩效的多因性说明了绩效的影响因素有技能（S）、激励（M）、环境（E）、机会（O）。若用公式形象表达，则可表示为：$P = F(S、M、E、O)$，其中$P$为绩效，即绩效是技能、机会、环境和激励的函数。

（1）技能（S）是指员工工作技巧与能力，它取决于个人智力、经历、天赋、教育与培训等个人特点，其中教育培训不仅能够提高个人技能，还可以增强个人对实现目标的自信心，从而起到激励作用。

（2）激励（M）是指调动员工工作积极性，激励本身与员工个人的需要层次、个性和价值观等有关，其中需要层次影响最大，因而酒店应调查不同员工或同一员工不同时期的需求层次，以便针对性地予以激发。

（3）环境（E）是指企业内部和外部的客观条件，前者如劳动场所的布局与条件、工作性质、组织结构、上下级间的关系、工资福利、规章制度等；后者如社会政治、经济状况和市场竞争强度等宏观条件，但这些因素的影响是间接的。

（4）机会（O）则具偶然性，但个人技能则会促进偶然性向必然性的转变。

**2. 多维性**

多维性指应从多种维度去分析和考评绩效。如平衡计分卡的四个维度，财务、客户满意、内部营运、学习与成长等多个方面。

**3. 动态性**

动态性指员工的绩效是会变化的，也就是说酒店员工的绩效会随着时间的推移而变化，绩效差的可能会改善成好的，好的可能退步变差。这一特征要求考评者不可凭一时印象，以僵化的观点看待被考评者的绩效。

总之，绩效的多因性要求考评者全面地进行考评，绩效的多维性要求考评者从绩效的多个角度进行考评，而绩效的动态性要求考评者用发展的、权变的眼光进行考评，只有这样才能保证考评成绩客观准确、公正、公平，力戒主观片面和僵化。

# 项目1　饭店绩效管理系统的确立

**学习目标**

- 通过学习，掌握绩效管理系统设计的基本内容、要求、原则。
- 掌握绩效管理的准备、实施、考评、总结和应用开发等各个具体工作阶段设计的基本方法。
- 了解绩效管理制度的内容、要求和管理责任。

**技能目标**

1. 能够分别从绩效管理系统的准备阶段、计划制订阶段、实施阶段、考核阶段、应用阶段来实施饭店员工绩效管理体系的总流程设计。

2. 能够根据酒店的绩效管理制度考核方案，了解酒店中员工和管理人员的考核设计维度。

# 任务 1 饭店绩效管理系统的设计

**知识准备**

绩效管理是指管理者与员工之间在如何实现企业目标、个人目标上所达成共识的过程，以及增强员工成功地达到目标的管理方法和促进员工取得优异绩效的管理过程。绩效管理的目的在于提高员工的能力和素质，改进与提高企业绩效水平。

绩效管理所涵盖的内容很多，它所要解决的问题主要包括：如何确定有效的、合理的目标；如何使目标在管理者与员工之间达成共识；如何引导员工朝着正确的目标发展；如何对实现目标的过程进行监控；如何对实现的业绩进行评价和对业绩进行改进；绩效管理不同于绩效考核，绩效考核只是绩效管理中的一个环节。

绩效管理首先要解决几个问题：

(1) 管理者与被管理者就目标及如何实现目标达成共识；

(2) 绩效管理不是简单的任务管理，它特别强调沟通、辅导和员工能力的提高；

(3) 绩效管理不仅强调结果导向，而且重视达成目标的过程。

由于绩效管理系统与薪酬系统的高度相关性，绩效管理系统往往与薪酬管理系统咨询一并进行，否则，容易使绩效管理与薪酬管理脱节，起不到应有的激励作用。

## 一、饭店绩效管理系统设计原则

**1. 以提高员工绩效、实现目标为导向**

实施绩效管理的真正目的绝不是为了"惩戒"，更不是为了发奖金，而是最大限度地提升员工的工作绩效，充分调动员工的工作积极性、主动性和创新能力，实现工作目标，从而支持公司战略目标的实现。否则，就可能导致"负作用大于正作用"，就失去了绩效管理的真正意义和作用。

**2. 以目标管理为基础建立绩效指标体系**

以公司的战略目标为基础，根据不同部门、不同岗位的职责范围，结合不同阶段的工作重点进行合理分解，形成全面、准确、合理的绩效指标体系。

**3. 公开、公正、公平**

要有效实施绩效管理，防止绩效考核流于形式，就必须做到公开、公正、公平，为此，需要设计绩效管理系统评审系统和申诉系统，并且通过大量的教育培训使得各个管理者、被管理者了解绩效管理系统的目的和实施要点，防止绩效管理过程中的不公正现象，对不合格的管理者取消其考核人资格。否则，绩效管理将会寸步难行或是流于形式。

**4. 注重简明、有效**

要使绩效管理系统真正发挥作用，除了绩效管理系统本身具备科学性、合理性之外，还应该具备很强的可操作性，实施过程力求简明、有效。避免设计一套看起来很科学，但因为过于复杂、实施成本太高而难以操作的绩效管理系统。

## 二、绩效管理系统设计的基本内容

绩效管理系统的设计包括绩效管理制度的设计与绩效管理程序的设计两个部分。

1. 绩效管理制度的设计

绩效管理制度是企业单位组织实施绩效管理活动的准则和行为的规范，它是以企业单位规章规则的形式，对绩效管理的目的、意义、性质和特点，以及组织实施绩效管理的程序、步骤、方法、原则和要求所作的统一规定。

2. 绩效管理程序的设计

绩效管理程序的设计，由于涉及的工作对象和内容不同，可分为管理的总流程设计和具体考评程序设计两部分。总流程设计是从企业宏观的角度对绩效管理程序进行的设计，具体程序设计是在较小的范围内，对部门或科室员工绩效考评活动过程所做的设计。

绩效管理制度设计与绩效管理程序设计，两者相互制约、相互影响、相互作用，缺一不可。绩效管理制度设计应当充分体现企业的价值观和经营理念，以及人力资源管理发展战略和策略的要求，而绩效管理程序设计应当从程序、步骤和方法上，切实保障企业绩效管理制度得到有效贯彻和实施。

## 三、绩效管理系统设计的方法

在企业绩效管理系统设计的诸多方案中，目前，国内具有一定代表性的意见认为，绩效管理是以一系列员工为中心的干预活动过程。它包括四个环节，分别是目标设计、过程指导、考评反馈和激励发展（如图 5-2 所示）。这四个环节将根据绩效管理的实施不断循环反复，在达到个人和企业的目标后，重新设计目标，再进入新的绩效管理阶段，以不断调动员工的积极性，增强组织的竞争力。

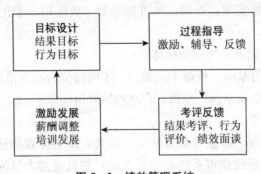

图 5-2　绩效管理系统

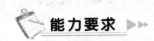 能力要求 ▶▶

> 情境：饭店员工绩效管理体系的总流程设计

酒店员工绩效管理体系改进方案的设计思路应立足于酒店员工绩效管理的目的，分阶段贯彻实施绩效管理全过程，并建立分层分类的员工绩效考评体系，针对不同的员工采用不同的考评内容，实行不同的考评方式，力争实现对员工的个性化考评，发挥绩效考评的最大功效，促进员工工作绩效不断提升，从而实现酒店与员工的共同发展。

1. 绩效管理准备阶段

在绩效管理实施的准备阶段，主要从四个方面进行设计。

（1）要建立完善的绩效管理实施的组织机构。各级管理人员积极参与并支持，有明确的职责分工，配合绩效管理工作的开展。

（2）明确划分员工的职层和职类。因为员工的职类不同，所采用的考评制度也应当不同，即使是同类的员工，由于其职层的不同，考评的内容和考评要求的侧重点也不同，因而，建立分层分类的员工绩效考评体系，可以使绩效考评更具有针对性和有效性。

（3）进行工作分析。它是指了解组织内的一种职位并以一种格式把与这种职位有关的信息描述出来，从而使其他人能了解这个职位的过程。在明确了酒店绩效管理机构和对象之后，就要规范各个岗位的工作分析，以明确各个岗位应该做什么、需要达到什么要求，为员工绩效管理体系打下基础。

（4）培训相关人员。酒店的员工绩效管理要公正、客观进行，就必须对考核者进行培训，可以依照不同的培训要求，分别对专职人力资源工作人员、各级考核人员、各级管理者进行培训，通过培训，增进员工和主管人员对绩效管理的理解，消除各种误解，从而掌握绩效管理的操作技能，保证绩效管理的有效实施。

2. 绩效计划制订阶段

绩效计划作为绩效管理系统的正式起点，是绩效管理系统中最为重要的环节。为了保证绩效考评的顺利进行，必须事先制订计划，首先要明确考评的目的和对象，然后再根据目的、对象选择重点的考评内容、考评时间和方法。酒店员工绩效计划包含两个方面的内容：做什么和怎么做，即绩效目标和绩效实施过程。这个阶段的主要任务是依据酒店战略目标，围绕部门的业务重点、策略目标和关键绩效指标制订部门的工作目标计划，然后再将部门目标层层分解到具体员工，结合员工岗位职责制订出员工的绩效目标。

（1）绩效目标的设置要合理。这就需要界定酒店的长期发展战略目标，然后据此确定酒店的短期经营目标、部门目标和个人目标，并通过反馈确保岗位目标、部门目标与酒店的战略目标之间的一致性，以此引导员工在工作中最大限度地向酒店所期望的行为和结果去努力。

（2）确定绩效指标。在制订具体岗位的工作业绩目标时，一般分为结果目标和行为目标，结果目标是指员工在特定的条件下必须达到的阶段性成果，行为目标是指员工在完成目标成果的过程中的行为必须达到标准要求。对结果目标的关注是为了保障酒店及其部门目标的层层落实，对行为目标的关注是为了了解员工岗位说明书中任职资格的问题。因而，员工岗位绩效目标主要来源于部门目标和岗位职责，在设定员工绩效目标时，只有充分结合部门目标和岗位职责的要求，才可以避免目标的不全面。

在绩效指标的设计中，一条基本原则是：能量化的量化，不能量化的标准化，不能标准化的行为化。目前，较为常见的建立绩效指标体系的方法有关键绩效指标法（KPI）、平衡记分卡法（BSC）。根据经验，对于宾馆酒店来说，采用关键绩效指标法比较适宜。

KPI 指标的设计必须坚持两大原则：一是"目标导向"，即 KPI 指标围绕着企业战略目标展开；二是 SMART 原则，S 代表具体（Specific），M 代表可度量（Measurable），A 代表可实现（Attainable），R 代表现实性（Realistic），T 代表有时限（Time bound）。

在具体的绩效指标设计过程中，指标的量化是个难点，这里举两个如何设定量化指标的例子：

①非量化指标："今年取得合理的利润"；量化指标："今年年末实现净资产收益率 10％"。

②非量化指标："加强市场调研能力"；量化指标："每月完成一份区域市场调研报告"。

（3）分配指标权重。没有重点的考评不算是客观科学的考评，因为每个员工的工作性质和在酒店中所处的层次岗位不同，其工作的重点也是不一样的，所以，员工的绩效考评必须针对不同工作内容对总体目标的贡献的重要程度作出估计，即权重的确定。某一个考评指标的权重是指赋予该指标在整个考评指标体系中的相对重要程度和对整体绩效的相对贡献值大小，权重的分配也就是对考评对象不同侧面的相对重要程度的定量分配，对各评价因子在总体评价中的作用进行区别对待，通过指标权重的指引，可以突出考评重点，引导员工的工作方向和行为。

（4）制订指标的评价标准。绩效目标评价标准的制订应当注意目标应该是富有挑战性，但同时也必须是现实的和可以实现的。绩效指标的评价标准通常可以从数量、质量、成本和时间等几个角度加以考虑，比如说 KPI 的评价标准应尽可能地量化，不能量化的指标应尽可能地细化。

（5）确定合适的考评周期。这是绩效考评体系中必不可少的一环，它的确定需要综合被考评对象的工作性质、考评的实际操作难度和考评成本等因素加以考虑。被考评者的职位越高、工作难度越大，绩效反映的周期就越长，反之，职位较低、工作简单，相应的绩效反映周期就短。根据饭店业务特点，考核周期不宜太长，考核周期以一个月一次为宜，并可结合季度考核、年度考核。

（6）制订具体的绩效计划。在员工的参与下，确定了绩效目标、评价标准等，明确了"做什么"后，需要进一步与员工沟通，让员工了解自己的绩效目标和评价标准，同时找出达成目标过程中可能遇到的困难，并与员工一起制订实现绩效目标的计划，特别是针对可能的障碍，制订解决方案，解决"怎么做"的问题。在考核关系的设计方面，360 度考核的方法成本相对过高、操作复杂。对于中等规模及中等规模以下的饭店，可以采取以直接上级考核为主的方式，以便充分发挥直接上级的领导、指挥作用。一部分管理岗位可以采用上级考核、同级考核、下级考核的多角度考核。

3. 酒店员工绩效实施阶段

在绩效计划完成以后，就进入绩效实施阶段，整个绩效管理过程中，绩效实施的时间最长，它贯穿于整个绩效期间，绩效计划能否落实和完成要依赖于绩效实施，绩效考核的依据也来自绩效实施过程中的工作表现记录。所以，绩效实施的效果直接影响绩效管理的成败。在这一阶段，为了保证绩效管理系统的顺利实施，酒店需要做好以下三项工作。

（1）绩效沟通。酒店管理人员和员工需要进行持续的沟通，随时了解员工的有关工作进展情况和潜在的障碍和问题，以及各种可能的解决措施等，才有可能实现绩效改进和最终实现绩效目标。

（2）绩效相关信息的收集。在绩效管理的实施阶段，绩效管理系统的运行中会产生大量的新信息，这些信息既可能涉及考核指标和考核体系，也可能涉及某些部门和个人，因此，各级主管要注意定期和不定期地采集和存储这些相关的信息，以便为下一阶段的考核工作提供准确的数据资料。

（3）对绩效管理实施的监督和指导。在酒店员工绩效管理体系中，要加强监督和指导机制，有效控制考核按照既定的制度进行，从而达到既定的目的。酒店各级主管在绩效实施过程中系统全面地监督下属的工作，通过定期与不定期的观察、访谈等手段，了解和掌握下属的行为、工作态度和工作质量。

4. 酒店员工绩效考核阶段

绩效考核是指在绩效期结束时，管理者根据绩效计划与绩效信息，对员工绩效目标的完成情况进行评定的过程，是绩效管理很重要的一个阶段，关系到整体绩效管理系统运行的质量和效果，也将涉及员工当前和长远利益，需要考核者高度重视。

（1）组织绩效考评的实施。在绩效期结束时，酒店的考评小组组织实施绩效考评，主要分为高层管理者的绩效考评实施、中层管理者的绩效考评实施、基层员工的绩效考评实施三个方面。

（2）考评结果的确认。在酒店实际的考评结果中，员工绩效考评成绩居于"优秀"、"良好"等级的偏多，不好的几乎没有，这显然不符合实际情况，酒店据此进行的奖惩和员工培育会产生较大偏差，同时，这种结果对实际绩效的确为优秀、良好的员工来说是一种负激励。为了避免这种现象的出现，可以运用强制分布法即对各个等级的人数比例作出限制，进而对酒店员工绩效考评结果等级进行比例控制。

（3）严格执行绩效反馈。绩效考核的过程并不因为绩效考评的完成而结束，管理者还需要与员工进行一次甚至多次面对面的交谈，将绩效考核结果反馈给员工。绩效反馈在绩效考评管理过程中起到双重作用：首先，可以确保员工做的是正确的事，并且为实现自己的目标不断努力；其次，它可以培养和提高员工的工作能力和满意度。为了达到以上的结果，考评管理过程中应当严格执行考评结果的反馈制度。

（4）设计合理的考评申诉流程。设计酒店内部考评申诉机制，让员工在遭遇不公平、不公正待遇时有一个申诉与解决问题的渠道，尊重员工的工作和人格，避免因考评结果的不公平伤害员工的利益和工作积极性。

5. 绩效考评结果的应用阶段

酒店员工的绩效考评结果出来以后，并不意味着考评的结束，因为还有最后一项重要的工作，即绩效考评结果的应用。绩效考评结果的应用作为调动员工工作积极性的重要的手段，应该体现激励先进、鞭策后进的原则。在绩效考评结果出来以后，酒店绩效管理小组应当对考评结果进行汇总分析，提出绩效考评结果的应用方案，这主要体现在员工绩效改进、薪酬管理、员工培训和职业生涯发展管理等方面。

## 任务 2  绩效管理制度的内容、要求和管理责任

**知识准备**

以某酒店的员工绩效评估实施方案进行绩效管理制度的说明。

### 一、绩效评估的目的

绩效评估的目的如下。

(1) 建立健全长期、稳定、统一和规范的绩效评估办法，促进薪金分配、职务晋升、奖惩合理，提高工作效率与服务质量，完善酒店管理。

(2) 绩效评估以职位说明书确定的职责和工作目标为依据，注重实效，力求客观、公正、准确。

### 二、绩效评估的类别

绩效评估分为试用期评估、季度评估、年底评估和晋升评估。

### 三、绩效评估的内容

(1) 员工

评估内容包括：操作技能、业务知识、责任心、主动性、工作质量、工作效率、出勤率、礼节礼貌、遵守店规、服从管理。

(2) 主管/领班

评估内容包括：业务知识、培训能力、引导能力、沟通能力、员工管理、主动性、工作质量、工作效率、处理问题、表率作用。

(3) 经理

评估内容包括：工作计划性、培训能力、引导能力、沟通能力、执行能力、工作效率、积极心态、员工管理、专业知识、处理问题、表率作用、团队建设。

### 四、绩效评估的方式

自评、级评。

### 五、试用期评估

(1) 试用期评估是对员工在试用期内工作任务、工作表现及能力及时评估。

(2) 员工试用期评估由其所在班组主管或领班进行评估，并由部门经理作出录用与否的结果。

(3) 人力资源部对试用期员工评估意见进行核查考核，决定留用与否。

### 六、季度评估

(1) 季度评估是对员工季度工作任务、工作表现的及时评估，按照职位关系采取自评

和上级评，然后取平均值的综合办法，来重新确定被评估人的职位、职级，于下季度初10个工作日内完成。

（2）季度主要工作任务由员工与直接上级在季初5个工作日内共同制订并作为季度评估的依据。

（3）季度评估得分占年度最终评估得分的30%。

（4）如被评估人对评估结果有异议，被评估人可直接与上级沟通，沟通后仍然不能达到一致意见，以总经理或部门经理意见为准。

（5）被评估人需在评估时作简要的述职，以达到自己相关能力的提高。

（6）直接上级评估时应对被评估人提出改进意见。

（7）评估结果在60分以下者应由评估人写出说明。

（8）评估结果在50分以下，被考核人直接向上级写出书面报告。

（9）季度评估连续三次在60分以下者，则予以辞退。

（10）符合待岗条件的员工每月按当地劳动部门规定发放生活费。

## 七、年度评估

（1）年度评估是对员工各季度评估、一年主要工作的综合评估，按评估表要求采取自评、上级评的方式于次年1月完成。

（2）年度评估应为被考核人提出个人能力发展意见，以使被考核者与酒店共同发展，包括需发展的技能、技能发展描述、完成时间。

（3）年度评估得分占最终评估得分的70%。

评估程序：

①员工逐项自我评估。

②上司评估。

③直接下属评估。

④评估时，评估人与被评估人面对面评估、沟通。

⑤根据评估，评选部门优秀员工，年度优秀员工在季度优秀员工中选评。

⑥评估分数公布，接受员工监督。

## 八、其他

（1）被评估人和直接上级对评估极好或极差的应作具体说明。

（2）考核等级划分：A（优）、B（良）、C（合格）、D（不合格），如表5-1所示。

表5-1　　　　　　　　　　　　考核等级划分

| 等　级 | 得　分 | 比　例 |
|---|---|---|
| A+ | 得分>95 | |
| A | 90<得分<95 | |
| A- | 85<得分<90 | |

| 等 级 | 得 分 | 比 例 |
|---|---|---|
| B+ | 80＜得分＜85 | |
| B | 75＜得分＜80 | |
| B— | 70＜得分＜75 | |
| C | 60＜得分＜70 | |
| D | 50＜得分＜60 | |

（3）评估结果应反馈，并由被评估人和上级签字认可，若有分歧应说明。

（4）评估者对评估结果认为有失公正，可提出申诉。经理级向总经理申诉、员工向人力资源部申诉。

（5）考核表格原则上不对直接关系者公开，而由人力资源部负责整理，保存到员工离职两年以后，销毁时必须存有销毁记录及经手人签字。

（6）保证评估的有效性，考核者应随时接受人力资源部安排的有关培训。

（7）凡评估得分为 C、D 等级者，年终奖金降低 10%。

员工考核工作程序如表 5-2 所示：

表 5-2　　　　　　　　　员工考核工作程序

| 工作项目 | 工作程序 |
|---|---|
| 员工考核 | 对本职工作充满热情和信心，责任感很强，情绪始终高涨，完全按程序操作，准确和可靠；听从指挥，服从管理，令行禁止，不计较个人得失，具有团队精神，令人满意<br>有责任感，努力钻研业务和按程序操作，工作主动可靠，听从指挥，服从管理 |
| 工作较差员工 | 不太安心自己的工作，情绪不稳定，责任心不强，有服从管理意识，但有时强调客观原因 |
| 服务意识较强员工 | 对本职工作业务熟练，服务意识强，能够独立操作，经验丰富，具有丰富的工作知识<br>业务较熟练，个人服务技能为本班组前 3 名之列；整体部门的前 5 名之列。服务意识较强，能够独立操作，经验较多，现场应变能力强 |
| 服务技能较差的员工 | 业务熟练程度一般，服务意识中等水平，基本上能独立操作，但经验不足，只有一部分本职工作所需要的知识<br>业务不够熟练，服务意识不强，一般情况下能独立操作，但缺乏知识，需要培训 |

| 工作项目 | 工作程序 |
|---|---|
| 专业考核较好的员工 | 所负责的工作在数量上和质量上都符合规定标准，专业技术水平较高，完成任务出色<br>经常受到客人和管理者的表扬 |
| 专业水平一般员工 | 所负责的工作在数量上和质量上达到规定标准，专业技术水平一般，基本上能完成工作任务<br>所负责的工作在数量和质量上存在一些问题，专业技术水平较低，完成工作任务困难 |
| 对客服务满意较高员工 | 工作中做到微笑服务，热情、有礼貌、主动问候客人，对客人提出的问题热情对待、及时处理，处理问题圆满，客人满意，受表扬多<br>工作中做到微笑服务，热情、有礼貌、主动问候客人 |
| 对客服务一般化员工 | 工作中基本上做到微笑服务，能处理客人的一般问题，对疑难问题处理不了，缺乏经验，表扬较少<br>接待客人有时不能主动微笑和主动问候对方，不会处理客人提出的问题，客人不满意 |
| 仪表礼貌考核 | 遵守酒店的要求，精神饱满，举止得体，使用礼貌敬语较好，遵守店规店纪，在工作场合内未发现各种不良习惯和行为<br>有酒店礼节礼貌意识，服务中时时牢记"客人永远是对的" |
| 店纪店规较差的员工 | 遵守酒店的规定，行为举止符合要求，一般能使用礼貌敬语，工作中有时出现不良习惯或违反店规店纪现象受到批评后能很快纠正<br>有时未能按酒店的规定去做，使用礼貌敬语不够，有时出现不良习惯和行为，经批评能纠正，或违反店规店纪受到店规处分 |
| 保养设施设备考核 | 爱店如家，认真爱护店内各种设备和财物，达到干净、整齐、设备完好率高，使用寿命长，维修费用低，杜绝物品受破损，无差错，无浪费<br>熟悉设施设备的使用和保养，做到使用、存放爱护有序 |
| 忽视设备设施使用和保养 | 对所负责的设备和财物基本上达到干净、整齐、有序的标准，设备完好率较高，节约费用，维修费用和物品破损费用在平均水平<br>对所负责的设备和物品经检查和督促才能保持干净、整齐、有序的标准，设备完好率一般，维修费用和物品破损较高 |

管理人员考核工作程序如表 5-3 所示：

表 5-3　　　　　　　　　　管理人员考核工作程序

| 工作项目 | 工作程序 |
|---|---|
| 管理人员责任感考核 | 有强烈的事业心和责任感，对自己的工作岗位充满信心，坚持贯彻执行上级的指示，服从管理，听从指挥，能通气商量请示汇报，工作中不计较个人名利得失，把酒店利益看得高于一切 |
| 事业心，责任感较差的管理者 | 有一定的事业心和责任感，安心本职工作，对上级指示基本能贯彻执行，但在工作中强调客观原因，有讲价钱现象，表现一般<br>不太安心本职工作，对组织和参加学习不够主动，虽能完成任务，但有忽冷忽热现象或者对上级指示有时强调客观原因，一经批评能改正，表现较差 |
| 管理者知识结构考核 | 熟悉本职工作管理和业务知识，有一定的口头表达能力，专业技术水平高，经验丰富，懂得其他专业知识<br>熟悉本部门本岗位的程序质量标准，效益达标和成本费用控制，有较高的专业知识和工作技能 |
| 专业知识和技能较弱的管理者 | 专业技术水平一般，掌握本职所需一半以上管理和业务水平，有一定的口头表达能力<br>业务技术水平不够熟练，仅具备部分所需管理业务知识和工作技能 |
| 管理能力考核 | 对下属能严格管理，奖惩分明，处理问题及时公正，计划与组织能力强，工作安排有条理，分工明确，指导他人能力强，能够按培训的要求去做，下属精神面貌、店规店纪、服务技能、专业水平、客人满意程度、仪表礼貌、设备财物7个方面在全店或本部门内最好<br>对下属布置工作内容具体，遵循程序明确，完成时间准确，达到质量标准清楚，汇报工作及时 |
| 管理失职的管理者 | 能严格管理，奖惩分明，但处理问题时有时讲情面，不够及时，有一定的计划与组织能力，工作安排较合理，但培训工作一般化，下属的精神面貌和店规店纪方面有较多问题<br>有时不严格管理，处理问题不够及时和讲情面，计划与组织能力较弱，工作安排缺乏条理性，虽有分工但不明确，对下属缺乏培训，下属7个方面在全店或本部门较差 |
| 管理者进取心考核 | 有很强的独立工作能力，不满足已取得的成绩，能以高标准不断改进工作，面对各种困难积极想办法加以解决<br>有较强的独立工作能力，面对困难不退缩、不埋怨，基本上能想办法解决 |

| 工作项目 | 工作程序 |
|---|---|
| 进取心较差的管理者 | 有一定的独立工作能力，虽然以标准要求自己，但在困难前办法不多，解决不力，需要上级帮助和指导<br>缺乏独立工作能力，工作标准不高，面对困难束手无策，完成工作任务需要上级帮助 |
| 管理者协调能力考核 | 有很强的全局观念，不论对内对外，分内分外的工作，总是能够顾全大局，能挑重担，不推诿，有勇于牺牲局部利益，为整体利益着想的精神<br>有较强的全局观念，基本上能够以局部利益服从整体利益，虽有一些意见，但一经提醒马上改正 |
| 全局观念、协调意识差的管理者 | 有全局观念，基本上能够以局部利益服从整体利益，有时强调局部利益，经过批评能够改正<br>缺乏全局观念，有时强调局部利益，经过批评，虽能改正，但有怨气 |
| 管理者人际关系考核 | 人际关系很好，有较好的团结合作能力，能以他人之长补已之短，不在背后议论别人的缺点，能够做思想政治工作，协助上级做好下属的工作，在员工中威信高<br>能带领属下，有团结合作能力，不议论别人的缺点，能较好地协助上级做好下属的工作，在员工中威信较高 |
| 人际关系较差的管理者 | 人际关系一般，有一定的团结合作能力，但有时议论别人的不足，经批评能改正，思想政治工作做得不够，协助上级做下属的工作不及时，威信一般<br>人际关系较差，虽有一定的团结合作能力，但在背后说三道四，议论别人的不足，影响团结，协助上级领导做工作差，威信较低 |
| 榜样作用投入精神考核 | 模范遵守店规店纪和各项规章制度，各项工作以身作则，严于律己，吃苦耐劳，要求员工做到的自己先做到，有较强的自我约束力和实干精神<br>能较好地遵守店纪店规及各项规章制度，以身作则、能吃苦、带头干 |
| 以身作则较差的管理者 | 能遵守店纪店规和各项规章制度，以身作则，但缺乏实干精神<br>在遵守店纪店规和各项规章制度方面有时做的不够，有时不能以身作则，缺乏实干精神和吃苦精神 |

续　表

| 工作项目 | 工作程序 |
| --- | --- |
| 管理业绩考核 | 工作效率高，速度快，有创造性和决策能力，完成任务出色，从不拖延，所负责的工作突出，质量佳<br>工作效率较高，对问题能作出正确的决断，完成任务比较出色，所负责的工作和质量较佳 |
| 业绩平平，步入被降职 | 有一定的工作效率和创造性，能完成任务，不拖延，能对一般问题作出决策，但魄力不足，满足现状，所负责工作和质量属一般水平<br>工作效率较低，需要不断提醒，勉强能完成工作任务，有创新愿望，缺少办法，魄力小，处理问题不果断，有失误，所负责的工作质量较差 |

# 项目2　绩效考评系统

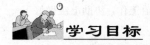
## 学习目标

●　掌握绩效考核指标的制订流程。

●　了解360度考评的产生与发展背景，掌握360度考评的内涵、特点、应用和注意事项。

●　了解选择确定绩效考评方法的因素、绩效考评的效标和考评方法的设计原则。

●　掌握行为导向型绩效考评方法和结果导向型绩效考评方法的概念、优缺点比较和使用范围。

●　了解综合型绩效考评方法的概念、优缺点比较和使用范围。

## 技能目标

1. 能够实施360度考评方案。

2. 能够设计饭店员工360度考评表。

3. 能够根据典型岗位，应用行为导向型主观考评方法来实施考评。

4. 能够根据典型岗位，应用行为导向型客观考评方法来实施考评。

5. 能够根据典型岗位，应用结果导向型考评方法来实施考评。

## 任务1　360度反馈评价方法的应用

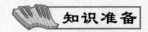 

### 一、360度绩效考核方法概述

360度考评方法产生于20世纪40年代，最初是被运用于英国军方所设立的评价中心，在评价部队战斗能力以及选拔士兵等活动中发挥了重要的作用，后来被各大企业推广运用，主要用于工作岗位分析及管理人员的能力评价、筛选。

如图5-3所示，360度绩效考核方法是指全方位、多角度的考核，即由被考评人的上级、同级、下级和内部客户、外部客户甚至本人担任考评者，从四面八方对被评者进行全方位的评价，考评的内容也涉及员工的任务绩效、管理绩效、周边绩效、态度和能力等方方面面，考评结束，再通过反馈程序，将考评结果反馈给本人，以达到改变行为、提高绩效等目的。360度绩效考核方法的重点不在于将考评结果公布于众，而在于通过考核和反馈，为被考核者进一步改进工作绩效和职业生涯规划提供建议。

（1）上级评价。上级评价又叫做主管评价，是由各级主管对直接下属进行绩效评价。

（2）同级评价。是指通过同事之间互评绩效的方式，来达到绩效考评目的的方法。

（3）下级评价。是由下属来评价主管。通过下级的评价，主管可以清楚地指导自己需要加强哪些方面的管理能力，知道自己目前与下属期望之间的落差，有助于对主管的潜能进行开发。

（4）客户评价。让客户对员工的服务态度和服务质量进行评价，这种评价对从事服务业，销售业的人员特别重要。

（5）自我评价。让员工根据自己在工作期间的绩效表现评价自己的能力和潜能，并据此设定未来的目标，这种方式有利于员工自己了解自己的优势，做好职业生涯规划，了解自己的不足，做好自我完善与开发。

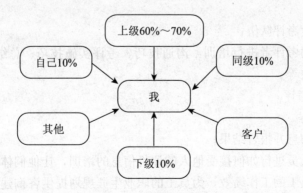

**图5-3　360度考评方法**

## 二、360 度考评方法的优缺点

**（一）360 度考评方法的优点**

（1）360 度考评具有全方位、多角度的特点。

（2）360 度考评方法考虑的不仅仅是工作产出，还考虑深层次的胜任特征。

（3）360 度考评有助于强化企业的核心价值观，增强企业的竞争优势，建立更为和谐的工作关系。这样一方面能够帮助管理者发现并解决问题，从总体上提高组织绩效；另一方面能够防止被考评者只追求某项工业指标完成的短期行为，使其着眼于公司或部门的长远发展，全面提高自己的绩效水平。

（4）360 度考评采用匿名评价方式，消除考评者的顾虑，使其能够客观地进行评价，保证了评价结果的有效性。

（5）360 度考评充分尊重组织成员意见，这有助于组织创造更好的工作气氛，从而激发组织成员的创新性。而创新性又恰恰是现代企业，尤其是高新技术企业的生命线。

（6）360 度考评加强了管理者与组织员工的双向交流，提高了组织成员的参与性。

（7）促进员工个人发展。

**（二）360 度考评方法的缺点**

（1）360 度考评侧重于综合评价，定性评价比重较大，定量的业绩评价较少。

（2）360 度考评的信息来源渠道广，但是从不同渠道得来的信息并非总是一致的。

（3）360 度考评增加了收集和处理数据的成本。

（4）在实施 360 度考评的过程中，如果处理不当，可能会在组织内造成紧张气氛，影响组织成员的工作积极性，甚至带来企业文化震荡、组织成员忠诚度下降等现象。

## 三、360 度考评的实施程序

1. 评价项目设计

（1）进行需求分析和可行性分析，决定是否采用 360 度考评方法；

（2）编制基于岗位胜任特征模型的评价问卷。

2. 培训考评者

（1）组建 360 度考评队伍；

（2）对选拔出的考评者进行培训：沟通技巧、考评实施技巧、总结评价结果的方法、反馈评价结果的方法等。

3. 实施 360 度考评

（1）实施考评；

（2）统计评价信息并报告结果；

（3）对被考评人员进行如何接受他人的评价信息的培训，让他们体会到 360 度考评最主要的目的是改进员工的工作绩效，为员工的职业生涯规划提供咨询建议，从而提高被考评人员对评价目的和方法可靠性的认同度；

（4）企业管理部门应针对考评的结果所反映出来的问题，制订改善绩效（或促进职业生涯发展）的行动计划。

4. 反馈面谈

（1）确定进行面谈的成员和对象；

（2）有效进行反馈面谈，及时反馈考评的结果，帮助被考评人员改进自己的工作，不断提高工作绩效，完善个人的职业生涯规划。

5. 效果评价

（1）确认执行过程的安全性；

（2）评价应用效果；

（3）总结考评过程中的经验和不足。

**【方案设计】**

任务：请参考表 5-4 所示的设计，为饭店前台部员工量身设计一份 360 度绩效考核表。

表 5-4　　　　　　　　　　　　　饭店员工 360 度考核表

| 姓　名 | 职　位 | | |
|---|---|---|---|
| 评分标准 | 1—差；2—及格；3—中等；4—良；5—优秀 | | |
| 上级考核<br>（权重：0.4） | 业务推进能力 | | |
| | 计划执行能力 | | |
| | 洞察创新能力 | | |
| | 表达沟通能力 | | |
| 同级考核<br>（权重：0.3） | 团队协作能力 | | |
| | 创造良好工作氛围的能力 | | |
| | 业务能力 | | |
| 下级考核<br>（权重：0.2） | 驾驭全局能力 | | |
| | 策划决断能力 | | |
| | 培养项目成员能力 | | |
| 客户考核<br>（权重：0.05） | 服务态度 | | |
| | 服务质量 | | |
| | 交流能力 | | |
| 自我考核（0.05） | | | |
| 总　分 | | | |

注：表格改编自管理资源吧。

## 任务 2　绩效考评方法与应用

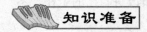

绩效考评方法是指酒店在绩效管理过程中进行考核、评估的具体方法和手段。酒店必须要解决好采用什么绩效考评方法的问题，以便帮助酒店各级管理人员得到公正、科学的考评结果，从而起到激励员工的正面效果。

### 一、选择确定绩效考评方法的因素

在选择、确定具体的绩效考评方法时，应当充分考虑以下三个重要因素。

（1）管理成本。比如是否请咨询公司、管理培训公司协助工作，数据收集工作的复杂性，是否增加新的设备，是否增加新的人员等。

（2）工作实用性。比如工作中是否有实用价值，是否操作方便、功能齐全，是否可以做数据整理、分析等。

（3）工作适用性。比如绩效考评方法是否对本酒店适用，是否需要确定每种方法的适用范围等。

### 二、绩效考评的效标

效标，是评价员工绩效的指标及标准。绩效考评的效标主要包括以下三类，如表 5-5 所示。

表 5-5　　　　　　　　　　绩效考评方法类型比较

| 类　型 | 效　标 | 考评内容 | 特　点 |
| --- | --- | --- | --- |
| 品质主导型 | 特征性 | 考评员工的潜质 | 操作性、信度、效度较差 |
| 行为主导型 | 行为性 | 考评员工工作方法、工作过程的行为 | 1. 考评标准容易确定<br>2. 操作性较强 |
| 效果主导型 | 结果性 | 员工或组织的工作效果（业绩） | 1. 考评标准容易确定<br>2. 操作性很强 |

### 三、设计考评方法的原则

在设计考评方法时可依据以下几个基本的原则。

（1）工作成果可以有效进行测量的工作，采用结果导向的考评方法；

（2）考评者有机会、有时间观察下属的行为时，采用行为导向的考评方法；

（3）上述两种情况都存在，应采用两类或其中某类考评方法；

（4）上述两种情况都不存在，可以考虑采用品质特征导向的考评方法，如图解式量表评价法，或者采用综合性的合成方法。

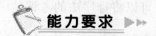

## 能力要求 ▶▶

情境1：行为导向主观考评方法的应用

行为导向主观考评方法的具体内容如表5-6所示：

**表5-6** 行为导向主观考评方法

| 类型 | 优点 | 缺点 | 适用范围 |
|---|---|---|---|
| 行为导向型主观考评方法 1. 排列法 | 简单易行，花费时间少，减少考评结果过宽和趋中的误差 | 不能用于比较不同部门的员工，不能使员工得到反馈（局限性） | 局限性大，不同部门不能比较，同部门的员工差异不明显不能比较 |
| 2. 选择排列法 | 简单易行，花费时间少，便于操作 | 有一定的局限性 | 上级考评，自我考评，同级考评，下级考评 |
| 3. 成对比较法 | 容易发现员工的优缺点，在涉及的人员范围不大、数目不多的情况下宜采用本法 | 如果员工的数目过多，不但费时费力，其考评质量也将受到制约和影响 | 涉及人员范围不大、数目不多的情况 |
| 4. 强制分布法 | 可避免考评者过分严厉或过分宽容的情况发生，克服平均主义 | 只能把员工分为有限的几个类别，难以具体比较员工差别，也不能在诊断工作问题时提供准确可靠的信息 | 若员工的能力分布呈偏态则不适用 |

## 一、排列法与应用

排列法（Ranking Method），也称排序法、简单排列法，是绩效考评中比较简单易行的一种综合比较的方法。通常是由上级管理人员根据员工工作的整体表现，按照优劣顺序依次进行排列。为了提高精准度，可以根据酒店员工所在的工作岗位，将员工的主要工作内容作出适当的分解，列出考评要素，分项按照优劣的顺序排列，再求取总平均的次序数，作为绩效考评的最后结果。排列法的重点是选取一个衡量因素，这个因素一般应该是最重要的或是最基本的因素。这种方法适合刚开业的、正在起步、基础数据来源不充分的酒店采用。

比如：销售部门可以制订销售收入排行榜，按收入高低排序，也可以按开发新客户的数量进行排序。

优点：简单易行，花费时间少，能使酒店的管理者在确定的范围内组织考评并将下属排序，从而减少考评结果过宽和趋中的误差；在确定的范围内，可以将排序法的考评结果，作为提升、淘汰、培训、薪酬变动等人事活动的依据。

缺点：排列法是相对比较性的方法，是在员工间的主观比较，不是用员工工作的表现和结果与客观标准相比较，具有一定的局限性，很多时候是管理者的主观判断；也不能用于不同部门间的比较；个人业绩或表现相近时有时很难排序；也不能让员工得到优点或缺点的反馈。

 案例学习

如表5-7所示，为排序考评法实例表：

表5-7　　　　　　　　　　　排序考评表

| 部门：销售部 | 分部门：宴会组 | 总人数：9人 |
|---|---|---|

排序说明：1为最好；9为最差

| 姓　名 | 排　序 |
|---|---|
| A. 赵一 | 9 |
| B. 钱二 | 5 |
| C. 孙三 | 6 |
| D. 李四 | 1 |
| E. 周五 | 3 |
| F. 吴六 | 4 |
| G. 郑七 | 8 |
| H. 张八 | 2 |
| I. 马九 | 7 |

## 二、选择排列法

选择排列法（Alternative Ranking Method），也称交替排列法，是简单排列法的进一步推广。选择排列法利用的是人们容易发现极端、不容易发现中间的心理，在所有的员工中，首先排出最好的员工，然后排出最差的员工，将他们作为第一名和最后一名，接着在剩下员工中再选择出最好的和最差的，分别排在第二名和倒数第二名，依次类推，最终将所有的员工按照优劣的先后顺序全部排列完毕。

选择排列法是较为有效的一种排列方法，采用本法时，不仅上级可以直接排序工作，还可以将其扩展到自我考评、同级考评和下级考评等其他考评的方式之中。

## 三、成对比较法与应用

成对比较法（Paired Comparison Method），也称配对比较法、两两比较法、平衡比较

法。成对比较法是根据某种考评要素，比如工作态度，将所有参加考评的人员逐一比较，得出相对好或相对差的比较结果，相对好的给一个分数"＋"，相对差的给一个分数"－"。例如：某部门有6个人，其中选取"效率"为考评要素，也就是在这项指标上比较谁好、谁差一些。先拿赵一跟钱二相比打一个分数，赵一比钱二差，那么赵一就是"－"，钱二就是"＋"，然后赵一再跟孙三、李四、周五、吴六进行比较，分别得出"－"或"＋"。再用钱二分别跟孙三、李四、周五、吴六进行比较，分别得出"－"或"＋"，列表如表5-8所示。纵列中"＋"最多者排序第一，"－"最多者排序倒数第一。

应用成对比较法，主要是人和人比。管理者能够发现谁好、谁差，简明扼要，一目了然，对涨工资、发奖金、提升具有决定性影响。缺点是只比较其中某些因素，具有片面性，而且取决于管理者主观的看法。这种方法对管理者要求极高，要求管理者有能力作公正客观的评价。在被考评人员范围不大、数目不多时宜采用本方法。

**表5-8** 　　　　　　　　　　成对比较法："效率"要素考评表

| 姓名 | 赵一 | 钱二 | 孙三 | 李四 | 周五 | 吴六 | 排序 |
|---|---|---|---|---|---|---|---|
| 赵一 | 0 | ＋ | ＋ | ＋ | ＋ | ＋ | 6 |
| 钱二 | － | 0 | ＋ | ＋ | － | ＋ | 4 |
| 孙三 | － | － | 0 | － | － | － | 2 |
| 李四 | － | － | ＋ | 0 | － | － | 3 |
| 周五 | － | ＋ | ＋ | ＋ | 0 | ＋ | 5 |
| 吴六 | － | － | － | － | － | 0 | 1 |
| 汇总 | －5 | －1 | ＋3 | ＋1 | －3 | ＋5 | |

注：纵列为考查对象，横列为比较对象。纵列员工与横列员工对比，优者画"＋"，差者画"－"。本表是以横行的员工作为对比的基础，如果以纵列的员工作为对比的基础，所得出的结果正好相反。

## 四、强制分布法与应用

强制分布法（Forced Distribution Method），也称为强迫分配法、硬性分布法。通常在一个正常营运的酒店内，员工的工作行为和工作绩效呈正态分布，那么按照状态分布的规律，员工的工作行为和工作绩效好、中、差的分布存在一定的比例关系，在中间的员工应该最多，好的、差的是少数。

 **案例学习**

强制分布法就是按照一定的百分比，将被考评的员工强制分配到各个等级中。等级一般是五类，从最优到最差的具体百分比可根据需要确定，可以是10%，20%，40%，

20％，10％；也可以是5％，20％，50％，20％，5％（如表5-9所示）；也可以是10％，
15％，60％，10％，5％（如图5-4所示）等。

表5-9 强制分布法实例表

| 等　级 | 比　率 |
| --- | --- |
| 优秀 | 5％ |
| 良好 | 20％ |
| 中 | 50％ |
| 基本合格 | 20％ |
| 不合格 | 5％ |

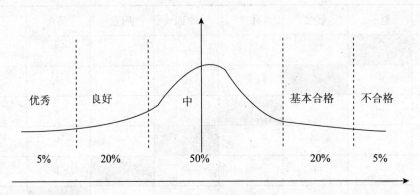

图5-4 强制分布法

很多酒店存在一个误区，即如果考评总分是100分，通常管理者大多给下属的评定分
数为85～95分。这样就远远超过标准。很多酒店管理者认为，酒店员工低头不见抬头见，
不好意思把考评得分打得太低，或者差距拉得太大，否则大家都觉得不好意思，这其实是
一种错误的想法。所以，不管考评方法有多少种，但实际上真正的关键是打分的人。表格
再漂亮、再科学，方法介绍得再仔细，管理者给员工打分时，如果不能做到秉公办事或者
敢于坚持原则，难免会陷入种种误区。

案例分析

## 酒店餐饮部的绩效考评

格斯酒店的餐饮部有150名员工，在年终绩效考评时，采用了强制分布法作为区分员
工从优到差各等级的方法（如图5-5所示）。

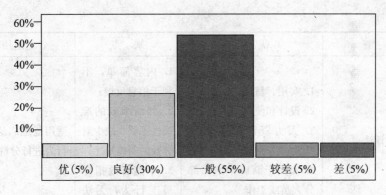

图 5 - 5 格斯酒店年终考评结果分布

**案例解析：**

（1）该图反映的强制分布比例，符合员工表现好差的基本情况，两头少、中间多。

（2）各类人员的比例多少，要根据考评的目的确定，使其真正起到激励员工的作用。

（3）在使用强制分布法时要注意的是一般在最后区分名次或等级时才用。

情境 2：行为导向型客观考评方法的应用

行为导向型客观考评方法的具体内容如表 5 - 10 所示：

表 5 - 10　　　　　　　　　　　行为导向型客观考评方法

| 类　型 | 优　点 | 缺　点 | 适用范围 |
|---|---|---|---|
| 关键事件法 | 1. 有理有据；<br>2. 成本低；<br>3. 若及时反馈，可提高员工绩效；<br>4. 可保存长时间跨度的关键绩效事件原始记录 | 1. 有累计小过失之嫌；<br>2. 难以单独作为考评工具 | 使用与便于提取关键事件的工作内容，评价的关键在于员工的行为以及工作行为发生的具体背景条件 |
| 行为锚定等级评价法 | 1. 有效指导员工行为；<br>2. 有利于员工的反馈；<br>3. 等级的标准很具体，很明确；<br>4. 各种工作要素比较独立，不互相依赖；<br>5. 具有较好的连贯性和可靠性 | 1. 花大量的时间和精力；<br>2. 成本大；<br>3. 被评估者的行为可能处于量表的两端 | 适用于那些对工作行为正确性或准确性要求较高，而且结果难以用数量形式表现的工作；从绩效考评指标来看，适用于工作能力、工作态度指标，一般不大适合工作业绩类指标 |
| 行为观察法 | 1. 使关键行为得以量化；<br>2. 可以区分行为的重要性 | 1. 费时费力<br>2. 忽视行为过程的结果 | 可以作为不同员工之间进行比较的依据，但发生频率过高或过低的工作行为不能选取作为评定项目 |

| | 类　型 | 优　点 | 缺　点 | 适用范围 |
|---|---|---|---|---|
| 行为导向型客观考评方法 | 图尺度考评法 | 1. 实用、易懂；<br>2. 设计和使用成本较低；<br>3. 人力资源部能很快开发；<br>4. 实用于酒店中绝大部分人员或工作 | 1. 内容简单，不利于信息反馈；<br>2. 判断绩效的准确性不够，缺少对分数的明确描述；<br>3. 不能有效指导员工行为，无法提供改进方法 | 适用范围广泛，关键是对行为进行分解及打分 |

## 一、关键事件法与应用

关键事件法（Critical Incident Method），也称重要事件法。在某些工作领域内，员工在完成工作任务的过程中，有效的工作行为导致了成功，无效的工作行为导致了失败，这些有效或无效的工作行为称为"关键事件"。

考评者要观察和书面记录这些关键事件，因为它们通常是描述了员工的行为以及工作行为发生的具体背景条件。这样，在评定一个员工的工作行为时，就可以利用关键行为作为考评的指标和衡量好坏的尺度。关键事件法对事不对人，以事实为依据，考评者不仅要注重对行为本身的评价，还要考虑行为的情境，可以用来向员工提供明确的信息，使他们知道自己在哪些方面做得比较好，在哪些方面做得不好。

1. 关键事件的 STAR 记录法

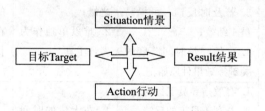

**图 5-6　关键事件 STAR 记录法**

S（Situation）——情景，事件发生时的情景是怎样的；

T（Target）——目标，为什么要做这件事；

A（Action）——行动，当时采取了什么行动；

R（Result）——结果，采取这个行动获得了什么结果。

STAR 法是最典型的关键事件法，可以记录好的、成功的事件，也可以记录不好的、失败的事件，但要用情景、目标、行为和结果进行综合分析。

在实际运用过程中，考评者要准备一本专用的"绩效记录本"，记录日常工作中与下属员工绩效密切相关的事件。记录时，要着重对事件或行为进行客观具体的描述性记录，而不是偏重于对员工的评论，应避免用如"该员工工作绩效高"等抽象的行为评价。

 **案例学习**

### 关键事件的绩效记录本

行政管家在楼层主管的"绩效记录本"中记载：9月10日，由于前一天酒店客房出租率达到了100％，而市场销售部通知在下午14：00以后有大型的团队入住，预计出租率也为100％。为了确保客房的供应，楼层主管李艳立刻主动加入了清洁客房的队伍中，独立清洁了6间客房，并带领楼层员工在下午13：30以前完成了所有房间清洁和退房的工作，有效地缓解了客房供应的困难。

#### 2. 关键事件法的优缺点

关键事件法的优点是可以记录较长时间跨度的事件，可以贯穿考评期的始终，与年度、季度计划密切结合在一起。本办法可以有效地弥补其他方法的不足，为其他考评方法提供了依据和参考；为考评者提供了客观的事实依据；考评内容不是一个员工短期的表现，而是考评期（如半年、一年）的整体表现；以事实为依据，保存了动态的关键事件记录，可以全面了解下属如何消除不良记录，如何改进和提高绩效。缺点是对关键事件的观察和记录费时费力；能作定性分析，不能作定量分析；不能具体区分工作行为的重要性程度，很难在员工之间进行比较。

#### 3. 及时反馈

据统计，员工离职最大的原因，就是平常干得好没有人夸，干的不好也没有人批评。其实，每个员工（包括各级管理人员）心里都是期望考评的，希望知道自己在酒店、部门干得怎么样。如果考评者只顾自己记着小账本，却又总不跟员工说，不跟员工反馈，好也不表扬，差也不批评，员工既得不到尊重，又得不到认可，长久如此，也许没等到给员工评分，员工已经跳槽到别的酒店了。采用关键事件法时，一定要注意反馈要及时，如果反馈不及时，极容易造成员工的不满，并离职。

### 二、行为锚定等级评价法与应用

行为锚定等级评价法（Behaviorally Anchored Rating Scale，BARS），又称为行为定位法、行为决定性等级量表法、行为定位等级法或行为尺度评定量表法。这种方法将关键事件和等级评价有机结合在一起，是关键事件法的进一步拓展和应用。

 **案例学习**

### 处理客户关系等级评定

背景：考评销售代表"处理客户关系"的等级评定。行为锚定法（BARS）的评定方法（如表 5 - 11 所示）。

表 5 - 11　　　　　　　　BARS 实例：销售代表处理客户关系

| 行　为 | 打分（1～6 分） |
|---|---|
| 经常替客户打电话，给他做额外的查询 | 6 分 |
| 经常耐心地帮助客户解决很复杂的问题 | 5 分 |
| 当遇到情绪激动的客户时会保持冷静 | 4 分 |
| 如果没有查到客户需要的相关信息则会告诉客户，并说对不起 | 3 分 |
| 忙于工作的时候，经常忽视等待中的客户，长达数分钟 | 2 分 |
| 一遇到事儿，就说这件事儿跟自己没什么关系 | 1 分 |

注：评分 1～6 分，1 分最低，6 分最高。

把销售代表处理客户关系的表现，从最好到最不好列一个等级，就是将他的行为排列成一个顺序，就叫行为锚定。他做的事情符合第一级，就打 6 分。如果他做得最不好，经常让客户等，并且还可能说"这事儿跟我没什么关系"这类的话，如果发现被考评的这个销售代表经常这样做，那他就是 1 分了。这样评出来的分数相加，就是这一个销售代表"处理客户关系"的一个总的分数。当销售代表看到自己的得分低时，就知道下一回该怎么做才可以得到高分。

行为锚定等级评价法的具体的工作步骤是：

（1）进行岗位分析，获取关键事件。进行岗位分析，把相同岗位的人员聚集起来，请主管人员、员工和第三方的一个顾问坐在一起，用"头脑风暴"法，谈定这个岗位的关键点，不论好的方面还是不好的方面，都要畅所欲言。也可以通过问卷调查、观察、员工的工作日志、管理者记录、访谈等方法，收集尽可能多的有效或无效的工作行为。

（2）建立绩效评价等级。挑选几件有代表性的事件作为关键事件，建立若干个绩效指标，给出确切定义，并定出打分等级，一般为 5～9 级。

（3）关键事件重新分配。由另一组管理人员对关键事件作出重新分配，将它们归入最合适的绩效要素及指标中，确定关键事件的最终位置，并确定出绩效考评指标体系。

（4）关键要素评定。审核绩效考评指标等级划分的正确性，将绩效指标中包含的重要事件，由优到差，从高到低进行排列。

（5）建立工作绩效考评体系。参与行为锚定法设计的人员众多，对本岗位熟悉，专业技术性强，所以精确性更高，对员工的行为指导性强，绩效考评标准更加明确。评定量表上的等级尺度是与行为表现的具体文字描述一一对应的，评定量表上的行为描述可以反馈提供更多必要的信息，具有良好的连贯性和较高的可信度。使用本办法时，对被考评者使用同样的量表，对同一个对象进行不同时段的考评，能够明显提高考评的连贯性和可靠性；考评的维度清晰，各绩效要素的相对独立性强，有利于综合评价判断。

该方法的缺点是设计和实施的费用高，比许多考评方法费时费力。从最初的收集关键事件、关键行为到最后评价表的建立，都需要大量员工和专家的参与，而且还需要不断地进行调整以保证评价表切实有效，因此是一个非常费时费力的过程。有时很难把观察到的工作行为和考评量表上的标准行为进行相互对应。有时一个员工可能会表现出处在量表等级两端的行为，从而无法对其进行评价。由于关键事件分类的过程存在相当程度的主观性，可能导致最后的分类缺乏独立性，从而使等级标准之间的相互交叉重复，并最终使考评者产生晕轮反应。

从工作本身特点上来看，行为锚定法适用于那些对工作行为正确性或准确性要求较高，而且结果难以用数量形式表现的工作；从绩效考评指标来看，适用于工作能力、工作态度指标，一般不大适合工作业绩类指标。

## 三、行为观察法与应用

行为观察法（Behavior Observation Scale，BOS），也称为行为观察量表法、行为观察评价法、行为观察量表评价法。它是在关键事件法基础上发展起来的，与行为锚定法大体接近，只是在量表的结构上有所不同。本方法不是首先确定工作行为处于何种水平，而是确认员工某种行为出现的概率，它要求评定者根据某一工作行为发生频率或次数的多少来对被评定者打分。如从不（1分）、偶尔（2分）、有时（3分）、经常（4分）、总是（5分）。既可以对不同工作行为的评定分数相加得到一个总分数，也可以按照对工作绩效的重要程度赋予工作行为不同的权重，经过加权后再相加得到总分，总分可以作为不同员工之间进行比较的依据。发生频率过高或过低的工作行为不能选取作为评定项目。

 **案例学习**

行为观察法的应用，如表5-12、表5-13所示。

表5-12　　　　　　　　　克服变革中阻力的能力（BOS）

| 行　为 | 打分（分） |
|---|---|
| 向下属说明变革的细节 | 从不　1 2 3 4 5　总是 |
| 阐述变革的必要性 | 从不　1 2 3 4 5　总是 |
| 与员工讨论变革对他们的影响 | 从不　1 2 3 4 5　总是 |
| 倾听员工所关心的问题 | 从不　1 2 3 4 5　总是 |
| 在推进变革过程中寻求下属的帮助 | 从不　1 2 3 4 5　总是 |
| 如果需要，指定下一次会议的日期，以便对员工关心的问题作出答复 | 从不　1 2 3 4 5　总是 |

总分：　　6~10分　　　11~15分　　　16~20分　　　21~25分　　　26~30分
　　　　　　不足　　　　尚可　　　　良好　　　　优秀　　　　杰出

表 5－13　　　　　　　　　　考评中层管理人员的管理技能（BOS）

| 行　为 | 打分（分） |
| --- | --- |
| 为员工提供培训与辅导，以提高绩效 | 从不　1　2　3　4　5　总是 |
| 向员工清晰地说明工作要求、工作标准 | 从不　1　2　3　4　5　总是 |
| 对照标准检查员工的表现 | 从不　1　2　3　4　5　总是 |
| 认可员工的重要表现 | 从不　1　2　3　4　5　总是 |
| 告知员工重要信息 | 从不　1　2　3　4　5　总是 |
| 征求员工意见，以使自己做得更好 | 从不　1　2　3　4　5　总是 |
| 与合作单位加强沟通，以了解对方需求 | 从不　1　2　3　4　5　总是 |

　　行为观察法克服了关键事件法不能量化、不可比，以及不能区分工作行为重要性的缺点，但是编制一份行为观察量表较为费时费力，同时，完全从行为发生的频率考评员工，可能会使考评者和员工双方忽略行为过程的结果。

### 四、图尺度考评法与应用

　　图尺度考评法（Rating Scale Method），也称尺度考评表、图尺度评价法，是最简单和运用最普遍的工作绩效考评方法之一。它是指在绩效考评表中列出绩效相关的各种因素，并根据绩效等级评价说明，针对每一个因素对下属员工进行相应的评分，最后将所有分值相加，从而得到其最终的工作绩效考评结果。在实际利用图尺度考评法进行绩效考评的过程中，考评者还可以把工作职责、工作说明书作进一步的分解。

　　例如：将秘书工作职责分解为打字、速写、接待、工作安排、文件资料管理、办公室一般性事务等内容。而每一项内容又包括更具体的内容，如"接待工作"一项中包括对会议、约见、公关等活动的安排是否做到了有效管理，是否能为出差办理费用申请、做好食宿安排等工作。然后，对每一项职责的情况进行分级或打分。实际上，图尺度考评法不仅可以对员工的工作职责进行考评，还可以对被认为是成功工作所必需的个人特质进行考评。

**案例学习**

　　图尺度考评法的应用如表 5－14 所示。

| 表 5 - 14 | 经理助理级以上管理人员考评表 | | | |
|---|---|---|---|---|
| 考评项目 | 内　容 | 满　分 | 得　分 | 评　语 |
| 领导能力 | □具有远见<br>□工作分配与监督<br>□个人影响力<br>□维持纪律<br>□给予他人明确的指示<br>□制订并维持标准<br>□树立榜样<br>□团队协作/士气<br>□了解实际操作<br>□参与及授权他人<br>□给予认同<br>□支持/关心下属<br>□个人努力<br>□增强下属工作表现 | | | |
| 工作有效性 | □敬业与忠诚<br>□工作努力程度<br>□遵循标准与政策<br>□履行职责<br>□听从指挥<br>□听从善意的批评<br>□可靠性<br>□适应性/灵活性<br>□向上级汇报工作<br>□ 能在压力下很好地工作 | | | |
| 积极性与自我激励 | …… | | | |
| 创新与创造力 | …… | | | |
| 预算/运用资金能力 | …… | | | |
| 人际交往能力 | …… | | | |
| 计划与决策能力 | …… | | | |
| 沟通能力 | …… | | | |
| 培训与提高 | …… | | | |
| 专业知识 | …… | | | |
| 直观能力 | …… | | | |
| 分析能力 | …… | | | |

| 考评项目 | 内　容 | 满　分 | 得　分 | 评　语 |
|---|---|---|---|---|
| 想象能力 | …… | | | |
| 现实感 | …… | | | |

┏━━━━━━━━━━━━━━━━━━━━━━━━━━━┓
　情境 3：结果导向型绩效考评方法的应用
┗━━━━━━━━━━━━━━━━━━━━━━━━━━━┛

## 一、短文法

短文法是利用书面的形式进行总结的一种方法，包括自评和他评的两种形式，自评法是指员工对自己的工作进行总结及评价；他评法是指由考评者写一篇短文或通过填写一份员工业绩鉴定表来描述员工绩效，并特别列举其突出的长处和短处的事实。

无论由谁来撰写绩效总结的报告，其内容和形式都具有一定的相同性。由被考评者自己撰写考评短文，虽然节省了上级主管的时间，但受到个人写作能力的限制，水平低的人往往不得要领，表述不清，水平高的人，又容易夸大其词，文过饰非。由考评者撰写绩效考评的报告，迫使考评者讨论绩效的特别事例，从而能减少考评的偏见和晕轮效应。由于考评者以事例说明员工表现，而不是使用评级量表，也可以减低考评的趋中和过宽的评价误差。但是，其中最大的问题是：由考评者为每个员工写一篇独立的短文，所要花费的时间和精力是可想而知的，因此，在下属众多的情况下根本无法推行本方法。另外，由于短文法仅适用于激发员工表现，开发其技能，而不能用于员工之间的比较，以及重要的人事决策，因此它的适用范围很小。

## 二、目标管理法

目标是指在一定时期内对组织、部门及个体活动成果的期望，是组织使命在一定时期内的具体化，如何使组织全体员工、各个部门积极主动为实现组织的目标努力工作就决定了管理活动有效性的关键，目标管理正是解决这一问题的具体方法。"目标管理"的概念是管理专家彼得·德鲁克 1954 年在其名著《管理的实践》中最先提出来的，其后他又提出"目标管理和自我控制"的主张。彼得·德鲁克认为，并不是有了工作才有目标，而是相反，有了目标才能确定每个人的工作，因此管理者应该通过目标对下级进行管理。当组织最高层管理者确定了组织目标后，必须对其进行有效分解，转变成各个部门以及各个人的分目标，管理者根据分目标的完成情况对下级进行考核、评价和奖惩。

目标管理法是众多国内外企业进行绩效考核的常用方法之一，目标考核法根据被考核人完成工作目标的情况来进行考核。在开始工作之前，考核人和被考核人应该对需要完成的工作内容、时间期限、考核的标准达成一致。在时间期限结束时，考核人根据被考核人的工作状况及原先制定的考核标准来进行考核。这种方法随后被演化为更为简练而明确的关键绩效指标法。

### 三、绩效标准法

本方法与目标管理法基本接近，它采用更直接的工作绩效衡量的指标，通常适用于非管理岗位的员工，采用的指标要具体、合理、明确，要有时间、空间、数量、质量的约束限制，要规定完成目标的先后顺序，保证目标与组织目标的一致性。

绩效管理法比目标管理法具有更多的考评标准，而且标准更加详细具体。依照标准逐一评估，然后按照各标准的重要性及所确定的权数，进行考评分数汇总。由于被考评者的多样性，个人品质存在明显差异，有时某一方面的突出业绩和另一方面的较差表现有共生性，而采用这种方法可以克服此类问题，能对员工进行全面的评估。绩效标准法为下属提供了清晰准确的努力方向，对员工具有更加明确的导向和激励作用。本方法的局限性是需要占用较多的人力、物力和财力，需要较高的管理成本。

### 四、直接指标法

直接指标法在员工的衡量方式上，采用可监测、可核算的指标构成若干考评要素，作为对下属的工作表现进行评估的主要依据。如对于非管理人员，可以衡量其生产率、工作数量、工作质量等。工作数量的衡量指标有：工时利用率、月度营业额、销售量等；工作质量的衡量指标有：顾客不满意率、废品率、产品包装缺损率、顾客投诉率、不合格返修率等。对管理人员的考评，可以通过对其所管理的下属，如员工的缺勤率、流动率的统计得以实现。

直接指标法简单易行，能节省人力、物力和管理成本，运用本方法时，需要加强企业基础管理，建立健全各种原始记录，特别是一线人员的统计工作。

### 五、劳动定额法

劳动定额法是比较传统的绩效考评方法，它的具体步骤是：

（1）进行工作研究，从宏观到微观，运用科学方法对工作地上的生产流程、作业程序和员工的操作过程进行全面的调查分析，使其组织形式和作业方法达到精简、高效、健康、舒适、安全等方面的要求，最终实现劳动组织最优化，工作环境条件安全化，作业流程程序标准化，人工操作规范化，人机配置合理化，生产产出效率化的目标。

（2）在工作研究即方法研究和动作研究的基础上，进行时间研究，运用工作日写实、测时和工作抽样等工时研究的方法，采用经验估工、统计分析、类推比较或技术测定的技术，对劳动者在单位时间内生产某种产品或完成某项工作任务的活的劳动消耗量作出具体限定，即制订出工时定额或产量定额，作为员工绩效考评的主要依据。

（3）通过一段试行期，开始正式执行新的劳动定额，根据不同的工种和工序，企业可以采取多种不同形式的劳动定额，如工时定额、产量定额、综合定额、单项定额、看管定额、服务定额、工作定额，以及计划定额、设计定额、现行定额和不变定额等多种多样的形式和方法，对员工绩效进行考评。

## 六、成绩记录法

成绩记录法是一种新开发出来的绩效考评方法。这种方法比较适合从事教学、科研工作的教师、专家们采用，因为"成绩记录本身就代表一切"，同时也适用那些与教师、专家工作具有相同性质工作的人员，即他们每天工作的内容是不同的，无法用完全固化的衡量指标进行考量。采用这一方法的步骤是：先由被考评者把自己与工作职责有关的成绩写在一张成绩记录表上，然后由其上级主管验证这些成绩是否真实准确，最后由外部专家就这些材料进行分析，从而对被考评人的绩效进行评价。

因为此方法需要聘请外部专家参与评估，使得其时间、人力和成本等耗费较高。据有关资料介绍，国外应用该方法对律师的工作绩效进行评估，取得了满意的成果。

> 情境 4：综合型绩效考评方法的应用

## 一、日清日结法

日清日结法（Overall Every Control and Clear，OEC），是指全方位地对每人、每天、每事进行清理控制，做到"日清日毕，日清日高"。其中"O"代表"Overall"，意为"全面的"；"E"代表"Everyone，Everything，Everyday"，意为"每个人、每件事、每一天"；"C"代表"Control"，意为"控制和清理"。OEC 管理法是根据企业总体发展战略所确认的方向和目标，在层层分解量化为具体指标的前提下，通过有效的整体控制和员工自我控制，对企业和员工的每一种行为、每一项活动进行精细量化监控与激励性管理的一种方法。所谓"清理"就是对企业的人、事、物、时间、空间进行全面清理，所谓"控制"就是在工作目标和要求清楚、劳动者的责任清楚的前提下，使每个员工的行为与企业目标始终保持一致，确保企业整体计划目标的实施和完成。

为了保证本方法得到有效的贯彻和实施，必须始终坚持三个基本原则。

1. 闭环原则

凡事都要善始善终，坚持 PDCA（Plan→Do→Check→Action）的循环原则，使各项工作保持螺旋式上升和发展。

2. 比较分析原则

纵向与自己的过去比，横向与同行业比，没有比较就没有发展。

3. 不断优化的原则

根据木桶理论，找出薄弱环节，及时进行整改，从而提高全系统水平。

## 二、合成考评法

合成考评法是将几种比较有效的绩效考评方法综合在一起，对组织或员工个人进行考评的一种方法。它有以下几个特点。

（1）它所考评的是一个团队而不是某个员工，说明该公司更加重视集体的凝聚力，立足于团队合作精神的培育。

（2）考评的侧重点具有双重性，既考虑到岗位职责和本岗位的现实任务，又注重对团队员工个人潜能的分析与开发。

（3）表格现实简单便于填写说明。

（4）考评量表采用了三个评定等级，即极好、满意和不满意，使被考评者更容易分析判断实际工作中什么是"正确的"，什么是"错误的"。

### 三、评价中心技术

评价中心主要采用以下六种方法技术，广泛地观察被考评者的特质和行为，从而为绩效考评提供可靠真实的依据。

1. 实务作业处理

实务作业是模拟某一个管理岗位，让被考评者在一定的时间内，参与所有相关文件、文书（包括备忘录、信函等）的起草和处理，并解决工作中出现的各种问题。例如，让参与者（假设他是经理）处理这些信函及备忘录，并在两个小时内作出批复；或者由下属提出几个工作中遇到的难题，请求其立即作出指示或决断。被考评者在限定的时间内比如两小时之内完成作业后，由考评者对其作业的完成情况作出评定。通过对被考评者的"工作环境的适应性"、"文件处理的质量和速度"、"对待专业问题的认识和理解以及决断情况"等诸多方面的考评，以检验其决策能力、分析判断能力、授权技巧以及应变能力等。

2. 自主式小组讨论

其或称无领导小组讨论，是指被考评者参加一个多人的团体讨论会议，讨论会可在有领导者主持或没有指定领导者的情况下进行，与会者围绕某些专题进行讨论，并最终作出一个整体的决定。讨论的题目可以包括组织变革和组织发展、人事决策、薪酬福利政策等。考评人仔细观察小组讨论的互动情况，如对各种问题的诊断分析、策略的制订、资源的分配等，根据与会者的表现，对其人际关系技巧、团队合作精神、领导能力、语言表达感染力、个人魅力和影响力等作出评价。

3. 个人测验

在评价中心被考评者要完成数种测验，如智力测验、人格测验、对管理与督导的态度测验等。如果评价中心的活动时间太短，这些测验可以在参加评价活动之前，个人先在家里完成。

4. 面谈评价

被考评者在评价活动期间，接受由一人或多人主持的面谈。面谈的主要内容涉及个人职业生涯的设计和发展，主要是为了了解其成长背景、以往的经验、学习经历、工作表现、未来的期待、兴趣及目标等。

5. 管理游戏

企业管理游戏是通过被考评者的某种角色扮演或团体讨论，在一定的情景模拟的环境和条件下，考察其策略思想、谋划能力、组织能力，以及分析解决问题的能力。管理游戏活动的内容涉及市场竞争策略、生产计划与组织、商品推广与营销、仓储调运与管理、作业流程与优化等多领域问题。

6. 个人报告

在评价中心，被考评者需要根据某一特定的管理题目，在众人面前作一陈述分析报告，考评者通过陈述报告，检测其表达能力和雄辩能力。

# 项目3　考评数据的处理

## 学习目标

　　● 掌握考评表格的设计与发放、收集考评数据记录、考评数据的统计、数据的计算机处理、考评数据的保存和文档的保管。

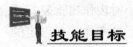

## 技能目标

能够应用顺序法、能级分析法、对比分析法、综合分析法和常模分析法对绩效考评数据与结果进行分析。

## 任务　考评数据处理流程

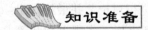

## 知识准备

### 一、表格的设计与发放

无论怎样处理采集到的考评数据，都需要预先设计绩效考评使用的各种表格。各个企业所采用的考评表格没有统一的形式，繁简不一，有些表格简列各项考评因素和几个空格由主管圈选，有些则需主管和下属共同设计商定。表格的形式并无严格要求，只要达到考评目的，简洁适用就可以。表格的设计应尽可能一目了然，表格中的文字也应准确清晰，像"可靠性"、"责任感"、"优良"等字眼都不够明确，容易使主管与下属产生误解。

所有的考评表格都应该包括考评要素和考评指标体系，以及考评应达到的标准。具有这些条件的考评表才能把对员工的期望表达清楚，使主管与下属对工作及问题的认识趋于一致。设计完成后，应按照考评的对象，根据实际需要印制一定数量的考评表格，再发给有关人员。

### 二、收集考评数据记录

实施绩效考评评估应该收集各种有关的数据资料，以便对员工作出正确而全面的评价，如果未能做到这一点，就只能凭模糊的记忆来评判。因此，人力资源部门设计印制的各种部门和员工绩效进行考评的相关表格，应明确规定填报考评表格的时间。人力资源部在发出表格后，如果在规定的时间内仍未能收齐考评数据记录，则应与部门负责人联系，以确保考评工作的顺利进行。考评工作的延误可能是由于部门负责人工作非常繁忙，没有时间交考评表，也有可能还有其他原因。因此，在考评期限前，应及时了解考评的进度情况，与各负责考评的有关人员进行沟通，要求其按时完成本阶段的考评工作。

### 三、考评数据的统计

收齐各种考评表之后，应根据绩效考评的要求，将员工考评结果进行分类整理，要确保数据检验的正确性。在对数据进行统计之前进行以下的检验：

（1）识别信息检验，如岗位名称与员工姓名是否正确，与实际相符，员工名单是否有遗漏等。

（2）考评程序与方法合理性的检验。

（3）考评数据的信度检验。

（4）考评数据的效度检验。

### 四、数据的计算机处理

如果数据少、简单，可用手工处理；数据多、复杂，则用计算机进行处理，即把各种考评数据存储在计算机，根据需要调用。按考评数据的情况，利用计算机选择或设计、统计软件表格，用于存储有关资料和数据。考评数据的统计至少包括以下项目：员工编号、部门、人数、考评类别、考评分数、考评项目等。重要的是给文档起一个文件名以易识别。可以用扫描仪把原始数据输入到计算机归类系统中，使用扫描仪可以解决用大量时间输入和校对资料的问题。为确保考评资料的保密性，应设立密码。当考评数据资料存储在磁盘上时，制作备份是非常重要的。

### 五、考评数据的保存

考评数据的保存应该满足考评工作的要求，根据需要能迅速检索，及时调用，这对考评工作的有效运作是至关重要的。如果你的办公桌堆满了许多文件，当需要查找某个数据时，可能要花费大量时间，因此，在处理考评数据时，应当建立检索目录，并定期进行归类整理。按类归档、存档的考评数据更易查找使用。

### 六、文档的保管

考评数据和资料必须保存一定时间，以满足企业人力资源管理的需要。至于时间的长短，可根据各个单位的需求有所不同。每个单位应有保留数据的规定，统计的信息必须保留到统计汇总已取得正确的结果。每年要对所存储的考评数据和资料进行一次全面的检查，识别出哪些是有保留价值的资料，哪些是没有保留价值应当清理的资料。员工的考评数据和资料，必须注意保密。有些企业还有供各个部门公共使用的中央人事档案库，集中保管考评数据资料，有些企业采用各部门保管考评数据资料的方式，而有些企业同时采用上述两种存储考评资料的方式。

（一）集中归档的优点与不足

1. 优点

（1）可以避免考评资料的重复；

（2）只需要一种存档程序；

（3）工作人员能提供质量更好的服务；

（4）不会出现积压、等待归档的考评资料。

2. 缺点

（1）不同部门可能会需要某些考评记录，导致这些记录必须复制。

（2）一种归档制度不能满足各部门的需求。

（二）考评文档的分类管理

（1）按字母顺序。这是最常见的方法，按字母顺序归类的规则。

（2）按数字顺序。每一个文件分配一个号码，而文件则按数字从低到高的顺序排列，每个员工一个号码，因此，要在卡片上保留所有的号码索引（可用计算机数据库存）。

（三）考评文档的安全

为确保考评数据资料的安全，应采取相应的措施：

（1）考评资料应立即归档，不应留在桌子上。

（2）文件柜应锁好。

（3）当离开办公室时，应注意锁上办公室的门和抽屉。

（4）复印考评资料完成后，不要忘记从复印机上取走原件。

（5）考评资料只供有此权限的人使用，借用要签收。

（6）在清理不再需要的考评资料时，用碎纸机粉碎。

（7）考评文档在办公室之间相互传递时，应始终放在文件夹中携带，以防考评资料散落丢失。

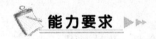

能力要求 ▶▶

情境：绩效考评数据与结果的分析方法

1. 顺序法

顺序法是将考评分数按照其大小顺序进行排列，根据员工考评得到的分值所处的位置，说明员工在考评中的排序。顺序法可依据总分进行排序，也可依照要素得分或指标得分进行排序。

2. 能级分析法

指用一定临界点将考评得分划分为若干等级，并对此进行评价的方法。能级的划分可以是总分，也可以是结构分或要素分，它同顺序法的主要区别是后者只将分数排队，能级分析法是将分数划分区分。

3. 对比分析法

将两个以上的考评结果进行对比分析，比较它们的绩效情况，对比时可以用数据的总分比较，也可以采用要素或结构得分进行比较。

4. 综合分析法

运用考评数据对员工进行全面、细致、综合的评价，这种评价只根据考评标准进行分析，不与别人的考评结果进行比较。

5. 常模分析法

将某个员工的考评结果与某个固定的岗位模式要求进行分析比较，看与这个模式相符的程度，从而对其绩效进行评价。

# 项目4　绩效面谈

●了解绩效面谈的意义，并能区分绩效面谈的类型。

了解绩效面谈的实施步骤，能够根据企业的需求，组织有效的绩效面谈。

## 任务　绩效面谈的组织与实施

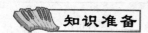

### 一、绩效面谈的类型

从绩效面谈的内容和形式上看，绩效面谈可以有多种分类方式，按照具体内容区分，可分为：

1. 绩效计划面谈

在绩效管理初期，上级主管与下属就本期内绩效考评计划的目标和内容，以及实现目标的措施、步骤和方法所进行的面谈。

2. 绩效指导面谈

在绩效管理活动的过程中，根据下属不同阶段的实际表现，主管与下属围绕思想认识、工作程序、操作方法、新技术应用、新技能培训等方面的问题所进行的面谈。

3. 绩效考评面谈

在绩效管理末期，主管与下属就本期的关键绩效指标的贯彻执行情况，以及其工作表现和工作业绩等方面所进行的全面回顾、总结和评估。

### 4. 绩效总结面谈

在本期绩效管理活动完成之后，将考评结果以及有关信息反馈给员工本人，并为下一期绩效管理活动创造条件的面谈。

绩效面谈的分类方式及内容如表 5 - 15、表 5 - 16 所示。

表 5 - 15　　　　　　　　　绩效面谈的类型——按内容和形式

| 种　类 | 负责谈话人 | 适用范围 | 解决问题 |
|---|---|---|---|
| 1. 绩效计划面谈 | 上级对下级 | 绩效管理初期 | 明确计划的目标、内容、措施、步骤、方法 |
| 2. 绩效指导面谈 | | 绩效管理活动的过程中 | 思想认识、工作程序、操作方法、技术应用、技能培训 |
| 3. 绩效考评面谈 | | 绩效管理末期 | 回顾、总结、评估计划执行、工作表现、工作业绩 |
| 4. 绩效总结面谈 | | 绩效管理活动完成之后 | 结果反馈 |

表 5 - 16　　　　　　　　　绩效面谈的类型——按具体过程和特点

| 种　类 | 负责谈话人 | 适用范围 | 解决问题 |
|---|---|---|---|
| 1. 单向劝导式面谈 | 上级对下级 | 下属参与意识不强 | 改进员工行为和表现 |
| 2. 双向倾听式面谈 | | 员工受到挫折，减少或消除不良情绪 | 缓解员工抵触情绪，员工参与考评，与主管交流 |
| 3. 解决问题式面谈 | | 员工遇到困难和提出问题 | 抓住主要矛盾，深入进行讨论 |
| 4. 综合式面谈 | | 解决多种问题 | 实现面谈多目标 |

## 二、绩效面谈的技巧

汉堡包原则，是指在绩效面谈中，当需要批评一个人时，就可以用修正性的反馈，也称为"汉堡包"原则。"第一块面包"指出某人的优点，"中间的牛肉"是指出还存在哪些需要改进的项目或方法，"最下面的一块面包"是给予一种鼓励和期望。

绩效考核后，进行绩效面谈时，员工一般都会有些紧张，为了缓和员工紧张的情绪，我们可以先对员工进行表扬，让员工心情舒畅起来，接下来指出员工的不足，最后再对员工的优点进行表扬，使他们能带着愉快的心情结束谈话。"两块赞赏的'面包'，夹住批评的'馅'，员工'吃'下去就不会感到太生硬。"

在人力资源管理中，引用了"汉堡包"原则的内涵，主要是对过失原则的运用。要帮助某个人认识他的缺点可以先指出他的优点，然后说出他需要改进的地方，最后再给予一定的鼓励和期待，"汉堡包"原则最大的好处是给人指出缺点时不会让人有逆反感。

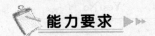

能力要求 ▶▶

情境：绩效面谈的组织

步骤1：准备材料如表5－17、表5－18、表5－19所示。

表5－17　　　　　　　　　绩效面谈准备和注意事项清单

| 主管的准备事项 | Yes/No |
| --- | --- |
| 1. 是否已经掌握下属的工作内容和要求<br>—部属的个人资料与历史档案<br>—工作职位说明书<br>—工作计划目标<br>—绩效评估相关评估标准 | |
| 2. 是否已经掌握下属的绩效表现<br>—绩效评估表<br>—您对部属在职务上的绩效要求是什么<br>—他在各工作要项上的表现如何？哪些需要讨论<br>—有无其他值得讨论的事情 | |
| 3. 计划面谈内容<br>—您是否已确实评定他的绩效<br>—你要如何告诉他工作表现是好是坏<br>—你是否已确定工作绩效目标<br>—你是否已确定下次工作绩效目标<br>—你及部属要如何实现理想的改善目标？其步骤与达成期限<br>—你是否已拟定该员工工作生涯发展应有的工作目标<br>—你是否已有绩效衡量的方法，并予以解释说明<br>—你是否已拟定面谈要点<br>—你要如何安排面谈的顺序<br>—对可能谈及的所有陈述，你是否已准备好充分的事实、成果、<br>　衡量的方法、例证、事件等来支持你的论点<br>—新绩效目标与旧目标之间的关联如何<br>—所有新订目标中是否均为部属所欣然接受<br>—你准备如何激励士气并取得承诺 | |
| 4. 面谈通知<br>—时间、地点与概略长度<br>—准备事项（如《绩效考核申述表》） | |

续 表

| 部属的准备事项 | Yes/No |
|---|---|
| 1. 仔细填写《自我评估表》/《绩效考核申述表》，了解与掌握对自我的评价，以及准备申述的事项<br>2. 面谈时间的安排<br>3. 重新审视工作职位说明书<br>4. 整理相关资料与回顾以往的谈话纲要 | |

**表 5-18　　　　　　　　　　　绩效考核面谈表**

| 部　门 | | 职　位 | | 姓　名 | |
|---|---|---|---|---|---|
| 考核日期 | 年　月　日 | | | | |
| 工作成功的方面 | | | | | |
| 工作中需要改善的地方 | | | | | |
| 是否需要接受一定的培训 | | | | | |
| 本人认为自己的工作在本部门和全公司中处于什么状况 | | | | | |
| 本人认为本部门工作最好、最差的是谁？全公司呢 | | | | | |
| 对考核有什么意见 | | | | | |
| 希望从公司得到怎样的帮助 | | | | | |
| 下一步的工作和绩效的改进方向 | | | | | |
| 面谈人签名 | | | | 日　期 | |
| 备　注 | | | | | |

**表 5-19　　　　　　　　　　　绩效考核申述表**

| 申述人 | | 职　位 | | 部　门 | | 直接主管 | |
|---|---|---|---|---|---|---|---|

申述事件：




申述理由（可以附页）：

申述处理意见：


上级部门负责人签名：
日期：

申述处理意见：


人力资源部负责人签名：
日期：

申述处理结果：


人力资源部负责人签名：
人事管理办公室负责人签名：
日期：

注：1. 申述人必须在知道考核结果 3 日内提出申述，否则无效。

　　2. 申述人直接将该表交人力资源部。

　　3. 人力资源部须在接到申述的 5 个工作日内提出处理意见和处理结果。

　　4. 本表一式三份，一份人力资源部存档，一份交申述人主管，一份交申述人。


步骤 2：绩效面谈工作的具体实施步骤（如表 5 - 20 所示）。


表 5 - 20　　　　　　　　　　　绩效面谈工作的具体实施步骤

| 面谈步骤 | 考评者 | 任务与重点要项 | Yes/No |
|---|---|---|---|
| 调整面谈气氛 | 主管 | 1. 放下其他工作，保留宽裕时间<br>2. 建立信赖的气氛，并使部属放轻松<br>3. 慰劳并感谢部属的辛劳 |  |
| 进入主题 | 主管 | 告知面谈目的 |  |
| 告知考核结果 | 主管 | 1. 说明评估的结果并从优点开始谈起<br>2. 表现不佳处的衡量方式及与自评的差异<br>3. 肯定部属的努力与进步 |  |

续 表

| 面谈步骤 | 考评者 | 任务与重点要项 | Yes/No |
|---|---|---|---|
| 请部属发表意见 | 下属 | 1. 用开放的心胸专心倾听，不要任意插嘴<br>2. 鼓励部属多发言，多使用开放式问题<br>3. 多给予肯定与赞美，并引导自我反省 | |
| 讨论沟通 | 共同参与 | 1. 讨论评估结果与员工自我申告的差异<br>2. 对考核结果作再确认与必要的调整<br>3. 偏差行为纠正与咨商辅导 | |
| 订定下期工作目标 | 共同参与 | 1. 设定改进项目，针对事实、设立衡量标准、明确训练需求及必要的协助<br>2. 前一年度残留问题确认<br>3. 新的工作要项、展望与目标<br>4. 生涯规划目标与职务强化目标 | |
| 确认面谈内容 | 共同参与 | 1. 确认讨论的结论<br>2. 已确立的项目与尚未定案的项目逐一确认，主管与部属共同签名 | |
| 结束面谈 | 主 管 | 1. 对差异点处理方式与下次面谈时间确认<br>2. 感谢参与<br>3. 对部属高期待的激励 | |
| 整理面谈记录 | 主 管 | 1. 检讨面谈得失<br>2. 补充说明事项<br>3. 依作业规定呈报 | |

 **案例学习**

经理：小 A，有时间吗？（评：面谈时间没有提前预约）

小 A：什么事情，头儿？

经理：想和你谈谈，关于你年终绩效的事情。（评：谈话前没有缓和气氛，沟通很难畅通）

A：现在？要多长时间？

经理：嗯……就一小会，我 9 点还有个重要的会议。哎，你也知道，年终大家都很忙，我也不想浪费你的时间。可是 HR 部门总给我们添麻烦，总要求我们这那的。（评：推卸责任，无端牢骚）

A：……

经理：那我们就开始吧，我一贯强调效率。

于是小 A 就在经理放满文件的办公桌的对面，不知所措地坐下来。（评：面对面的谈话容易造成心理威慑，不利沟通。双方最好呈 90 度直角面谈）

经理：小 A，今年你的业绩总的来说还过得去，但和其他同事比起来还差了许多，但你是我的老部下了，我还是很了解你的，所以我给你的综合评价是 3 分，怎么样？（评：评估没有数据和资料支持，主观性太强，趋中效应严重）

小 A：头儿，今年的很多事情你都知道的，我认为我自己还是做的不错的呀，年初安排到我手里的任务我都完成了呀，另外我还帮助其他的同事做很多的工作……

经理：年初是年初，你也知道公司现在的发展速度，在半年前部门就接到新的市场任务，我也对大家做了宣布的，结果到了年底，我们的新任务还差一大截没完成，我的压力也很重啊！

小 A：可是你也并没有因此调整我们的目标啊?!（评：目标的设定和调整没有经过协商）

这时候，秘书直接走进来说，"经理，大家都在会议室里等你呢！"

经理：好了好了，小 A，写目标计划什么的都是 HR 部门要求的，他们哪里懂公司的业务！现在我们都是计划赶不上变化，他们只是要求你的表格填的完整、好看（评：HR 部门在考核的时候多注重了形式而忽视了内容），而且，他们还对每个部门分派了指标。

其实大家都不容易，再说了，你的工资也不错，你看小王，他的基本工资比你低（评：将评估与工资混为一谈），工作却比你做的好，所以我想你心理应该平衡了吧。明年你要是做的好，我相信我会让你满意的（评：轻易许诺，而且有第三人在场）。好了，我现在很忙，下次我们再聊。

小 A：可是头，去年年底评估的时候……

经理没有理会小 A，匆匆地和秘书离开了自己的办公室。

这是一次失败的绩效面谈，由于经理缺乏准备和根据，绩效考核仅仅流于形式，最后都未能达成一致意见，必然对员工产生不满情绪。不难看出，这个谈话之所以不成功，主要存在这样几个问题：①考核的着眼点是关注过去，不重将来；②针对人，评价性格；③气氛严肃；④感到突然；⑤缺乏资料、数据的支持；⑥凭主观印象；⑦单向沟通。

（资料来源：http://www.zgjrw.com，中国金融网）

# 模块 6　薪酬管理

## 知识拓展:引子

最低工资标准、最长工作时间和工资指导线是企业制订薪酬策略时的重要依据。各企业必须遵循国家和地方有关薪酬的法律法规、规章和政策。薪酬水平制定的依据具有强烈的地域性，每个地区的执行标准都不尽相同。本模块中案例列举以当前广东地区为例的政策环境，由此起到引导学习的作用。

### 一、2009 年度广东地区薪酬调查报告（如表 6-1 所示）

1. 报告人：南方人才市场、广州人力资源管理学会、广州市人才研究院联合发布。

2. 时间：2009 年 11 月。

3. 调查范围：涉及 8 个城市地区，33 个行业，302 个职位，调查样本总量达到 93 万个。

4. 影响因素：除去绩效考核对薪酬的影响后，诸多影响因素中，职位、学历、年龄（体现工作经验）是影响企业薪酬支付水平以及求职者薪酬期望的主要因素。

5. 说明：本次月薪调查，含住房公积金统计在内。

表 6-1　　　　　　　　2009 年度广东地区薪酬（月薪）调查报告

| 地区比较排名 | | 按学历排名 | | 薪酬水平行业排名 |
| --- | --- | --- | --- | --- |
| 深圳 | 4263 元 | 高中生 | 1909 元 | 金融/保险行业 |
| 广州 | 3942 元 | 中专生 | 2027 元 | 信息咨询/事务所/人才交流 |
| 中山 | 3761 元 | 大专生 | 2406 元 | 新闻出版/广播电视 |
| 佛山 | 3756 元 | 本科生 | 3967 元 | 贸易 |
| 珠海 | 3737 元 | 硕士生 | 5082 元 | 五金矿产/金属制品 |
| 东莞 | 3694 元 | 博士生 | 6125 元 | 快速消费品 |
| 惠州 | 3594 元 | | | 文娱体育/办公用品 |
| 广东全省 | 3420 元 | | | 交通运输/物流行业 |
| 潮汕地区 | 3411 元 | | | |

## 二、最低工资标准①

最低工资保障制度是我国一项劳动和社会保障制度。《最低工资规定》[中华人民共和国劳动和社会保障部令（第21号）] 已于2003年12月30日颁布，2004年3月1日起施行。最低工资标准的确定和调整方案，由各省、自治区、直辖市人民政府劳动保障行政部门会同同级工会、企业联合会/企业家协会研究拟订，并报经劳动保障部同意。

最低工资标准是国家为了保护劳动者的基本生活，在劳动者提供正常劳动的情况下，而强制规定用人单位必须支付给劳动者的最低工资报酬。《中华人民共和国劳动法》（以下简称《劳动法》）第四十八条规定，国家实行最低工资保障制度。用人单位支付劳动者的工资不得低于当地最低工资标准。最低工资标准每年会随着生活费用水平、职工平均工资水平、经济发展水平的变化而由当地政府进行调整。

确定最低工资标准一般要考虑的因素有：当地城镇居民生活费用支出、职工个人缴纳社会保险费、住房公积金、职工平均工资、失业率、经济发展水平等。确定的方法通常有比重法和恩格尔系数法。比重法是确定一定比例的最低人均收入户为贫困户，再统计出其人均生活费用支出水平，乘以每一就业者的赡养系数，加上一个调整数。恩格尔系数法就是根据有关数据，计算出最低食物支出标准，除以恩格尔系数，再乘以赡养系数，加上调整数。

目前，我国内地所有省、自治区、直辖市人民政府均正式颁布实施了当地的最低工资标准。

 案例学习

如表6-2所示，为2011年广东省企业职工最低工资标准表。

表6-2　　　　　　　　　　2011年广东省企业职工最低工资标准表

| 类别 | 月最低工资标准（元/月） | 非全日制职工小时最低工资标准（元/小时） | 适用地区 |
|------|------|------|------|
| 一类 | 1300 | 12.5 | 广州 |
| 二类 | 1100 | 10.5 | 珠海、佛山、东莞、中山 |
| 三类 | 950 | 9.3 | 汕头、惠州、江门 |
| 四类 | 850 | 8.3 | 韶关、河源、梅州、汕尾、阳江、湛江、茂名、肇庆、清远、潮州、揭阳、云浮 |

## 三、最长工作时间

根据劳动法及劳动合同法，明确规定国家实行劳动者每日工作时间不超过八小时、平

---

① 最低工资标准，《百度百科》。

均每周工作时间不超过四十小时的工时制度。《国务院关于职工工作时间的规定》第三条中也有说明：职工每日工作 8 小时，每周工作 40 小时。

对实行计件工作的劳动者，用人单位应当根据规定的工时制度合理确定其劳动定额和计件报酬标准。用人单位应当保证劳动者每周至少休息一日。用人单位应当严格执行劳动定额标准，不得强迫或者变相强迫劳动者加班费。用人单位安排加班的，应当按照国家有关规定向劳动者支付加班费。用人单位由于生产经营需要，经与工会和劳动者协商后可以延长工作时间，一般每日不得超过 1 小时；因特殊原因需要延长工作时间的，在保障劳动者身体健康的条件下延长工作时间每日不得超过 3 小时，但是每月不得超过 36 小时。有下列情形之一的，用人单位应当按照下列标准支付高于劳动者正常工作时间工资的工资报酬。

（1）安排劳动者延长工作时间的，支付不低于工资的 150% 的工资报酬；

（2）休息日安排劳动者工作又不能安排补休的，支付不低于工资的 200% 的工资报酬；

（3）法定休假日安排劳动者工作的，支付不低于工资的 300% 的工资报酬。而且，法定休假日安排劳动者工作的，只能支付不低于工资的 300% 的工资报酬，不得安排补休。

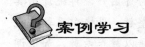
## 案例学习

# 关于职工全年月平均工作时间和工资折算问题的通知

劳社部发〔2008〕3 号

各省、自治区、直辖市劳动和社会保障厅（局）：

根据《全国年节及纪念日放假办法》（国务院令第 513 号）的规定，全体公民的节日假期由原来的 10 天增设为 11 天。据此，职工全年月平均制度工作天数和工资折算办法分别调整如下：

一、制度工作时间的计算

年工作日：365 天－104 天（休息日）－11 天（法定节假日）＝250（天）

季工作日：250 天÷4 季＝62.5（天/季）

月工作日：250 天÷12 月＝20.83（天/月）

工作小时数的计算：以月、季、年的工作日乘以每日的 8 小时。

二、日工资、小时工资的折算

按照《劳动法》第五十一条的规定，法定节假日用人单位应当依法支付工资，即折算日工资、小时工资时不剔除国家规定的 11 天法定节假日。据此，日工资、小时工资的折算为：

日工资：月工资收入÷月计薪天数

小时工资：月工资收入÷（月计薪天数×8 小时）

月计薪天数＝（365 天－104 天）÷12 月＝21.75（天）

三、2000 年 3 月 17 日劳动保障部发布的《关于职工全年月平均工作时间和工资折算问题的通知》（劳社部发〔2000〕8 号）同时废止。

劳动和社会保障部

二〇〇八年一月三日

**【练一练】**

前台部杨林的月基本工资是 1500 元，现部门因为工作需要加班一天，请问该企业应该如何支付她的加班工资？

①延长工作加班工资为：＿＿＿＿＿＿＿＿＿＿＿＿＿＿＿＿＿＿＿

②周六周日加班工资为：＿＿＿＿＿＿＿＿＿＿＿＿＿＿＿＿＿＿＿

③法定假日加班工资为：＿＿＿＿＿＿＿＿＿＿＿＿＿＿＿＿＿＿＿

## 四、工资指导线

工资指导线是政府对企业的工资分配进行规范与调控，使企业工资增长符合经济和社会发展要求，促进生产力发展的企业年度货币工资水平增长幅度的标准线。工资指导线可以采用工资增长相对数（即工资增长率）的形式，也可以采用工资增长绝对数的形式，也可以采用将相对数与绝对数相结合的办法。工资指导线的制订应当坚持以下原则。

（1）坚持"两低于"原则。在经济发展和经济效益提高的前提下，应保证职工实际工资水平有相应的增长。

（2）坚持"效率优先、兼顾公平"原则。既要发挥工资的激励功能，又要抑制工资增长的盲目攀比心理和过高的增资行为，逐步缩小社会成员收入差距，引导劳动力的合理流动。

（3）坚持分级管理、分类调控原则。

（4）坚持新、老制度互相衔接原则。在制订工资指导线方案时，通盘考虑与现行工效挂钩（包干）、工资总额使用计划审批等制度的相互衔接、相互贯通，形成一个有效的工资总量宏观调控体系。

（5）坚持协商原则。在测算制订工资指导线时征求同级政府有关部门、工会、企业家协会等部门的意见。

# 项目1 饭店薪酬管理

## 学习目标

- ●掌握最低工资标准、最长工作时间和工资指导线的相关规定。
- ●通过学习掌握薪酬的内涵，影响员工薪酬水平的主要因素，以及制订企业薪酬管理制度的基本依据。
- ●掌握薪酬制度、薪酬等级设计等基本内容和薪酬等级制度的类型。

## 技能目标

1. 能够计算高于劳动者正常工作时间工资的工资报酬。

2. 能够掌握折算职工全年月平均工作时间和工资的计算办法。

# 任务　饭店薪酬管理概述

知识准备

## 一、薪酬的实质

薪酬是组织对员工的贡献包括员工的态度、行为和业绩等所作出的各种回报。从广义上讲，薪酬包括工资、奖金、休假等外部回报，也包括参与决策、承担更大责任等内部回报。外部回报是指员工因为雇佣关系从自身以外所得到的各种形式的回报，也称外部报酬，包括直接薪酬和间接薪酬。间接薪酬即福利，包括各种保险、非工作日工资、额外的津贴和其他服务。内部回报指员工自身感受到的回报，主要体现为社会和心理方面的回报如表 6-3 所示。

表 6-3　　　　　　　　　　　　　薪酬的内涵

| 外部回报<br>（外部薪酬） | 直接薪酬<br>（基本薪酬） | 基本工资：周薪、月薪、年薪<br>激励薪酬：绩效工资、红利、利润 |
| --- | --- | --- |
| | 间接薪酬（福利） | 保险、非工作日工资、额外津贴、单身公寓、免费工作餐 |
| 内部回报<br>（自身感受） | 社会和心理回报 | 晋升、更大的工作空间和权限、成就感 |

## 二、影响员工薪酬水平的主要因素

影响员工薪酬水平的因素很多，如图 6-1 所示。

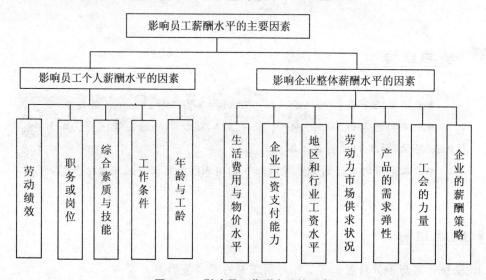

图 6-1　影响员工薪酬水平的因素

### 三、薪酬等级设计

薪酬等级是在岗位价值评估结果的基础上建立起来的，它将岗位价值相近的岗位归入同一个管理等级，并采取一致的管理方法处理该等级内的薪酬管理问题。薪酬等级是一个基本框架，是薪酬结构的基础。薪酬结构的一个主要特点是将薪酬分成不同的等级，因而出现了薪酬等级。薪酬等级划分的考虑要素包括：企业文化、企业所属行业、企业员工人数、企业发展阶段、企业组织架构。等级越多，薪酬管理制度和规范要求越明确，但容易导致机械化；等级越少，相应的灵活性也越高，但容易使薪酬管理失去控制。薪酬级别的划分也可以参照一些经验，比如跨国公司一般分为 25 级左右，1000 名左右员工的生产型企业分为 15～16 级，100 人的组织 9～10 级比较合适。

（一）根据工作、能力、综合结构等标准设计薪酬制度

1. 能力薪酬制度

（1）技术等级制。根据企业员工所掌握的技术复杂程度和劳动熟练程度来相应地划分员工等级与工资水平的一种薪酬等级。技术等级制所显示出来的等级的差别体现在技术等级和工资表上。

（2）能力资格制。这是指按照能力和资格进行分等的薪酬制度。比较典型的代表是年功序列制，即按照企业员工的工龄长短和相应工龄所计的工资额来确定工资等级，是一种终身雇佣关系下的薪酬等级制度。

2. 工作薪酬制度

工作薪酬制度分为职务工资制和岗位工资制。选择这两种薪酬等级制度时，需要考虑的仅仅是"工作"，而不应该是"人"。因为工作薪酬制度顾名思义就是针对工作分等级而设立的，谁担任什么等级的工作，谁就相应地领取什么等级的工资。

3. 综合薪酬制度

综合薪酬制度指的是综合各种标准来设置薪酬单元结构的等级薪酬制度。也就是说，通常薪酬管理者会连同工作、能力等因素一起综合考虑，将薪酬分配在不同的支付因素中，构成一种复合的薪酬等级体系。

薪酬单元设置通常包括四个方面：基础工资、岗位工资、技能工资和年功工资。

（二）薪酬等级制度的类型

1. 分层式薪酬等级的特点

（1）等级比较多，呈金字塔形排列；

（2）员工薪酬水平的提高随着个人岗位级别向上发展而提高；

（3）这种等级类型在成熟的、等级型企业中常见；

（4）分层式薪酬等级类型，由于等级较多，所以每等级的薪酬浮动幅度一般小一些。

2. 宽泛式薪酬等级的特点

（1）等级少，呈平行形；

（2）员工薪酬水平的提高既可以是因为个人岗位级别向上发展而提高的，也可以是因横向工作调整而提高；

（3）这种等级类型在不成熟的、业务灵活性强的企业中常见；

（4）这种薪酬等级类型体现了一种新的薪酬策略，即让员工明白：借助各种不同的职位去发展自己比职位升迁更重要，企业是对人而不是岗位提供薪酬。

3. 薪酬级差与薪酬等级划分

薪酬级差的大小与薪酬等级的划分方式、等级数量有直接关系。如果是分层式薪酬等级类型，由于等级较多，所以薪酬级差一般小一些；如果是宽泛式薪酬等级类型，由于等级较少，所以薪酬级差要大一些。另一方面，由于高薪酬等级（如副总级）的内部劳动差别大于低薪酬等级（如主管级）的劳动差别，所以高薪酬等级的薪酬浮动幅度要大于低薪酬等级的薪酬浮动幅度。分层式薪酬等级与宽泛式薪酬等级的比较如图6-4所示。

表6-4　　　　　　　　分层式薪酬等级与宽泛式薪酬等级的比较

| 薪酬等级与类型 | 特　点 | 典型企业 |
|---|---|---|
| 分层式薪酬等级 | 企业包括的薪酬等级比较多，呈金字塔形排列，员工薪酬水平的提高是随着个人岗位级别向上发展而提高的 | 成熟的、等级型企业 |
| 宽泛式薪酬等级 | 企业包括的薪酬等级少，呈平衡形，员工薪酬水平的提高既可以是因为个人岗位级别向上发展而提高的，也可以是因横向工作调整而提高的 | 不成熟的、业务灵活性强的企业 |

# 项目2　员工工资的统计分析

## 学习目标

● 了解序列薪酬类型和构成。

● 掌握工资的内涵。

● 掌握工资总额与平均工资的统计分析原则。

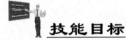

## 技能目标

1. 能够进行日工资和月工资等计时工资的计算。

2. 能够进行计件工资的计算。

3. 能够进行个人所得税的计算。

4. 能够对工资总额动态指标和平均工资指数进行分析。

# 任务 1 工资的形式和计算方法

**知识准备**

## 工资的概念

工资，是指基于劳动关系，用人单位根据劳动者提供的劳动数量和质量，按照法律规定或劳动合同约定，以货币形式直接支付给劳动者的劳动报酬。工资总额由计时工资、计件工资、奖金、津贴、补贴、加班工资等部分组成。但依据法律法规、规章的规定由用人单位承担或者支付给员工的社会保险费、劳动保护费、福利费、用人单位与员工解除劳动关系时支付的一次性补偿费、计划生育费用和其他不属于工资的费用等均不属于工资的统计范围。由于工资是劳动报酬的货币形式，因此，它反映了以下基本属性。

(1) 工资支付基于劳动关系；

(2) 工资是依据劳动为尺度支付的货币；

(3) 工资以劳动者实际提供的劳动量为标准确定。

工资总额＝计时工资＋计件工资＋奖金＋津贴＋补贴＋加班加点工资＋特殊情况下支付的工资

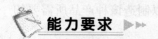
**能力要求** ▶▶

> 情境1：计时工资的计算

### 1. 日工资的计算

日工资制一般用于非全日制工资的计算，这种工资形式一般按照职工的实际工作时间支付劳动报酬，计算公式如下：

$$日工资率＝\frac{月工资}{月工作日}$$

应付计时工资＝出勤日数×日工资率＋病假日数×日工资率×病假工资发放比例

**【练一练】**

杨林为酒店里的临时清洁工，其月基本工资为 1300 元，8月实际出勤 18 天，请事假 2 天，病假 3 天，双休假日 8 天。按规定，杨林病假期间的工资按照其月工资的 80% 支付。请计算杨林 8 月的工资。

_____

_____

_____

### 2. 月工资的计算

在月薪制下，不论各月日历天数多少，只要职工全勤，即可得到相同的工资标准。若遇有缺勤，缺勤工资应从标准工资中扣除。计算公式如下：

计时工资＝月工资标准－缺勤日数×日工资率

**【练一练】**

杨林为酒店里的客房部员工，其月基本工资为1200元，5月请事假5天，病假6天。事假和病假中各有法定节假日1天。杨林参加工作已经1年，按照公司规定，杨林病假期间的工资按其月岗位工资的70％支付。请计算杨林5月的工资。

---

---

## 情境2：计件工资的计算

饭店企业实行计件工资的岗位其实很少，因此，对计件工资计算只作简单介绍。实行计件工资制的岗位，应付工人的计件工资是按产量工时记录的个人（或班组）完成的合格完工产品产量乘以计件单价计算的。此外，生产中产生的废品，如果是材料缺陷（材废）原因造成的，则按相应的计件单价照付工资，如果是加工失误造成的，不付计件工资。计算公式为：

应付计件工资＝（合格品数量＋料废品数量）×计件单价

如果工人（或小组）在1个月内加工多种不同产品，而且各种产品的计件单价不同时，则分别按上式计算每种产品的计件工资后汇总即为应付该职工（小组）的计件工资额。上述公式中的计件单价，应该是某种产品的定额工时数，乘以制造该种产品所需要的某种等级工人的小时工资率求得。

实际工作中，计件工资还可以按完成定额工时乘以工时单价（经测算确定的小时工资率）计算。首先，计算月份内完成的各种产品的定额工时数，公式为：

完成定额工时数＝∑（每种产品完成数量×该种产品单位定额工时）

其中产品完成数包括合格产品数量和料废品数量。其次，根据定额工时数和小时工资率计算应付计件工资，公式为：

应付计件工资＝完成定额工时数×工时单价

在企业实行小组集体计件工资时，应按上述方法首先计算出小组应得的计件工资总额，然后在小组成员间进行分配。

**【练一练】**

洗涤部员工杨林5月共洗涤床单2000件，经检验，其中合格产品为1800件，其中料废品为50件，工废品为150件，合格品的计件单价为2元/件，工废品的单位赔偿金额为4元/件，那么杨林5月的计件工资是多少？

---

---

## 情境3：个人所得税的计算

个人所得税（PersonalIncomeTax）是调整征税机关与自然人（居民、非居民人）之间在个人所得税的征纳与管理过程中所发生的社会关系的法律规范的总称。凡在中国境内有住所，或者无住所而在中国境内居住满一年的个人，从中国境内和境外取得所得的，以及在中国境内无住所又不居住或者无住所而在境内居住不满一年的个人，从中国境内取得所得的，均为个人所得税的纳税人。

## 一、应纳个人所得税项目

个人所得税主要包括以下内容：

①工资、薪金所得；②个体工商户的生产、经营所得；③对企事业单位的承包经营、承租经营所得；④劳务报酬所得；⑤稿酬所得；⑥特许权使用费所得；⑦利息、股息、红利所得；⑧财产租赁所得；⑨财产转让所得；⑩偶然所得；⑪经国务院财政部门确定征税的其他所得。

## 二、工资、薪金所得部分缴纳个人所得税的步骤

每月取得工资收入后，先减去个人承担的基本养老保险金、医疗保险金、失业保险金，以及按省级政府规定标准缴纳的住房公积金，再减去费用扣除额 3500 元/月，为应纳税所得额，适用超额累进税率，按 3%～45%的七级超额累进税率计算缴纳个人所得税。

## 三、工资、薪金所得适用的税率和速算扣除数

个人所行税＝〔（总工资）－（五险一金）－（免征额）〕×税率－速算扣除数

从 2011 年 9 月 1 日起，个税法经调整所正式实施，个税起征点从 2008 年调整的 2000元提高到 3500 元，税率由九级改为七级，为 3%～45%，工资、薪金所得部分个税税率如表 6-5 所示。

表 6-5 工资、薪金所得适用的税率和速算扣除数表

| 级数 | 全月应纳税所得额含税级距 | 全月应纳税所得额不含税级距 | 税率（％） | 速算扣除数（元） |
|---|---|---|---|---|
| 1 | 不超过 1500 元 | 不超过 1455 元的部分 | 3 | 0 |
| 2 | 超过 1500 元至 4500 元 | 超过 1455 元至 4155 元的部分 | 10 | 105 |
| 3 | 超过 4500 元至 9000 元 | 超过 4155 元至 7755 元的部分 | 20 | 555 |
| 4 | 超过 9000 元至 35000 元 | 超过 7755 元至 27255 元的部分 | 25 | 1005 |
| 5 | 超过 35000 元至 55000 元 | 超过 27255 元至 41255 元的部分 | 30 | 2755 |
| 6 | 超过 55000 元至 80000 元 | 超过 41255 元至 57505 的部分 | 35 | 5505 |
| 7 | 超过 80000 元 | 超过 57505 元的部分 | 45 | 13505 |

注：本表所称全月应纳税所得额是指依照每月收入额减除费用 3500 元后的余额或者减除附加减除费用后的余额。

1. 本表含税级距指以每月收入额减除费用 3500 元后的余额或者减除附加减除费用后的余额。

2. 含税级距适用于由纳税人负担税款的工资、薪金所得；不含税级距适用于由他人（单位）代付税款的工资、薪金所得。

 **案例学习**

以三个收入总额等同的家庭为例，甲家庭夫妻俩月收入分别是 7000 元和 8000 元，乙家庭夫妻俩月收入分别是 5000 元和 10000 元，丙家庭月收入 15000 元，但只有一个人工作。三个家庭收入相等，但在我国现行的个人所得税收模式下，三个家庭的个人所得税缴纳分别为多少？差距多大？请在表 6 - 6 中填出，并从分配的角度，尝试分析我国当年税制改革的必要性。

表 6 - 6　　　　　　　　　　　个人所得税统计表

| 家庭 | 个体收入（元） | 个人缴纳税额 | 家庭缴纳税额合计 | 差距比较 |
|---|---|---|---|---|
| 甲 | A：7000 | | | |
| | B：8000 | | | |
| 乙 | C：5000 | | | |
| | D：10000 | | | |
| 丙 | E：15000 | | | |

**【练一练】**

杨林 6 月收入为 10000 元，减去住房积金及社会保险金 2000 元、费用扣除额 2000 元，余额是 6000 元，即需要计税的收入是 6000 元，请问杨林 6 月需要缴纳多少个人所得税？

_____

_____

_____

# 任务 2　工资总额与平均工资的统计分析

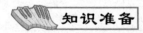 **知识准备**

工资统计主要包括工资总额和平均工资两项指标。

1. 工资总额

工资总额是指各单位在一定时期内直接支付给本单位全部职工的劳动报酬总额。其中包括计时工资、计件工资、与生产有关的各种经常性奖金以及根据法令规定的各种工资性质的津贴等。工资总额除按全部职工计算外，还要按各类人员分别计算。它是工资计划管理的一个重要指标，也是计算平均工资的依据。工资总额的计算应以直接支付给职工的全部劳动报酬为根据。工资总额由下列六个部分组成：①计时工资；②计件工资；③奖金；④津贴和补贴；⑤加班加点工资；⑥特殊情况下支付的工资。

2. 平均工资

平均工资是指一定时期内（月度、季度、年度等）员工平均每人所得的工资数额。它是研究员工生活水平、各类员工工资差别以及工资和劳动生产率增长关系的重要指标。

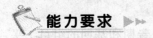 **能力要求**

情境1：工资总额动态指标分析

其也称工资总额动态相对数，是反映工资总额发展水平在时间上变动程度的相对指标。职工工资总额的变动和职工队伍的增减及职工工资水平有直接关系。在工资水平不变的情况下，职工工资总额的增加，说明职工队伍的增加。在职工人数不变的情况下，工资总额的增加说明职工工资水平有了提高。相反，工资总额减少，则说明职工队伍缩小及其工资水平的下降。工资总额变动统计对各级领导部门了解工资总额变动程度和分析其变动原因十分重要。研究工资总额变动情况，需要对工资总额动态指标进行计算。其公式如下。

$$工资总额动态指标 = \frac{报告期工资总额}{基期工资总额} \times 100\%$$

根据研究的目的不同，可以计算不同范围的职工工资总额动态指标，还可以按工资构成的项目，计算各部分的动态指标，以了解工资总额内部各部分变动情况对工资总额变动的影响。

【练一练】

某饭店企业基期与报告期的员工人数及工资的统计资料如表6-7所示，运用相关知识计算、填充该表，并对企业进行工资总额动态分析。

表6-7　　　　　　　　　　企业员工人数及工资统计表

| 项　目 | 基　期 | 报告期 | 动态指标 |
|---|---|---|---|
| 工资总额（元） | 1160000 | 1536000 | |
| 员工平均人数（人） | 1000 | 1200 | |
| 员工平均工资（元/人） | | | |

情境2：平均工资指数分析

要研究员工生活水平的变化，还要计算平均工资指数。平均工资指数是两个时期平均工资的对比。计算公式为：

$$平均工资指数 = \frac{报告期平均工资}{基期平均工资} = \frac{报告期工资总额}{报告期员工平均人数} \Big/ \frac{基期工资总额}{基期员工平均人数}$$

平均工资的高低，受员工构成变动和平均工资变动的影响，因此，还要分别计算以下两个指标：

（1）消除员工构成变动影响，单纯观察工资水平变动，计算固定构成平均工资指数。计算公式为：

$$平均工资固定构成指数 = \frac{\sum(X_1 T_1)}{\sum T_1} : \frac{\sum(X_0 T_1)}{\sum T_1}$$

式中：$X_1$、$X_0$——报告期和基期的组平均工资；$T_1$、$T_0$——报告期和基期的组员工平均人数。

（2）消除平均工资变动的影响，单纯观察各组员工构成变动影响，计算平均工资结构影响指数。计算公式为：

$$平均工资固定构成指数 = \frac{\sum(X_0 T_1)}{\sum T_1} : \frac{\sum(X_0 T_0)}{\sum T_0}$$

**【练一练】**

根据某企业两个时期的下列资料（如表6-8所示），计算平均工资构成指数和平均工资结构变动影响指数。

表6-8　　　　　　　　某企业两个时期员工人数与工资水平汇总表

| 员工组别 | 工资总额（元） | | 平均人数（人） | | 平均工资（元） | | 指数（%） |
|---|---|---|---|---|---|---|---|
| | 报告期 | 基期 | 报告期 | 基期 | 报告期 | 基期 | |
| 初级技工 | 180000 | 40000 | 200 | 50 | 900 | 800 | 112.5 |
| 高级技工 | 450000 | 280000 | 300 | 200 | 1500 | 1400 | 107.1 |
| 合计 | 630000 | 320000 | 500 | 250 | 1260 | 1280 | 98.4 |

# 项目3　工作岗位分析与评价

**学习目标**

● 掌握工作岗位分析的概念、工作岗位评价的概念、内容和特点。
● 掌握排列法、分类法、要素比较法、评分法的内涵、适用范围和实施步骤。

**技能目标**

1. 能够应用排列法、分类法、要素比较法、评分法对工作岗位评价的信息进行采集。
2. 能够对岗位评价结果进行加工和分析。

3. 能够综合运用排列法、分类法、要素比较法和评分法对酒店中一般岗位、管理岗位、专业技术岗位进行岗位评价的采集设计。

# 任务 1　工作岗位分析与评价的概念

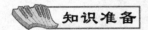

## 一、工作岗位分析

工作岗位分析作为工作岗位研究的组成部分，是一项重要的人力资源管理基础技术。它是对企业各个岗位的设置目的、性质、任务、职责、权力、隶属关系、工作条件、工作环境以及该职务所需的资格条件等进行系统分析和研究，并制订出岗位规范和工作说明书等文件的过程。

## 二、工作岗位评价

工作岗位评价，也称为职务评价或者工作评价，是指采用一定的方法对企业中各种岗位的价值作出评定，并以此为薪酬分配的依据。它是在岗位分析的基础上，对企业所设岗位的难易程度、责任大小、工作强度、所需资格条件等相对价值的多少进行评价。岗位评价的实质是将工作岗位的劳动价值、劳动者的贡献与工资报酬有机结合起来，通过对岗位劳动价值的量化比较，确定企业工资等级结构的过程。工作岗位评价是评定工作的价值，制订工作的等级，以确定工资收入的计算标准。因此，岗位评价是工作分析的逻辑结果。工作分析主要是包括了"工作描述"和"工作规范"两个方面的内容，而"岗位评价"是在前面两个环节的基础上进行的，其根本目的是提供薪酬结构调整的标准程序。

## 三、岗位评价的特点

1. 岗位评价以企业劳动者的生产岗位为评价对象

岗位评价的中心是"事"不是"人"。岗位评价虽然也会涉及员工，但它是以岗位为对象，即以岗位所担负的工作任务为对象进行的客观评比和估计。作为岗位评价的对象——岗位，较具体的劳动者具有一定的稳定性，同时，它能与企业的专业分工、劳动组织和劳动定员定额相统一，能促进企业合理的制订劳动定员和劳动定额，从而改善企业管理。由于岗位的工作是由劳动者承担者的，虽然岗位评价是以"事"为中心，但它在研究中，又离不开对劳动者的总体考察和分析。

2. 岗位评价是对企业各类具体劳动的抽象化、定量化过程

在岗位评价过程中，根据事先规定的比较系统的全面反映岗位现象本质的岗位评价指标体系，对岗位的主要影响因素逐一进行测定、评比和估价，由此得出各个岗位的量值。这样，各个岗位之间也就有了对比的基础，最后按评定结果，对岗位划分出不同的等级。

3. 岗位评价需要运用多种技术和方法

岗位评价主要运用劳动组织、劳动心理、劳动卫生、环境监测、数理统计知识和计算机技术，适用排列法、分类法、评分法、因素比较法 4 种基本方法，才能对多个评价因素进行准确的评定或测定，最终作出科学评价。

# 任务2　工作岗位评价方法

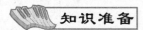 知识准备

常见的有岗位参照法、分类法、排列法、因素比较法和评分法。其中分类法、排列法属于定性评估，岗位评分法和因素比较法属于定量评估。

## 一、排列法

排列法是在不对工作内容进行分解的情况下，由评定人员凭着自己的经验和判断，将各工作岗位的相对价值按高低次序进行排列，从而确定某个工作岗位与其他工作岗位的关系。排列法的工作步骤如下。

（1）岗位分析。由有关人员组成评价小组，做好相应的各项准备工作，然后，对工作岗位情况进行全面调查，收集有关岗位方面的资料、数据，并写出调查报告。

（2）选择标准工作岗位。所选岗位必须广泛分布于现有的岗位结构中，同时彼此间的关系需要得到广泛的认同；必须能代表岗位所包括的职能特性和要求；标准岗位的数量通常选取总岗位数量的 10%～15%；需建立一个用以排列其他岗位的结构框架。

（3）岗位排列。评定人员必须对有关工作进行全面了解。实际排列过程中，岗位不仅要与标准岗位相比，也要同已排列好的岗位相比。排列后岗位等级通常呈金字塔形结构。

（4）岗位定级。按评判标准对各岗位的重要性作出评判，将各岗位的评定结果汇总，用序号和除以评定人数得到每一岗位的平均序数，按平均序数的大小，由小到大评定出岗位相对价值的次序。

排列法的优点为：

能尽快确立新的工作岗位等级，有时也被作为鉴别不合理工资差异的初步措施。企业岗位较少可以选此方法。

排列法的缺点为：

（1）由于大企业岗位分布呈金字塔形，需要定级的工作岗位数量多并且不相近，评定结果最终又必须依靠评定人员的判断，因此难以找到对工作内容都相当熟悉的评定人员。而且评定人员的组成和各自的条件、能力并不是一致的，这势必会影响评定结果的准确程度。

（2）由于这种方法完全是凭借评定人员的知识和经验主观地进行评价，缺乏严格的、科学的评判标准，因此评价结果弹性大，容易受到其他因素的干扰。

（3）由于工作岗位没有进行因素比较，方法相对简单、粗糙，它只适用生产单一、岗位较少的中小企业。

**案例学习**

1. 成对比较法的应用

成对比较法，也称配对比较法、相互比较法，就是将所有要进行评价的岗位排列在一起，两两配对比较，其价值较高者可得1分，最后将各岗位所得分数相加，分数最高即等级最高，按分数高低将岗位进行排列，即可划定岗位等级。通过计算平均序数，便可得出岗位相对价值的次序。

步骤1：将每个岗位按照所有的评价要素（如岗位责任、劳动强度、环境条件、技能要求等）与其他所有岗位一一比较。成对比较法的应用实例如表6-9所示。

表6-9　　　　成对比较法应用实例：客房服务员"劳动强度"要素岗位评价得分表　　　单位：分

| 姓名 | 得分 | 初级服务员 | 中级服务员 | 高级服务员 | 技师 | 高级技师 | 主管 | 排序 |
|---|---|---|---|---|---|---|---|---|
| 得分 | — | 50 | 60 | 70 | 80 | 90 | 100 | — |
| 初级服务员 | 50 | 0 | + | + | + | + | + | 6 |
| 中级服务员 | 60 | — | 0 | + | + | — | + | 4 |
| 高级服务员 | 70 | — | — | 0 | — | — | + | 2 |
| 技师 | 80 | — | — | + | 0 | — | + | 3 |
| 高级技师 | 90 | — | + | + | + | 0 | + | 5 |
| 主管 | 100 | — | — | — | — | — | 0 | 1 |
| 汇总 | — | —5 | —1 | +3 | +1 | —3 | +5 | — |

步骤2：将每项要素的评价结果汇总，统计分析，如表6-10所示。

表6-10　　　　　　　　　　　评价结果汇总表　　　　　　　　　　　单位：分

| 工作岗位评价要素 | 初级服务员 | 中级服务员 | 高级服务员 | 技师 | 高级技师 | 主管 |
|---|---|---|---|---|---|---|
| 1. 岗位责任 | 5 | 6 | 1 | 2 | 4 | 2 |
| 2. 劳动强度 | 6 | 4 | 2 | 3 | 5 | 1 |
| 3. 知识水平 | 6 | 5 | 4 | 2 | 3 | 1 |
| 4. 技能要求 | 5 | 4 | 6 | 3 | 2 | 1 |
| 5. 劳动环境 | 5 | 6 | 1 | 4 | 3 | 2 |
| 6. 社会心理 | 6 | 5 | 3 | 2 | 4 | 1 |
| 排序号汇总 | 33 | 30 | 17 | 16 | 21 | 8 |
| 岗位级别由高到低排序 | 6 | 5 | 3 | 2 | 4 | 1 |

2. 综合排列法的应用

综合排列法的应用实例如表6-11所示。

表 6 – 11　综合排列法应用实例：岗位等级表

| 职位 | 机构 | 职级 | 1级 | 2级 | 3级 | 4级 | 5级 | 6级 | 7级 | 8级 | 9级 | 10级 | 11级 | 12级 | 13级 | 14级 | 15级 | 16级 | 17级 | 18级 | 19级 | 20级 |
|---|---|---|---|---|---|---|---|---|---|---|---|---|---|---|---|---|---|---|---|---|---|---|
| 高管层 | 决策机构 | 总经理 | | | | | | | | | | | | | | | | | | | | 20 |
| | | 副总经理 | | | | | | | | | | | | | | | | | | 18 | 19 | |
| 中管层 | 一级机构 | 正职 | | | | | | | | | | | | | | | 15 | 16 | 17 | | | |
| | | 副职/代职 | | | | | | | | | | | | | | 14 | 15 | 16 | | | | |
| | | 助理 | | | | | | | | | | | | | 13 | 14 | 15 | 16 | | | | |
| | 二级机构 | 正职 | | | | | | | | | | | | | | 14 | 15 | 16 | | | | |
| | | 副职/代职 | | | | | | | | | | | | | 13 | 14 | 15 | | | | | |
| | | 助理 | | | | | | | | | | | | 12 | 13 | 14 | | | | | | |
| | 三级机构 | 正职 | | | | | | | | | | | | 12 | 13 | 14 | 15 | | | | | |
| | | 副职/代职 | | | | | | | | | | | 11 | 12 | 13 | 14 | | | | | | |
| | | 助理 | | | | | | | | | | | 11 | 12 | 13 | | | | | | | |
| 普通员工层 | 决策机构 | 主管 | | | | | | | | | | 10 | 11 | 12 | | | | | | | | |
| | 一级机构 | 主办 | | | | | | | | | 9 | 10 | 11 | | | | | | | | | |
| | 二级机构 | 班长/组长/队长 | | | | | | | | 8 | 9 | 10 | | | | | | | | | | |
| | 三级机构 | 办事员 | | | | | | | 7 | | | | | | | | | | | | | |
| | | 工人 | | | 3 | 4 | 5 | 6 | 7 | | | | | | | | | | | | | |
| | | 实习生 | 1 | 2 | | | | | | | | | | | | | | | | | | |

续表

| 职级\职位 | | 1级 | 2级 | 3级 | 4级 | 5级 | 6级 | 7级 | 8级 | 9级 | 10级 | 11级 | 12级 | 13级 | 14级 | 15级 | 16级 | 17级 | 18级 | 19级 | 20级 |
|---|---|---|---|---|---|---|---|---|---|---|---|---|---|---|---|---|---|---|---|---|---|
| 技术一级 | 总工程师 | | | | | | | | | | | | | | | | | 17 | 18 | 19 | |
| 技术二级 | 副总工程师 | | | | | | | | | | | | | | | | 16 | 17 | 18 | | |
| 技术三级 | 主任工程师 | | | | | | | | | | | | | | | 15 | 16 | 17 | | | |
| 技术四级 | 副主任工程师 | | | | | | | | | | | | | | 14 | 15 | 16 | | | | |
| 技术五级 | 主管工程师 | | | | | | | | | | | | | 13 | 14 | 15 | | | | | |
| 技术六级 | 副主管工程师 | | | | | | | | | | | | 12 | 13 | 14 | | | | | | |
| 技术七级 | 工程师 | | | | | | | | | | 10 | 11 | 12 | | | | | | | | |
| 技术八级 | 助理工程师 | | | | | | | | | 9 | 10 | 11 | | | | | | | | | |
| 技术九级 | 技术员 | | | | | | | 7 | 8 | 9 | | | | | | | | | | | |
| 技术十级 | 实习生 | | | | | 5 | 6 | 7 | | | | | | | | | | | | | |

技术员工层

## 二、分类法

分类法又称归级法，是排列法的改进方法。它是在岗位分析的基础上制定一套职位级别标准，然后将职位与标准进行比较，将它们归到各个级别中去。其工作步骤为：

（1）岗位分析；

（2）岗位分类；

（3）建立等级结构和标准；

（4）岗位测评排列。

分类法的优点为：

（1）比较简单，所需经费、人员和时间相对较少。在工作内容不太复杂的部门，能在较短时间内得到满意结果；

（2）因等级标准的制订遵循一定的依据，其结果比排列法准确、客观；

（3）出现新工作或工作变动时，能够按照等级标准迅速确定其等级；

（4）应用灵活，适应性强，为劳资双方谈判及争端解决留有余地。

分类法的缺点为：

（1）岗位等级的划分和界定存在一定难度，带有一定主观性；

（2）较粗糙，只能将岗位归级，但无法衡量职位间价值的量化关系，难于直接运用到薪酬体系中。

案例学习

分类法的应用实例如表6-12所示。

表6-12　　　　　　　　　　分类法应用实例：职位级别分类描述

| 职位类型 | 机构层级 | 职位名称 | 职级 | 标　准 |
|---|---|---|---|---|
| 高管层 | 决策机构 | 总经理 | 19～20 | 制订企业的战略性规划，决策重大事项；监督企业各机构、各部门、各环节工作的运行，审批企业的各项决议 |
| | | 副总经理 | 17～19 | 1. 参与全企业经营方针的规划，负责一个或几个部门的全面工作，或担任高度专业化业务的管理人员，从大量复杂的可能性中独立作出决策判断，提供具有战略性和前瞻性的决策支持<br>2. 分析和解决影响生产、销售、技术或企业政策的复杂问题，提供获得竞争优势的方案<br>3. 担任特大项目、工程的指挥或监督人员 |

| 职位类型 | 机构层级 | 职位名称 | 职级 | 标 准 |
|---|---|---|---|---|
| 中管层 | 一级机构 | 正职 | 15～17 | 1. 担任复杂并且重要的工作，参与部门经营方针的规划，在最后阶段总回顾中，从许多复杂的可能性中独立地作出决策判断<br>2. 分析和解决影响生产、销售、技术或企业政策的复杂问题<br>3. 担任较大或较重要项目、工程的指挥监督人员 |
| | | 副职/代职 | 14～16 | 1. 担任一个部门复杂并且重要的工作，参与高层次的规划、立项、审核等工作，能够独立解决困难的问题，从各种可能性决策中作出独立判断<br>2. 分析核心、重要的数据或信息<br>3. 培训、指导或监督下属<br>4. 担任较大或较重要项目、工程的指导或监督人员 |
| | | 助理 | 13～15 | 1. 担任一个部门比较重要的业务工作，参与高层次的规划、立项、审核等工作，在只从上级得到偶尔指点的情况下，从各种可能性决策中作出独立判断<br>2. 分析和解决牵涉估价大量复杂的无章可循的数据或信息<br>3. 培训、指导或监督下属<br>4. 担任科学的事务或技术指导工作 |
| | 二级机构 | 正职 | 14～16 | 1. 担任本部门范围内的事务技术工作，能够独立解决具有一定难度的问题，在只从上级得到一般性指导的情况下，从各种可能性决策中作出独立判断<br>2. 分析和解决牵涉估价大量的无章可循的数据和问题<br>3. 指导或监督下属 |
| | | 副职/代职 | 13～15 | 1. 担任本部门或项目范围内的日常管理工作，在偶尔监督下对无章可循的问题的决策作出独立的判断，能完成具有一定难度的工作任务<br>2. 在上司的授权下，指导下属 |
| | | 助理 | 12～14 | 1. 担任本部门或项目范围内的日常管理工作，在一般监督下对无章可循的问题的决策作出独立的判断<br>2. 分析和估价一些与其他人有关的无章可循的问题和数据<br>3. 在上司的直接指导下，指导下属 |
| | 三级机构 | 正职 | 13～15 | 1. 担任较容易的部门或项目的辅助性管理工作，或主管较容易的事务性工作；独立判断按照计划顺序经营和复杂的技术或专业领域作出的小的决策<br>2. 对有关问题的一般规则的数据研究和分析<br>3. 在符合上级指示的前提下执行无章可循的程序，接受上司的监督 |

| 职位类型 | 机构层级 | 职位名称 | 职级 | 标 准 |
|---|---|---|---|---|
| 中管层 | 三级机构 | 副职/代职 | 12～14 | 1. 从事重要的作业，或从事需要较高难度或技术的作业，能独立完成困难作业；对选择可能性有限和政策标准已定的决策作出独立判断<br>2. 分析信息的用途及其他信息的标准数据<br>3. 在上司的指导下担任重大作业项目的指导、监督的人员，在有上级指导但缺乏具体指示的情况下进行有规律的工作<br>4. 同等能力者 |
| | | 助理 | 11～13 | 1. 从事一般的作业或重要任务的辅助性作业，在上级的授意下进行小的独立判断，可以在规定内选择工作方法，需要作一些小的决策；工作由他人检查<br>2. 收集整理信息，进行信息数据的基本处理，分析原始的数据<br>3. 接受上司的指导和指挥 |
| 普通员工层 | 决策机构<br>一级机构<br>二级机构<br>三级机构 | 主管 | 11～14 | 1. 从事一般的作业，基本具备独立操作能力，独立判断较少，然而有时需作一些小的决策；工作由他人检查<br>2. 按已建立的程序分析不复杂的数据<br>3. 接受上司的指导，在具体指导下进行有章可循的标准工作 |
| | | 主办 | 10～13 | 1. 从事比较简单的作业，独立判断较少，但必须能够接受和传递从书面或口头来源的常规信息<br>2. 进行分析数据的简单处理和整合，准确记录他人使用的信息<br>3. 接受上司的指导，在直接监督下执行有章可循的标准工作 |
| | | 班长/组长/队长 | 9～12 | 1. 从事简单的作业，几乎不需进行独立判断，但必须能够接受和传递从书面或口头来源的信息<br>2. 进行分析数据的收集和积累，准确记录他人使用的信息<br>3. 接受上司的指导，在严格监督下执行有章可循的、标准化的工作 |
| | | 办事员 | 7～11 | 1. 从事辅助性的作业，不需独立判断和分析<br>2. 接受上司的指导，在严格监督下执行简单的、标准化的任务 |
| | | 工人 | 3～7 | 1. 从事规范流程的标准作业，不需独立判断和分析<br>2. 接受上司的指导，在严格监督下执行简单的、标准化的任务 |
| | | 实习生 | 1～2 | 1. 本职位工龄在一年以内<br>2. 工作方式主要以熟悉、学习、锻炼为主 |

| 职位类型 | 机构层级 | 职位名称 | 职级 | 标 准 |
|---|---|---|---|---|
| 技术员工层 | 技术一级 | 总工程师 | 17～19 | 1. 具备硕士研究生或以上学历及10年以上技术工作经验，或具备15年以上技术工作经验，其中至少5年二级技术资格<br>2. 担任技术决策职责<br>3. 参与全企业战略规划，负责宏观技术的管理工作，从大量复杂的可能性中独立作出决策，审批具有战略性和前瞻性的技术决策<br>4. 分析和解决影响生产、销售、技术或企业政策的战略性复杂问题，选择能够获得竞争优势的技术方案 |
| | 技术二级 | 副总工程师 | 16～18 | 1. 具备硕士研究生或以上学历及10年以上技术工作经验，或具备12年以上技术工作经验，其中至少5年三级技术资格<br>2. 担任技术决策职责<br>3. 参与全企业战略规划，负责技术及相关部门的管理工作，从大量复杂的可能性中独立作出决策，提供、审批具有战略性和前瞻性的技术决策及建议<br>4. 分析和解决影响生产、销售、技术或企业政策的战略性复杂问题，提供能够获得竞争优势的技术方案 |
| | 技术三级 | 主任工程师 | 15～17 | 1. 具备本科学历及8年以上技术工作经验，或具备10年以上技术工作经验，其中至少2年四级技术资格<br>2. 担任特大项目或工程的指挥或监督人员<br>3. 参与全企业经营方针的规划，负责一个或几个部门的技术管理工作，从大量复杂的可能性中独立作出决策判断，提供具有战略性和前瞻性的技术决策支持<br>4. 分析和解决影响生产、销售、技术或企业政策的复杂问题，拟定获得竞争优势的技术方案 |
| | 技术四级 | 副主任工程师 | 14～16 | 1. 具备大专学历及5年以上技术工作经验，或具备8年以上技术工作经验，其中至少2年五级技术资格<br>2. 担任较大或较重要项目、工程的指导或监督人员<br>3. 担任一个部门的技术管理工作，参与技术指导及高层次的规划、立项、审核等工作，能够独立解决困难的问题<br>4. 分析核心、重要的数据或信息 |
| | 技术五级 | 主管工程师 | 13～15 | 1. 具备大专学历及4年以上技术工作经验，或具备6年以上技术工作经验，其中至少2年六级技术资格<br>2. 担任技术机构或项目、工程的指导或监督人员<br>3. 担任一个部门的技术管理工作，参与技术指导及高层次的规划、立项、审核等工作，能够在授意下独立解决困难的问题<br>4. 分析核心、重要的数据或信息 |

| 职位类型 | 机构层级 | 职位名称 | 职级 | 标　准 |
|---|---|---|---|---|
| 技术员<br>工层 | 技术六级 | 副主管<br>工程师 | 12～14 | 1. 具备大专学历及 3 年以上技术工作经验，或具备 5 年以上技术工作经验，其中至少 2 年七级技术资格<br>2. 担任本部门或项目范围内的技术工作，能完成具有一定难度的技术任务 |
| | 技术七级 | 工程师 | 10～12 | 1. 具备大专学历及 1 年以上技术工作经验，或具备 3 年以上技术工作经验，其中至少 2 年八级技术资格<br>2. 从事重要或较高难度的技术作业，能独立完成困难作业及作出独立判断<br>3. 分析信息的用途及其他信息的标准数据。在上司的指导下担任技术作业的指导、监督的人员，进行规范的技术工作 |
| | 技术八级 | 助理工<br>程师 | 9～11 | 1. 具备大专学历，或具备 1 年以上技术工作经验<br>2. 从事一般的技术作业 |
| | 技术九级 | 技术员 | 7～9 | 1. 具备中专或同等学历<br>2. 从事简单的技术作业 |
| | 技术十级 | 实习生 | 5～7 | 1. 具备中专或同等学历<br>2. 本职位工龄在一年以内<br>3. 工作方式主要以熟悉、学习、锻炼为主 |

## 三、要素比较法

要素比较法是一种综合性的数量方法。该方法是将排序法和评分法组合一体而成。要素比较法不仅确定了哪项职务对企业更加重要，而且还确定了重要多少，从而能够更容易将薪酬要素的价值转化成货币工资。薪酬要素用来确定多种职务所共有的工作价值。这些要素是根据职务分析确定的。例如，对仓库和制造场所的职务来说，体力要求、可能遇到的风险以及工作环境就可以作为薪酬要素，并给予较大的权数。而对大多数办公室和文书性的职务来说，上述因素就无足轻重。因此，在确定薪酬要素和权数时，必须以职务的性质和特点为依据。

要素比较法包含如下步骤：①选择标杆岗位；②通过要素来排列标杆岗位；③给每个要素分配货币值；④排列其余岗位，并确定工资。

要素比较法的主要优点是它运用更系统的岗位比较，这种比较是非分析的排列法和分类法中所没有的。这种评价比评分法要容易些，因为一些相似的岗位都是相互对照着进行比较和排列的。这种排列法得出的结果可能具有较高的可靠性。标杆岗位的分析相当彻底，要素比较法可以说是结合了几种鉴定程序，并且后面的程序可以校正前面的程序。在一个包含了货币值的方案中，工资标准的确定是自动形成的，这可能减少所需要的工作量。这种方法注重对标杆岗位的分析，保证了这个方案符合要求，而且岗位的排列充分地反映了等级结构的实际，同时排除了异常级差。

另一方面，这种方法应用起来比较复杂，而且很难对工人们作出解释，尤其在给要素注上货币值的时候很难解释。工人们会抗议他们的一些任务没得到应有的价值或者他们工作的某些方面被忽视了。他们也许会发现不同要素间的工资分配有些武断。在一定程度上，分析的方法确实存在这种问题，而在要素比较法中更为明显，因为这种方法选用的要素有限。要素比较法的一个基本特征是，标杆岗位工资标准是合适的，不能进行更改，并且所有其他岗位的工资标准都要参照它来确定。在一种多变的工作条件下，这种可参照性可能很脆弱。另外，许多人认为，岗位评估程序应和工资决定程序完全分开。最后，要素比较法的评估进度从根本上说是建立在专家们对所有岗位的了解之上，当然，不可否认，在其他方法的不同阶段中也一样。

## 四、评分法

评分法又称点数加权法、点数法，是目前大多数国家最常用的方法。这种方法是先选定若干关键性评价要素，并确定各要素的权数，对每个要素分成若干不同的等级，然后给各要素的各等级赋予一定分值，这个分值也称为点数，最后按照要素对岗位进行评估，算出每个岗位的加权总点数，便可得到岗位相对价值。

1. 评分法的具体步骤及优缺点

（1）确定评价要素及其权数；

（2）定义评价要素，划定要素等级；

（3）各评价要素等级的点数配给；

（4）岗位评价，计算点数，确定岗位相对价值。

评分法的优点：

（1）主观随意性较少，可靠性强；

（2）相对客观的标准使评价结果易于为人们接受；

（3）通俗，易于推广。

评分法的缺点：

（1）费时，需投入大量人力；

（2）评价要素定义和权重的确定有一定技术难度；

（3）不完全客观和科学，要素的选择、等级的定义和要素权重的确定都有一定的主观因素。

2. 评分法的实施方法与步骤

（1）确定评价项目：工作技能、工作责任、工作强度、工作环境与条件。

（2）确定评价要素：①工作技能：知识水平、业务知识、熟练程度、工作复杂繁简程度；②工作责任：管理责任、监督责任；③工作强度：工作负荷量、脑力工作紧张程度；④工作环境与条件：劳动环境、工作危险性。

（3）对各评价要素划分等级，确定分值或点数，如表6-13、表6-14所示。

**表6-13** 知识水平评价标准

| 等 级 | 评价标准 | 点 数 |
|---|---|---|
| 1 | 高中毕业,不需要专门知识 | 26 |
| 2 | 高中毕业,需要较简单的专业知识 | 52 |
| 3 | 中专水平,需掌握本专业的基础理论、基本原理和方法,要处理一些较简单的技术问题 | 78 |
| 4 | 大专水平,需系统地掌握本专业的基础理论、原理和方法,要解决本专业内重要的技术问题 | 104 |
| 5 | 大学水平,需深入系统地掌握本专业的基础理论、原理、方法,需解决本专业内重要的技术业务问题 | 130 |

**表6-14** 工作复杂程度评价表

| 等 级 | 评价标准 | 点 数 |
|---|---|---|
| 1 | 工作内容单一,有固定的工作程序,没有任何选择性 | 28 |
| 2 | 工作内容比较复杂,按已有的工作模式和方法工作,在执行政策的过程中需处理一些简单的问题 | 38 |
| 3 | 工作内容较复杂,有可借鉴的模式和工作方法,有工作目标,在执行政策时需处理较复杂的问题 | 63 |
| 4 | 工作内容较复杂,有较清楚的政策和原则,需一定的创新能力,要制订、执行局部或专业性的政策 | 94 |
| 5 | 需在复杂的工作内容中理出头绪,决策性强,只有总的方针和目标,要制订、执行有关全局的政策,需要较强的开拓创新能力 | 140 |

(4) 对各岗位进行评价,如表6-15所示。

**表6-15** 某企业评定小组对某岗位评价结果

| 评价项目序号 | 1 | 2 | 3 | 4 | 5 | 6 | 7 | 8 | 9 | 10 | 合 计 |
|---|---|---|---|---|---|---|---|---|---|---|---|
| 评价点数 $X_i$ | 10 | 8 | 20 | 10 | 38 | 28 | 14 | 20 | 10 | 10 | |
| 权数 $F_I$ | 7 | 7 | 7 | 7 | 7 | 12 | 7 | 12 | 17 | 17 | 100 |
| $X_iF_i$ | 70 | 56 | 140 | 70 | 266 | 216 | 98 | 240 | 170 | 170 | 1496 |

注:1—工作负荷量;2—工作危险性;3—劳动环境;4—脑力劳动强度;5—工作复杂程度;6—知识水平;7—业务水平;8—熟练程度;9—管理责任;10—监督责任。

(5) 确定岗位等级。

A级:800分以下　　　　　　　D级:1001~1100分

B级:801~900分　　　　　　　E级:1101~1200分

C级:901~1000分　　　　　　　F级:1201~1300分

G 级：1301～1400 分　　　　L 级：1801～1900 分

H 级：1401～1500 分　　　　M 级：1901～2000 分

I 级：1501～1600 分　　　　N 级：2001～2100 分

J 级：1601～1700 分　　　　O 级：2101～2200 分

K 级：1701～1800 分　　　　P 级：2201～2300 分

 案例学习

## 基于评分法的工作岗位评价方法应用实例

实施步骤：

一、确定评价项目

包括工作技能、工作责任、工作强度、工作环境。

二、确定评价要素（如表 6-16 所示）

表 6-16　　　　　　　　　　　　评价要素表

| 评价项目 | 评 价 要 素 |
|---|---|
| 1. 工作技能 | 1. 文化理论知识 |
| | 2. 操作技能 |
| | 3. 作业复杂程度 |
| | 4. 预防、处理事故复杂程度 |
| 2. 工作责任 | 1. 质量责任 |
| | 2. 原材料消耗责任 |
| | 3. 经济效益责任 |
| | 4. 安全责任 |
| 3. 工作强度 | 1. 体力劳动强度 |
| | 2. 脑力疲劳程度 |
| | 3. 作业姿势 |
| | 4. 工时利用率和工作班制 |
| 4. 工作环境 | 1. 自然环境影响 |
| | 2. 作业条件危险性 |
| | 3. 有毒有害物危害 |
| | 4. 噪声危害 |

三、确定评价要素等级（如表6-17所示）

表 6-17 评价等级表

| 因素指标 | 级别 | 分级标准 |
|---|---|---|
| 1. 文化技术理论知识 | 1 | 岗位专业理论要求高，较全面了解相关工种技术理论知识，具有研究生或研究生以上文化程度 |
| | 2 | 岗位专业技术理论要求高，了解相关工种主要技术理论，具有本科或本科以上文化程度 |
| | 3 | 熟悉本岗位专业技术理论知识，了解相关工种的一般技术理论知识，具有大专或大专以上文化程度 |
| | 4 | 了解本岗位专业理论知识，具有相当职高文化程度 |
| 2. 操作技能 | 1 | 技术复杂，操作技能要求高，需要两年以上学徒期限 |
| | 2 | 技术操作比较复杂，技能要求较高，需要1年以上学徒期限 |
| | 3 | 技术一般，操作技能要求一般，需要半年以上熟练期 |
| | 4 | 技术操作技能要求简单 |
| 3. 作业复杂程度 | 1 | 操作工序很多，工作难度很大，在多工种交叉作业中起关键作用 |
| | 2 | 操作工序多，工作难度大，需交叉配合作业 |
| | 3 | 操作工序较多，工作难度一般 |
| | 4 | 操作工序单一，工作简单 |
| 4. 处理预防事故复杂程度 | 1 | 预防、处理事故的技术能力要求高 |
| | 2 | 预防、处理事故的能力水平较高 |
| | 3 | 预防、处理事故的能力水平较一般 |
| | 4 | 对预防、处理事故没有专业要求 |
| 5. 质量责任 | 1 | 对最终产品质量有决定性影响 |
| | 2 | 对最终产品质量有较大影响 |
| | 3 | 对最终产品质量有一定影响 |
| | 4 | 对最终产品质量基本无影响 |
| 6. 原材料消耗责任 | 1 | 对最终产品的成本影响很大 |
| | 2 | 对最终产品的成本影响较大 |
| | 3 | 对最终产品的成本影响一般 |
| | 4 | 对最终产品的成本基本无影响 |
| 7. 经济效益责任 | 1 | 岗位劳动对企业经济效益影响大 |
| | 2 | 岗位劳动对企业经济效益影响较大 |
| | 3 | 岗位劳动对企业经济效益影响一般 |
| | 4 | 岗位劳动对企业经济效益影响较小 |

| 因素指标 | 级 别 | 分 级 标 准 |
|---|---|---|
| 8. 安全责任 | 1 | 岗位操作环境引发伤害事故的可能性较大，造成的损失严重 |
| | 2 | 岗位操作环境一般不会引发较大的伤害事故，损失较重 |
| | 3 | 岗位操作环境很少发生伤害事故，损失较轻 |
| | 4 | 岗位操作环境不会引发伤害事故 |
| 9. 体力劳动强度 | 1 | 重体力劳动 |
| | 2 | 较重体力劳动 |
| | 3 | 一般体力劳动 |
| | 4 | 轻体力劳动 |
| 10. 脑力消耗疲劳程度 | 1 | 岗位操作注意力高度集中，极易疲劳 |
| | 2 | 岗位操作注意力较集中，容易疲劳 |
| | 3 | 岗位操作注意力一般，疲劳度一般 |
| | 4 | 岗位操作注意力较轻，不太容易疲劳 |
| 11. 作业姿势 | 1 | 多种劳动姿势交叉作业，且频率高，有间断性 |
| | 2 | 基本上站式操作 |
| | 3 | 基本上坐式操作 |
| | 4 | 坐式操作 |
| 12. 工时利用工作班制 | 1 | 年作业时间在 280 天以上，日工时利用率在 90% 以上，一班或多班制 |
| | 2 | 年作业时间 260～279 天，日工时利用率在 80%～90%，一班或多班制 |
| | 3 | 年作业时间 250～260 天，日工时利用率在 70%～80%，一班或多班制 |
| | 4 | 年作业时间低于 250 天，日工时利用率低于 70%以上，一班制 |

四、确定等级标准分数、权重系数（如表 6-18 所示）

表 6-18　　　　　　　　等级标准分数与权重系数评价表

| 项目指标 | 要素指标 | 等级与分数 | | | | 项目权重 |
|---|---|---|---|---|---|---|
| | | 1 | 2 | 3 | 4 | |
| 1. 工作技能 | (1) 文化理论 | 80 | 60 | 40 | 20 | 5 |
| | (2) 操作技能 | 140 | 110 | 90 | 60 | |
| | (3) 作业复杂度 | 120 | 80 | 50 | 30 | |
| | (4) 预防、处理事故复杂程度 | 40 | 30 | 20 | 10 | |

| 项目指标 | 要素指标 | 等级与分数 | | | | 项目权重 |
|---|---|---|---|---|---|---|
| | | 1 | 2 | 3 | 4 | |
| 2. 工作责任 | (1) 质量责任 | 100 | 70 | 40 | 20 | 1 |
| | (2) 材料消耗责任 | 100 | 70 | 30 | 20 | |
| | (3) 经济效益责任 | 120 | 80 | 50 | 20 | |
| | (4) 安全责任 | 120 | 80 | 40 | 10 | |
| 3. 工作强度 | (1) 体力劳动强度 | 140 | 110 | 80 | 50 | 2.5 |
| | (2) 脑力疲劳程度 | 120 | 90 | 60 | 30 | |
| | (3) 作业姿势 | 80 | 60 | 40 | 20 | |
| | (4) 工时利用率和工作班制 | 40 | 30 | 20 | 10 | |
| 4. 工作环境与条件 | (1) 自然环境条件影响 | 140 | 110 | 80 | 60 | 1.5 |
| | (2) 作业条件危险性 | 120 | 90 | 60 | 30 | |
| | (3) 有毒有害物危害 | 80 | 60 | 40 | 20 | |
| | (4) 噪声危害 | 40 | 30 | 20 | 10 | |

### 五、对岗位进行评价（表6-19所示）

表6-19　　　　　　　　　　岗位评价表

| 项目指标 | 要素指标 | 等级与分数 | | | | 项目得分 | 权重系数 | 实际得分 |
|---|---|---|---|---|---|---|---|---|
| | | 1 | 2 | 3 | 4 | | | |
| 1. 工作技能 | (1) 文化理论 | | 60 | | | 280 | 5 | 1400 |
| | (2) 操作技能 | | | 90 | | | | |
| | (3) 作业复杂度 | 120 | | | | | | |
| | (4) 预防、处理事故复杂程度 | | | | 10 | | | |
| 2. 工作责任 | (1) 质量责任 | 100 | | | | 220 | 1 | 220 |
| | (2) 原材料消耗责任 | | | 30 | | | | |
| | (3) 经济效益责任 | | 80 | | | | | |
| | (4) 安全责任 | | | | 10 | | | |
| 3. 工作强度 | (1) 体力劳动强度 | | 110 | | | 240 | 2.5 | 600 |
| | (2) 脑力疲劳程度 | | | | 30 | | | |
| | (3) 作业姿势 | 80 | | | | | | |
| | (4) 工时利用率和工作班制 | | | | 20 | | | |
| 4. 工作环境与条件 | (1) 自然环境影响 | 140 | | | | 240 | 1.5 | 360 |
| | (2) 作业条件危险性 | | | | 30 | | | |
| | (3) 有毒有害物危害经济效益责任 | | | 40 | | | | |
| | (4) 噪声危害 | | 30 | | | | | |
| 合　计 | | | | | | | 10 | 2580 |

## 六、确定各岗位等级

| | |
|---|---|
| A 级 1000～1200 分 | G 级 2201～2400 分 |
| B 级 1201～1400 分 | H 级 2401～2600 分 |
| C 级 1401～1600 分 | I 级 2601～2800 分 |
| D 级 1601～1800 分 | J 级 2801～3000 分 |
| E 级 1801～2000 分 | K 级 3001～3200 分 |
| F 级 2001～2200 分 | L 级 3201～3400 分 |

## 七、结论

由于所分析岗位得分为 2580 分，所以该岗位定级为 H 级。

各种岗位评价方法的比较如表 6－20 所示：

表 6－20　　　　　　　　　　　岗位评价方法的比较汇总

| 评价方法 | 概　述 | 实施步骤 | 优　点 | 缺　点 | 适用企业 |
|---|---|---|---|---|---|
| 排列法 | 根据各种岗位的相对价值或它们对组织的相对贡献进行排列 | ①选择评价岗位；②取得工作说明书；③进行评价排序 | ①简单方便、容易理解操作；②节约成本；③能够有较高的满意度 | ①评价标准宽泛，很难避免主观因素；要求评价人员对每个岗位的细节都非常熟悉；②只能排列同类型岗位间价值的相对价值，无法评价不同类型岗位之间价值差距 | ①岗位设置比较稳定；②规模小、生产单一 |
| 分类法 | 将各种岗位事前设定的一个标准进行比较来确定岗位的相对价值 | ①岗位分析并分类；②确定岗位类别的数目；③对各岗位类别的各个级别进行定义；④将被评价岗位与标准进行比较，将它们定位在合适的岗位类别中，合适的级别上 | ①简单明了容易理解、易接受；②避免出现明显的判断失误 | ①不能清晰地界定等级；②成本相对较高；③岗位之间的比较存在主观性，准确度较差 | ①各岗位之间的差别明显；②公共部门和大企业的管理岗位 |

| 评价方法 | 概　述 | 实施步骤 | 优　点 | 缺　点 | 适用企业 |
|---|---|---|---|---|---|
| 要素比较法 | 选定并排列标杆岗位，然后确定岗位的薪酬要素，并赋予相应的工资价值 | ①选择标杆岗位；<br>②通过要素来排列标杆岗位；<br>③给每个要素分配货币值；<br>④排列其余岗位，并确定工资 | ①更系统、更可靠<br>②确定标杆岗位的薪酬要素，然后通过排序来确定岗位的价值 | ①难以解释、说明；<br>②应用过程复杂 | 应用范围广泛；能对不同性质的岗位进行价值分析 |
| 评分法 | 选择关键评价要素和权重，对各要素划分等级，并分别赋予分值，然后对每个岗位进行估值 | ①选择评价标准和质量；<br>②各要素划分等级并给予分值，并进行打分 | ①行为能够被量化；<br>②可以避免主观因素对评价工作的影响；<br>③可以经常调整 | ①设计比较复杂；<br>②对管理水平要求较高；<br>③成本相对较高 | ①岗位不雷同；<br>②岗位设置不稳定；<br>③对精确度要求较高；<br>④生产过程复杂、岗位类别数目多 |

　　岗位评价数据资料从方案的设计、评价和加工整理到分析，是一个完整的工作体系。岗位评价数据资料的整理，是为分析论证提供系统和条理化的综合资料的工作过程，是整个评价分析实施阶段的主要工作。数据的加工整理过程就是为了揭示被掩盖的现象之间的相互关系，并通过整理使这种固有的内在关系能明显地用数量关系表现出来，使各岗位间的差异性表现出来，明确地反映不同工作性质、不同工作责任、不同工作环境和不同工作场所的岗位劳动之间的区别与联系，以达到数据资料配套、规范的目的，更好地完成数据资料有机配合、完整配套、规范统一的任务。而对这些加工整理以后的资料进行分析研究则是整个岗位评价工作的重要环节。评价结果的分析研究工作是对整个评价工作的综合和分析，分析质量的好坏直接影响着评价结果的合理运用。

　　**【方案设计】**

　　1. 一般岗位评价

　　（1）请列出一般员工岗位评价项目。

　　（2）请列出每个评价项目的评价要素。

　　（3）请在评价要素中选择两个要素，划分出评价标准等级。

　　（4）确定每个等级的分数。

　　2. 管理岗位评价

　　（1）请列出管理岗位评价项目。

　　（2）请列出每个评价项目的评价要素。

　　（3）请在评价要素中选择两个要素，划分出评价标准等级。

（4）确定每个等级的分数。

3. 专业技术岗位评价

（1）请列出专业技术岗位评价项目。

（2）请列出每个评价项目的评价要素。

（3）请在评价要素中选择两个要素，划分出评价标准等级。

（4）确定每个等级的分数。

# 项目4　福利费用管理

**学习目标**

●掌握福利的本质和类型。

●掌握社会保障的概念和意义，以及社会保障体系的构成和保障范围。

●掌握社会保险的概念、意义、内容和各类社会保险的计算办法。

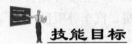

**技能目标**

1. 熟悉各类社会保险的费率和计算办法，能够根据实际情况进行社会保险的核算。

2. 熟悉企业的社会保险办理流程，能够办理新办社会保险登记、基本医疗保险登记、四险（养老、失业、工伤、生育）登记、领取社会保险登记证、与银行签订委托收款付款协议书。

## 任务1　员工福利

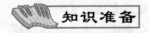

**知识准备**

## 一、福利的本质

福利是一种补充性报酬。它往往不以货币形式直接支付给员工，而是以服务或者实物的形式支付给员工，一般包括社会保险、带薪假期、福利性住房、免费的工作午餐和津贴等形式。这些奖励作为企业成员福利的一部分，奖给职工个人或者员工小组。福利必须被视为全部报酬的一部分，而总报酬是人力资源战略决策的重要方面之一。从管理层的角度看，福利可对以下若干战略目标作出贡献：协助吸引员工；协助保持员工；提高企业在员工和其他企业心目中的形象；提高员工对职务的满意度。与员工的收入不同，福利一般不需纳税。由于这一原因，相对于等量的现金支付，福利在某种意义上来说，对员工就具有更大的价值。

福利适用于所有的员工，而奖金则只适用于高绩效员工。福利的内容很多，各个企业也为员工提供不同形式的福利，但可以把各种福利归为以下几类：补充性工资福利、保险福利、退休福利、员工服务福利。目前的趋势是福利在整个报酬体系中的比重越来越大。

## 二、福利类型划分

1. 根据福利的范围划分

（1）国家性福利。在全国范围内以社会成员为对象而举办的福利事业。

（2）地方性福利。在一定地域内以该地区的居民为对象的福利事业。

2. 根据福利的内容划分

（1）法定福利。政府通过立法要求企业必须提供的，如社会养老保险、社会失业保险、社会医疗保险、工伤保险、生育保险等。

（2）企业福利。用人单位为了吸引人才或稳定员工而自行为员工采取的福利措施。比如工作餐、工作服、团体保险等。

3. 企业福利根据享受的范围不同划分

（1）全员性福利。全体员工可以享受的福利，如工作餐、节日礼物、健康体检、带薪年假、奖励礼品等。

（2）特殊群体福利。这是指能供特殊群体享用。这些特殊群体往往是对企业作出特殊贡献的技术专家、管理专家等企业核心人员。特殊群体的福利包括住房、汽车等项目。

 **案例学习**

### 幸福福利

2010 年年底，超过一半的酒店员工酝酿跳槽，他们为什么感到不快乐？上海已经有酒店开始实行"失恋假"，给员工的"幸福福利"，可以达到预期的效果吗？产假、婚假、年休假……你可知道，失恋也可以成为请假的理由？

如果你失恋了，就可以获得 5 天的"失恋假"用来恢复情伤。日前上海一家酒店推出了这样一条新福利，让不少员工感到既新奇又感动。酒店相关负责人表示，这项新福利措施的初衷是为了让员工更快乐，提高幸福指数。不少白领想在酒店里表现更好，压力随之增大，这样易导致恶性循环，酒店不仅要关注员工在物质方面的需求，更要重视人才的精神需求和内心渴望。除了物质奖励外，关注员工精神快乐程度的"幸福生产力"正在酒店中流行。

1. 来自人力资源管理者的意见

现在酒店的新兴力量——"80 后"，工作不看钱给多少，而是看干得"爽不爽"。马斯洛的需求理论认为人在满足了生理需求、安全需求，更有社交需求、尊重需求和自我实现需求。一般来说，某一层次的需要相对满足了，就会向高一层次发展，追求更高一层次的需要就成为驱使行为的动力。相应地，获得基本满足的需要就不再是一股激励力量。

　　某知名酒店对员工的上班时间实行弹性管理，如果员工有私事，一般可以优先处理。员工可以以家中暖气试水为由晚到半天，甚至一天不上班。如果加班乘坐出租车回家，费用由酒店报销，还可享用免费晚餐。现如今，工作并不只是为了赚取更多的薪酬，我们还渴望从中得到应有的乐趣和享受。很多大型酒店已经意识到健康幸福的员工是酒店最大的财富，也是一个酒店生存发展的竞争法宝。

　　2. 来自社区的意见

　　"与其工作时焦躁抑郁，不如趁 5 天假期散散心、或在家静养、或和朋友玩闹，会恢复得更快。""失恋后的一周是最难熬的，旁人可能觉得熬一熬也就过去了，但对于当事人来说，情绪低迷时连自杀的念头都有。"

　　3. 来自员工的意见

　　在我们酒店的人力资源部门里，有一个"员工关系专员"的岗位，就是专门负责这类工作的。员工说："每位员工生日的时候，这位专员就会代表酒店送出生日蛋糕，此外，还常常组织我们开展羽毛球兴趣小组等活动。虽然价格不贵，但却让我们体会到了酒店浓浓的人情味。"

　　酒店越来越关注人才，从这里也看出了人力资本时代的到来。酒店要不断研发出新的产品来满足人才的需求，这也从一个侧面体现了人才竞争激烈、酒店留人白热化程度的加剧。

　　(改编自最佳东方案例)

　　1. "幸福福利"，可以带来生产力吗？

_____

_____

_____

　　2. 软福利能否成为企业的竞争力？

_____

_____

_____

　　3. 请结合本案，谈谈你对酒店企业运用福利留人的看法？并进行优缺点比较。

_____

_____

_____

# 任务2　社会保障体系

 知识准备

## 一、社会保障概述

　　社会保障制度体系起源于 19 世纪末的欧洲工业社会，1601 年英国女王颁行了世界上

第一部《济贫法》，这是现代社会保障制度的萌芽。现代社会保障制度的核心部分是为劳动者提供社会保险，第一个建立社会保险制度的是后起的资本主义国家——德国。1935年美国国会通过了综合性的《社会保障法》，"社会保障"一词由此产生，它标志着现代社会保障制度的形成。

完善社会保障体系，就是要以社会保险、社会救助、社会福利为基础，以基本养老、基本医疗、最低生活保障制度为重点，以慈善事业、商业保险为补充，进而实现社会安定，人民安居乐业的作用。这种作用体现在四个方面。

1. "安全网"的作用

保障人民群众在年老、失业、患病、工伤、生育时的基本收入和基本医疗不受影响，无收入、低收入以及遭受各种意外灾害的人民群众有生活来源，满足他们的基本生存需求。

2. "平衡器"的作用

社会保障制度具有收入再分配的功能，调节中高收入群体的部分收入，提高最低收入群体的保障标准，适当缩小不同社会成员之间的收入差距。

3. "助推器"的作用

完善的社会保障制度，既有利于提高劳动者自身素质，促进劳动力的有序流动，一定程度上激发中国经济的活力，推动经济更快地发展，又可以避免社会消费的过度膨胀，引导消费结构更为合理，平衡社会供需的总量，有利于防止经济发展出现波动，实现更好地发展。

4. "稳定器"的作用

完善的社会保障制度，能为劳动者建立各种风险保障措施，帮助他们消除和抵御各种市场风险，避免因生活缺乏基本保障而引发一系列的矛盾，从而维护社会的稳定。

## 二、社会保障体系的构成

我国的社会保障体系，包括社会保险、社会福利、社会救助、社会优抚四个方面。

1. 社会保险

社会保险在社会保障体系中居于核心地位，它是社会保障体系的重要组成部分，是实现社会保障的基本纲领。社会保险目的是保障被给付者的基本生活需要，属于基本性的社会保障；社会保险的对象是法定范围内的社会劳动者；社会保险的基本特征是补偿劳动者的收入损失；社会保险的资金主要来源于用人单位（雇主）、劳动者（雇员）依法缴费及国家资助和社会募集。

2. 社会福利

社会福利是社会保障的最高层次，是实现社会保障的最高纲领和目标。它的目的是增进群众福利，改善国民的物质文化生活，它把社会保障推上最高阶段；社会福利基金的重要来源是国家和社会群体。

3. 社会救助

社会救助属于社会保障体系的最低层次，是实现社会保障的最低纲领和目标。社会救助的目的是保障被救助者的最低生活需要；社会救助的对象主要是失业者、遭到不幸者；

社会救助的基本特征是扶贫；社会救助的基金来源主要是国家及社会群体。

4. 社会优抚

社会优抚安置是社会保障的特殊构成部分，属于特殊阶层的社会保障，是实现社会保障的特殊纲领。社会优抚安置目的是优待和抚恤；社会优抚的对象是军人及其家属；社会优抚的基本特征是对军人及其家属的优待；社会优抚的基金来源是国家财政拨款。社会保障体系的具体内容如图6－2所示。

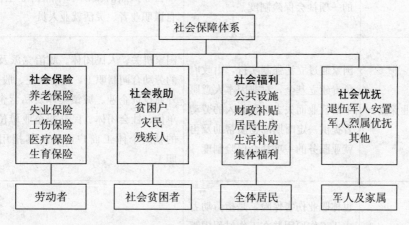

图6－2 社会保障体系

## 三、社会保险概述

社会保险是指国家通过立法，多渠道筹集资金，在劳动者因年老、失业、患病、工伤、生育而减少劳动收入时给予经济补偿，使他们能享有基本生活保障的一项社会保障制度。社会保险具有强制性、共济性和普遍性等特性，主要包括医疗保险、养老保险、失业保险、工伤保险和生育保险等项目，如表6－21所示。

表6－21　　　　　　　　　　社会保险种类表

| 序　号 | 种　类 | 含　义 | 参保范围 |
|---|---|---|---|
| 1 | 医疗保险 | 为补偿劳动者因疾病风险造成的经济损失而建立的一项社会保险制度。通过用人单位和个人缴费，建立医疗保险基金，参保人员患病就医发生医疗费用后，由医疗保险机构给予一定的经济补偿 | 凡是未参加或没有能力参加城镇职工基本医疗保险的企业职工和退休人员，以及倒闭、破产企业的退休人员、城镇个体劳动者、自由职业者、灵活就业人员、失业人员、城镇居民和农村进城务工人员等 |

| 序　号 | 种　类 | 含　义 | 参保范围 |
|---|---|---|---|
| 2 | 养老保险 | 劳动者在达到法定退休年龄退休后，从政府和社会得到一定的经济补偿、物质帮助和服务的一项社会保险制度 | 境内各类企业职工，实现企业化管理的事业单位的全部职工，国家机关、社会团体和财政拨款事业单位招用的劳动合同制工人，领取营业执照的城镇个体经营业主及其帮工，自谋职业者、灵活就业人员 |
| 3 | 失业保险 | 国家通过立法强制实行，由政府负责建立基金，对非因本人意愿中断就业而失去工资收入的劳动者提供一定时期的物质帮助及再就业服务的一项社会保险制度 | 国家机关、人民团体、政治党派及招聘使用的劳动合同制职工，国有企业、股份制企业、外商投资企业、城镇集体及私营企业、事业单位、社会团体、民办非企业单位、有雇员的城镇个体工商户，以及其招用、聘用的职工 |
| 4 | 工伤保险 | 也称职业伤害保险，是指劳动者由于工作原因并在工作过程中遭受意外伤害，或因职业危害因素引起职业病后，由国家或社会给负伤、致残、造成死亡者之前需供养的亲属提供必要的物质帮助的一项保险制度 | 各类企业以外有雇工的个体工商户 |
| 5 | 生育保险 | 通过国家立法，在劳动者因生育子女而暂时中断劳动时，由国家和社会及时给予物质帮助的一项社会保险制度 | 城镇各类企业和机关、事业单位、社会团体、民办非法企业单位、有雇工的个体工商户 |

## 四、各类社会保险的计算办法

**案例学习**

如表 6-22 所示，为 2011 年广州市社保费险种、基数、费率表。

表 6‑22　　　2011 年广州市社保费险种、基数、费率表（适用于缴费单位）

| 征收品目代码 | 征收品目名称 | 适用户籍类型 | 单位费率 | 个人费率 | 单位定额 | 个人定额 | 缴费基数上限 | 缴费基数下限 | 适用人员状态 |
|---|---|---|---|---|---|---|---|---|---|
| 0101 | 企业职工基本养老保险 | 本地城镇 | 12%、20%（注4） | 8% | 0 | 0 | 9090 | 1818（注1） | 在职 |
| 0140 | 企业职工基本养老保险——非本市城镇户籍 | 外地城镇 | 12% | 8% | 0 | 0 | 9090 | 1818（注1） | 在职 |
| | | 本地农村 | 12% | 8% | 0 | 0 | 9090 | 1818（注1） | 在职 |
| | | 外地农村 | 12% | 8% | 0 | 0 | 9090 | 1818（注1） | 在职 |
| 0201 | 工伤保险 | 所有 | 0.5%、1%、1.5%（注6） | 0 | 0 | 0 | 12303（注2） | 1300（注3） | 在职 |
| 0305 | 失业保险 | 本地城镇 | 2% | 1% | 0 | 0 | 12303（注2） | 1300（注3） | 在职 |
| | | 外地城镇 | 2% | 1% | 0 | 0 | 12303（注2） | 1300（注3） | 在职 |
| 0361 | 失业保险——农民工 | 本地农村 | 2% | 0 | 0 | 0 | 12303（注2） | 1300（注3） | 在职 |
| | | 外地农村 | 2% | 0 | 0 | 0 | 12303（注2） | 1300（注3） | 在职 |
| 0401 | 城镇职工基本医疗保险 | 所有 | 8% | 2% | 0 | 0 | 12303 | 2461（注3） | 在职 |
| 0455 | 住院保险 | 外地城镇 | 4% | 0 | 164.04 | 0 | 4101 | 4101（注2） | 在职 |
| | | 本地农村 | 4% | 0 | 164.04 | 0 | 4101 | 4101 | 在职 |
| | | 外地农村 | 4% | 0 | 164.04 | 0 | 4101 | 4101 | 在职 |
| 0456 | 补充医疗保险 | 所有 | 0.50% | 0 | 20.5 | 0 | 4101 | 4101 | 在职 |
| 0457 | 重大疾病医疗补助金 | 所有 | 0.26% | 0 | 10.66 | 0 | 4101 | 4101 | 在职 |
| 0472 | 过渡性基本医疗保险 | 所有 | 7.50% | 0 | 307.58 | 0 | 4101 | 4101 | 退休 |
| 0474 | 外来从业人员医疗保险 | 外地城镇 | 1.20% | 0 | 49.21 | 0 | 4101 | 4101 | 在职 |
| | | 本地农村 | 1.20% | 0 | 49.21 | 0 | 4101 | 4101 | 在职 |
| | | 外地农村 | 1.20% | 0 | 49.21 | 0 | 4101 | 4101 | 在职 |

续 表

| 征收品目代码 | 征收品目名称 | 适用户籍类型 | 单位费率 | 个人费率 | 单位定额 | 个人定额 | 缴费基数上限 | 缴费基数下限 | 适用人员状态 |
|---|---|---|---|---|---|---|---|---|---|
| 0505 | 生育保险 | 所有 | 0.85% | 0 | 0 | 0 | 12303（注2） | 2461（注3） | 在职 |

注：1. 根据穗人社函〔2011〕231号，从2011年3月1日开始，企业职工基本养老保险缴费基数上下限按全省2009年度在岗职工月平均工资3030元的300%（9090元）和60%（1818元）来确定，分别为9090元和1818元。

2. 根据穗人社函〔2011〕231号，从2011年3月1日开始，基本医疗保险、工伤保险、失业保险、生育保险的缴费基数的上限按照全市2009年度职工月平均工资4101元的300%来确定，即12303元。

3. 从2011年3月1日开始，基本医疗保险、生育保险的缴费基数的下限按照全市2009年度职工月平均工资4101元的60%来确定，即2461元；工伤保险、失业保险缴费基数下限按2010年广州市最低工资标准1300元确定，两区两市参照执行。

4. 缴费单位注册类型为国有企业、城镇集体企业、外商投资企业、国家机关、事业单位、社会团体的本市城镇职工基本养老保险费率适用20%，其余适用12%。

5. 户籍类型"本地"是指广州（包括花都、番禺、南沙开发区、从化市，穗人社发〔2010〕141号文），特别注意的是广州的"增城市"属于"外地"。

6. 工伤保险的缴费比例根据用人单位所属行业而定，具体分类标准请参考附件《广州市工伤保险行业基准费率表》。

7. 根据穗人社通告〔2010〕5号，从2011年1月1日起，工伤保险、失业保险以及基本医疗保险的缴费比例恢复，详见褐色部分。

**【练一练】**

某市基本养老保险企业缴费费率是19%，个人是7%；医疗保险企业缴费费率是10%，个人是2%+3元；失业保险企业缴费费率是1.5%，个人是0.5%。某企业10个员工，其中月工资为5000元的1名，月工资3000元的3名，月工资2000元的4名，月工资1000元的2名，请问该企业三项保险共需要缴纳多少保险费？每个员工应缴纳多少保险费？

_____

_____

_____

## 五、企业办理各类社会保险的流程

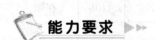

**能力要求** ▶▶▶

情境：企业如何办理社会保险

企业办理社会保险的业务流程以新单位参保办理流程为例，包括五个步骤，如图6-3所示。

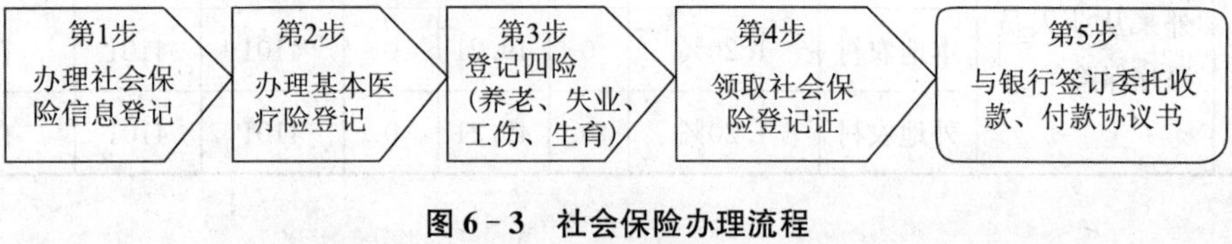

| 第1步 办理社会保险信息登记 | 第2步 办理基本医疗险登记 | 第3步 登记四险（养老、失业、工伤、生育） | 第4步 领取社会保险登记证 | 第5步 与银行签订委托收款、付款协议书 |
|---|---|---|---|---|

**图6-3 社会保险办理流程**

步骤1：新办社会保险信息登记

如实填写社会保险登记表（如表6-23所示），出示以下资料：

（1）营业执照、批准成立证件或其他核准执业证件并提供复印件。经工商行政管理部门注册登记设立或准予经营的缴费单位，需出示企业法人营业执照并提供复印件；其他缴费单位，如政府机关、各党政机关、社会团体、事业单位，需出示有关机关批准成立的文件或相关资料并提供复印件。

（2）国家质量技术监督部门颁发的组织机构统一代码证书，并提供复印件。

（3）开户银行基本账号、凭证复印件。

**表6-23** 社会保险登记表

单位名称（章）：东方酒店股份有限公司　　　　　　　　　　2011年4月1日

| | | | | | | |
|---|---|---|---|---|---|---|
| 登记类型 | 新参保（√）　　　统筹范围转入（　）　　　跨统筹范围转入（　）<br>单位分立（　）　　单位合并（　）　　其他（　） | | | | | |
| 单位类型 | 企业（√）　　　机关（　）　事业（　）　　　驻地部队（　）<br>社团（　）　　民办非企业（　）　个体工商户（　）　　其他（　） | | | | | |
| 组织机构代码 | 020101 | | | | | |
| 企业或个体工商户 | 工商登记信息 | 经济类型 | 国有（√）集体（　）外资（　）私营（　）其他（　） | | | |
| | | 发照机关 | 广州市工商局 | 执照号码 | 11111111—（1—1） | |
| | | 发照日期 | 20050720 | 有效期限 | 10 年 | |
| 机关事业社团等 | 批准成立信息 | 批准单位 | | 批准文号 | | |
| | | 批准日期 | | 有效期限 | | |
| | | 事业单位经费来源（是/否） | 全额拨款（　）差额拨款（　）自收自支（　）企业化管理 | | | |
| | | 事业单位法人代码 | | | | |
| 主管部门或总机构 | 广州市国资委 | | | | | |
| 隶属关系 | 中央（　）省（　）　计划单列市（　）　市、地区（√）<br>县（　）　乡镇（　）部队（　）　　其他（　） | | | | | |
| 参保单位法人代表或负责人 | 姓　名 | 杨林 | 联系电话 | 020-86487689 | | |
| | 证件名称 | 身份证 | 证件号码 | 440105196906186216 | | |
| 参保单位专管员 | 姓　名 | 陈杨 | 所在部门 | 人力资源部 | 联系电话 | 020-86487688 |
| 单位地址 | 广州市流花路1号 | | | 邮　编 | 510280 | |
| 开户银行 | 广州工商银行城南支行 | | | | | |
| 开户名 | 东方酒店股份有限公司 | | | | | |
| 银行账号 | 100000000000 | | | | | |
| 参加险种及时间 | | 参加险种 | 参加时间 | 参加险种 | | 参加时间 |
| | | 基本养老保险（√） | 2011.4 | 工伤保险　　（√） | | 2011.4 |
| | | 基本医疗保险（√） | 2011.4 | 生育保险　　（√） | | 2011.4 |
| | | 失业保险　　（√） | 2011.4 | | | |

| 所属分支机构信息 | 负责人 | 名　称 | 地　址 |
|---|---|---|---|
| | | | |
| | | | |
| | | | |

| 社会保险登记证编号 | 110101000000 | 单位编号 | 01 |
|---|---|---|---|

参保单位制表人：　　　　　　社保机构审核人：　　　　　　社保机构（章）

参保单位负责人：　　　　　　社保机构复核人：

步骤 2：办理基本医疗保险登记

（1）东方酒店为新成立单位准备参加医疗保险，其中单位有 1 名职工需要参保，登记表如表 6 - 24、表 6 - 25 所示。

**表 6 - 24　　　　　　　　　社会保险登记表**

| 缴费单位名称 | 东方酒店股份有限公司 | | 电话 020—86487689 | |
|---|---|---|---|---|
| 单位住所（地址）广州市流花路 1 号 | | | 邮编 510280 | |
| 工　商<br>登　记<br>执　照<br>信　息 | 执照种类 | 企业法人营业执照 | | |
| | 执照号码 | 11111111—（1—1） | | |
| | 发照日期 | 20050720 | | |
| | 有效期限 | 10 | | |
| 批　准<br>成　立<br>信　息 | 批准单位 | | | |
| | 批准日期 | | | |
| | 批准文号 | | | |
| 法定代表人<br>或<br>负责人 | 姓名 | 杨林 | | |
| | 身份证号 | 440105196906186216 | | |
| | 电话 | 020—86487689 | | |
| 缴　费<br>单　位<br>专管员 | 姓名 | 陈杨 | | |
| | 所在部门 | 人力资源部 | | |
| | 电话 | 020—86487688 | | |
| 单位类型 | 股份有限公司 | | 隶属关系 | 其他 |
| 主管部门或总机构 | 广州市国资委 | | | |
| 开户银行 | 广州工商银行城南支行 | | 缴费单位名 | 东方酒店股份有限公司 |
| 缴费单位的银行基本账号 | 100000000000 | | | |

经办人（章）签字　　　　　　单位负责人（章）签字　　　　　社保机构（章）

2011 年 4 月 19 日　　　　　　年　月　日　　　　　　　　　年　月　日

出表日期：2011 - 04 - 01

表 6－25 社会保险补充登记表

社会保险登记证编码：110101000000

| 缴费单位名称 | 东方酒店股份有限公司 | | 组织机构代码 | 111111—2 |
|---|---|---|---|---|
| 工商注册地址 | 广州市流花路 1 号 | | | |
| 单位简称 | 东方酒店 | | 社保登记机构 | 城南社保中心 |
| 经济类型 | 股份有限公司 | | 登记证发证日期 | 20050720 |
| 单位类别 | 法人单位 | | | |
| 行业系统 | 服务业 | | | |
| 行业性质 | 服务业 | | | |
| 行业代码 | 饭店业 | | | |
| 二级公司社会保险登记证编码 | 无 | | | |
| 二级公司组织机构代码 | 无 | | | |
| 二级公司名称 | 无 | | | |
| 所属行政区名称 | 广州市 | | | |
| 所属地区名称 | 城南区 | | | |
| 单位传真 | 020—86669900 | | | |
| 单位网址 | www.gzdfhotel.com | | | |
| 单位电子邮件 | dfjd@gzdfhotel.com | | | |

经办人（章）签字 单位负责人（章）签字 社保机构（章）

2011 年 4 月 19 日 年 月 日 年 月 日

（2）个人信息采集。初次参保人员需要填写《参加社会保险个人情况登记表》，如表 6－26 所示。

表 6－26 参加社会保险人员情况登记表

社会保险登记证编码：110101000000 单位名称：东方酒店股份有限公司

| 姓名 | 吴广 | | 公民身份证号 | 4 | 4 | 0 | 1 | 0 | 5 | 1 | 9 | 8 | 1 | 0 | 8 | 1 | 8 | 6 | 2 | 1 | 6 |
|---|---|---|---|---|---|---|---|---|---|---|---|---|---|---|---|---|---|---|---|---|---|
| 性别 | 男 | 出生日期 | 1981.08.16 | | | 民族 | | 汉 | | 缴费人员类别 | | | 本市城镇职工 | | | | | | | | |
| 医疗参保人员类别 | | 在职职工 | | 上年月平均工资 | | | | | 1640 | | | | | | | | | | | | |
| 出生地 | 广州 | 婚姻状况 | 已婚 | | 户口性质 | | | 城镇（非农业） | | | | | | | | | | | | | |
| 文化程度 | 本科 | 个人身份 | 干部 | | 参加工作日期 | | | 2004.06 | | | | | | | | | | | | | |

| 行政职务 | 主管 | 专业技术职务 | 助理经济师 | 国家职业资格等级（工人技术等级） | 企业人力资源管理师（2级） |
|---|---|---|---|---|---|
| 离退休日期 | | 离退休类别 | | 户口所在区县街道乡名称 | 海珠区（县）　滨江街道（镇、乡） |
| 户口所在地地址 | | 广州市海珠区滨江街 | | | |
| 居住地地址 | | 广州市海珠区滨江街1号101房 | | | |
| 居住地邮政编码 | | 510260 | | 参保人电话 | 86432864 |
| 联系人姓名 | | 陈胜 | | 联系人电话 | 86432864 |
| 定点医疗机构1 | | 广东省中医院 | | 定点医疗机构2 | 广州医学院 |
| 定点医疗机构3 | | | | 定点医疗机构4 | |
| 定点医疗机构5 | | | | 异地安置日期 | |
| 异地医院全称 | | | | 异地医院地址 | |
| 异地医院邮政编码 | | | | 异地医院联系电话 | |

注：此表作为过录表使用，即进行基本信息的初次填写的登记，不作为正式上报报表之用。

步骤3：登记四险（养老、失业、工伤、生育）

对于四险的登记，全国各省、各市的业务办理规定和使用表格存在较大差异，因此下表（如表6－27所示）只作示例解释。

表6－27　　　　　　广州市劳动用工和社会保险增减员表

| 备注 | 个人身份代码 | 行政职务代码（仅适用于公务员补助） | 户籍所属省 | 社保增减员情况（增员、减员两者选其一） | | | | | | | | | | | | | | |
|---|---|---|---|---|---|---|---|---|---|---|---|---|---|---|---|---|---|---|
| | | | | 增　员 | | | | | | | | | | 减　员 | | |
| | | | | 本次缴费起始年月 | 月缴费工资 | 新年度月缴费工资 | 参加险种 | | | | | | | | 停保原因 | 供养人数 | 是否有继承人 | 死亡时间 |
| | | | | | | | 养老 | 失业 | 工伤 | 生育 | 基本医疗 | 住院保险 | 公务员补助 | 补充医疗 | | | | |
| | 1.工人 | 190.无行政职务级别 | 1.省内 | 20110401 | 8200 | 8200 | √ | √ | √ | √ | √ | | | | | | | |

步骤 4：领取社会保险登记证（如图 6-4 所示）

**图 6-4　社会保险登记证**

步骤 5：与银行签订委托收款、付款协议书

酒店领取了《社会保险登记证》，便可以到指定银行与银行签订委托收款、付款协议书，并开设缴费专户。

# 模块 7  劳动关系管理

## 知识拓展:引子

杨林是 2008 年 3 月进入格斯酒店工作的,工作岗位是餐饮部服务员。可是酒店至今也未与他签订过书面的劳动合同,工资也是以现金形式发放。2008 年年底,他不做了。听说不签订劳动合同可以要求发放双倍工资,便向酒店提出要求,但酒店却不予理睬,还说杨林不是他们的员工。

**【想一想】**

1. 没有签订书面劳动合同,该怎么证明他曾是酒店的员工呢?

_____

_____

2. 如果他要申请劳动仲裁维权的话,该准备些什么证据才能得到法律支持?

_____

_____

# 项目 1  劳动合同管理

## 学习目标

● 了解《中华人民劳动合同法》(以下简称《劳动合同法》)的立法背景和劳动合同法的法律与其他相关法律的地位。

● 掌握集体合同的内容、形式与期限。

● 掌握集体合同的概念、订立集体合同的程序与原则、集体合同的作用。

## 技能目标

1. 能够为企业员工进行劳动合同的订立、履行、变更、解除、终止与管理。

2. 能够应用《劳动合同法》中关于集体合同管理的条款进行集体合同管理。

# 任务1 劳动合同的订立、履行、变更、解除、终止与管理

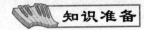

## 一、劳动关系

劳动关系，是指用人单位招用劳动者为其成员，劳动者在用人单位的管理下提供有报酬的劳动而产生的权利义务关系。

从广义上讲，生活在城市和农村的任何劳动者与任何性质的用人单位之间因从事劳动而结成的社会关系都属于劳动关系的范畴。从狭义上讲，现实经济生活中的劳动关系是指依照国家劳动法律法规规范的劳动法律关系，即双方当事人是被一定的劳动法律规范所规定和确认的权利和义务联系在一起的，其权利和义务的实现，是由国家强制力来保障的。劳动法律关系的一方（劳动者）必须加入某一个用人单位，成为该单位的一员，并参加单位的生产劳动，遵守单位内部的劳动规则；而另一方（用人单位）则必须按照劳动者的劳动数量或质量给付其报酬，提供工作条件，并不断改进劳动者的物质文化生活。

## 二、《中华人民劳动合同法》的立法背景

《中华人民劳动合同法》从 2005 年 12 月 24 日通过全国人大常委会一读审议、在网上公布草案向社会征求修改意见，经历了四年后，于 2007 年 6 月 29 日，由十届人大常委会第二十八次会议审议通过，由中华人民共和国国家主席胡锦涛签发颁布，自 2008 年 1 月 1 日起施行。

目前实施劳动合同存在的四大问题是：

（1）劳动合同签约率特别低（如建筑业 20% 左右），特别是无固定期限劳动合同签约率特别低；

（2）低端劳动者的权利受侵害问题特别多，劳动维权成本高，而用人单位违法成本低；

（3）劳动者流动性大，权利救济渠道不畅通，劳动关系不稳定；

（4）工会在维权上的作用受到挑战。

## 三、劳动合同法的法律与其他相关法律的地位

（1）《劳动法》是《劳动合同法》的上位法，（注：《劳动合同法》比《劳动法》在适用范围及合同必备条款有所扩大和增删。）它是根本大法《宪法》下平行于《民法》的基本大法之一。

（2）地方各劳动合同管理规定是下位地方法规，凡条款与《劳动合同法》有冲突的，均要以《劳动合同法》条文为准。

（3）《集体合同规定》是下位部颁规章，凡条款与《劳动合同法》有冲突的，均要以《劳动合同法》条文为准。

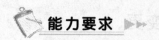

**能力要求** ▶▶▶

情境1：劳动合同的订立

2009年12月16日，32岁的王女士通过某酒店各管理层领导人员面试，担任该酒店财务部财务助理工作。据王女士介绍，面试过程中双方曾经口头商定，试用期一个月，一个月内签订劳动合同并办理社会保险，底薪1300元。其间加班，酒店给付加班费，出满勤给付满勤奖。入职后，作为3名财务之一的王女士几乎天天加班2～3小时，每周只休息一天，其间她从来没有请过假，也没有迟到或者早退。

通过了一个月的试用期后，王女士并没有得到书面合同，酒店没有给其办理入职手续，致使她一直没有考勤记录。2010年2月下旬，王女士得知酒店公开向社会招聘并面试财务助理。王女士表示，2009年12月酒店只发给她500元工资，2010年1月工资酒店拖延至2月26日才开出，而且金额与原定有差异，并以没有考勤记录为由，未发全勤奖和加班费。酒店也一直未与其签订劳动合同，王女士于2010年2月底辞职。

2010年2月28日，王女士以该酒店违反《劳动合同法》有关规定，向用人单位所在区劳动争议仲裁委员会申请仲裁，要求酒店支付双倍工资。但由于王女士未能提供相关证据，未被受理。王女士遂起诉至用人单位所在区人民法院，要求被告酒店支付其每月双倍工资补偿。法院判决，酒店支付双倍工资。法院审理认为：酒店用工已经超过一个月，但是未与原告签订劳动合同，因此应支付原告两倍工资。

**案例分析★**

这是一起不签订书面劳动合同，劳动者要求双倍工资的典型案例，《劳动合同法》施行后，类似案例大量涌现。建立劳动关系必须签订劳动合同，《劳动合同法》关于签订书面劳动合同及不签订的法律后果均作了详细规定。

1. 须在一个月内签订劳动合同

《劳动合同法》第十条第一款规定建立劳动关系，应当订立书面劳动合同，也即书面合同是唯一合法形式，《劳动合同法》不承认口头合同效力。

《劳动合同法》第十条第二款规定已建立劳动关系，未同时订立书面劳动合同的，应当自用工之日起一个月内订立书面劳动合同。考虑到现实生活中，用人单位与劳动者订立书面劳动合同需要一定的周期，特别是大批招工时，很难做到一经建立劳动关系就签订书面合同，因此《劳动合同法》给予签订书面合同的单位一个月宽限期。

2. 未签劳动合同的法律后果

（1）超过一个月的，支付双倍工资。《劳动合同法》第八十二条第一款：用人单位自用工之日起超过一个月不满一年未与劳动者订立书面劳动合同的，应当向劳动者每月支付二倍的工资。举例而言，张某 2010 年 1 月进入酒店，一直未签订劳动合同，2010 年 12 月底张某从酒店离职，并向劳动争议仲裁委员会申诉，要求支付双倍工资，张某可以要求 2 月至 12 月这 11 个月的双倍工资。

此外，《劳动合同法》第八十二条第二款还规定：用人单位违反本法规定不与劳动者订立无固定期限劳动合同的，自应当订立无固定期限劳动合同之日起向劳动者每月支付二倍的工资。

（2）满一年，视为已订立无固定期限劳动合同。第十四条第三款规定：用人单位自用工之日起满一年不与劳动者订立书面劳动合同的，视为用人单位与劳动者已订立无固定期限劳动合同。

3. 未签订劳动合同，劳动报酬的确定

《劳动合同法》第十一条规定：用人单位未在用工的同时订立书面劳动合同，与劳动者约定的劳动报酬不明确的，新招用的劳动者的劳动报酬按照集体合同规定的标准执行；没有集体合同或者集体合同未规定的，实行同工同酬。这里有几个层次：首先，如果双方有明确约定的，则按照双方的约定执行；如果双方约定的劳动报酬不明确，则适用集体合同；如果没有集体合同或者集体合同未约定的，则实行同工同酬。

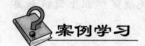　**案例学习**

# 劳动合同样本

甲方（用人单位）名称：＿＿＿＿＿＿＿＿＿＿＿＿＿＿＿＿＿＿＿＿＿＿＿＿

住所地：＿＿＿＿＿＿＿＿＿＿＿＿＿＿＿＿＿＿＿＿＿＿＿＿＿＿＿＿＿＿＿＿

法定代表人或主要负责人：＿＿＿＿＿＿＿＿＿＿　＿＿＿＿＿＿＿＿＿＿

乙方（劳动者）姓名：＿＿＿＿＿　性别：＿＿＿＿＿　出生日期：＿＿＿＿＿

现居住地地址：＿＿＿＿＿＿＿＿＿＿＿＿＿＿＿＿＿＿＿＿＿＿＿＿＿＿＿＿

户籍所在地地址：＿＿＿＿＿＿＿＿＿＿＿＿＿＿＿＿＿＿＿＿＿＿＿＿＿＿

居民身份证号码（或其他有效证件号码）：＿＿＿＿＿＿＿＿＿＿＿＿＿＿＿＿

甲乙双方根据《中华人民共和国劳动合同法》等法律、法规、规章的规定，在平等自愿、协商一致的基础上，同意订立本劳动合同，共同遵守本合同所列条款。

一、合同期限

第一条：甲、乙双方选择以下第＿＿＿＿种形式确定本合同期限：

（一）固定期限：自用工之日＿＿＿＿年＿＿＿＿月＿＿＿＿日起至＿＿＿＿年＿＿＿＿月＿＿＿＿日止。其中试用期自＿＿＿＿年＿＿＿＿月＿＿＿＿日起至＿＿＿＿年＿＿＿＿月＿＿＿＿日止，期限为＿＿＿＿天。

（二）无固定期限：自用工之日＿＿＿＿年＿＿＿＿月＿＿＿＿日起至法定的终止条件出现时止。其中试用期自＿＿＿＿年＿＿＿＿月＿＿＿＿日起至＿＿＿＿年＿＿＿＿月＿＿＿＿日止，期限为＿＿＿＿天。

（三）以完成一定的工作任务为期限，自用工之日＿＿＿年＿＿＿月＿＿＿日起至工作任务完成时终止。

二、工作内容和工作地点

第二条：根据甲方工作需要，乙方同意在甲方安排的工作地点＿＿＿＿＿从事工作，经双方协商同意，可变更工作地点、工作岗位（工种）。

三、休息时间和工种

第三条：甲乙双方选择实行以下第＿＿＿种工时制度：

（一）标准工时工作制度

（二）综合计算工时工作制度

（三）不定时工作制度

第四条：甲方应根据乙方的工时制度，安排乙方休息休假时间。乙方享有法定节假日的权利。

四、劳动保护、劳动条件和职业危害防护

第五条：甲方应严格执行国家和地方有关劳动保护的法律、法规和规章，为乙方提供必要的劳动条件和劳动保护用具，建立健全生产工艺流程，制定操作规程、工作规范和劳动安全制度及其标准。

第六条：对乙方从事接触职业病危害作业的，甲方应按国家有关规定组织上岗前和离岗时的职业健康检查，在合同期内应定期对乙方进行职业健康检查。

五、劳动报酬

第七条：乙方试用期的工资标准为不低于＿＿＿元/月。乙方试用期满后，甲方应根据本单位的工资制度，确定乙方月工资为不低于＿＿＿元/月。如果甲方的工资制度发生变化或乙方的工作岗位变动，则乙方的工资按新的工资标准确定。

第八条：甲方应以法定货币的形式按月支付乙方工资，发薪日为每月＿＿＿日，不得克扣或无故拖欠。甲方支付乙方的工资，应不违反国家有关最低工资标准的规定。

六、社会保险

第九条：甲方应按国家和地方有关社会保险的法律、法规和政策规定为乙方缴纳基本养老、医疗、失业、工伤、生育保险费用；社会保险费个人缴纳部分，甲方可从乙方工资中代扣代缴。

七、双方约定的事项

（一）＿＿＿＿＿＿＿＿＿＿＿＿＿＿＿＿＿＿＿＿＿＿＿＿＿＿＿＿＿＿＿＿＿＿＿＿＿＿＿
＿＿＿＿＿＿＿＿＿＿＿＿＿＿＿＿＿＿＿＿＿＿＿＿＿＿＿＿＿＿＿＿＿＿＿＿＿＿＿＿＿＿
＿＿＿＿＿＿＿＿＿＿＿＿＿＿＿＿＿＿＿＿＿＿＿＿＿＿＿＿＿＿＿＿＿＿＿＿＿＿＿＿＿＿

（二）＿＿＿＿＿＿＿＿＿＿＿＿＿＿＿＿＿＿＿＿＿＿＿＿＿＿＿＿＿＿＿＿＿＿＿＿＿＿＿
＿＿＿＿＿＿＿＿＿＿＿＿＿＿＿＿＿＿＿＿＿＿＿＿＿＿＿＿＿＿＿＿＿＿＿＿＿＿＿＿＿＿
＿＿＿＿＿＿＿＿＿＿＿＿＿＿＿＿＿＿＿＿＿＿＿＿＿＿＿＿＿＿＿＿＿＿＿＿＿＿＿＿＿＿

八、其他

第十条：甲乙双方劳动合同的变更、解除、终止、续订，按《中华人民共和国劳动合同法》和本省有关规定执行。

第十一条：本合同未尽事宜，甲乙双方可另行协商解决，与今后国家和本省有关规定相悖的，按有关规定执行。

第十二条：本合同一式两份，甲乙双方各执一份。

| 甲方（用工单位）<br>（盖章）<br><br><br>法定代表人或<br>委托代理人<br>（签章）<br><br>年　月　日 | 乙方（签名）<br><br><br><br><br><br><br><br>年　月　日 | 鉴证单位<br>（盖章）<br><br><br><br><br><br><br>年　月　日 |
| --- | --- | --- |
| 备注 | | |

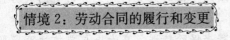

情境 2：劳动合同的履行和变更

案例学习

## 未履行劳动义务申请补交社保不予支持

1980 年 9 月，高女士进入某宾馆工作。1983 年 3 月，高女士办理了留职停薪手续，赴法国留学，档案关系仍保留在该宾馆。直到 1999 年 8 月、9 月期间，高女士回国。

2009 年 3 月中旬，高女士起诉到法院称，自己是 1968 年参军入伍，至 1976 年 4 月复员回上海，先后在上海数个单位工作，最后被调入该宾馆工作，系该宾馆正式职工。在办理了留职停薪手续后赴法国留学，人事关系及党员关系仍保留在该宾馆。现在到了退休年龄却无法享受社保，过错是该宾馆造成的。

她称，1993 年上海市实行养老保险社会统筹后，该宾馆没有替她建立社会保险账户缴纳社会保险费。1999 年 8 月、9 月期间，自己回国曾与该宾馆交涉社会保险费事宜，但该宾馆仍拒不为她缴纳社会保险，该行为侵害了她的权益。她认为自己的档案关系仍在该宾馆处，且在 2007 年 4 月还向该宾馆党组织缴纳了 24 年党费，共计人民币 873 元，若自己不是该宾馆职工，为什么向该宾馆缴纳党费？故她请求法院判令该宾馆，为她补缴 1993 年 1 月至 1997 年 12 月的社会保险费。

该宾馆辩称高女士于 1980 年 9 月进入该宾馆属实，曾担任宾馆办公室秘书和团委书记，但在 1983 年 3 月她办理了留职停薪手续赴法国留学。尽管档案关系仍在宾馆，但根据上海市政府有关规定，高女士留职停薪满一年后，没有继续与宾馆履行劳动关系，双方的劳动关系自 1984 年 2 月就自动结束。2007 年 4 月，高女士到该宾馆办理缴纳党费，但宾馆收取党费并不等于双方就有劳动关系，组织关系与劳动关系不一样。宾馆曾提出要将她档案转移，而高女士声称将要到北京找工作，而后把档案转到新的单位。之后，高女士却一直没有音讯。2008 年 7 月，高女士又来宾馆办理证明事宜，宾馆又一次提出档案转移到她户口所在地，可又一次被高女士借口推诿。宾馆认为高女士已经自动离职 9 年了，根据当时养老保险的政策，已不属于宾馆的职工，不可能为她设立养老保险账户，且高女士的起诉已超过了仲裁申请时效，不认同高女士诉请。

经审理法院查明，在 2009 年 3 月上旬，高女士曾向静安区劳动仲裁为社会保险费申请仲裁，但被告知已超过仲裁申请时效而不予受理。2009 年 3 月 26 日静安区人民法院判决对高女士之诉不予支持。

## 案例分析

缴纳社会保险是国家为了保障职工的生活而建立的一种社会统筹保障制度。根据《劳动法》第七十二条中规定：用人单位和劳动者必须依法参加社会保险，缴纳社会保险费。这说明，参加社会保险，缴纳社会保险费不光是用人单位的义务，也是劳动者的义务。它是用人单位和劳动者的共同义务。

高女士要求单位补交社保是为了能够享受到养老保险待遇，高女士与单位协商留职停薪保留档案关系。实际上，这种情况属于劳动者长期没有提供劳动，用人单位又未解除劳动关系的状态，可以认定双方的劳动关系处于中止履行状态，因为劳动关系的确立需要有一定的内容或双方约定的方式履行。停薪留职期间双方没有履行内容，因此双方在此期间不存在劳动法上的权利义务关系。

> 情境 3：劳动合同的解除和终止

案例学习

### 酒店能否解除与怀孕期员工的劳动合同

杨林与北京某酒店于 2007 年 3 月签订劳动合同，酒店在杨林入职后的一周里对其进行了酒店的规章制度、岗位培训，经过培训学习，杨林通过了相关的考试，并在员工手册上签字确认。2007 年 11 月，杨林发现自己已怀孕三个月，由于身体问题，杨林时常感觉不适，在一个月内，连续请病假超过 10 日（该病假均得到部门领导同意），由于请假天数过多，该酒店人力资源部根据员工手册第八章第三条："病假超过 10 日的，酒店有权根据情况调整其工作岗位"的规定，对杨林作出了调整其工作岗位的决定，杨林收到调岗通知书后，不接受调岗通知，并与领导沟通，在与领导沟通未果的情况下，杨林一气之下，连续请假10天（口头请假无任何书面手续）。

2008年2月酒店人力资源部根据员工手册第十二章第九条："员工无故旷工3天，酒店可以解除劳动合同，且不给经济补偿。"之规定，对杨林作出解除劳动合同，并不给予经济补偿的决定。杨林收到决定书后不服，申请劳动仲裁，要求酒店解除决定书，恢复劳动合同关系，并按正常工作时的工资计发其休假工资。

### 案例分析

从与杨林签订的劳动合同来看，酒店约定"员工无故旷工3天，酒店可以解除劳动合同，且不给经济补偿"与劳动法律法规不符合，应予以纠正。但员工手册中约定"有权根据情况调整其工作岗位"，杨林并已签字，该酒店只要不违反《劳动法》第六十一条和《女职工劳动保护规定》第七条规定，是合法的。

杨林在无任何书面请假手续的情况下离开岗位10天，是否成为"严重违反劳动纪律"，成为了本案的焦点，关于酒店中员工行为是否属于"严重违反劳动纪律"，完全是用人单位的自主用工权决定的，但应注意《劳动合同法》第四条的规定，用人单位在制定、修改或者决定有关劳动报酬、工作时间、休息休假、劳动安全卫生、保险福利、职工培训、劳动纪律以及劳动定额管理等直接涉及劳动者切身利益的规章制度或者重大事项时，应当经职工代表大会或者全体职工讨论，提出方案和意见，与工会或者职工代表平等协商确定。所以本案中酒店对杨林作出的解除劳动合同的决定是正确的。

《女职工劳动保护规定》规定：职工患病或非因工负伤治疗期间，在规定的医疗期内由企业按有关规定支付其病假工资或疾病救济费，病假工资或疾病救济费可以低于当地最低工资标准支付，但不能低于最低工资标准的80％。杨林无理由要求在病假期间酒店按正常工作时的工资计发其休假工资。

酒店在对严重违反劳动纪律的员工解除劳动合同关系时，应注意解除通知的送达流程及相关证据的收集工作。以旷工为例，解除劳动合同的流程是：①酒店以书面形式将通知员工上班的文件直接送达员工本人，本人不在的，交其同住成年亲属签收。若直接送达有困难的可以邮寄送达，以挂号查询回执上注明的收件日期为送达日期。如果员工下落不明，或者用上述送达方式无法送达，酒店可以公告送达，通过新闻媒介通知。在公告之日起，经过三十日，即视为送达。②在送达后，酒店可按规章制度对旷工的员工作解除劳动合同处理。

## 任务2　集体合同制度

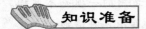知识准备

### 一、集体合同的概念

集体合同又称团体协约、集体协议等，是指企业职工一方与用人单位就劳动报酬、工

作时间、休息休假、劳动安全卫生、保险福利等事项，通过平等协商达成的书面协议。集体合同实际上是一种特殊的劳动合同。《劳动合同法》第五十一条规定：企业职工一方与用人单位通过平等协商，可以就劳动报酬、工作时间、休息休假、劳动安全卫生、保险福利等事项订立集体合同。集体合同草案应当提交职工代表大会或者全体职工讨论通过。集体合同由工会代表企业职工一方与用人单位订立；尚未建立工会的用人单位，由上级工会指导劳动者推举的代表与用人单位订立。可见，作为一种契约关系，集体合同是集体协商的结果。

## 二、集体合同的内容

集体合同应当包括以下内容：①劳动报酬；②工作时间；③休息休假；④保险福利；⑤劳动安全与卫生；⑥合同期限；⑦变更、解除、终止集体合同的协商程序；⑧双方履行集体合同的权利和义务；⑨履行集体合同发生争议时协商处理的约定；⑩违反集体合同的责任；⑪双方认为应当协商约定的其他内容。

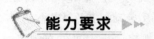

**能力要求** ▶▶▶

情境：集体劳动合同关系

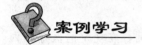

案例学习

### 劳动者能否单方解除自己的集体合同

2009 年 6 月 1 日，杨林所在酒店的工会代表全体员工，与公司签订了为期两年的劳动合同。2010 年 1 月，杨林觉得自己在酒店难于施展才能且潜力不大，收入也不高，遂向酒店所在部门提交了辞呈，表明将在一个月后离开酒店。由于杨林是酒店的骨干和中坚力量，刚好酒店也正要进入旅游旺季，用人高峰，其辞呈被公司断然拒绝。

案例分析

本案例虽涉及集体劳动合同，但杨林有权单方解除劳动合同。尽管《劳动法》和《劳动合同法》在各自分则中均无有关劳动者解除集体劳动合同的特别规定，但集体劳动合同也是劳动合同的一种，法律对劳动合同的规定应适用于集体劳动合同。

"分则有规定的，按分则；分则没有规定的，按总则"是法律适用的一项基本原理。《劳动法》和《劳动合同法》总则中，关于劳动者解除劳动合同的规定有四种情形：

一是与用人单位协商。

二是用人单位以暴力、威胁或者非法限制人身自由的手段强迫劳动者劳动的，或者用人单位违章指挥、强令冒险作业危及劳动者人身安全的，劳动者可以立即解除劳动合同，不需事先告知用人单位。

三是提前三十日以书面形式通知用人单位，试用期内的提前三日通知用人单位。

四是用人单位有下列情形之一的，可以解除：①未按照劳动合同约定提供劳动保护或者劳动条件的；②未及时足额支付劳动报酬的；③未依法为劳动者缴纳社会保险费的；④用人单位的规章制度违反法律、法规的规定，损害劳动者权益的；⑤以欺诈、胁迫的手段或者乘人之危，使劳动者或其代表在违背真实意思的情况下订立或者变更劳动合同的；⑥法律、行政法规规定劳动者可以解除劳动合同的其他情形。

# 项目2　劳动安全卫生管理

**学习目标**

●了解国家规定的职业安全卫生管理制度、企业劳动安全卫生标准的管理制度。

●掌握对于特殊人群有关劳动安全保护的相关规定。

●掌握工伤保险的概念、适用范围、特点和工伤伤残的鉴定以及工伤保险的待遇给付有关的规定。

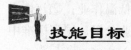
**技能目标**

1. 能够执行职业安全卫生管理制度的相关规定。

2. 掌握对于特殊人群的劳动保护相关规定，能够在企业中开展女职工的劳动保护、对未成年工的劳动保护和职业病预防。

3. 掌握工伤期间的工资给付标准和工伤伤残待遇和死亡抚恤发放标准，能够按照相关规定进行核算。

## 任务1　劳动安全卫生保护

**知识准备**

1999年英国标准协会（BSI），挪威船级社（DNV）等13个组织提出了职业安全卫生评价（OHSAS）标准，即OHSAS18001《职业安全卫生管理体系规范》、OHSAS18002《职业安全卫生管理体系实施指南》。1999年10月中国国家经贸委颁布了GB/T 28000《职业安全卫生管理体系试行标准》，内容跟OHSAS18000基本相一致。

用人单位必须建立、健全劳动安全卫生制度，严格执行国家劳动安全卫生规程和标准，对劳动者进行劳动安全卫生教育，防止劳动过程中的事故，减少职业危害。用人单位必须为劳动者提供符合国家规定的劳动安全卫生条件和必要的劳动防护用品，对从事有职业危害作业的劳动者应当定期进行健康检查。

法律规定劳动者对用人单位管理人员违章指挥、强令冒险作业，有权拒绝执行；对危害生命安全和身体健康的行为，有权提出批评、检举和控告。县级以上各级人民政府劳动行政部门、有关部门和用人单位应当依法对劳动者在劳动过程中发生的伤亡事故和劳动者的职业病状况，进行统计、报告和处理。

## 一、女工劳动过程中的特殊保护

由于妇女身体结构、生理机能与男性不同，有些作业环境会影响妇女的安全、健康。《女职工禁忌劳动范围的规定》规定女职工禁忌从事的劳动范围包括：①矿山、井下作业；②森林业伐木、归楞及流放作业；③《体力劳动强度分级》国家标准中第四级体力劳动强度的作业；④建筑业脚手架的组装和拆除作业，以及电力、电信行业的高处架线作业；⑤连续负重（指每小时负重次数在6次以上）每次负重超过20公斤，间断负重每次负重超过25公斤的作业。

## 二、生理机能变化过程中的保护

### 1. 经期保护

《女职工劳动保护规定》中规定，女职工在月经期间，不得安排其从事高空、低温、冷水和国家规定的第三级体力劳动强度的劳动。《女职工禁忌劳动范围的规定》中规定，女职工在月经期间禁忌从事的劳动范围包括：①食品冷库内及冷水等低温作业；②《体力劳动强度分级》国家标准中第三级体力劳动强度的作业；③《高处作业分级》国家标准中第二级（含二级）以上作业。

### 2. 孕期保护

《女职工禁忌劳动范围的规定》中规定了已婚待孕女职工禁忌从事的劳动范围：铅、汞、苯等作业场所属于《有毒作业分级》国家标准中的三级、四级的作业。对已怀孕女职工禁忌从事的劳动范围是：①作业场所空气中铅及其化合物、汞及其化合物、苯、一氧化碳等有毒物质的浓度超过国家卫生标准的作业；②制药行业中从事抗癌药物及乙烯雌酚生产的作业；③作业场所的放射性物质超过《放射防护规定》中规定剂量的作业；④人力进行的土方和石方作业；⑤《体力劳动强度分级》国家标准中第三级体力劳动强度的作业；⑥伴有全身强烈振动的作业；⑦工作中需频繁弯腰、攀高、下蹲的作业，如焊接作业；⑧《高处作业分级》标准所规定的高处作业。《中华人民共和国劳动法》规定，对怀孕7个月以上的女职工，不得安排其延长工作时间和夜班劳动。

### 3. 产期保护

《女职工劳动保护规定》中规定，女职工产假为90天，包括产前休假15天，产后75天。难产的增加产假15天。多胞胎生育的，每多生育一个婴儿，增加产假15天。女职工怀孕流产的，其所在单位应根据医务部门的证明，给予一定时间的产假。女职工流产休假应按劳险字［1988］2号《关于女职工生育待遇若干问题的通知》执行，即女职工怀孕不满 4 个月流产时，应当根据医务部门的意见，给予 15 天至 30 天的产假；怀孕满 4 个月以上流产者，给予 42 天产假。产假期间，工资照发。

4. 哺乳期保护

《女职工劳动保护规定》中规定，有不满一周岁婴儿的女职工，其所在单位应在每班劳动时间内给予两次哺乳（含人工喂养）时间，每次 30 分钟。多胞胎生育的，每多哺乳一个婴儿，每次哺乳的时间增加 30 分钟。女职工每班劳动时间内的两次哺乳时间，可以合并使用。哺乳时间和本单位内哺乳往返时间，算作劳动时间。

《女职工禁忌劳动范围的规定》中规定，女职工在哺乳期间，所在单位不得安排其从事国家规定的第三级体力劳动强度的劳动、哺乳期禁忌从事的劳动，不得安排其延长工作时间和夜班劳动。哺乳期内禁忌从事的劳动范围是：①作业场所空气中铅及化合物、汞及化合物、苯等有毒物质的浓度超过国家卫生标准的作业；②作业场所空气中锰、氟、溴等浓度超过国家卫生标准的作业。

### 三、女职工劳动保护设施的规定

《女职工劳动保护规定》中规定，女职工比较多的单位，应当按照国家有关规定，以自办或联办形式，逐步建立女职工卫生室、哺乳室、幼儿园等设施，并妥善解决女职工在生理卫生、哺乳、照料婴儿方面的困难。女职工劳动保护的权益受到侵害时，有权向所在单位的主管部门或当地劳动部门提出申诉，受理申诉的部门应自收到申诉书之日起 30 日内作出处理决定。女职工对处理决定不服时，可在收到处理决定书之日起 15 日内向人民法院起诉。对违反这个规定，侵害女职工劳动保护权益的单位负责人及其直接负责人员，其所在单位的主管部门应根据情节轻重，给予行政处分，并责令该单位给予被侵害女职工合理的经济补偿；构成犯罪的，由司法机关依法追究刑事责任。

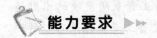 **能力要求** ▶▶

情境 1：女职工的劳动保护

 **案例学习**

程小姐于 2009 年 1 月 13 日进上海某酒店工作，担任市场部经理。双方于 2009 年 1 月 31 日签订了期限自 2009 年 1 月 17 日至 2010 年 1 月 16 日止的劳动合同，其中 2009 年 3 月 17 日前为试用期。双方在合同中约定，程小姐月工资标准为 7000 元，试用期间为 6000 元。双方在劳动合同第二十六条约定："未经批准，年度内旷工累计三天或以上，连续三次迟到、早退或一个月内累计三次迟到、早退的，酒店有权立即解除劳动合同，且不承担任何经济补偿责任。"

2009 年 3 月 12 日，酒店向程小姐送达了一份书面通知，内容为："您在试用期间，不足一个月的时间内，迟到达七次之多。其中还有三次连续迟到。属于严重违反酒店纪律。

根据劳动合同约定，酒店决定与你解除劳动合同，即日生效。请于 2008 年 3 月 14 日 18：00 之前办理离职交接手续。"该《通知》的内容得到了酒店工会同意。程小姐实际工作到该日。

程小姐于 2009 年 2 月 26 日被确诊怀孕。2009 年 10 月 10 日生育一子。

2009 年 3 月 27 日，程小姐提起劳动仲裁，要求自 2009 年 3 月 12 日起恢复双方劳动关系。仲裁支持了程小姐的请求。酒店不服，诉至法院。

酒店诉称，本酒店采取电子考勤，根据电子考勤记录，程小姐自 2009 年 1 月 17 日至 3 月 12 日期间，旷工 9 天，迟到 8 次。酒店解除双方劳动关系并无不当。为证明上述主张，酒店提供了 2010 年 5 月 29 日上海某公证处出具的《公证书》，公证内容为程小姐在职期间的电子考勤记录。酒店还提供了 2009 年 2 月的工资表，但该工资表与酒店主张程小姐旷工时间不符。酒店同时向法庭申请对程小姐的电子考勤记录是否存在事后修改进行鉴定。

程小姐辩称，该公证书公证的内容仅仅是 2009 年 5 月 29 日这天酒店服务器上的考勤记录，而该电子考勤记录存在随时被修改的可能性，因此对该公证书的内容不予认可。程小姐同时提交了一份该电子考勤软件开发商网页公证书，以证明该电子考勤的内容可以随时被系统管理员或考勤管理员修改。

后经法院向该电子考勤软件的开发商了解，酒店确实有权随时修改任何一位员工的考勤记录，但可以通过技术鉴定的方式来查明本案程小姐的考勤记录是否存在被实际修改的情形。于是，法院要求酒店在限定的期限内预缴鉴定费 2 万元，以查明案件事实真相。但酒店在法院限定的期限内不同意预缴鉴定费，导致鉴定不成。

法院认为，双方争议焦点为，酒店于 2009 年 3 月 12 日终止与程小姐的劳动合同关系是否有事实和法律依据。酒店作为用人单位，应提供充分的证据加以证明。酒店提供了程小姐的考勤记录，但该考勤记录与酒店提供的程小姐 2009 年 2 月工资表所反映的出勤情况不符，而程小姐提供的证据又证明酒店使用的考勤管理系统存在员工考勤记录可以被删改的情况，故酒店提供的程小姐的考勤记录虽经公证，但仍不足以证明程小姐存在可以被立即解约的严重违纪行为，属于违法解约，程小姐要求恢复劳动合同关系，于法有据，应予支持。法院遂判决：双方劳动合同关系自 2009 年 3 月 12 日起恢复至 2010 年 1 月 16 日止。后酒店不服，提起上诉，二审维持原判。

### 案例分析

该案酒店采用的电子考勤方式，虽然电子考勤技术含量较高、工作效率较快，但也存在易被修改、难以固定的缺点。本案的酒店采取公证的方式不失为有效固定证据的一种方式。但是，根据程小姐提供的有效证据显示：酒店授权的人员是可以管理员身份登录后修改员工的考勤时间的。因此，酒店完全有可能在事后恶意修改了程小姐的实际考勤记录，已达到以严重违纪为由辞退程小姐的目的。因此，酒店还负有证明自己没有事后修改程小姐考勤记录的责任。酒店本可以通过申请技术鉴定以查明程小姐考勤记录是否被修改，但酒店却在申请鉴定后又拒绝缴纳鉴定费，导致事实真相无法查明，应承担举证不能的不利后果，推定酒店提供的程小姐的考勤记录不具有真实性。从而判决公司败诉。

本案带给用人单位的教训是深刻的，一方面用人单位要善待怀孕女职工，以尽到企业社会责任；另一方面企业在辞退员工时，务必树立证据意识，确保证据充分，以免最终承担更大的法律责任。

### 情境2：对未成年工的劳动保护

未成年工是指年满16周岁，未满18周岁的劳动者及经劳动行政部门批准招用的不满16周岁的劳动者。

（1）对未成年工的立法保护：主要依据《劳动法》，和劳动部1994年颁布的《未成年工特殊保护规定》。

（2）《劳动法》规定我国的最低就业年龄为：最低年龄为年满16周岁。对雇用童工的处3000元以下罚款。

（3）未成年工不能从事违禁劳动范围：粉尘作业、有毒作业、高压、高温、低温、冷水等有毒有害作业、重体力劳动。

（4）劳动法规定：应对未成年工进行定期体检。

（5）未成年工参加工作应持上岗证，主要指未成年工登记证。

（6）未成年工在上岗之前必须进行体验登记。

劳动部门规定，对未成年工的使用和特殊保护实行登记制度。用人单位招收未成年工，除符合一般用工要求外，还须向所在地的县级以上劳动行政部门办理登记，劳动部门根据《未成年工健康检查表》、《未成年工登记表》，核发《未成年工登记证》。未成年工须持此登记证上岗。

### 情境3：职业病预防

职业病，是指企业、事业单位和个体经济组织（以下统称用人单位）的劳动者在职业活动中，因接触粉尘、放射性物质和其他有毒、有害物质等因素而引起的疾病。要符合《中华人民共和国职业病防治法》中有关规定，必须具备四个条件：

（1）患病主体是企业、事业单位或个体经济组织的劳动者；

（2）必须是在从事职业活动的过程中产生的；

（3）必须是因接触粉尘、放射性物质和其他有毒、有害物质等职业病危害因素引起的；

（4）必须是国家公布的职业病分类和目录所列的职业病。以上四个条件缺一不可。

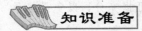

## 任务 2　工伤管理

**知识准备**

### 一、工伤保险的概念和适用范围

工伤保险是通过社会统筹的办法，集中用人单位缴纳的工伤保险费，建立工作保险基金，对劳动者在生产经营活动中遭受意外伤害或职业病，并由此造成死亡、暂时或永久丧失劳动能力时，给予劳动者及其实用性法定的医疗救治以及必要的经济补偿的一种社会保障制度。这种补偿既包括医疗、康复所需费用，也包括保障基本生活的费用。

根据《工伤保险条例》的规定，工伤保险的适用范围包括中华人民共和国境内的企业、事业单位、社会团体、民办非企业单位、基金会、律师事务所、会计师事务所等组织和有雇工的个体工商户。公务员和参照公务员法管理的事业单位、社会团体的工作人员因工作遭受事故伤害或者患职业病的，由所在单位支付费用。具体办法由国务院社会保险行政部门会同国务院财政部门规定。

### 二、工伤保险的特点[1]

（1）工伤保险对象的范围是在生产劳动过程中的劳动者。由于职业危害无所不在，无时不在，任何人都不能完全避免职业伤害。因此工伤保险作为抗御职业危害的保险制度适用于所有职工，任何职工发生工伤事故或遭受职业疾病，都应毫无例外地获得工伤保险待遇。

（2）工伤保险的责任具有赔偿性。工伤即职业伤害所造成的直接后果是伤害到职工生命健康，并由此造成职工及家庭成员的精神痛苦和经济损失，也就是说劳动者的生命健康权、生存权和劳动权受到影响、损害甚至被剥夺了。因此工伤保险是基于对工伤职工的赔偿责任而设立的一种社会保险制度，其他社会保险是基于对职工生活困难的帮助和补偿责任而设立的。

（3）工伤保险实行无过错责任原则。无论工伤事故的责任归于用人单位还是职工个人或第三者，用人单位均应承担保险责任。

（4）工伤保险不同于养老保险等险种，劳动者不缴纳保险费，全部费用由用人单位负担。即工伤保险的投保人为用人单位。

（5）工伤保险待遇相对优厚，标准较高，但因工伤事故的不同而有所差别。

（6）工伤保险作为社会福利，其保障内容比商业意外保险要丰富。除了在工作时的意外伤害，也包括职业病的报销、急性病猝死保险金、丧葬补助（工伤身故）。

### 三、工伤认定[2]

工伤是指职工在工作过程中因工作原因受到事故伤害或者患职业病。根据《工伤保险

---

① 工伤保险，《百度百科》。

② 《工伤保险条例》，中国法制出版社。

条例》第十四条的规定，职工有下列情形之一的，应当认定为工伤：

（1）在工作时间和工作场所内，因工作原因受到事故伤害的；

（2）工作时间前后在工作场所内，从事与工作有关的预备性或者收尾性工作受到事故伤害的；

（3）在工作时间和工作场所内，因履行工作职责受到暴力等意外伤害的；

（4）患职业病的；

（5）因工外出期间，由于工作原因受到伤害或者发生事故下落不明的；

（6）在上下班途中，受到非本人主要责任的交通事故或者城市轨道交通、客运轮渡、火车事故伤害的；

（7）法律、行政法规规定应当认定为工伤的其他情形。

同时，根据本条例第十五条的规定，职工有下列情形之一的，视同工伤：

（1）在工作时间和工作岗位，突发疾病死亡或者在 48 小时之内经抢救无效死亡的；

（2）在抢险救灾等维护国家利益、公共利益活动中受到伤害的；

（3）职工原在军队服役，因战、因公负伤致残，已取得革命伤残军人证，到用人单位后旧伤复发的。

## 酒店实习生的工伤认定困惑

何冰是某高职院校烹饪专业的学生，学校安排其到格斯酒店中餐厅厨房实习，共六个月，在实习的第三个月的时候，他不慎被高热度的油烫伤，共用去医药费 6000 元。何冰申请当地劳动行政部门认定为工伤，并评定为七级残疾。但是该酒店领导认为何冰不是他们的职工，只是实习生，不同意赔偿，也不同意其享受工伤待遇。那么，实习期间受伤是否属于工伤？谁来为实习生工作中受伤负责？

## 案例分析

时下学生实习、见习期间遭遇意外事故并不鲜见。很多职业学校按照教学安排，学生最后一年一般到酒店进行"顶岗实习"，完全是按正常生产进行管理的，面临着与其他劳动者一样的工伤风险。更有甚者，有个别学校违规与"缺工"酒店联手，以"实习"为名把学生当做了廉价劳动力，出现有学生工作中致病、猝死的严重后果。而由于学生不属我国《劳动法》调整范围，结果，在实习酒店发生意外，明明与工作有关，却不能按工伤处理，只能走民事途径，这方面纠纷不断，学生正当权益难维护。

本案的焦点是实习生与酒店之间是否存在劳动关系。何冰为高职院校的在校学生，基于学校的安排到酒店实习，是其学校课堂教学内容的延伸。何冰与酒店间无劳动关系，也未建立实质意义上劳动者与用人单位间的身份隶属关系，双方的权利义务不受劳动法的调整。实习生与实习单位之间建立的不是劳动关系，实习生的身份仍是学生，不是劳动者，因此不具备工伤保险赔偿的主体资格，在实习过程中受伤不享受工伤保险待遇。但根据《企业职工工伤保险试行办法》第六十一条规定，到参加工伤保险的企业实习的大中专院校、技工学校、职业高中学生发生伤亡事故的，可以参照该办法的有关待遇标准，由当地工伤保险经办机构发给一次性待遇（不是工伤待遇），工伤保险经办机构不向有关学校和企业收取保险费用。但随着《工伤保险条例》于2004年1月1日起施行，旧的《企业职工工伤保险试行办法》已失效，而新的《工伤保险条例》并未就实习生伤亡事故认定及处理作出明确规定。况且劳动部《关于贯彻执行〈中华人民共和国劳动法〉若干问题的意见》第十二条明确规定："在校生利用业余时间勤工助学，不视为就业，未建立劳动关系"。在校学生并不具备这些"劳动者"的条件。因此，实习的在校学生不是《中华人民共和国劳动法》意义上的劳动者。在这样的情况下，该案以一般人身侵权按照《民法通则》及相关司法解释的规定处理更为合适。

故其损害应按一般民事侵权纠纷处理，受伤的实习生仍可获得民事赔偿。

# 项目3 工作时间与最低工资标准

## 学习目标

●掌握标准工作时间制度、计件工作时间制度、特殊工作时间制度的相关规定。

●通过学习，掌握最低工资保障的相关规定、最低工资的给付标准、工资支付的保障原则。

## 技能目标

1. 能够按照劳动法的规定进行月平均工作天数的计算、月计薪天数的计算和延长工作时间的工资计算。

2. 能够识别酒店克扣劳动者工资、侵犯劳动者合法权益的惯用手段和最低工资标准的确定方法，并且能够按照最低工资标准计算工资。

# 任务1 工作时间制度

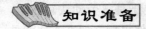

## 一、标准工作时间制度

根据法律规定，劳动者日工作时间最多为 8 小时，周工作时间最多为 40 小时的工时制度即为标准工时制。在我国多数用人单位实行这种工时制度。其他各种工时制度计算日工作时间，也是以此为标准的。

李力是格斯酒店的酒水部服务员，因为该部门工作性质的特殊性，规定职工每天工作 5 小时（20：00—第二天凌晨 1：00），没有休息日。2010 年 9 月的第一个星期天，李力因家中有事不能上班，于是提出应有休息日，请部门经理批准。部门经理随后向总经理请示，总经理未予以批准。

李力不服，又找到总经理当面商谈，李力说："别的企业的职工每周都有两个休息日，我觉得我们每周至少也应安排一个休息日。"可总经理却说："你怎么不想想他们每天工作时间是 8 小时，我们酒店每天的工作时间只有 5 小时，每周工作时间总和只有 35 小时，比《国务院关于职工工作时间的规定》中规定的 40 小时还少 5 小时，所以我们不再安排休息日。不信，我可以给你看看有关规定。"最终双方还是未取得一致看法，于是李力向当地劳动争议仲裁委员会提出了申诉，请求酒店给予其享受休息日待遇。

### 案例分析

仲裁委员会受案后，经调查确认该酒店自 2008 年 2 月以来，对职工实行每日 5 小时工作制，但从不让职工星期天休息，仲裁委指出该酒店的做法是错误的，因而支持了李力的请求，裁决该酒店给予李力每周一天的休息日。

对于仲裁委员会的裁决，根据《劳动法》的规定该酒店规定的工作时间分明没有超出法律规定的标准工作时间，怎么反倒败诉了？其实企业之所以会有这样的规定，往往是因为认识上存在误区，对标准工作制理解得不透彻，满足标准工时制的要求不仅需要符合每天工作 8 小时，每周工作 44 小时（按照修改后的《国务院关于职工工作时间的规定》应为 40 小时），还要符合《劳动法》第三十八条的规定："用人单位应当保证劳动者每周至少休息一日。"这是关于劳动者周休日的规定，是职工根据国家规定在每周内法定的休息时间，其中"每周至少休息一日"应理解为用人单位必须保证劳动者每周至少有一次 24 小时不间断的休息，即不管用人单位实行每日几小时工作制，都必须保证劳动者在每周内至少有一个连续一天的休息时间。本案中，酒店虽然每天仅工作 5 小时，但职工显然没有哪一天能 24 小时不间断地休息，所以是违法的。

## 二、计件工作时间制度

不少行业根据生产、工作的特点，安排劳动者实行计件工作。于是《劳动法》规定，用人单位应根据标准工作时间制度合理确定劳动者的劳动定额和计件报酬之标准。这就是计件工时制。在我国实行这种计件工时制度的用人单位也为数不少。

实行计件工资的劳动者，在完成计件定额任务后由用人单位安排其在法定标准工作时间以外延长工作时间的，按不低于法定工作时间计件单价的150％支付工资报酬。在休息日工作的，按不低于法定工作时间计件单价的200％支付工资报酬；在法定节假日工作的，按不低于法定工作时间计件单价的300％支付工资报酬。

## 三、特殊工作时间制度

特殊工时制是对一些生产、工作有淡旺季之分，任务轻重随机性很大的用人单位，无法实行标准工时制和计件工时制，也无法保证劳动者每周至少休息一天，而实行的其他工时制度的统称。特殊工时制主要有两种，即不定时工时制和综合计算工时制，但不仅限于这两种。根据《劳动法》的规定，劳动部颁发了《关于企业实行不定时工作制和综合计算工时工作制的审批办法》（劳部发〔1994〕503号）。用人单位若实行特殊工时制，须按规定程序，报经劳动保障行政部门批准。

（1）不定时工作制是指对于职责范围不能受固定工作时数限制的劳动者实行的工作时间制度。例如，餐厅服务员的上班服务时间受到用餐时间的限制，早茶6：30—10：30，午餐10：30—14：30，晚餐16：30—20：30，夜宵20：30—第二天凌晨2：30，每个班次标准工时4小时。根据客情需要安排不定时上班时间，即安排两头班，其中不相邻的两个班次，中间时间安排休息。按（劳部发〔1994〕503号）文件规定，可以实行不定时工作制的职工主要有以下三种：

①企业中的高级管理人员、外勤人员、推销人员、部分值班人员和其他因工作无法按标准工作时间衡量的职工；

②企业中的长途运输人员、出租汽车司机和铁路、港口、仓库的部分装卸人员以及因工作性质特殊，需机动作业的职工；

③其他因生产特点、工作特殊需要或职责范围的关系适合实行不定时工作制的职工。

（2）综合计算工时工作制是指分别以周、月、季、年等为周期计算工作时间，其平均日工作时间和平均周工作时间与法定标准工作时间基本相同的一种工作时间制度。例如，在综合计算周期内，你今天上了10个小时的班（多上2个小时的班），明天只用上6个小时（少上2个小时），即在这个计算周期内，你上班时间平均还是8个小时。按（劳部发〔1994〕503号）文件规定，可以实行综合计算工时工作制的职工也有三种：

①交通、铁路、邮电、水运、航空、渔业等行业中因工作性质特殊，需连续作业的职工；

②地质及资源勘探、建筑、制盐、制糖、旅游等受季节和自然条件限制的行业的部分职工；

③其他适合实行综合计算工时工作制的职工。

企业实行特殊工时制度的报批规定是：中央直属企业须经国务院行业主管部门审核、报劳动部批准；地方企业的审批办法，由各省、自治区、直辖市政府劳动行政部门制订，报劳动部备案。对实行特殊工时制度的职工，用人单位应采用集中工作、集中休息、轮休、调休、弹性工作时间等适当形式，确保其休息、休假的权利和生产、工作任务的完成。

### 四、延长工作时间

延长工作时间是指超过标准工作时间以外继续进行工作的时间。通常表现为加班、加点。加班通常是指在法定节日公休假进行工作；加点通常是指在超过标准工作日以外进行工作。

（1）正常情况下延长工作时间，按照《劳动法》的规定，需具备以下三个条件。

①由于生产经营需要。生产经营需要主要是指紧急生产任务，如不按期完成，就要影响用人单位的经济效益和职工的收入，在这种情况下，才可以延长职工的工作时间。

②必须与工会协商。用人单位决定延长工作时间的，应把延长工作时间的理由、人数、时间长短等情况向工会说明，征得工会同意后，方可延长职工工作时间。

③必须与劳动者协商。用人单位决定延长工作时间，应进一步与劳动者协商，因为延长工作时间要占用劳动者的休息时间，所以只有在劳动者自愿的情况下才可以延长工作时间。

（2）非正常情况下延长工作时间，是指依据《劳动法》第四十二条的规定，遇到下列情况，用人单位延长工作时间可以不受正常情况下延长工作时间的限制：

①发生自然灾害、事故或者因其他原因，威胁劳动者生命健康和财产安全，需要紧急处理的；

②生产设备、交通运输线路、公共设施发生故障，影响生产和公众利益，必须及时抢修的；

③法律、行政法规规定的其他情形。

特别需要说明的是，《劳动法》第六十一条和第六十三条分别作出规定，禁止对怀孕7个月以上和在哺乳未满1周岁的婴儿期间的女职工安排其延长工作时间和夜班劳动。

（3）补偿待遇。

《劳动法》第四十四条规定，如有下列情形之一的，用人单位应当按照下列标准支付高于劳动者正常工作时间工资的工资报酬：

①安排劳动者延长工作时间的，支付不低于工资的150%的工资报酬；

②休息日安排劳动者工作又不能安排补休的，支付不低于工资的200%的工资报酬；

③法定休假日安排劳动者工作的，支付不低于工资的300%的工资报酬。

（4）违反工时法的法律责任：

①《劳动法》第九十条规定如用规定如用人单位违反本法规定，延长劳动者工作时间的，由劳动行政部门给予警告，责令改正，并可以处以罚款。

②《违反〈中华人民共和国劳动法〉行政处罚办法》第五条规定：用人单位每日延长劳动者工作时间超过3小时或每月延长工作时间超过36小时的，应给予警告，责令改正，

并可按每名劳动者每超过工作时间一小时罚款 100 元以下的标准处罚。

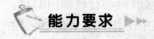 **能力要求** ▶▶▶

> **情境 1：月平均工作天数的计算**

按照《关于职工全年月平均工作时间和工资折算问题的通知》（劳社部发〔2008〕3号）的规定，月平均工作时间的计算方法为：

制度月工时＝（365－52×2－11）÷12＝20.83（天/月）

> **情境 2：月计薪天数的计算**

按照《关于职工全年月平均工作时间和工资折算问题的通知》（劳社部发〔2008〕3号）的规定，月平均工作时间的计算方法为：

月计薪天数＝（365－52×2）÷12＝21.75（天/月）

 **案例学习**

## 月平均工作天数和月计薪天数的计算差异

二者的区别来源于，前者扣除了 11 天的法定节假日，后者没有扣除，如果以 20.83 天作为月平均工作天数，则存在两个问题：

（1）假设酒店员工杨林的月工资为 A，那么其日平均工资为 A/20.83，一年中的工作天数为 365－52×2－11＝250（天），根据《劳动法》第五十一条的规定，11 天的法定节假日，企业也应当依法支付工资，用日平均工资乘以应当支付工资的天数的计算方法，可以得到该职工的年工资为：

杨林的年工资＝$(250+11) \times \dfrac{A}{20.83 \text{ 天}} = 12.53A$（元）

此方法与正常条件下的年工资计算方法相比，即杨林的年工资＝月工资×12 个月＝12A，二者相差 0.53A。如果是 21.75 天，就不存在这种差别。

杨林的年工资＝$(250+11) \times \dfrac{A}{21.75 \text{ 天}} = 12A$（元）

（2）根据《劳动法》第五十一条的规定，并非只有劳动者处在法定节假日中，用人单位应当依法支付工资，在其他法定假日中也应当支付工资，所以从支付工资的角度说，其他法定假日和法定节假日并没有区别，所以，如果月计薪天数的计算方法中可以扣除 11 天的法定节假日，那么也可以扣除其他的法定假日，比方说年休假，然而，这些法定的年假的年数因人而异，那么势必使月计薪天数也因人而异，这无疑是不合理的。

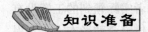

情境3：延长工作时间的工资计算

计算加班工资的基数不一定是劳动者的全部工资。在确定加班工资的计算基数时，劳动合同中对工资有约定的，按不低于劳动合同约定的劳动者本人所在岗位相对应的工资标准确定。劳动合同中没有约定的，可由用人单位与员工代表通过集体协商，在集体合同中明确。用人单位与劳动者无任何约定的，按劳动者本人所在岗位正常出勤月工资的70％确定。要注意的是，如果上述办法确定的加班工资计算基数低于最低工资的，则要按最低工资计算。

计算加班工资时，日工资按平均每月计薪时间20.75天计算，小时工资则在日工资的基础上再除以8小时。即法定节假日期间日加班工资计算方法为：

（1）延长工作时间加班工资＝加班工资的计算基数÷20.75×150％

（2）公休日加班工资＝加班工资的计算基数÷20.75×200％

（3）法定节假日加班工资＝加班工资的计算基数÷20.75×300％

# 任务2　最低工资保障制度

**知识准备**

## 一、最低工资保障

最低工资是指劳动者在法定工作时间内提供了正常劳动的前提下，其所在企业应支付的最低劳动报酬。它不包括加班加点工资，中班、夜班、高温、低温、井下、有毒有害等特殊工作环境、条件下的津贴，以及国家法律法规、政策规定的劳动者保险、福利待遇和企业通过贴补伙食、住房等支付给劳动者的非货币性收入等。我国《劳动法》第五章明确规定，国家实行最低工资保障制度，用人单位支付劳动者的工资不得低于当地最低工资标准。最低工资保障制度适用于我国境内的所有企业，包括国有企业、集体企业、外商投资企业和私营企业等。目前，我国工资保障制度实施的问题主要反映在劳动密集型企业，如旅游业、酒店业、餐饮业、造业的加工型企业、建筑业等。

## 二、最低工资的给付

计算劳动者工资是否低于最低工资时应当剔除以下内容：

（1）延长法定工作时间的工资报酬；

（2）中班、夜班、高温、低温、井下、有毒有害等特殊工作环境下的津贴；

（3）个人缴的养老、医疗、失业保险费和住房公积金；

（4）伙食补贴（饭贴）、上下班交通费补贴、住房补贴。

## 三、工资支付保障原则

（1）货币支付，即工资应当以法定货币支付，不得以实物和有价证券替代货币支付。

（2）直接支付，即应当将工资支付给职工本人。

（3）按期支付，即工资必须在固定的日期支付。

（4）全额支付，即应当将职工应得的工资全部支付。禁止非法扣除工资。即使在法定允许扣除工资的情况下，每次扣除工资额也不得超出法定限度。根据我国现行立法，用人单位可以从职工的工资中代扣的情况只限于：应由职工缴纳的个人所得税；应由职工负担的各项社会保险费用；法院判决、裁定中要求代扣的抚养费、扶养费、赡养费；法定可以从工资中扣除的其他费用。还规定，职工违纪违章给用人单位造成经济损失而应予赔偿的，可以从职工本人工资中扣除，但每月扣除后的剩余工资部分不得低于当地月最低工资标准。

（5）优先支付，即企业破产或依法清算时，职工应得工资必须作为优先受偿的债权。

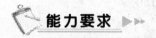 **能力要求** ▶▶▶

> **情境 1：识别酒店克扣劳动者工资、侵犯劳动者合法权益的惯用手段**

1. 企业提供职工食宿，从职工工资里直接扣除食宿费

有些"包食宿"的企业从劳动者工资里面扣食宿费用，很多劳动者实际领到的工资没有到达最低工资标准。而相关法律明文规定：工资应以货币形式按月支付给劳动者本人，不得以实物及有价证券替代货币支付。且除在几种特定情形下，用人单位禁止克扣劳动者工资。因此企业扣食宿费是不被法律容许的，"包食宿"只能算是员工福利，不能转嫁给劳动者。

2. 以最低工资标准给工人确定底薪

据调查表明，全国有一大部分企业按最低工资标准给劳动者确定底薪。这种滥用工资分配自主权的行为严重损害了劳动者的利益。最低工资标准是劳动者的工资保障标准，而工资标准是由企业自身而非政府所决定的，应该是投资者根据盈利状况、整个地区的工资水平，员工创造的价值等因素综合考虑的结果。

3. 采用捆绑式工资结构，造成实际工资虚高

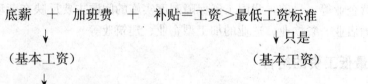

底薪 ＋ 加班费 ＋ 补贴＝工资＞最低工资标准

（基本工资）                （基本工资）只是

实际上小于最低工资标准

> **情境 2：最低工资标准的确定方法**

确定最低工资标准的通用方法一般分两种。

1. 比重法

比重法是根据城镇居民家庭调查资料，确定一定比例的最低人均收入户为贫困户，统计出贫困户的人均生活费用支出水平，乘以每一就业者的赡养系数，再加上一个调整数。

## 2. 恩格尔系数法

该法即根据国家营养学会提供的年度标准食物谱及标准食物摄取量，结合标准食物的市场价格，计算出最低食物支出标准，除以恩格尔系数，得出最低生活费用标准，再乘以每一就业者的赡养系数，再加上一个调整数。

以上方法计算出月最低工资标准后，再考虑对职工个人缴纳社会保险费、住房公积金、职工平均工资水平、社会救济金和失业保险金标准、就业状况、经济发展水平等进行必要的修正。

**【练一练】**

现统计海南省一类地区最低收入组人均 2010 年每月生活费支出为 188 元，每一就业者赡养系数为 2.25，最低食物费用为 115 元，恩格尔系数为 0.162，平均工资为 1097 元（二类地区平均工资 868 元，三类地区平均工资 700 元）。

1. 请按比重法估算该地区的最低工资标准是多少？

_____

_____

2. 请按恩格尔系数法估算该地区的最低工资标准是多少？

_____

_____

# 模块8 组织文化与变革

## 知识拓展：引子

### 饭店企业文化、价值链与竞争力

企业文化是企业的精神文化，是企业长期生产经营活动中所自觉形成的，并为酒店的广大员工恪守的经营宗旨、价值观念和道德行为准则的综合反映。饭店企业管理特点过程可分为三个阶段。

第一阶段是经验管理阶段（1769—1901年），特点是以"人治"为中心，制度赋予的权利和领导者的人格魅力；

第二阶段是科学管理阶段（1901—1980年），特点是体现"法治"的重要性，以制度管理企业；

第三阶段是文化管理阶段（1981年至今），其特点是"文治"，即以企业文化主导企业管理。

企业文化在饭店的三维逻辑关系表现为：企业对顾客的承诺；企业对员工的承诺；员工对顾客的承诺。最后的经济模型表现为：企业为员工创造价值；员工为顾客创造价值；顾客为企业创造价值这样循环的价值链。通过这种价值的转换，酒店文化在运行过程中变得实体化，文化不再是一个空泛的概念，而是调节企业、顾客、员工关系和规范消费行为、管理行为和服务行为的指导性原则。

（改编自百度文库）

# 项目1 构建饭店企业组织文化

## 学习目标

- 组织文化的含义、结构和组成要素。
- 学习型组织的发展过程、概念和学习型组织的建设。

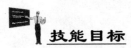

## 技能目标

通过学习彼得·圣吉的五项修炼理论，掌握构建学习型组织的五个阶段层次的内容。

## 任务 1　组织文化概述

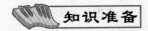 **知识准备**

### 一、组织文化的含义

综合国内外的研究，对组织文化大致有两种看法。第一种是狭义的，认为组织文化的意识范畴的，仅仅包括组织的思想、意识、习惯、感情领域。第二种是广义的，认为组织文化是指组织在创业和发展的过程中所形成的物质文明和精神文明的总和，包括组织管理中的硬件与软件，外显文化和隐形文化（或表层文化和深层文化）两部分。简单地说组织文化是指全体组织成员在长期的创业和发展过程中培育形成并共同遵守的共同目标、价值标准、基本信念及行为规范。它是组织理念形态文化、物质形态文化和制度形态文化的复合本。

### 二、组织文化的结构

组织文化的结构划分有多种观点，我们把组织文化划分为三个层次，即物质层、制度层和精神层。

**（一）精神层**

精神层主要是指组织的领导和成员共同信守的基本信念、价值标准、职业道德和精神风貌。精神层是组织文化的核心和灵魂。它包括六个方面。

（1）组织最高目标。它是组织全体成员的共同追求，是组织全体成员凝聚力的焦点，是组织共同价值观的集中表现，反映了组织领导者和成员的追求层次和理想抱负，是组织文化建设的出发点和归属。

（2）组织哲学。它是组织领导者为实现组织目标而在整个管理活动中的基本信念，是组织领导者对组织长远发展目标、发展战略和策略的哲学思考。

（3）组织精神。它是组织有意识地提倡、培养其成员群体人优良风貌，是对组织现有的观念意识、传统习惯、行为方式中的积极因素进行总结、提炼及倡导的结果，是通过全体成员有意识的实践体现出来的。

（4）组织风气。它是指组织及其成员在组织活动中逐步形成的一种带有普遍性的、重复出现且相对稳定的行为心理状态，是影响整个组织生活的重要因素。

（5）组织道德。它是指组织内部调整人与人、单位与单位、个人与集体、个人与社会、组织与社会之间关系的行为准则。就其内容结构来看，主要包含调节成员与成员、成员与组织、组织与社会三方面关系的行为准则和规范。

（6）组织宗旨。它是指组织存在的价值及其对社会的承诺。

**（二）制度层**

它是组织文化的中间层次，主要是指对组织和成员的行为产生规范性、约束性影响的部分，它集中体现了组织文化的物质层和精神层对成员和组织行为的要求。制度层规定了组织成员在共同的活动中应当遵守的行为准则，它主要包括三个方面。

（1）一般制度。一般制度指组织中存在的一些带普遍意义的工作制度和管理制度，以及各种责任制度。

（2）特殊制度。特殊制度主要是指组织的非程序化制度。与一般制度相比，特殊制度更能反映一个组织的管理特点和文化特点。

（3）组织风俗。组织风俗是指组织长期相沿、约定俗成的典礼、仪式、行为、习惯、节日、活动等。

### （三）物质层

物质层是组织文化的表层部分，它是组织创造的物质文化，是形成组织文化精神层和制度层的条件。它主要包括以下几个方面：

（1）组织名称、标志、标准字、标准色；

（2）组织外貌，如自然环境、建筑风格、办公室等场所的设计和布置方式、绿化美化情况、环境的治理等；

（3）工作的性质、特点等；

（4）特质性、创造性的内容；

（5）徽、旗、歌、服、花；

（6）组织的文化体育生活设施；

（7）组织造型和纪念性建筑；

（8）组织纪念品；

（9）组织的文化传播网络，如自办的报刊、有线广播、闭路电视、计算机网络、宣传栏（宣传册）、广告牌、招贴画等。

组织文化的三个层次是紧密联系的，物质层是组织文化的外在表现和载体，是制度层和精神层的物质基础；制度层则约束和规范着物质层及精神层的建设，没有严格的规章制度，组织文化建设就无从谈起；精神层是形成物质层和制度层的思想基础，也是组织文化的核心和灵魂。

## 三、企业文化的组成要素

1. 经营哲学

经营哲学也称企业哲学，是一个企业特有的从事生产经营和管理活动的方法论原则。

2. 价值观念

所谓价值观念，是人们基于某种功利性或道义性的追求而对人们（个人、组织）本身的存在、行为和行为结果进行评价的基本观点。

3. 企业精神

企业精神是指企业基于自身特定的性质、任务、宗旨、时代要求和发展方向，并经过精心培养而形成的企业成员群体的精神风貌。企业精神要通过企业全体职工有意识的实践活动体现出来。因此，它又是企业职工观念意识和进取心理的外化。

4. 企业道德

企业道德是指调整本企业与其他企业之间、企业与顾客之间、企业内部职工之间关系的行为规范的总和。它是从伦理关系的角度，以善与恶、公与私、荣与辱、诚实与虚伪等道德范畴为标准来评价和规范企业。

5. 团体意识

团体即组织，团体意识是指组织成员的集体观念。团体意识是企业内部凝聚力形成的重要心理因素。

6. 企业形象

企业形象是企业通过外部特征和经营实力表现出来的，被消费者和公众所认同的企业总体印象。由外部特征表现出来的企业的形象称表层形象，如招牌、门面、徽标、广告、商标、服饰、营业环境等，这些都给人以直观的感觉，容易形成印象；通过经营实力表现出来的形象称深层形象，它是企业内部要素的集中体现，如人员素质、生产经营能力、管理水平、资本实力、产品质量等。

7. 企业制度

企业制度是在生产经营实践活动中所形成的，对人的行为带有强制性，并能保障一定权利的各种规定。

8. 企业文化的结构

企业文化结构是指企业文化系统内各要素之间的时空顺序、主次地位与结合方式，企业文化结构就是企业文化的构成、形式、层次、内容、类型等的比例关系和位置关系。

9. 企业使命

所谓企业使命是指企业在社会经济发展中所应担当的角色和责任。它体现企业的根本性质和存在的理由，说明企业的经营领域、经营思想，为企业目标的确立与战略的制订提供依据。

# 任务2　学习型组织

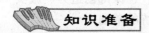

## 一、学习型组织的概念

学习型组织是一个能熟练地创造、获取和传递知识的组织，同时也要善于修正自身的行为，以适应新的知识和见解。知识经济迅速崛起，对企业提出了严峻挑战，现代人工作价值取向的转变，终身教育、可持续发展战略等当代社会主流理念对组织群体的积极渗透，为组织学习提供了理论支持。

1. 学习型组织基础

团结、协调及和谐。组织学习普遍存在"学习智障"，个体自我保护心理必然造成团体成员间相互猜忌，这种所谓的"办公室政治"会导致高智商个体，组织群体反而效率低下。从这个意义上说，班子的团结，组织上下协调以及群体环境的民主、和谐是建构学习型组织的基础。

2. 学习型组织核心

在组织内部建立完善的"自学习机制"。组织成员在工作中学习，在学习中工作，学习成为工作新的形式。

3. 学习型组织精神

学习、思考和创新。此处学习是团体学习、全员学习，思考是系统、非线性的思考，创新是观念、制度、方法及管理等多方面的更新。

4. 学习型组织的关键特征

系统思考。只有站在系统的角度认识系统，认识系统的环境，才能避免陷入系统动力的旋涡里去。

5. 组织学习的基础

团队学习。团队是现代组织中学习的基本单位。许多组织不乏关于组织现状、前景的热烈辩论，但团队学习依靠的是深度会谈，而不是辩论。深度会谈是一个团队的所有成员放下个人心中的假设，而进入真正一起思考的能力。深度汇谈的目的是一起思考，得出比个人思考更正确、更好的结论；而辩论是每个人都试图用自己的观点说服别人同意的过程。

## 二、彼得·圣吉的五项修炼

彼得·圣吉的学习型组织理论的奠基人。他于 1990 年完成代表作《第五项修练——学习型组织的艺术与实务》，提供了一套使传统企业转变成学习型企业的方法。书中提出了五项修炼内容。

1. 自我超越

自我超越是指能突破极限的自我实现或技巧的精熟。自我超越以磨炼个人才能为基础，却又超乎此项目标；以精神的成长为发展方向，却又超乎精神层面。自我超越的意义在于以创造的现实来面对自己的生活与生命，并在此创造的基础上，将自己融入整个世界。个人学习是组织学习的基础，员工的创造力是组织生命力的不竭之源，自我超越的精要在于学习如何在生命中产生和延续创造力。通过建立个人"愿景"、保持创造力、诚实地面对真相和运用潜意识，便可实现自我超越。自我超越是五项修炼的基础。

2. 心智模式

心智模式是指存在与个人和群体中的描述、分析和处理问题的观点、方法和进行决策的依据和准则。它不仅决定着人们如何认知周遭世界，而且影响人们如何采取行动。不良的心智模式会妨碍组织学习，而健全的心智模式则会帮助组织学习。心智模式不易察觉，也就难以检视，因此它不一定总能反映事情的真相。另外，心智模式是在一定的事实基础形成的，它具有不定期的稳定性。而事物是不断变化的，这导致了心智模式与事实常常不一致。改善心智模式就是要发掘人们内心的图像，使这些图像浮上表面，并严加审视，即时修正，使其能反映事物的真相。改善心智模式的结果是，使企业组织形成一个不断被检视、能反映客观现实的集体的心智模式。

3. 共同愿景

共同愿景是指组织成员与组织拥有共同的目标。共同愿景为组织学习提供了焦点和能量。在缺少愿景的情况下，组织充其量只会产生适应性学习，只有当人们致力实现他们深深关切的事情时，才会产生创造性学习。根据 Collins 等人的研究，组织的愿景是由指导哲学和可触知的景象组成。建立共同愿景的修炼就是建立一个为组织成员衷心拥护、全力追求的愿望景象，产生一个具有强大凝聚力和驱动力的伟大"梦想"。

**4. 团队学习**

团队学习是建立学习型组织的关键。彼得·圣吉认为，未能整体搭配的团队，其成员个人的力量会被抵消浪费掉。在这些团队中，个人可能格外努力，但是他们的努力未能有效转化为团队的力量。当一个团队能够整体搭配时，就会会聚出共同的方向，调和个别力量，使力量的抵消或浪费减至最小，整个团队就像凝聚成的激光束，形成强大的合力。当然，强调团队的整体搭配，并不是指个人要为团队愿景牺牲自己的利益，而是将共同愿景变成个人愿景的延伸。事实上，要不断激发个人的能量，促进团队成员的学习和个人发展，首先必须做到整体搭配。在团队中，如果个人能量不断增强，而整体搭配情形不良，就会造成混乱并使团队缺乏共同目标和实现目标的力量。

**5. 系统思考**

系统思考是一种分析综合系统内外反馈信息、非线性特征和时滞影响的整体动态思考方法。它可以帮助组织以整体的、动态的而不是局部的、静止的观点看问题，因而为建立学习型组织提供了指导思想、原则和技巧。系统思考将前四项修炼熔合为一个理论与实践的统一体。

学习是心灵的正向转换，企业如果能够顺利导入学习型组织，不只能够实现更高的组织绩效，更能够带动组织的生命力。

# 项目2　饭店公共危机管理

## 学习目标

● 危机管理的概念和特点、类型和流程。
● 掌握危机预防、危机的确认、危机处理和危机善后工作的内容、原则和思路。

## 技能目标

1. 能够建立危机管理意识、建立危机管理的工作机制。
2. 能够识别危机的类型，并根据危机发生的特点，及时有效地处理企业危机。

# 任务 1  危机管理概述

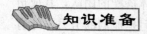

## 一、危机管理的概念和特点

危机管理是企业为应对各种危机情境所进行的规划决策、动态调整、化解处理及员工培训等活动过程，其目的在于消除或降低危机所带来的威胁和损失。危机管理是专门的管理科学，它是为了对应突发的危机事件，抗拒突发的灾难事变，尽量使损害降至最低点而事先建立的防范、处理体系和对应的措施。

1. 突发性

危机往往都是不期而至，令人措手不及，危机发作的时候一般是在企业毫无准备的情况下瞬间发生，给企业带来的是混乱和惊恐。

2. 破坏性

危机发作后可能会带来比较严重的物质损失和负面影响，有些危机到来或处理不当甚至能使企业毁之一旦。

3. 不确定性

事件爆发前的征兆一般不是很明显，企业难以作出预测。危机出现与否与出现的时机是无法完全确定的。

4. 急迫性

危机的突发性特征决定了企业对危机作出的反应和处理的时间十分紧迫，任何延迟都会带来更大的损失。危机的迅速发生引起了各大传媒以及社会大众对于这些意外事件的关注，使得企业必须立即进行事件调查与对外说明。

5. 信息资源紧缺性

危机往往突然降临，决策者必须作出快速决策，在时间有限的条件下，混乱和惊恐的心理容易导致获取相关信息的渠道出现瓶颈现象，决策者很难在众多的信息中发现准确的信息。

6. 舆论关注性

危机事件的爆发能够刺激人们的好奇心理，常常成为人们谈论的热门话题和媒体跟踪报道的内容。企业越是束手无策，危机事件越会增添神秘色彩而引起各方的关注。

## 二、危机管理的类型

（1）信誉危机。它是企业在长期的生产经营过程中，公众对其产品和服务的整体印象和评价。企业由于没有履行合同及其对消费者的承诺，而产生的一系列纠纷，甚至给合作伙伴及消费者造成重大损失或伤害，企业信誉下降，失去公众的信任和支持而造成的危机。

（2）决策危机。它是企业经营决策失误造成的危机。企业不能根据环境条件变化趋势正确制订经营战略，而使企业遇到困难无法经营，甚至走向绝路。如巨人集团涉足房地产项目——建造巨人大厦，并一再增加层数，隐含着经营决策危机，最后由于决策失误没有能够及时调整而给企业带来了灭顶之灾。

（3）经营管理危机。它是企业管理不善而导致的危机、包括产品质量危机、环境污染危机、关系纠纷危机。

①产品质量危机。企业在生产经营中忽略了产品质量问题，使不合格产品流入市场，损害了消费者利益，一些产品质量问题甚至造成了人身伤亡事故，由此引发消费者恐慌，消费者必然要求追究企业的责任而产生的危机。

②环境污染危机。企业的"三废"处理不彻底，有害物质泄漏，爆炸等恶性事故造成环境危害，使周边居民不满和环保部门介入引起的危机。

③关系纠纷危机。由于错误的经营思想、不正当的经营方式忽视经营道德，员工服务态度恶劣，而造成关系纠纷产生的危机。如运输业的恶性交通事故、餐饮业的食物中毒、商业出售的假冒伪劣商品、银行业的不正当经营的丑闻、旅店业的顾客财物丢失、邮政业的传输不畅、旅游业的作弊行为。

（4）灾难危机。是指企业无法预测和人力不可抗拒的强制力量，如地震、台风、洪水等自然灾害、战争、重大工伤事故、经济危机、交通事故等造成巨大损失的危机。危机给企业带来巨额的财产损失，使企业经营难以开展。

（5）财务危机。企业投资决策的失误、资金周转不灵、股票市场的波动、贷款利率和汇率的调整等因素使企业资金暂时出现断流，难以使企业正常运转，严重的最终甚至可能造成企业瘫痪。

（6）法律危机。指企业高层领导法律意识淡薄，在企业的生产经营中涉嫌偷税漏税、以权谋私等事件暴露后，企业陷入危机之中。

（7）人才危机。人才频繁流失所造成的危机。尤其是企业核心员工离职，其岗位没有合适的人选而给企业带来的危机也是比较严重的危机现象。

（8）传媒危机。真实性是新闻报道的基本原则，但是由于客观事物和环境的复杂性和多变性，以及报道人员观察问题的立场角度有所不同，媒体的报道出现失误是常有的现象。一是媒介对企业的报道不全面或失实。媒体不了解事实真相，报道不能客观地反映事实，由此引起的企业危机。二是曲解事实。由于新科技的引入，媒体还是按照原有的观念、态度分析和看待事件的方式而引起的企业的危机。三是报道失误。人为地诬陷，使媒体蒙蔽，引起企业的危机。

## 三、危机管理流程

危机管理是指企业通过危机监测、危机预警、危机决策和危机处理，达到避免、减少危机产生的危害，总结危机发生、发展的规律，对危机处理科学化、系统化的一种新型管理体系。危机管理的要素有。

1. 危机监测

危机管理的首要环节是对危机进行监测，在企业顺利发展时期，企业就应该有强烈的危机意识和危机应变的心理准备，建立一套危机管理机制，对危机进行检测。企业越是风平浪静的时刻越应该重视危机监测，防患于未然。

2. 危机预警

许多危机在爆发之前都会出现某些征兆，危机管理要关注的不仅是危机爆发后各种危害的处理，而且要建立危机警戒线。企业在危机到来之前，要尽可能地把一些可以避免的危机消灭在萌芽之中，对于另一些不可避免的危机通过预警系统能够及时得到解决。这样，企业才能从容不迫地应对危机带来的挑战，把企业的损失降低到最小。

3. 危机决策

企业在调查的基础上制订正确的危机决策。决策要根据危机产生的来龙去脉，对几种可行方案进行优缺点比较后，选择出最佳方案。方案定位要准、推行要迅速。

4. 危机处理

第一，企业确认危机。确认危机包括将危机归类、收集与危机相关信息、确认危机程度以及找出危机产生的原因，辨认危机影响的范围和影响的程度及后果。第二，控制危机。控制危机需要确认某种危机后，遏止危机的扩散使其不影响其他事物，紧急控制如同救火兵刻不容缓。第三，处理危机。在处理危机中，关键的是速度。企业能够及时、有效地将危机决策运用到实际中化解危机，可以避免危机给企业造成损失。

# 任务2　建立危机管理机制

## 知识准备

企业在生产经营中面临着多种危机，并且无论哪种危机发生，都有可能给企业带来致命的打击。企业通过危机管理对策可以把一些潜在的危机消灭在萌芽状态，把必然发生的危机损失降低到最小。虽然危机具有偶然性，但是危机管理对策并不是无章可循。我们通过对企业危机实践的总结，不难发现危机管理对策主要包括以下几个方面：

### 一、做好危机预防工作

危机产生的原因是多种多样的，不排除偶然的原因，多数危机的产生有一个变化的过程。如果企业管理人员有敏锐的洞察力，根据日常收集到的各方面信息，能够及时采取有效的防范措施，完全可以避免危机的发生或使危机造成的损害和影响尽可能减少到最小程度。因此，预防危机是危机管理的首要环节。

（1）树立强烈的危机意识。企业进行危机管理时应该树立一种危机理念，营造一个危机氛围，使企业的员工面对激烈的市场竞争，充满危机感，将危机的预防作为日常工作的组成部分。首先，对员工进行危机管理教育。教育员工认清危机的预防有赖于全体员工的共同努力。全员的危机意识能提高企业抵御危机的能力，有效地防止危机发生。在企业生产经营中，员工应时刻把与公众沟通放在首位，与社会各界保持良好的关系，消除危机隐患。其次，开展危机管理培训。危机管理培训的目的与危机管理教育不同，它不仅在于进一步强化员工的危机意识，更重要的是让员工掌握危机管理知识，提高危机处理技能和面对危机的心理素质，从而提高整个企业的危机管理水平。

（2）建立预防危机的预警系统。预防危机必须建立高度灵敏、准确的预警系统。信息监测是预警的核心，随时收集各方面的信息，及时加以分析和处理，把隐患消灭在萌芽状态。预防危机需要重点做好以下信息的收集与监测：一是随时收集公众对产品的反馈信息，对可能引起危机的各种因素和表象进行严密的监测。二是掌握行业信息，研究和调整企业的发展战略和经营方针。三是研究竞争对手的现状、进行实力对比，做到知己知彼。四是对监测到的信息进行鉴别、分类和分析，对未来可能发生的危机类型及其危害程度作出预测，并在必要时发出危机警报。

（3）建立危机管理机构。这是企业危机管理有效进行的组织保证。这不仅是处理危机时必不可少的组织环节，而且在日常危机管理中也是非常重要的。危机发生之前，企业要做好危机发生时的准备工作，建立起危机管理机构，制订出危机处理工作程序，明确主管领导和成员职责。成立危机管理机构是发达国家的成功经验，是顺利处理危机、协调各方面关系的组织保障。危机管理机构的具体组织形式，可以是独立的专职机构，也可以是一个跨部门的管理小组，还可以在企业战略管理部门设置专职人员来代替。企业可以根据自身的规模以及可能发生的危机的性质和概率灵活决定。

（4）制订危机管理计划。企业应该根据可能发生的不同类型的危机制订一整套危机管理计划，明确怎样防止危机爆发，一旦危机爆发立即作出针对性反应等。事先拟定的危机管理计划应该囊括企业多方面的应酬预案。在计划中要重点体现危机的传播途径和解决办法。

## 二、进行准确的危机确认

危机管理人员要做好日常的信息收集、分类管理，建立起危机防范预警机制。危机管理人员要善于捕捉危机发生前的信息，在出现危机征兆时，尽快确认危机的类型，为有效地危机控制做好前期工作。

## 三、危机处理的理论依据（游昌乔先生危机公关 5S 原则）

1. 承担责任原则（Shoulder the Matter）

危机发生后，公众会关心两方面的问题：一方面是利益的问题，利益是公众关注的焦点，因此无论谁是谁非，企业都应该主动承担一定责任。即使受害者在事故发生中有一定责任，企业也不应首先追究其责任，否则会各执己见，加深矛盾，引起公众的反感，不利于问题的解决。另一方面是感情问题，公众很在意企业是否在意自己的感受，因此企业应该站在受害者的立场上表示同情和安慰，并通过新闻媒体向公众致歉，解决深层次的心理、情感关系问题，从而赢得公众的理解和信任。

实际上，公众和媒体往往在心目中已经有了一杆秤，对企业有了心理上的预期，即企业应该怎样处理，我才会感到满意。因此企业绝对不能选择对抗，对待危机的处理态度至关重要。

2. 真诚沟通原则（Sincerity）

企业处于危机旋涡中时，是公众和媒介的焦点。此时，企业的一举一动都将面对质疑，因此千万不要有侥幸心理，企图蒙混过关，而应该主动与新闻媒体联系，尽快与公众沟通，说明事实真相，促使双方互相理解，消除疑虑与不安。

真诚沟通是处理危机的基本原则之一。这里的真诚指"三诚"，即诚意、诚恳、诚实。如果做到了这"三诚"，则一切问题都可迎刃而解。

（1）诚意。在事件发生后的第一时间，公司的高层应向公众说明情况，并致以歉意，从而体现企业勇于承担责任、对事件处理负责的企业文化，赢得消费者的同情和理解。

（2）诚恳。一切以事件处理的利益为重，不回避问题和错误，及时与媒体和公众沟通，向消费者说明事件处理的进展情况，重拾消费者的信任和尊重。

（3）诚实。诚实是危机处理最关键也最有效的解决办法。我们会原谅一个人的错误，但不会原谅一个人说谎。

3. 速度第一原则（Speed）

"好事不出门，坏事行千里"。在危机出现的最初 12～24 小时内，消息会像病毒一样，以裂变方式高速传播。而这时候，可靠的消息往往不多，社会上充斥着谣言和猜测。公司的一举一动将是外界评判公司如何处理这次危机的主要根据。媒体、公众及政府都密切注视公司发出的第一份声明。对于公司在处理危机方面的做法和立场，舆论赞成与否往往都会立刻见于传媒报道。

因此公司必须当机立断，快速反应，果决行动，与媒体和公众进行沟通，从而迅速控制事态，否则会扩大突发危机的范围，甚至可能失去对全局的控制。危机发生后，能否首先控制住事态，使其不扩大、不升级、不蔓延，是处理危机的关键。

4. 系统运行原则（System）

在逃避一种危险时，不要忽视另一种危险。在进行危机管理时必须系统运作，绝不可顾此失彼。只有这样才能透过表面现象看本质，创造性地解决问题，化害为利。

危机的系统运作主要是做好以下几点。

（1）以冷对热、以静制动。危机会使人处于焦躁或恐惧之中。所以企业高层应以"冷"对"热"、以"静"制"动"，镇定自若，以减轻企业员工的心理压力。

（2）统一观点，稳住阵脚。在企业内部迅速统一观点，清醒地认识危机，从而稳住阵脚，万众一心，同仇敌忾。

（3）组建班子，专项负责。一般情况下，危机公关小组的组成由企业的公关部成员和涉及危机的高层领导直接组成。这样，一方面是高效率的保证，另一方面是对外口径一致的保证，使公众对企业处理危机的诚意感到可以信赖。

（4）果断决策，迅速实施。由于危机瞬息万变，在危机决策时效性要求和信息匮乏的条件下，任何模糊的决策都有可能产生严重的后果，所以必须最大限度地集中决策使用资源，迅速作出决策，系统部署，付诸实施。

（5）合纵连横，借助外力。当危机来临，应充分和政府部门、行业协会、同行企业及新闻媒体充分配合，联手对付危机，在"众人拾柴火焰高"的同时，增强公信力、影响力。

（6）循序渐进，标本兼治。要真正彻底地消除危机，需要在控制事态后，及时准确地找到危机的症结，对症下药，谋求治"本"。如果仅仅停留在治标阶段，就会前功尽弃，甚至引发新的危机。

5. 权威证实原则（Standard）

自己称赞自己是没用的，没有权威的认可只会徒留笑柄，在危机发生后，企业不要自己"整天拿着高音喇叭叫冤"，而要"曲线救国"，请重量级的第三者在前台说话，使消费者解除对自己的警戒心理，重获他们的信任。

## 四、危机的善后工作

危机的善后工作主要是消除危机处理后的遗留问题和负面影响。危机发生后，企业形象会受到一定的负面影响，公众对企业会非常敏感，要靠一系列危机善后管理工作来挽回影响。

（1）进行危机总结、评估。对危机管理工作进行全面的评价，包括对预警系统的组织和工作程序、危机处理计划、危机决策等各方面的评价，要详尽地列出危机管理工作中存在的各种问题。

（2）对问题进行整顿。多数危机的爆发与企业管理不善有关，通过总结评估提出改正措施，责成有关部门逐项落实，完善危机管理内容。

（3）寻找商机。危机给企业制造了另外一种环境，企业管理者要善于利用危机探索经营的新路子，进行重大改革。这样，危机可能会给企业带来商机。

总之，危机并不等同于企业失败，危机之中往往孕育着转机。危机管理是一门艺术，是企业发展战略中的一项长期规划。企业在不断谋求技术、市场、管理和组织制度等一系列创新的同时，应将危机管理创新放到重要的位置上。一个企业在危机管理上的成败往往能够显示出它的整体素质和综合实力。成功的企业不仅能够妥善处理危机，而且能够化危机为商机。

# 参考文献

[1] 赵嘉骏. 饭店业营销与管理［M］. 北京：化学工业出版社，2011.

[2] 安鸿章. 企业人力资源管理师二级［M］. 2版. 北京：中国劳动社会保障出版社，2007.

[3] 安鸿章. 企业人力资源管理师三级［M］. 2版. 北京：中国劳动社会保障出版社，2007.

[4] 安鸿章. 企业人力资源管理师四级［M］. 2版. 北京：中国劳动社会保障出版社，2007.

[5] 贺秋硕，喻靖文. 人力资源管理案例引导教程［M］. 北京：人民邮电出版社，2010.

[6] 谢怡. 员工绩效管理实操细节［M］. 广州：广东经济出版社，2007.

[7] 杨辛. 员工薪酬与福利设计实操细节［M］. 广州：广东经济出版社，2008.

[8] 依万切维奇，赵曙明. 人力资源管理［M］. 北京：机械工业出版社，2005.

[9] 吴强. 人力资源开发与管理［M］. 北京：化学工业出版社，2009.

[10] 汤普森，等. 战略管理：概念与案例［M］. 14版. 王智慧，译. 北京：北京大学出版社，2009.

[11] 安鸿章，岳威. 企业人力资源管理师：基础知识［M］. 2版. 北京：中国劳动社会保障出版社，2007.

[12] 王桦宇. 人力资源管理实用必备工具箱［M］. 北京：中国法制出版社，2010.

[13] 鲍立刚，覃扬彬，覃学强. 人力资源管理综合实训演练［M］. 大连：东北财经大学出版社，2008.

[14] 丛秀云，杨国萍，徐明仙. 职工薪酬核算与管理［M］. 北京：清华大学出版社，2010.

[15] 颜士梅. 战略人力资源管理［M］. 北京：经济管理出版社，2003.

[16] 王璞. 人力资源管理咨询实务［M］. 北京：机械工业出版社，2002.

[17] 石金涛. 现代人力资源开发与管理［M］. 上海：上海交通大学出版社，2004.

[18] 王静. 劳动与社会保障统计学［M］. 北京：中国劳动社会保障出版社，2005.

[19] 陈芳. 绩效管理［M］. 深圳：海天出版社，2002.

[20] 吴志明. 招聘与选拔实务手册［M］. 北京：机械工业出版社，2006.

[21] KAREN HOLEMS，CORINNE LEECH，等. 个人与团体管理（上册）［M］. 天象互动教育中心编译. 北京：清华大学出版社，2003.

[22] KAREN HOLEMS，CORINNE LEECH，等. 个人与团体管理（下册）［M］. 天象互动教育中心编译. 北京：清华大学出版社，2003.

[23] 康士勇. 工资理论与工资管理［M］. 2版. 北京：中国劳动社会保障出版社，2006.

［24］康士勇．薪酬设计与薪酬管理［M］．北京：中国劳动社会保障出版社，2005．

［25］斯蒂芬·P. 罗宾斯．组织行为学精要［M］．郑晓明，译．北京：电子工业出版社，2003．

［26］张丽芬．工资集体协商操作指南［M］．北京：中国工人出版社，2001．

［27］宋连辉．劳动和社会保障业务案例分析［M］．北京：中国劳动社会保障出版社，2005．

［28］赵曼．人力资源开发与管理［M］．北京：中国劳动社会保障出版社，2002．

［29］张一驰．人力资源管理教程［M］．北京：北京大学出版社，2000．

［30］肖胜萍．人力资源［M］．北京：中国纺织出版社，2002．

［31］戴昌钧．人力资源管理［M］．天津：南开大学出版社，2002．

［32］谌新民．新人力资源管理［M］．北京：中央编译出版社，2002．

［33］马汀·奥林治．如何进行培训［M］．李宏，张震，译．北京：中国劳动社会保障出版社，2003．

［34］莱斯利·瑞．培训效果评估［M］．牛雅娜，吴孟胜，张金普，译．北京：中国劳动社会保障出版社，2003．

［35］叶向峰，等．员工考核与薪酬管理［M］．北京：企业管理出版社，1999．

［36］斯蒂芬·P. 罗宾斯．组织行为学［M］．孙健敏，李原，等，译．北京：中国人民大学出版社，2000．

［37］郑晓明，吴志明．工作分析实务手册［M］．北京：机械工业出版社，2002．

［38］刘军胜．薪酬管理实务手册［M］．北京：机械工业出版社，2002．

［39］王继承．人事测评技术［M］．广州：广东经济出版社，2001．

［40］王学力．企业薪酬设计与管理［M］．广州：广东经济出版社，2001．

［41］牛雄鹰，马成功．员工任用（一）——工作分析与员工招募［M］．北京：对外经济贸易大学出版社，2003．

［42］林平，马成功．员工任用（二）——工作分析与员工招募［M］．北京：对外经济贸易大学出版社，2003．

［43］张再生．职业生涯开发与管理［M］．天津：南开大学出版社，2003．

［44］赵慧军．现代管理心理学［M］．北京：首都经济贸易大学出版社，2002．

［45］沈文馥．饭店人力资源管理［M］．北京：机械工业出版社，2009．

［46］顾沉珠，田刚，于丽华．饭店人力资源管理实务［M］．南京：东南大学出版社，2007．

［47］张新南．饭店人力资源管理（5 年制）［M］．北京：高等教育出版社，2006．

［48］李丽，王珑，徐文苑．酒店人力资源管理［M］．广州：广东经济出版社，2007．

［49］廖钦仁，贺湘辉．酒店人力资源管理实务（修订版）［M］．广州：广东经济出版社，2006．

［50］袁继荣．饭店人力资源管理［M］．北京：北京大学出版社，2006．

［51］吴中祥．饭店人力资源管理［M］．上海：复旦大学出版社，2007．

［52］王伟．饭店人力资源开发与管理［M］．2 版．北京：旅游教育出版社，2009．

［53］张四成．现代饭店人力资源管理［M］．广州：广东旅游出版社，1998．

［54］徐文苑，贺湘辉．饭店人力资源管理［M］．北京：北方交通大学出版社，2007．

［55］栗书河．饭店人力资源管理［M］．北京：旅游教育出版社，2007．

［56］张波．饭店人力资源管理［M］．大连：大连理工大学出版社，2009．

［57］梭伦．宾馆酒店人力资源管理［M］．北京：中国纺织出版社，2009．

［58］游富相．酒店人力资源管理［M］．杭州：浙江大学出版社，2009．

［59］王伟．饭店人力资源开发与管理［M］．北京：旅游教育出版社，2006．

［60］玛丽·L.谭克．饭店业人力资源管理［M］．2版．徐虹，译．大连：东北财经大学出版社，2004．